THE LOEB CLASSICAL LIBRARY

FOUNDED BY JAMES LOEB

EDITED BY

G. P. GOOLD

PREVIOUS EDITORS

DIODORUS OF SICILY
VI

LCL 399

DIODORUS OF SICILY

BOOKS XIV–XV. 19

WITH AN ENGLISH TRANSLATION BY

C. H. OLDFATHER

HARVARD UNIVERSITY PRESS
CAMBRIDGE, MASSACHUSETTS
LONDON, ENGLAND

First published 1954
Reprinted 1963, 1977, 1993

ISBN 0-674-99439-6

Printed in Great Britain by St Edmundsbury Press Ltd,
Bury St Edmunds, Suffolk, on acid-free paper.
Bound by Hunter & Foulis Ltd, Edinburgh, Scotland.

CONTENTS

MANUSCRIPTS

THE MSS. continue to be those listed in Volume IV, p. 112, as they are designated in the second volume of the edition of Vogel-Fischer, upon which the present text is based. The critical notes make no effort to present the substance of the *apparatus criticus* of the Vogel-Fischer edition, but are confined to divergences from the Vogel-Fischer text, and to the most important emendations and suggestions by scholars, especially those of Dindorf. The reading which is preceded by a colon is, unless otherwise stated, that of the *textus receptus*.

THE LIBRARY OF HISTORY

OF

DIODORUS OF SICILY

BOOK XIV

Τάδε ἔνεστιν ἐν τῇ τεσσαρεσκαιδεκάτῃ τῶν Διοδώρου βίβλων

Κατάλυσις ἐν Ἀθήναις τῆς δημοκρατίας καὶ κατάστασις ἀνδρῶν τριάκοντα.

Παρανομία τῶν τριάκοντα ἀνδρῶν εἰς τοὺς πολίτας.

Ὡς Διονύσιος ὁ τύραννος ἀκρόπολιν κατασκευάσας διεμέρισε τὴν πόλιν καὶ τὴν χώραν τοῖς πλήθεσιν.

Ὡς Διονύσιος παραλυομένην τὴν τυραννίδα παραδόξως αὐτὴν ἀνεκτήσατο.

Ὡς Λακεδαιμόνιοι διῴκησαν τὰ κατὰ τὴν Ἑλλάδα.

Ἀλκιβιάδου θάνατος, καὶ Κλεάρχου τοῦ Λάκωνος τυραννὶς ἐν Βυζαντίῳ καὶ κατάλυσις.

Ὡς Λύσανδρος ὁ Λακεδαιμόνιος ἐπιβαλόμενος καταλῦσαι τοὺς ἀφ᾽ Ἡρακλέους ἀπέτυχεν.

Ὡς Διονύσιος Κατάνην μὲν καὶ Νάξον ἐξηνδραποδίσατο, Λεοντίνους δὲ μετῴκισεν εἰς Συρακούσας.

Κτίσις Ἁλαίσης ἐν τῇ Σικελίᾳ.

Λακεδαιμονίων πρὸς Ἠλείους πόλεμος.

Ὡς Διονύσιος τὸ πρὸς τοῖς Ἑξαπύλοις τεῖχος κατεσκεύασεν.

2

CONTENTS OF THE FOURTEENTH BOOK
OF DIODORUS

3

Ὡς Κῦρος στρατεύσας ἐπὶ τὸν ἀδελφὸν ἀνῃρέθη.

Ὡς Λακεδαιμόνιοι τοῖς κατὰ τὴν ᾿Ασίαν ῞Ελλησιν ἐβοήθησαν.

Κτίσις ᾿Αδρανοῦ κατὰ τὴν Σικελίαν, καὶ Σωκράτους τοῦ φιλοσόφου θάνατος.

Κατασκευὴ τοῦ περὶ τὴν Χερρόνησον τείχους.

Παρασκευὴ Διονυσίου πρὸς τὸν Καρχηδονιακὸν πόλεμον καὶ ὁπλοποιία, καθ᾿ ἣν εὗρε τὸ καταπελτικὸν βέλος.

Ὡς Καρχηδονίοις καὶ Διονυσίῳ πόλεμος ἐνέστη.

Ὡς Διονύσιος Μοτύην πόλιν ἐπίσημον Καρχηδονίων ἐξεπολιόρκησεν.

Ὡς Αἰγεσταῖοι τὴν Διονυσίου παρεμβολὴν ἐνέπρησαν.

Ὡς Καρχηδόνιοι τριάκοντα μυριάσι διαβάντες εἰς τὴν Σικελίαν ἐπολέμουν πρὸς Διονύσιον.

Διονυσίου ἀποχώρησις εἰς τὰς Συρακούσας.

Καρχηδονίων στρατεία ἐπὶ τὸν πορθμόν,[1] καὶ ἅλωσις τῆς Μεσσήνης.

Ναυμαχία Καρχηδονίων πρὸς Διονύσιον μεγάλη καὶ νίκη Καρχηδονίων.

Σύλησις τῶν ναῶν τῆς τε Δήμητρος καὶ Κόρης ὑπὸ Καρχηδονίων.

Κόλασις ἐκ θεῶν τῶν ἱεροσύλων, καὶ φθορὰ τῆς Καρχηδονίων δυνάμεως ὑπὸ νόσου λοιμικῆς.

Ναυμαχία Συρακοσίων πρὸς Καρχηδονίους καὶ νίκη Συρακοσίων.

---

[1] So Wesseling : πόλεμον.

BOOK XIV

Δημηγορία Θεοδώρου περὶ τῆς ἐλευθερίας.

Ὡς Διονύσιος τοὺς ταραχωδεστάτους χιλίους μισθοφόρους καταστρατηγήσας ἐποίησε κατακοπῆναι.

Ὡς Διονύσιος τὰ φρούρια καὶ τὴν παρεμβολὴν τῶν Καρχηδονίων ἐπολιόρκησεν.

Ὡς Διονύσιος ἐκπολιορκήσας Καρχηδονίους πολλὰς τῶν πολεμίων ναῦς ἐνέπρησεν.

Καρχηδονίων ἧττα κατὰ γῆν ἅμα καὶ κατὰ θάλατταν.

Δρασμὸς[1] τῶν Καρχηδονίων νυκτὸς Διονυσίου συνεργήσαντος λάθρα τῶν Συρακοσίων ἐπὶ τετρακοσίοις ταλάντοις.

Τὰ συμβάντα Καρχηδονίοις δυσχερῆ διὰ τὴν εἰς τὸ θεῖον ἀσέβειαν.

Συνοικισμὸς τῶν κατὰ Σικελίαν ἀναστάτων γεγενημένων πόλεων.

Ὡς Διονύσιος τῶν Σικελικῶν πόλεων ἃς μὲν ἐξεπολιόρκησεν, ἃς δ᾽ εἰς συμμαχίαν προσηγάγετο.

Ὡς πρὸς τοὺς δυνάστας Ἄγυρίν τε τὸν Ἀγυρηναῖον καὶ Νικόδημον τὸν Κεντοριπῖνον φιλίαν συνέθετο.

Ὡς Ἀγησίλαος ὁ Σπαρτιατῶν βασιλεὺς μετὰ δυνάμεως εἰς τὴν Ἀσίαν διέβη καὶ τὴν ὑπὸ Πέρσας τεταγμένην χώραν ἐπόρθησεν.

Ὡς Ἀγησίλαος ἐνίκησε μάχῃ τοὺς Πέρσας ἡγουμένου Φαρναβάζου.

Περὶ τοῦ Βοιωτικοῦ πολέμου καὶ τῶν πραχθέντων ἐν αὐτῷ.

Ὡς Κόνων ὑπὸ Περσῶν κατασταθεὶς στρατηγὸς τὰ τείχη τῶν Ἀθηναίων ἀνῳκοδόμησεν.

[1] So Vogel : δόλος.

---

[a] Damon in Diodorus' text.

BOOK XIV

The speech in the assembly on freedom by Theodorus (chaps. 65-69).

How Dionysius outgeneralled the thousand most turbulent mercenaries of his and caused them to be massacred (chap. 72).

How Dionysius laid siege to the outposts and camp of the Carthaginians (chap. 72).

How Dionysius reduced the Carthaginians by siege and set fire to many ships of the enemy (chap. 73).

The defeat of the Carthaginians by land and also by sea (chap. 74).

The flight of the Carthaginians by night, Dionysius having co-operated with them without the knowledge of the Syracusans for a bribe of four hundred talents (chap. 75).

The difficulties which befell the Carthaginians because of their impiety against the deity (chaps. 76-77).

The merging of the cities of Sicily which had been laid waste (chap. 78).

How Dionysius reduced by siege certain of the cities of Sicily and brought others into an alliance (chap. 78).

How he established relations of friendship with the rulers Agyris of Agyrium and Nicodemus [a] of Centuripae (chap. 78).

How Agesilaüs, the Spartan king, crossed over into Asia with an army and laid waste the territory which was subject to the Persians (chap. 79).

How Agesilaüs defeated in battle the Persians, who were commanded by Pharnabazus (chap. 80).

On the Boeotian War and the actions comprised in it (chap. 81).

How Conon was appointed general by the Persians and rebuilt the walls of the Athenians (chaps. 81, 85).

DIODORUS OF SICILY

Ὡς περὶ Κόρινθον Λακεδαιμόνιοι Βοιωτοὺς ἐνίκησαν καὶ ὁ πόλεμος οὗτος ἐκλήθη Κορινθιακός.

Ὡς Διονύσιος μετὰ πολλῶν κινδύνων παρεισπεσὼν εἰς τὸ Ταυρομένιον ἐξέπεσεν.

Ὡς Καρχηδόνιοι περὶ πόλιν Βάκαιναν ἡττήθησαν ὑπο Διονυσίου.

Στρατεία Καρχηδονίων εἰς Σικελίαν καὶ κατάλυσις τοῦ πολέμου.

Ὡς Θίβρος ὁ Λακεδαιμόνιος ὢν στρατηγὸς ὑπὸ Περσῶν ἡττηθεὶς ἀνῃρέθη.

Ὡς Διονύσιος Ῥήγιον ἐπολιόρκησεν.

Ὡς οἱ κατὰ τὴν Ἰταλίαν Ἕλληνες εἰς μίαν πολιτείαν συστάντες ἀντετάξαντο πρὸς Διονύσιον.

Ὡς Διονύσιος νικήσας τῇ μάχῃ καὶ μυρίους αἰχμαλώτους λαβών, ἀπέλυσεν ἄνευ λύτρων καὶ ταῖς πόλεσιν αὐτονομεῖσθαι συνεχώρησεν.

Καυλωνίας καὶ Ἱππωνίου ἅλωσις καὶ κατασκαφὴ καὶ μετοίκησις εἰς Συρακούσας.

Ὡς οἱ Ἕλληνες πρὸς Ἀρταξέρξην εἰρήνην ἐποιήσαντο τὴν Ἀνταλκίδου.

Ῥηγίου ἅλωσις καὶ τὰ περὶ τὴν πόλιν ἀτυχήματα.

Ἅλωσις Ῥώμης ὑπὸ Γαλατῶν πλὴν τοῦ Καπετωλίου.

BOOK XIV

How the Lacedaemonians defeated the Boeotians near Corinth and this war was called the Corinthian (chap. 86).

How Dionysius forced his way with much fighting into Tauromenium and then was driven out (chaps. 87-88).

How the Carthaginians were defeated near the city of Bacaena [a] by Dionysius (chap. 90).

The expedition of the Carthaginians to Sicily and the settlement of the war (chaps. 95-96).

How Thibrus,[b] the Lacedaemonian general, was defeated by the Persians and slain (chap. 99).

How Dionysius laid siege to Rhegium (chaps. 108, 111).

How the Greeks of Italy joined to form a single political group and took the field against Dionysius (chap. 103).

How Dionysius, although he had been victorious in battle and had taken ten thousand prisoners, let them go without requiring ransom and allowed the cities to live under their own laws (chap. 105).

The capture and razing of Caulonia and Hipponium and the removal of their inhabitants to Syracuse (chaps. 106-107).

How the Greeks concluded the Peace of Antalcidas with Artaxerxes (chap. 110).

The capture of Rhegium and the disasters suffered by the city (chaps. 111-112).

The capture of Rome, except for the Capitoline, by the Gauls (chaps. 114-117).

[a] Abacaenê in Diodorus' text.
[b] Thibron in Diodorus' text.

ΔΙΟΔΩΡΟΥ

ΤΟΥ ΣΙΚΕΛΙΩΤΟΥ

ΒΙΒΛΙΟΘΗΚΗΣ ΙΣΤΟΡΙΚΗΣ

ΒΙΒΛΟΣ ΤΕΣΣΑΡΕΣΚΑΙΔΕΚΑΤΗ

1. Πάντας μὲν ἴσως εἰκός ἐστι προσάντως ἀκούειν τὰς καθ᾽ ἑαυτῶν βλασφημίας· καὶ γὰρ οἱ κατὰ πᾶν ἔκδηλον ἔχοντες τὴν ἑαυτῶν κακίαν ὥστε μηδ᾽ ἐξαρνεῖσθαι, ὅμως ψόγου τυγχάνοντες διαγανακτοῦσι καὶ λόγους εἰσφέρειν πειρῶνται πρὸς τὴν κατηγορίαν. διόπερ εὐλαβητέον ἐκ παντὸς τρόπου τὸ πράττειν τι φαῦλον πᾶσι, μάλιστα μέντοι[1] τοῖς ἡγεμονίας ὀρεγομένοις ἤ τινος ἐπισήμου τύχης 2 μεταλαβοῦσιν· ὁ γὰρ τούτων βίος περίοπτος ὢν διὰ τὴν ἐπιφάνειαν ἐν πᾶσιν ἀδυνατεῖ κρύπτειν τὴν ἰδίαν ἄγνοιαν· ὥστε μηδεὶς ἐλπιζέτω τῶν τυχόντων ὑπεροχῆς τινος, ἂν ἐξαμαρτάνῃ μεγάλα, λήσεσθαι διὰ τέλους ἀνεπιτίμητος. καὶ γὰρ ἂν ἐν τῷ καθ᾽ ἑαυτὸν βίῳ διαφύγῃ τὸν ἀπὸ τῆς ἐπιτιμήσεως λόγον, ὕστερον ἥξειν ἐπ᾽ αὐτὸν προσδεχέσθω τὴν ἀλήθειαν μετὰ παρρησίας κηρύττουσαν τὰ πάλαι 3 σιωπώμενα. χαλεπὸν οὖν τοῖς φαύλοις τοῦ παντὸς

---

[1] μέντοι Eichstädt : μὲν.

THE LIBRARY OF HISTORY

OF

DIODORUS OF SICILY

BOOK XIV

1. All men, perhaps naturally, are disinclined to listen to obloquies that are uttered against them. Indeed even those whose evil-doing is in every respect so manifest that it cannot even be denied, none the less deeply resent it when they are the objects of censure and endeavour to make a reply to the accusation. Consequently all men should take every possible care not to commit any evil deed, and those especially who aspire to leadership or have been favoured by some striking gift of Fortune ; for since the life of such men is in all things an open book because of their distinction, it cannot conceal its own unwisdom. Let no man, therefore, who has gained some kind of pre-eminence, cherish the hope that, if he commits great crimes, he will for all time escape notice and go uncensured. For even if during his own lifetime he eludes the sentence of rebuke, let him expect that at a later time Truth will find him out, frankly proclaiming abroad matters long hidden from mention. It is, therefore, a hard fate for wicked men that at

11

βίου καθάπερ ἀθάνατον εἰκόνα μετὰ τὴν ἰδίαν τε-
λευτὴν ἀπολείπειν τοῖς μεταγενεστέροις· καὶ γὰρ
εἰ μηδέν ἐστι πρὸς ἡμᾶς τὰ μετὰ τὸν θάνατον,
καθάπερ ἔνιοι τῶν φιλοσόφων θρυλοῦσιν, ὅμως ὅ
γε προγεγενημένος βίος γίνεται πολὺ χείρων ἅπαντα
τὸν αἰῶνα[1] ἐπὶ κακῷ μνημονευόμενος. ἐμφανῆ δὲ
τούτων παραδείγματα λαμβάνειν ἔξεστι τοῖς ἀνα-
γνοῦσι τὰ κατὰ μέρος τῆσδε τῆς βίβλου.

2. Παρὰ μὲν γὰρ ᾿Αθηναίοις τριάκοντα τύραννοι
γενόμενοι διὰ τὴν ἰδίαν πλεονεξίαν τήν τε πατρίδα
μεγάλοις ἀτυχήμασι περιέβαλον καὶ αὐτοὶ ταχὺ
τὴν δύναμιν ἀποβαλόντες ἀθάνατον ἑαυτῶν ὄνειδος
καταλελοίπασι, Λακεδαιμόνιοι δὲ περιποιησάμενοι
τὴν τῆς ῾Ελλάδος ἀρχὴν ἀναμφισβήτητον, τότε
ταύτης ἐστερήθησαν ὅτε πράξεις ἀδίκους κατὰ τῶν
συμμάχων ἐπιτελεῖν ἐπεχείρησαν· αἱ γὰρ τῶν ἡγε-
μόνων ὑπεροχαὶ τηροῦνται μὲν εὐνοίᾳ καὶ δικαιο-
σύνῃ, καταλύονται δὲ ἀδικήμασι καὶ μίσει τῶν
2 ὑποτεταγμένων. παραπλησίως δὲ καὶ Διονύσιος
ὁ Συρακοσίων τύραννος, καίπερ εὐτυχέστατος τῶν
δυναστῶν γεγονώς, ζῶν μὲν οὐ διέλιπεν ἐπιβου-
λευόμενος καὶ διὰ τὸν φόβον ἠναγκάζετο φέρειν
ὑπὸ[2] τὸν χιτῶνα σιδηροῦν θώρακα, τελευτήσας δὲ
μέγιστον εἰς βλασφημίας παράδειγμα καταλέλοιπε
τὸν ἑαυτοῦ βίον εἰς ἅπαντα τὸν αἰῶνα.

3 ᾿Αλλὰ περὶ μὲν τούτων ἐν τοῖς οἰκείοις χρόνοις
ἕκαστον ἀναγράψωμεν σαφέστερον, νῦν δ᾿ ἐπὶ τὰ
συνεχῆ τοῖς προϊστορημένοις τρεψόμεθα, τοὺς
4 χρόνους μόνον διορίζοντες. ἐν μὲν γὰρ ταῖς πρὸ
ταύτης βίβλοις ἀνεγράψαμεν τὰς ἀπὸ Τροίας ἁλώ-

----

[1] So Dobraeus, χρόνον Dindorf : βίον.
[2] So Wesseling : ἐπί.

their death they leave to posterity an undying image, so to speak, of their entire life ; for even if those things that follow after death do not concern us, as certain philosophers keep chanting, nevertheless the life which has preceded death becomes far worse throughout all time for the evil memory that it enjoys. Manifest examples of this may be found by those who read the detailed story contained in this Book.

2. Among the Athenians, for example, thirty men who became tyrants from their own <u>lust of gain</u>, not only involved their native land in great misfortunes but themselves soon lost their power and have bequeathed a deathless memorial of their own disgrace. The Lacedaemonians, after winning for themselves the undisputed sovereignty of Greece, were shorn of it from the moment when they sought to carry out unjust projects at the expense of their allies. For the superiority of those who enjoy leadership is maintained by goodwill and justice, and is overthrown by acts of injustice and by the hatred of their subjects. Similarly Dionysius, the tyrant of the Syracusans, although he has been the most fortunate of such rulers, was incessantly plotted against while alive, was compelled by fear to wear an iron corselet under his tunic, and has bequeathed since his death his own life as an outstanding example unto all ages for the maledictions of men.

But we shall record each one of these illustrations with more detail in connection with the appropriate period of time ; for the present we shall take up the continuation of our account, pausing only to define our dates. In the preceding Books we have set down a record of events from the capture of Troy to the end

13

σεως πράξεις ἕως[1] ἐπὶ τὴν κατάλυσιν τοῦ τε
Πελοποννησιακοῦ πολέμου καὶ τῆς Ἀθηναίων ἡγε-
μονίας, διελθόντες ἔτη ἑπτακόσια ἑβδομήκοντα
ἐννέα· ἐν ταύτῃ δὲ τὰς συνεχεῖς πράξεις προσ-
αναπληροῦντες ἀρξόμεθα ἐκ τῶν κατασταθέντων
Ἀθήνησι τριάκοντα τυράννων, καταλήξομεν δὲ
ἐπὶ τὴν Ῥώμης ἅλωσιν ὑπὸ Γαλατῶν, περιλαβόντες
ἔτη δέκα ὀκτώ.

3. Ἀναρχίας γὰρ οὔσης Ἀθήνησι διὰ τὴν κατά-
λυσιν τῆς ἡγεμονίας, ἔτος μὲν ἦν ὀγδοηκοστὸν πρὸς
τοῖς ἑπτακοσίοις μετὰ τὴν Τροίας ἅλωσιν, ἐν δὲ
τῇ Ῥώμῃ χιλίαρχοι διεδέξαντο τὴν ὕπατον ἀρχὴν
τέτταρες, Γάιος Φολούιος καὶ Γάιος Σερουίλιος καὶ
Γάιος Οὐαλέριος καὶ Νουμέριος Φάβιος, ἤχθη δὲ
Ὀλυμπιὰς κατὰ τοῦτον τὸν ἐνιαυτὸν τετάρτῃ πρὸς
ταῖς ἐνενήκοντα, καθ' ἣν ἐνίκα Κορκίνας Λαρισαῖος.
2 κατὰ δὲ τούτους τοὺς χρόνους Ἀθηναῖοι μὲν κατα-
πεπονημένοι ἐποιήσαντο συνθήκας πρὸς Λακεδαι-
μονίους καθ' ἃς ἔδει τὰ τείχη τῆς πόλεως καθελεῖν
καὶ τῇ πατρίῳ πολιτείᾳ χρῆσθαι. καὶ τὰ μὲν τείχη
περιεῖλον, περὶ δὲ τῆς πολιτείας πρὸς ἀλλήλους
3 διεφέροντο. οἱ γὰρ τῆς ὀλιγαρχίας ὀρεγόμενοι τὴν
παλαιὰν κατάστασιν ἔφασαν δεῖν ἀνανεοῦσθαι,[2] καθ'
ἣν παντελῶς ὀλίγοι τῶν ὅλων προεϊστήκεισαν· οἱ
δὲ πλεῖστοι δημοκρατίας ὄντες ἐπιθυμηταὶ τὴν τῶν
πατέρων πολιτείαν προεφέροντο[3] καὶ ταύτην ἀπ-
έφηναν ὁμολογουμένως οὖσαν δημοκρατίαν.

---

[1] ἕως Sintenis : ὡς.
[2] δεῖν ἀνανεοῦσθαι Madvig : διανείμασθαι.
[3] προεφέροντο] προσεφεροντο P.

---

[1] i.e. from 1184 B.C. to 405 B.C. Athens capitulated in

14

of the Peloponnesian War and of the Athenian Empire, covering a period of seven hundred and seventy-nine years.[1] In this Book, as we add to our narrative the events next succeeding, we shall commence with the establishment of the thirty tyrants and stop with the capture of Rome by the Gauls, embracing a period of eighteen years.

3. There was no archon in Athens because of the overthrow of the government,[2] it being the seven hundred and eightieth year from the capture of Troy, and in Rome four military tribunes succeeded to the consular magistracy, Gaius Fulvius, Gaius Servilius, Gaius Valerius, and Numerius Fabius ; and in this year the Ninety-fourth Olympiad was celebrated, that in which Corcinas[3] of Larisa was victor.[4] At this time the Athenians, completely reduced by exhaustion, made a treaty with the Lacedaemonians whereby they were bound to demolish the walls of their city and to employ the polity of their fathers. They demolished the walls, but were unable to agree among themselves regarding the form of government. For those who were bent on oligarchy asserted that the ancient constitution should be revived, in which only a very few represented the state, whereas the greatest number, who were partisans of democracy, made the government of their fathers their platform and declared that this was by common consent a democracy.

401 B.C.

April 404 B.C., but Diodorus' year is the Athenian archon year, in this case July 405 to July 404.

[2] The name of Pythodorus, the archon of the year, was not used by the Athenians to mark the year since he was not elected legally (cp. Xenophon, *Hell.* 2. 3. 1).

[3] Crocinas in Xenophon, *Hell.* 2. 3. 1.

[4] In the " stadion."

15

4 Ἀντιλογίας δὲ γενομένης περὶ τούτων ἐπί τινας
ἡμέρας, οἱ τὰς ὀλιγαρχίας αἱρούμενοι πρὸς Λύσ-
ανδρον διεπρεσβεύσαντο τὸν Σπαρτιάτην (οὗτος
γὰρ καταλυθέντος τοῦ πολέμου τὰ¹ κατὰ τὰς πόλεις
ἀπέσταλτο διοικῆσαι, καὶ ὀλιγαρχίαι ἐν ταῖς πλεί-
σταις καθίσταντο), ἐλπίζοντες² ὅπερ ἦν εἰκός,
συνεπιλήψεσθαι τῆς ἐπιβολῆς αὐτοῖς. διέπλευσαν
οὖν εἰς Σάμον· ἐκεῖ γὰρ ἐτύγχανε διατρίβων ὁ
5 Λύσανδρος, προσφάτως εἰληφὼς τὴν πόλιν. παρα-
καλούντων δὲ αὐτὸν πρὸς τὸ συνεργῆσαι συνεπ-
ένευσε, καὶ τῆς μὲν Σάμου Θώρακα τὸν Σπαρτιάτην
ἁρμοστὴν κατέστησεν, αὐτὸς δὲ μετὰ νεῶν ἑκατὸν
κατέπλευσεν εἰς τὸν Πειραιέα. συναγαγὼν δ᾽
ἐκκλησίαν συνεβούλευσε τοῖς Ἀθηναίοις ἑλέσθαι
τριάκοντα ἄνδρας τοὺς ἀφηγησομένους τῆς πολι-
τείας καὶ πάντα διοικήσοντας τὰ κατὰ τὴν πόλιν.
6 ἀντειπόντος δὲ τοῦ Θηραμένους καὶ τὰς συνθήκας
ἀναγινώσκοντος, ὅτι τῇ πατρίῳ συνεφώνησε χρή-
σεσθαι πολιτείᾳ, καὶ δεινὸν εἶναι λέγοντος εἰ παρὰ
τοὺς ὅρκους ἀφαιρεθήσονται τὴν ἐλευθερίαν, ὁ
Λύσανδρος ἔφη λελύσθαι τὰς συνθήκας ὑπὸ Ἀθη-
ναίων· ὕστερον γὰρ τῶν συγκειμένων ἡμερῶν
καθῃρηκέναι τὰ τείχη. ἀνετείνατο δὲ καὶ τῷ Θηρα-
μένει τὰς μεγίστας ἀπειλάς, ἀποκτενεῖν φήσας εἰ
7 μὴ παύσεται Λακεδαιμονίοις ἐναντιούμενος. διόπερ
ὅ τε Θηραμένης καὶ ὁ δῆμος καταπλαγεὶς ἠναγ-
κάζετο χειροτονίᾳ καταλῦσαι τὴν δημοκρατίαν.
ἡρέθησαν οὖν τριάκοντα ἄνδρες οἱ διοικήσοντες τὰ
κοινὰ τῆς πόλεως, ἁρμόζοντες μὲν τῷ λόγῳ, τύ-
ραννοι δὲ τοῖς πράγμασιν.

---

¹ τὰ added by Dindorf.
² οὐχ after ἐλπίζοντες deleted by Rhodoman.

After a controversy over this had continued for _{404 B.C.} some days, the oligarchic party sent an embassy to Lysander the Spartan, who, at the end of the war, had been dispatched to administer the governments of the cities and had established oligarchies in the greater number of them, for they hoped that, as well he might, he would support them in their design. Accordingly they sailed across to Samos, for it happened that Lysander was tarrying there, having just seized the city. He gave his assent to their pleas for his co-operation, appointed Thorax the Spartan harmost [1] of Samos, and put in himself at the Peiraeus with one hundred ships. Calling an assembly of the Athenians, he advised them to choose thirty men to head the government and to manage all the affairs of the state. And when Theramenes opposed him and read to him the terms of the peace, which agreed that they should enjoy the government of their fathers, and declared that it would be a terrible thing if they should be robbed of their freedom contrary to the oaths, Lysander stated that the terms of peace had been broken by the Athenians, since, he asserted, they had destroyed the walls later than the days of grace agreed upon. He also invoked the direst threats against Theramenes, saying that he would have him put to death if he did not stop opposing the Lacedaemonians. Consequently Theramenes and the people, being struck with terror, were compelled to dissolve the democracy by a show of hands. Accordingly thirty men were elected with power to manage the affairs of the state, as directors ostensibly but tyrants in fact.

[1] Commander of the Spartan garrison and governor of the city.

4. Ὁ δὲ δῆμος θεωρῶν τὴν Θηραμένους ἐπι-
είκειαν καὶ νομίζων τῇ τούτου καλοκἀγαθίᾳ τὴν
πλεονεξίαν τῶν προεστηκότων ἐπὶ ποσὸν ἀναστα-
λήσεσθαι, καὶ τοῦτον ἐν τοῖς τριάκοντ᾽ ἄρχουσιν
ἐχειροτόνησεν. ἔδει δὲ τοὺς ᾑρημένους βουλήν τε
καὶ τὰς ἄλλας ἀρχὰς καταστῆσαι, καὶ νόμους συγ-
2 γράψαι καθ᾽ οὓς ἔμελλον πολιτεύεσθαι. τὰ μὲν
οὖν περὶ τῆς νομοθεσίας ἀνεβάλοντο, προφάσεις
εὐλόγους αἰεὶ ποριζόμενοι, βουλὴν δὲ καὶ τὰς ἄλλας
ἀρχὰς ἐκ τῶν ἰδίων φίλων κατέστησαν, ὥστε τού-
τους καλεῖσθαι μὲν ἄρχοντας, εἶναι δ᾽ ὑπηρέτας
τῶν τριάκοντα. καὶ τὸ μὲν πρῶτον παραδιδόντες
κρίσει τοὺς πονηροτάτους τῶν ἐν τῇ πόλει κατεδί-
καζον θανάτῳ· καὶ μέχρι τούτου τοῖς ἐπιεικεστά-
3 τοις τῶν πολιτῶν εὐαρέστει τὰ γινόμενα. μετὰ δὲ
ταῦτα βουλόμενοι βιαιότερα καὶ παράνομα πράτ-
τειν, ᾐτήσαντο παρὰ Λακεδαιμονίων φρουράν,
λέγοντες ὅτι τὴν πολιτείαν καταστήσουσιν ἐκείνοις
συμφέρουσαν. ᾔδεισαν γὰρ ὅτι φόνους ἐπιτελεῖν
οὐκ ἂν δύναιντο χωρὶς ξενικῶν ὅπλων· πάντας γὰρ
4 ἀνθέξεσθαι τῆς κοινῆς ἀσφαλείας. Λακεδαιμονίων
δὲ πεμψάντων φρουρὰν καὶ τὸν ταύτης ἡγησόμενον
Καλλίβιον, τὸν μὲν φρούραρχον ἐξεθεράπευσαν δώ-
ροις καὶ τοῖς ἄλλοις φιλανθρώποις οἱ τριάκοντα,
τῶν δὲ πλουσίων ἐπιλέγοντες τοὺς ἐπιτηδείους
συνελάμβανον ὡς νεωτερίζοντας, καὶ θανάτῳ περι-
5 βάλλοντες τὰς οὐσίας ἐδήμευον. τοῦ δὲ Θηρα-
μένους ἐναντιουμένου τοῖς συνάρχουσι καὶ μετὰ
τῶν ἀντεχομένων τῆς σωτηρίας ἀπειλοῦντος ἀμύ-
νεσθαι, συνήγαγον τὴν βουλὴν οἱ τριάκοντα.
Κριτίου δὲ προεστῶτος αὐτῶν καὶ πολλὰ κατ-

4. The people, observing the fair dealing of Thera- 404 B.C.
menes and believing that his honourable principles
would act to some extent to check the encroachments
of the leaders, elected him also as one of the thirty
officials. It was the duty of those selected to appoint
both a Council and the other magistrates and to draw
up laws in accordance with which they were to ad-
minister the state. Now they kept postponing the
drawing up of laws, always putting forth fine-sounding
excuses, but a Council and the other magistrates they
appointed from their personal friends, so that these
bore the name indeed of magistrates but actually
were underlings of the Thirty. At first they brought
to trial the lowest elements of the city and condemned
them to death ; and thus far the most honourable
citizens approved of their actions. But after this,
desiring to commit acts more violent and lawless,
they asked the Lacedaemonians for a garrison, saying
that they were going to establish a form of govern-
ment that would serve the interests of the Lacedae-
monians. For they realized that they would be
unable to accomplish murders without foreign armed
aid, since all men, they knew, would unite to support
the common security. When the Lacedaemonians
sent a garrison and Callibius to command it, the
Thirty won the commander over by bribes and other
accommodations. Then, choosing out from the rich
such men as suited their ends, they proceeded to
arrest them as revolutionaries, put them to death,
and confiscated their possessions. When Theramenes
opposed his colleagues and threatened to join the
ranks of those who claimed the right to be secure,
the Thirty called a meeting of the Council. Critias
was their spokesman, and in a long speech accused

19

ἠγορήσαντος τοῦ Θηραμένους, ὅτι προδίδωσι τὴν
πολιτείαν ταύτην ἧς αὐτὸς ἑκουσίως κοινωνεῖ,
παραλαβὼν τὸν λόγον ὁ Θηραμένης καὶ περὶ τῶν
κατὰ μέρος ἀπολογησάμενος, ἅπασαν ἔσχε τὴν
6 βουλὴν εὔνουν. οἱ δὲ περὶ τὸν Κριτίαν φοβούμενοι
τὸν ἄνδρα μήποτε καταλύσῃ τὴν ὀλιγαρχίαν, περι-
έστησαν στρατιώτας ἔχοντας ἐσπασμένα τὰ ξίφη,
7 καὶ τὸν Θηραμένην συνελάμβανον. ὁ δὲ φθάσας
ἀνεπήδησε μὲν πρὸς τὴν βουλαίαν Ἑστίαν, ἔφησε
δὲ πρὸς τοὺς θεοὺς καταφεύγειν, οὐ σωθήσεσθαι
νομίζων ἀλλὰ σπεύδων τοῖς ἀνελοῦσιν αὐτὸν περι-
ποιήσασθαι τὴν εἰς τοὺς θεοὺς ἀσέβειαν.

5. Παρελθόντων δὲ τῶν ὑπηρετῶν καὶ ἀποσπών-
των αὐτόν, ὁ μὲν Θηραμένης ἔφερε γενναίως τὴν
ἀτυχίαν, ἅτε καὶ φιλοσοφίας ἐπὶ πλεῖον μετεσχηκὼς
παρὰ Σωκράτει, τὸ δὲ λοιπὸν πλῆθος ἠλέει δυστυ-
χοῦντα τὸν Θηραμένην, οὐ μὴν ἐτόλμα βοηθεῖν
2 περιεστώτων πολλῶν μετὰ ὅπλων. Σωκράτης δὲ
ὁ φιλόσοφος καὶ δύο τῶν οἰκείων προσδραμόντες
ἐνεχείρουν κωλύειν τοὺς ὑπηρέτας. ὁ δὲ Θηρα-
μένης ἠξίου μηδὲν τούτων πράττειν· τὴν μὲν γὰρ
φιλίαν καὶ τὴν ἀνδρείαν ἔφησεν αὐτῶν ἐπαινεῖν,
ἑαυτῷ δὲ μεγίστην συμφορὰν ἔσεσθαι, εἰ τοῖς οὕτως
3 οἰκείως διακειμένοις αἴτιος ἔσται θανάτου. οἱ δὲ
περὶ τὸν Σωκράτην, τῶν μὲν ἄλλων οὐδένα βοηθὸν
ἔχοντες, τὴν δὲ τῶν ὑπερεχόντων ἀνάτασιν[1] ὁρῶντες
αὐξανομένην, ἡσυχίαν ἔσχον. καὶ Θηραμένην μὲν

---

[1] So Wesseling : ἀνάστασιν.

Theramenes of betraying this government of which 404 B.C. he was a voluntary member ; but Theramenes in his reply cleared himself of the several charges and gained the sympathy of the entire Council.[1] Critias, fearing that Theramenes might overthrow the oligarchy, threw about him a band of soldiers with drawn swords. They were going to arrest him, but, forestalling them, Theramenes leaped up to the altar of Hestia of the Council Chamber, crying out, " I flee for refuge to the gods, not with the thought that I shall be saved, but to make sure that my slayers will involve themselves in an act of impiety against the gods."

5. When the attendants [2] came forward and were dragging him off, Theramenes bore his bad fortune with a noble spirit, since indeed he had had no little acquaintance with philosophy in company with Socrates ; the multitude, however, in general mourned the ill-fortune of Theramenes, but had not the courage to come to his aid since a strong armed guard stood around him. Now Socrates the philosopher and two of his intimates ran forward and endeavoured to hinder the attendants. But Theramenes entreated them to do nothing of the kind ; he appreciated, he said, their friendship and bravery, but as for himself, it would be the greatest grief if he should be the cause of the death of those who were so intimately associated with him. Socrates and his helpers, since they had no aid from anyone else and saw the intransigence of those in authority increasing, made no move. Then those who had received their

[1] The speeches of Critias and Theramenes are given in Xenophon, *Hell.* 2. 3. 24-49.
[2] *i.e.* of The Eleven, a Board which had charge of condemned prisoners and of the execution of the death sentence (cp. Xenophon, *Hell.* 2. 3. 54).

ἀπὸ τῶν βωμῶν ἀποσπάσαντες οἷς ἦν προστεταγ-
μένον, διὰ μέσης τῆς ἀγορᾶς εἵλκυσαν ἐπὶ τὸν
4 θάνατον· οἱ δὲ πολλοὶ τὰ τῆς φρουρᾶς ὅπλα κατα-
πεπληγμένοι συνήλγουν τῷ δυστυχοῦντι, καὶ τήν
τε ἐκείνου συμφορὰν ἅμα καὶ τὴν περὶ σφᾶς δου-
λείαν ἐδάκρυον· τῶν γὰρ ταπεινῶν ἕκαστοι τὴν
Θηραμένους ἀρετὴν θεωροῦντες οὕτω προπηλακιζο-
μένην, τὴν περὶ αὑτοὺς ἀσθένειαν οὐδενὶ λόγῳ
παραναλωθήσεσθαι διειλήφεισαν.[1]

5 Μετὰ δὲ τὸν τούτου θάνατον οἱ τριάκοντα τοὺς
πλουσίους ἐπιλεγόμενοι, τούτοις ψευδεῖς αἰτίας
ἐπερρίπτουν, καὶ φονεύοντες τὰς οὐσίας διήρπαζον.
ἀνεῖλον δὲ καὶ Νικήρατον τὸν Νικίου τοῦ στρατη-
γήσαντος ἐπὶ Συρακοσίους υἱόν, ἄνδρα πρὸς ἅπαν-
τας ἐπιεικῆ καὶ φιλάνθρωπον, πλούτῳ δὲ καὶ δόξῃ
6 σχεδὸν πρῶτον πάντων Ἀθηναίων· διὸ καὶ συνέβη
πᾶσαν οἰκίαν συναλγῆσαι τῇ τἀνδρὸς τελευτῇ, τῆς
διὰ τὴν ἐπιείκειαν μνήμης προαγούσης εἰς δάκρυα.
οὐ μὴν ἔληγόν γε[2] τῆς παρανομίας οἱ τύραννοι,
πολὺ δὲ μᾶλλον ἐπίτασιν[3] λαμβανούσης τῆς ἀπο-
νοίας τῶν μὲν ξένων τοὺς πλουσιωτάτους ἑξήκοντα
κατέσφαξαν, ὅπως τῶν χρημάτων κυριεύσωσι, τῶν
δὲ πολιτῶν καθ' ἡμέραν ἀναιρουμένων οἱ τοῖς
βίοις εὐπορούμενοι σχεδὸν ἅπαντες ἔφυγον ἐκ τῆς
7 πόλεως. ἀνεῖλον δὲ καὶ Αὐτόλυκον, ἄνδρα παρρη-
σιαστήν, καὶ καθόλου τοὺς χαριεστάτους ἐπέλεγον.
ἐπὶ τοσοῦτο δὲ κατέφθειραν τὴν πόλιν, ὥστε φυγεῖν
τοὺς Ἀθηναίους πλείους τῶν ἡμίσεων.

---

[1] So Eichstädt : διειλήφασιν PA, διειλήφασι cet.
[2] γε Reiske : τε.   [3] ἐπίτασιν Reiske : ἐν ἅπασιν.

orders dragged Theramenes from the altar and 404 B.C. hustled him through the centre of the market-place to his execution; and the populace, terror-stricken at the arms of the garrison, were filled with pity for the unfortunate man and shed tears, not only over his fate but also over their own slavery. For all the common sort, when they saw a man of such virtue as Theramenes treated with such contumely, had concluded that they in their weakness would be sacrificed without a thought.

After the death of Theramenes the Thirty drew up a list of the wealthy, lodged false charges against them, put them to death, and seized their estates. They slew even Niceratus, the son of Nicias who had commanded the campaign against the Syracusans, a man who had conducted himself toward all men with fairness and humanity, and who was perhaps first of all Athenians in wealth and reputation. It came about, therefore, that every house was filled with pity for the end of the man, as fond thoughts due to their memory of his honest ways provoked them to tears. Nevertheless, the tyrants did not cease from their lawless conduct; rather their madness became so much the more acute that of the metics they slaughtered sixty of the wealthiest in order to gain possession of their property, and as for the citizens, since they were being killed daily, the well-to-do among them fled from the city almost to a man. They also slew Autolycus,[1] an outspoken man, and, in a word, selected[2] the most respectable citizens. So far did their wasting of the city go that more than half of the Athenians took to flight.

---

[1] A pancratiast (boxer and wrestler) whom Xenophon makes the chief character in his *Symposium*. See Plutarch, *Lysander*, 15. [2] As victims.

6. Λακεδαιμόνιοι δὲ ταπεινὴν[1] τὴν πόλιν τῶν
Ἀθηναίων ὁρῶντες, οὐδέποτε ἰσχῦσαι βουλόμενοι
τοὺς Ἀθηναίους, ἔχαιρον καὶ φανερὰν ἑαυτῶν
ἐποίουν τὴν διάθεσιν· ἐψηφίσαντο γὰρ τοὺς Ἀθη-
ναίων φυγάδας ἐξ ἁπάσης τῆς Ἑλλάδος ἀγωγίμους
τοῖς τριάκοντα εἶναι, τὸν δὲ κωλύσοντα[2] πέντε
2 ταλάντοις ἔνοχον εἶναι. δεινοῦ δ᾽ ὄντος τοῦ ψη-
φίσματος, αἱ μὲν ἄλλαι πόλεις καταπεπληγμέναι
τὸ βάρος τῶν Σπαρτιατῶν ὑπήκουον, Ἀργεῖοι δὲ
πρῶτοι, μισοῦντες μὲν τὴν Λακεδαιμονίων ὠμό-
τητα, κατελεοῦντες δὲ τὰς τύχας τῶν ἀκληρούν-
3 των, ὑπεδέχοντο φιλανθρώπως τοὺς φυγάδας. καὶ
Θηβαῖοι δὲ ἐψηφίσαντο ὑπάρχειν πρόστιμον τῷ
θεασαμένῳ μὲν ἀγόμενον φυγάδα μὴ βοηθήσαντι
δὲ κατὰ τὸ δυνατόν.

Τὰ μὲν οὖν περὶ Ἀθηναίους ἐν τούτοις ἦν.

7. Κατὰ δὲ τὴν Σικελίαν Διονύσιος ὁ τῶν Σικε-
λῶν τύραννος ἐπειδὴ πρὸς Καρχηδονίους εἰρήνην
ἐποιήσατο, περὶ τὴν ἀσφάλειαν τῆς τυραννίδος
διενοεῖτο μᾶλλον[3] γίνεσθαι· ὑπελάμβανε γὰρ τοὺς
Συρακοσίους ἀπολελυμένους τοῦ πολέμου σχολὴν
2 ἕξειν εἰς τὸ τὴν ἐλευθερίαν ἀνακτήσασθαι. θεω-
ρῶν δὲ τῆς πόλεως τὴν Νῆσον ὀχυρωτάτην οὖσαν
καὶ δυναμένην ῥᾳδίως φυλάττεσθαι, ταύτην μὲν
διῳκοδόμησεν ἀπὸ τῆς ἄλλης πόλεως τείχει πολυτε-
λεῖ, καὶ πύργους ὑψηλοὺς καὶ πυκνοὺς ἐνῳκοδό-
μησε, καὶ πρὸ αὐτῆς χρηματιστήρια καὶ στοὰς
3 δυναμένας ὄχλων ἐπιδέχεσθαι πλῆθος. ᾠκοδόμησε

---

[1] ταπεινὴν added by Wurm, οὕτω φερομένην (or διακειμένην,
διεφθαρμένην) by Reiske. Vogel reads στάσιν for πόλιν.

[2] κωλύσοντα P, κωλύσαντα cet.

[3] διενοεῖτο μᾶλλον Reiske : διενόει τὸ μέλλον.

6. The Lacedaemonians, seeing the city of the ^{404 B.C.} Athenians abased in power and having no desire that the Athenians should ever gain strength, were delighted and made their attitude clear ; for they voted that the Athenian exiles should be delivered up to the Thirty from all over Greece and that anyone who attempted to prevent this should be liable to a fine of five talents. Though this decree was shocking, all the rest of the cities, dismayed at the power of the Spartans, obeyed it, with the exception of the Argives who, hating as they did the cruelty of the Lacedaemonians and pitying the hard lot of the unfortunate, were the first to receive the exiles in a spirit of humanity. Also the Thebans voted that anyone who witnessed an exile being led off and did not render him all aid within his power should be subject to a fine.

Such, then, was the state of the affairs of the Athenians.

7. In Sicily, Dionysius, the tyrant of the Siceli,[1] after concluding peace with the Carthaginians, planned to busy himself more with the strengthening of his tyranny ; for he assumed that the Syracusans, now that they were relieved of the war, would have plenty of time to seek after the recovery of their liberty. And, perceiving that the Island [2] was the strongest section of the city and could be easily defended, he divided it from the rest of the city by an expensive wall, and in this he set high towers at close intervals, while before it he built places of business and stoas capable of accommodating a multitude of

---

[1] " Siceli " must be an error for " Sicilian Greeks " or " Syracusans."
[2] Ortygia.

DIODORUS OF SICILY

δ' ἐν αὐτῇ πολυτελῶς ὠχυρωμένην ἀκρόπολιν πρὸς τὰς αἰφνιδίους καταφυγάς, καὶ συμπεριέλαβε τῷ ταύτης τείχει τὰ πρὸς τῷ μικρῷ λιμένι τῷ Λακκίῳ καλουμένῳ νεώρια· ταῦτα δ' ἑξήκοντα τριήρεις χωροῦντα πύλην εἶχε κλειομένην, δι' ἧς κατὰ μίαν
4 τῶν νεῶν εἰσπλεῖν συνέβαινεν. τῆς δὲ χώρας τὴν μὲν ἀρίστην ἐξελόμενος ἐδωρήσατο τοῖς τε φίλοις καὶ τοῖς ἐφ' ἡγεμονίας τεταγμένοις, τὴν δ' ἄλλην ἐμέρισεν ἐπ' ἴσης ξένῳ τε καὶ πολίτῃ, συμπεριλαβὼν τῷ τῶν πολιτῶν ὀνόματι τοὺς ἠλευθερω-
5 μένους δούλους, οὓς ἐκάλει νεοπολίτας. διέδωκε δὲ καὶ τὰς οἰκίας τοῖς ὄχλοις πλὴν τῶν ἐν τῇ Νήσῳ· ταύτας δὲ τοῖς φίλοις καὶ τοῖς μισθοφόροις ἐδωρήσατο.

Ἐπεὶ δὲ τὰ κατὰ τὴν τυραννίδα καλῶς ἐδόκει διῳκηκέναι, τὴν δύναμιν ἐξήγαγεν[1] ἐπὶ τοὺς Σικελούς, πάντας μὲν σπεύδων τοὺς αὐτονόμους ὑφ' ἑαυτὸν ποιήσασθαι, μάλιστα δὲ τούτους διὰ τὸ
6 συμμαχῆσαι πρότερον Καρχηδονίοις. οὗτος μὲν οὖν ἐπὶ τὴν τῶν Ἐρβησσίνων[2] πόλιν στρατεύσας τὰ πρὸς τὴν πολιορκίαν παρεσκευάζετο. οἱ δὲ συστρατευόμενοι Συρακόσιοι κύριοι τῶν ὅπλων ὄντες συστάσεις ἐποιοῦντο καὶ κατηγόρουν ἀλλήλων ὅτι τοῖς ἱππεῦσιν οὐ συνεπελάβοντο τῆς καταλύσεως τῆς τοῦ τυράννου. ὁ δὲ καθεσταμένος ὑπὸ τοῦ Διονυσίου τῶν στρατιωτῶν ἡγεμὼν τὸ μὲν πρῶτον ἠπείλησέ τινι τῶν παρρησιαζομένων, ἀντειπόντος δ' ἐκείνου θρασέως ἐπῆλθεν ὡς πατάξων.
7 ἐφ' ᾧ παροξυνθέντες οἱ στρατιῶται τὸν μὲν ἔπαρχον ὄνομα Δωρικὸν ἀπέκτειναν, τοὺς δὲ πολίτας βοῶν-

---

[1] So Reiske : ἐξήνεγκεν.
[2] So Dindorf (cp. ch. 78. 7) : Ἐρβησινῶν.

the populace. He also constructed on the Island at 404 ʙ.ᴄ. great expense a fortified acropolis as a place of refuge in case of immediate need, and within its wall he enclosed the dockyards which are connected with the small harbour that is known as Laccium. The dockyards could accommodate sixty triremes and had an entrance that was closed off, through which only one ship could enter at a time. As for the territory of Syracuse, he picked out the best of it and distributed it in gifts to his friends as well as to higher officers, and divided the rest of it in equal portions both to aliens and to citizens, including under the name of citizens the manumitted slaves whom he designated as New Citizens. He also distributed the dwellings among the common people, except those on the island, which he gave to his friends and the mercenaries.

When Dionysius thought that he had now organized his tyranny properly, he led forth his army against the Siceli, being eager to bring all the independent peoples under his control, and the Siceli in particular, because of their previous alliance with the Carthaginians. Accordingly he advanced against the city of the Herbessini and made preparations for its siege. But the Syracusans who were in the army, now that they had arms in their hands, began to gather in groups and upbraid each other that they had not joined with the cavalry in overthrowing the tyrant.[1] The man appointed by Dionysius to command the men at first warned one of those who were freespoken, and when the man retorted, stepped boldly up to him to give him a blow. The soldiers, in anger at this, slew the commander, whose name was Doricus, and, crying

[1] Cp. Book 13. 112.

τες ἐπὶ τὴν ἐλευθερίαν μετεπέμποντο τοὺς ἐκ τῆς
Αἴτνης ἱππεῖς· οὗτοι γὰρ ἐν ἀρχῇ τῆς τυραννίδος
ἐκπεπτωκότες ᾤκουν τοῦτο τὸ φρούριον.

8. Διονύσιος δὲ καταπλαγεὶς τὴν ἀπόστασιν τῶν
Συρακοσίων τὴν μὲν πολιορκίαν ἔλυσε, εἰς δὲ τὰς
Συρακούσας ἠπείγετο, σπεύδων καταλαβέσθαι τὴν
πόλιν. οὗ φυγόντος οἱ τὴν ἀπόστασιν ποιησάμενοι
στρατηγοὺς εἵλοντο τοὺς ἀποκτείναντας τὸν ἔπαρ-
χον, καὶ παραλαβόντες τοὺς ἐξ Αἴτνης ἱππεῖς ἐν
ταῖς καλουμέναις Ἐπιπολαῖς ἀντεστρατοπέδευσαν
τῷ τυράννῳ, καὶ διέκλεισαν αὐτὸν τῆς ἐπὶ τὴν
2 χώραν ἐξόδου. εὐθὺς δὲ πρός τε Μεσσηνίους καὶ
Ῥηγίνους πρέσβεις ἀπέστειλαν, δεόμενοι κατὰ
θάλατταν συναντιλαβέσθαι τῆς ἐλευθερίας· εἰώ-
θεισαν[1] γὰρ αἱ πόλεις αὗται κατ’ ἐκεῖνον τὸν καιρὸν
τριήρεις πληροῦν οὐκ ἐλάττους ὀγδοήκοντα. ἃς
τότε τοῖς Συρακοσίοις αἱ πόλεις ἀπέστειλαν,
3 σπεύδουσαι συνεπιλαβέσθαι τῆς ἐλευθερίας. ἐπεκή-
ρυξαν δὲ καὶ χρημάτων πλῆθος τοῖς ἀνελοῦσι τὸν
τύραννον, καὶ τοῖς μεταβαλομένοις τῶν ξένων ἐπηγ-
γείλαντο μεταδώσειν τῆς πολιτείας. κατεσκεύασαν
δὲ καὶ μηχανήματα, δι’ ὧν τὰ τείχη σαλεύοντες
ἐξελοῦσι,[2] καὶ προσέβαλλον καθ’ ἡμέραν τῇ Νήσῳ,
καὶ τοὺς μεταβαλλομένους τῶν ξένων φιλανθρώπως
ἀπεδέχοντο.

4 Διονύσιος δὲ τῆς εἰς τὴν χώραν ἐξόδου διακε-
κλεισμένος καὶ ὑπὸ τῶν μισθοφόρων ἐγκαταλειπό-
μενος, συνήγαγε τοὺς φίλους βουλευσόμενος περὶ
τῶν ἐνεστώτων· οὕτω γὰρ τελέως ἀπήλπιστο τὰ
τῆς δυναστείας, ὥστε οὐ ζητεῖν αὐτὸν πῶς κατα-

to the citizens to strike for their freedom, sent for the ^{404 B.C.} cavalry from Aetnê ; for the cavalry, who had been banished at the beginning of the tyranny, occupied this outpost.

8. Dionysius, terror-stricken at the revolt of the Syracusans, broke off the siege and hastened to Syracuse, being eager to secure the city. Upon his flight those who had revolted chose as generals the men who had slain the commander, and gathering to their number the cavalry from Aetnê, they pitched a camp facing the tyrant on the height called Epipolae, and blocked his passage to the countryside. And they at once dispatched ambassadors to the Messenians and the Rhegians, urging these people to join in the bid for freedom by action at sea ; for it had been the practice of these cities at this time to man no less than eighty triremes. These triremes the cities dispatched at that time to the Syracusans, being eager to support them in the cause of freedom. The revolters also proclaimed a large reward to any who would slay the tyrant and promised citizenship to any mercenaries who would come over to them. They also constructed engines of war with which to shatter and destroy the walls, launched daily assaults upon the Island, and kindly received any of the mercenaries who came over to them.

Dionysius, being shut off as he now was from access to the countryside and constantly being abandoned by the mercenaries, gathered together his friends to counsel with them on the situation ; for he had so completely despaired of maintaining his tyrannical power that he no longer was studying how to defeat

---

¹ So Reiske : εἰώθασιν.
² So Hertlein : ἐξέλωσι.

πολεμήσῃ[1] τοὺς Συρακοσίους, ἀλλὰ ποῖον ὑπομείνας
θάνατον μὴ παντελῶς ἄδοξον ποιήσῃ τὴν κατάλυσιν
5 τῆς ἀρχῆς. Ἔλωρις μὲν οὖν, εἷς τῶν φίλων, ὡς
δ' ἔνιοί φασιν, ὁ ποιητὸς[2] πατήρ, εἶπεν αὐτῷ, διότι
καλὸν ἐντάφιόν ἐστιν ἡ τυραννίς· Πολύξενος δὲ ὁ
κηδεστὴς ἀπεφήνατο δεῖν λαβόντα τὸν ὀξύτατον
ἵππον εἰς τὴν τῶν Καρχηδονίων ἐπικράτειαν ἀφιπ-
πεῦσαι πρὸς τοὺς Καμπανούς· τούτους γὰρ Ἰμίλκων
ἀπελελοίπει φυλακῆς ἕνεκα τῶν κατὰ Σικελίαν
τόπων· Φίλιστος δ' ὁ μετὰ ταῦτα τὰς ἱστορίας
συνταξάμενος, ἀντειπὼν τῷ Πολυξένῳ, προσήκειν
ἔφησεν[3] οὐκ ἐφ' ἵππου θέοντος[4] ἐκπηδᾶν ἐκ τῆς
τυραννίδος, ἀλλὰ τοῦ σκέλους ἑλκόμενον ἐκπίπτειν.
6 ᾧ προσσχὼν ὁ Διονύσιος ἔκρινε πᾶν ὑπομεῖναι
πρότερον ἢ τὴν δυναστείαν ἐκλιπεῖν ἑκουσίως.
διόπερ ἀποστείλας πρέσβεις πρὸς τοὺς ἀφεστηκό-
τας, τούτους μὲν παρεκάλει δοῦναι τὴν ἐξουσίαν
αὐτῷ μετὰ τῶν ἰδίων ἀπελθεῖν ἐκ τῆς πόλεως,
πρὸς δὲ τοὺς Καμπανοὺς λάθρα διαπεμψάμενος
ὡμολόγησεν αὐτοῖς δώσειν χρήματα ὅσα ἂν αἰτή-
σωσιν εἰς τὴν πολιορκίαν.[5]

9. Τούτων δὲ πραχθέντων οἱ μὲν Συρακόσιοι
τὴν ἐξουσίαν δόντες τῷ τυράννῳ μετὰ πέντε νεῶν
ἀποπλεῖν, ῥαθυμότεροι[6] καθειστήκεσαν, καὶ τοὺς
μὲν ἱππεῖς[7] ἀπέλυσαν οὐδὲν χρησίμους ὄντας πρὸς
τὴν πολιορκίαν, τῶν δὲ πεζῶν οἱ πλεῖστοι κατὰ
τὴν χώραν ἐξῇεσαν[8] ὡς ἤδη καταλελυμένης τῆς
2 τυραννίδος. οἱ δὲ Καμπανοὶ ταῖς ἐπαγγελίαις

---

[1] So Bekker : καταπολεμῆσαι.
[2] ποιητὸς Wesseling : ποιητής.
[3] δεῖν after ἔφησεν deleted by Vogel.

the Syracusans but rather how to meet death in such _{404 B.C.} a way as to end his rule not altogether ingloriously. Now Heloris, one of his friends, or, as some say, his adopted father, declared to him, " Tyranny is a fair winding-sheet " ; but Polyxenus, his brother-in-law, advised him to use his swiftest horse and ride off into the domain of the Carthaginians to the Campanians, whom Himilcon had left behind to guard the districts of Sicily. Philistus, however, who composed his history after these events, declared in opposition to Polyxenus that it was not fitting to dash from the tyranny on a galloping horse but to be cast out, dragged by the leg.[1] Dionysius agreed with Philistus and decided to submit to anything rather than abandon the throne of his free will. Consequently he sent ambassadors to those in revolt and urged them to allow him and his companions to leave the city, while he secretly dispatched messengers to the Campanians and promised them any price they should ask for the duration of the siege.

9. After the events we have described the Syracusans, having given the tyrant permission to sail away with five ships, took matters with rather less concern ; the cavalry, since they were of no use in the siege, they discharged, while as for the infantry, most of them roved off into the countryside, assuming that the tyranny was already at an end. The Campanians, being elated at the promises they had

---

[1] Cp. Plutarch, *Dion.* 35. 5.

---

[4] θέοντος Rhodoman : θέλοντος.
[5] For πολιορκίαν Vogel suggests ἐπικουρίαν.
[6] So Stephanus : ῥαθυμότερον.
[7] ἱππεῖς added by Reiske.
[8] So Reiske, ἐπεξῄεσαν L, ἀντεξῄεσαν cet.

μετεωρισθέντες τὸ μὲν πρῶτον ἐπ᾽ Ἀγύριον παρ-
εγενήθησαν, ἐκεῖ δὲ τὴν ἀποσκευὴν Ἄγυρι παρα-
θέμενοι τῷ δυναστεύοντι τῆς πόλεως ἐξώρμησαν
ἐπὶ Συρακούσας εὔζωνοι, τὸν ἀριθμὸν ὄντες ἱππεῖς
3 χίλιοι διακόσιοι. ταχὺ δὲ διανύσαντες τὴν ὁδὸν
ἀπροσδοκήτως ἐπεφάνησαν τοῖς Συρακοσίοις, καὶ
πολλοὺς αὐτῶν ἀνελόντες εἰσεβιάσαντο[1] πρὸς τὸν
Διονύσιον. κατέπλευσαν δὲ καὶ τριακόσιοι μισθο-
φόροι τῷ τυράννῳ κατὰ τὸν αὐτὸν καιρόν, ὥστε
4 αὐτὸν ἀνακῦψαι ταῖς ἐλπίσιν. οἱ δὲ Συρακόσιοι
πάλιν τῆς δυναστείας ἰσχυροποιουμένης ἐστασίασαν
πρὸς ἀλλήλους, τῶν μὲν ἀποφαινομένων μένειν καὶ
πολιορκεῖν, τῶν δὲ λύειν τὸ στρατόπεδον καὶ τὴν
πόλιν ἐκλιπεῖν.
5 Ἃ δὴ συνιδὼν ὁ Διονύσιος ἐξήγαγεν ἐπ᾽ αὐτοὺς
τὴν δύναμιν, καὶ τεταραγμένοις ἐπιπεσὼν ῥᾳδίως
ἐτρέψατο περὶ τὴν Νέαν πόλιν καλουμένην. ἀν-
ῃρέθησαν μὲν οὖν οὐ πολλοί· παριππεύων γὰρ ὁ
Διονύσιος ἐκώλυσε φονεύειν τοὺς φεύγοντας· οἱ δὲ
Συρακόσιοι παραχρῆμα μὲν κατὰ τὴν χώραν ἐσκε-
δάσθησαν, μετ᾽ ὀλίγον δὲ πρὸς τοὺς ἱππεῖς εἰς
Αἴτνην ἠθροίσθησαν ὑπὲρ τοὺς ἑπτακισχιλίους.
6 Διονύσιος δὲ τοὺς πεσόντας τῶν Συρακοσίων θάψας
ἀπέστειλε πρέσβεις εἰς Αἴτνην, ἀξιῶν τοὺς φυγάδας
διαλύεσθαι καὶ τὴν πατρίδα κατοικεῖν, διδοὺς
7 πίστιν μὴ μνησικακήσειν αὐτοῖς. τινὲς μὲν οὖν
τέκνα καὶ γυναῖκας ἀπολελοιπότες ἠναγκάσθησαν
πεισθῆναι τοῖς παρακαλουμένοις· οἱ δὲ λοιποί, προ-
φερομένων τῶν πρεσβευτῶν τὴν τοῦ Διονυσίου περὶ
τὴν ταφὴν τῶν πεσόντων εὐεργεσίαν, ἔφασαν αὐτὸν
ἄξιον εἶναι τυχεῖν τῆς ὁμοίας χάριτος, καὶ τοῖς

---

[1] So Stephanus : εἰσεβιβάσαντο.

received, first of all came to Agyrium, and leaving 404 B.C. their baggage there with Agyris, the ruler of the city, they set forth unencumbered for Syracuse, being in number twelve hundred cavalry. Completing the journey in quick time, they came upon the Syracusans unexpectedly and, slaying many of them, they forced their way through to Dionysius. At this same time three hundred mercenaries had also landed to aid the tyrant, so that his hopes revived. The Syracusans, as the despotic power again gathered strength, were at odds among themselves, some maintaining that they should remain and continue the siege and others that they should disband their forces and abandon the city.

As soon as Dionysius learned of this, he led his army out against them, and falling on them while they were disordered, he easily routed them near the New City, as it is called. Not many of them, however, were slain, since Dionysius, riding among his men, stopped them from killing the fugitives. The Syracusans were forthwith scattered over the countryside, but a little later more than seven thousand of them were gathered with the cavalry at Aetnê. Dionysius, after burying the Syracusans who had fallen, dispatched ambassadors to Aetnê, asking the exiles to accept terms and return to their native land, and giving his pledged word that he would not bear enmity against them. Now certain of them, who had left behind children and wives, felt compelled to accept the offer; but the rest replied, when the ambassadors cited the benefaction Diónysius had performed in the burial of the dead, that he deserved the same favour, and they prayed to the gods that

θεοῖς ηὔχοντο τὴν ταχίστην αὐτὸν ἐπιδεῖν ταύτης
8 τυγχάνοντα. οὗτοι μὲν οὖν οὐδενὶ τρόπῳ βουλη-
θέντες πιστεῦσαι τῷ τυράννῳ κατέμειναν ἐν Αἴτνῃ,
καιρὸν ἐπιτηροῦντες κατ᾽ αὐτοῦ· Διονύσιος δὲ τοῖς
μὲν κατελθοῦσι φυγάσι φιλανθρώπως ἐχρήσατο,
βουλόμενος καὶ τοὺς ἄλλους προτρέψασθαι κατ-
ελθεῖν εἰς τὴν πατρίδα, τοὺς δὲ Καμπανοὺς ταῖς
καθηκούσαις δωρεαῖς τιμήσας ἐξαπέστειλεν ἐκ τῆς
9 πόλεως, ὑφορώμενος αὐτῶν τὴν ἀβεβαιότητα. οἳ
πορευθέντες εἰς Ἔντελλαν, καὶ πείσαντες τοὺς ἐν
τῇ πόλει λαβεῖν ἑαυτοὺς συνοίκους, νυκτὸς ἐπιθέ-
μενοι τοὺς μὲν ἡβῶντας ἀπέσφαξαν, τὰς δὲ γυ-
ναῖκας τῶν παρασπονδηθέντων γήμαντες κατέσχον
τὴν πόλιν.

10. Κατὰ δὲ τὴν Ἑλλάδα Λακεδαιμόνιοι κατα-
λελυκότες τὸν Πελοποννησιακὸν πόλεμον ὁμολογου-
μένην ἔσχον τὴν ἡγεμονίαν καὶ τὴν κατὰ γῆν καὶ
τὴν κατὰ θάλατταν. καταστήσαντες δὲ ναύαρχον
Λύσανδρον, τούτῳ προσέταξαν ἐπιπορεύεσθαι τὰς
πόλεις, ἐν ἑκάστῃ τοὺς παρ᾽ αὐτοῖς καλουμένους
ἁρμοστὰς ἐγκαθιστάντα· ταῖς γὰρ δημοκρατίαις
προσκόπτοντες οἱ Λακεδαιμόνιοι δι᾽ ὀλιγαρχίας
2 ἐβούλοντο τὰς πόλεις διοικεῖσθαι. ἔταξαν δὲ καὶ
φόρους τοῖς καταπολεμηθεῖσι, καὶ τὸν πρὸ τοῦ
χρόνον οὐ χρώμενοι νομίσματι τότε συνήθροιζον
ἐκ τοῦ φόρου κατ᾽ ἐνιαυτὸν πλείω τῶν χιλίων
ταλάντων.

Ἐπεὶ δὲ τὰ κατὰ τὴν Ἑλλάδα πράγματα κατὰ
τὴν ἰδίαν ἀξίαν διῴκησαν, ἀπέστειλαν Ἄριστον
ἄνδρα τῶν ἐπιφανῶν εἰς Συρακούσας, τῷ μὲν λόγῳ

---

[1] Governors from Sparta. After Aegospotami Lysander

they might, the sooner the better, see him obtain it. 404 B.C.
These men, accordingly, who would by no means put
any trust in the tyrant, remained in Aetnê, watching
for an opportunity against him. Dionysius treated
with humanity the exiles who returned, wishing to
encourage the rest to return to their native land too.
To the Campanians he awarded the gifts that were
due and then dispatched them from the city, having
regard to their fickleness. These made their way
to Entella and persuaded the men of the city to receive
them as fellow-inhabitants ; then they fell upon them
by night, slew the men of military age, married the
wives of the men with whom they had broken faith,
and possessed themselves of the city.

10. In Greece the Lacedaemonians, now that they
had brought the Peloponnesian War to an end, held
the supremacy by common acknowledgement both
on land and on sea. Appointing Lysander admiral,
they ordered him to visit the cities and set up in each
the magistrates they call harmosts [1] ; for the Lace-
daemonians, who had a dislike for the democracies,
wished the cities to have oligarchic governments.
They also levied tribute upon the peoples they had
conquered, and although before this time they had not
used coined money, they now collected yearly from
the tribute more than a thousand talents.[2]

When the Lacedaemonians had settled the affairs
of Greece to their own taste, they dispatched Aristus,[3]
one of their distinguished men, to Syracuse, ostensibly

had appointed boards of ten citizens in each conquered city
to form an oligarchic government. See Xenophon, *Hell.*
3. 4. 2.

[2] Diodorus is the only authority for such a figure, which
can scarcely be credited.

[3] Named Aretes in chap. 70. 3.

προσποιούμενοι καταλύειν τὴν δυναστείαν, τῇ δ᾽
ἀληθείᾳ σπεύδοντες αὐξῆσαι τὴν τυραννίδα· ἤλπιζον
γὰρ συγκατασκευάζοντες τὴν ἀρχὴν ὑπήκοον ἕξειν
3 τὸν Διονύσιον διὰ τὰς εὐεργεσίας. ὁ δ᾽ Ἄριστος
καταπλεύσας εἰς Συρακούσας καὶ τῷ τυράννῳ
λάθρᾳ περὶ τούτων διαλεχθείς, τούς τε Συρακο-
σίους ἀνασείων καὶ τὴν ἐλευθερίαν ἀποκαταστήσειν
ἐπαγγειλάμενος, Νικοτέλην μὲν τὸν Κορίνθιον
ἀνεῖλεν ἀφηγούμενον τῶν Συρακοσίων, τοὺς δὲ
πιστεύσαντας προδοὺς τὸν μὲν τύραννον ἰσχυρὸν
κατέστησε, διὰ δὲ τῆς πράξεως ταύτης ἀσχημονεῖν
4 ἐποίησεν αὐτὸν ἅμα καὶ τὴν πατρίδα. Διονύσιος
δὲ τοὺς Συρακοσίους ἐπὶ τὸν θερισμὸν[1] ἀποστείλας
ἐπῆλθε τὰς οἰκίας, καὶ τὰ μὲν ὅπλα πάντων ἀφεί-
λετο, μετὰ δὲ ταῦθ᾽ ἕτερον τεῖχος ᾠκοδόμει περὶ
τὴν ἀκρόπολιν, καὶ ναῦς τε κατεσκευάζετο, συνῆγε
δὲ καὶ μισθοφόρων πλῆθος, καὶ τὰ λοιπὰ παρε-
σκευάζετο πρὸς τὴν ἀσφάλειαν τῆς τυραννίδος, ὡς
ἂν ἔργοις ἤδη πεῖραν εἰληφὼς ὅτι πᾶν ὑπομένουσιν
οἱ Συρακόσιοι χάριν τοῦ μὴ δουλεύειν.

11. Τούτων δὲ πραττομένων Φαρνάβαζος ὁ
Δαρείου τοῦ βασιλέως σατράπης Ἀλκιβιάδην τὸν
Ἀθηναῖον συλλαβὼν ἀνεῖλε, χαρίσασθαι βουλόμενος
Λακεδαιμονίοις. τοῦ δ᾽ Ἐφόρου δι᾽ ἄλλας αἰτίας
ἐπιβουλευθῆναι γεγραφότος, οὐκ ἄχρηστον εἶναι
νομίζω παραθεῖναι τὴν παραδοθεῖσαν ὑπὸ τοῦ
2 συγγραφέως ἐπιβουλὴν κατ᾽ Ἀλκιβιάδου. φησὶ
γὰρ κατὰ τὴν ἑπτακαιδεκάτην βίβλον Κῦρον μὲν
καὶ Λακεδαιμονίους λάθρα παρασκευάζεσθαι ἅμα
πολεμεῖν πρὸς Ἀρταξέρξην τὸν ἀδελφόν, Ἀλκι-
βιάδην δὲ διά τινων αἰσθόμενον τὴν Κύρου προ-

---

[1] For θερισμὸν Wurm suggests θέατρον.

pretending that they would overthrow the government, but in truth with intent to increase the power of the tyranny ; for they hoped that by helping to establish the rule of Dionysius they would obtain his ready service because of their benefactions to him. Aristus, after having put ashore at Syracuse and discussed secretly with the tyrant the matters we have mentioned, kept stirring up the Syracusans and promised to restore their liberty ; then he slew Nicoteles the Corinthian, a leader of the Syracusans, made strong the tyrant by betraying those who put their faith in him, and by such conduct brought disgrace both upon himself and upon his native land. Dionysius, sending the Syracusans out to harvest their crops,[1] entered their homes and carried off the arms of them all ; after this he built a second wall about the acropolis, constructed war vessels, and also collected a great number of mercenaries ; and he made every other provision to safeguard the tyranny, since he had learned by experience that the Syracusans would endure anything to escape slavery.

11. While these events were taking place, Pharnabazus, the satrap [2] of King Darius, wishing to gratify the Lacedaemonians, seized Alcibiades the Athenian and put him to death. But since Ephorus recounts that his death was sought for other reasons, I think it not unprofitable to set forth the plot against Alcibiades as the historian has described it. He states in the Seventeenth Book that Cyrus and the Lacedaemonians were making secret plans for a joint war against Cyrus' brother Artaxerxes, and Alcibiades, learning of Cyrus' purpose from certain

---

[1] Wurm suggests " sending them to the theatre."

[2] Satrap of Phrygia and Bithynia.

αἵρεσιν ἐλθεῖν πρὸς Φαρνάβαζον καὶ περὶ τούτων
ἐξηγήσασθαι κατὰ μέρος, ἀξιῶσαι δὲ αὐτὸν ἀνα-
βάσεως ὁδηγὸν¹ πρὸς Ἀρταξέρξην· βούλεσθαι
γὰρ ἐμφανίσαι πρῶτον τὴν ἐπιβουλὴν τῷ βασιλεῖ.
3 τὸν δὲ Φαρνάβαζον ἀκούσαντα τῶν λόγων σφε-
τερίσασθαι τὴν ἀπαγγελίαν καὶ πέμψαι πιστοὺς
ἄνδρας ὑπὲρ τούτων τῷ βασιλεῖ δηλώσοντας. οὐ
διδόντος δὲ τοῦ Φαρναβάζου τοὺς παραπέμψοντας
εἰς τὰ βασίλεια, φησὶ τὸν μὲν Ἀλκιβιάδην ὁρμῆσαι
πρὸς τὸν σατράπην τῆς Παφλαγονίας, ὅπως δι᾽
ἐκείνου ποιήσαιτο τὴν ἀνάβασιν· τὸν δὲ Φαρνά-
βαζον φοβηθέντα μὴ περὶ τούτων ἀκούσῃ τὴν ἀλή-
θειαν ὁ βασιλεύς, ἐπαποστεῖλαι τοὺς ἀνελοῦντας
4 κατὰ τὴν ὁδὸν τὸν Ἀλκιβιάδην. τοὺς δὲ καταλα-
βόντας αὐτὸν τῆς Φρυγίας ἔν τινι κώμῃ κατεσκηνω-
κότα νυκτὸς περιθεῖναι ξύλων πλῆθος· ἀναφθέντος
οὖν πολλοῦ πυρὸς τὸν Ἀλκιβιάδην ἐπιχειρῆσαι μὲν
ἀμύνεσθαι, κρατηθέντα δὲ ὑπὸ τοῦ πυρὸς καὶ τῶν
εἰς αὐτὸν ἀκοντιζόντων τελευτῆσαι.

5 Περὶ δὲ τὸν αὐτὸν χρόνον καὶ Δημόκριτος ὁ
φιλόσοφος ἐτελεύτησε βιώσας ἔτη ἐνενήκοντα.
Λασθένην δὲ τὸν Θηβαῖον τὸν νενικηκότα ταύτην
τὴν ὀλυμπιάδα λέγεται πρὸς ἵππον ἀθλητὴν δρα-
μόντα νικῆσαι· τὸν δὲ δρόμον ἀπὸ τῆς Κορωνείας
μέχρι τῆς Θηβαίων πόλεως γενέσθαι.

6 Κατὰ δὲ τὴν Ἰταλίαν Ῥωμαίων φρουρούντων
Ἔρρουκαν πόλιν Οὐόλσκων ἐπελθόντες οἱ πολέμιοι
τῆς τε πόλεως ἐκράτησαν καὶ τῶν φρουρῶν τοὺς
πλείστους ἀνεῖλαν.

12. Τῶν δὲ κατὰ τοῦτον τὸν ἐνιαυτὸν πράξεων

parties, went to Pharnabazus and told him of it in 404 B.C. detail ; and he asked him for someone to conduct him on a mission to Artaxerxes, since he wished to be the first to disclose the plot to the King. But Pharnabazus, on hearing the story, usurped the function of reporter and sent trusted men to disclose the matter to the King. When Pharnabazus did not provide escorts to the capital, Ephorus continues, Alcibiades set out to the satrap of Paphlagonia in order to make the trip with his assistance ; but Pharnabazus, fearing lest the King should hear the truth of the affair, sent men after Alcibiades to slay him on the road. These came upon him where he had taken shelter in a village of Phrygia, and in the night enclosed the place with a mass of fuel. When a strong fire was kindled, Alcibiades endeavoured to save himself, but came to his death from the fire and the javelins of his attackers.[1]

About the same time Democritus [2] the philosopher died at the age of ninety. And Lasthenes the Theban, who was the victor in the Olympic Games of this year, won a race, we are told, against a race horse, the course being from Coroneia to the city of the Thebans.[3]

In Italy the Roman garrison of Erruca,[4] a city of the Volsci, was attacked by the enemy, who captured the city and slew most of the defenders.

12. When the events of this year had come to an 403 B.C

---

[1] A very different account of the circumstances of the murder of Alcibiades is given by Plutarch, *Alcibiades*, 38. 3 f.
[2] The famous developer of the " atomic " theory.
[3] A distance of about thirty miles.
[4] Verrugo (Livy, 4. 58).

---

[1] So Reiske, Bezzel : ὁδόν.

τέλος ἐχουσῶν Ἀθήνησι μὲν ἦν ἄρχων Εὐκλείδης,
ἐν Ῥώμῃ δὲ τὴν ὑπατικὴν ἀρχὴν διεδέξαντο χιλί-
αρχοι τέσσαρες, Πόπλιος Κορνήλιος, Νουμέριος
2 Φάβιος, Λεύκιος Οὐαλέριος. τούτων δὲ τὴν ἀρχὴν
παρειληφότων Βυζάντιοι πρὸς μὲν ἀλλήλους στασι-
άζοντες, πρὸς δὲ τοὺς παροικοῦντας Θρᾷκας πόλε-
μον ἔχοντες, κακῶς ἀπήλλαττον· οὐ δυνάμενοι δὲ
λύσιν πορίσασθαι τῆς πρὸς ἀλλήλους φιλονεικίας,
στρατηγὸν ᾐτήσαντο παρὰ Λακεδαιμονίων. ἐξ-
έπεμψαν οὖν οἱ Σπαρτιᾶται Κλέαρχον καταστή-
3 σοντα τὰ κατὰ τὴν πόλιν· οὗτος δὲ πιστευθεὶς περὶ
τῶν ὅλων καὶ μισθοφόρους πολλοὺς ἀθροίσας,
οὐκέτι προστάτης ἦν, ἀλλὰ τύραννος. καὶ τὸ μὲν
πρῶτον τοὺς ἄρχοντας αὐτῶν ἐπί τινι θυσίᾳ καλέσας
ἀνεῖλε, μετὰ δὲ ταῦτα ἀναρχίας οὔσης ἐν τῇ πόλει,
τριάκοντα μὲν τοὺς ὀνομαζομένους Βυζαντίους[1]
συνήρπασε καὶ περιθεὶς κάλων ἀπεστραγγάλισε·
πάντων δὲ τῶν διαφθαρέντων τὰς οὐσίας σφετερι-
σάμενος ἐπελέγετο καὶ τῶν ἄλλων τοὺς εὐπόρους,
καὶ ψευδεῖς αἰτίας ἐπιρρίπτων οὓς μὲν ἀπέκτεινεν
οὓς δὲ ἐφυγάδευσε. πολλῶν δὲ χρημάτων κυριεύ-
σας καὶ μισθοφόρων ἀθροίσας πλῆθος τὰ κατὰ τὴν
δυναστείαν ἠσφαλίσατο.
4   Διαβοηθείσης δὲ τῆς κατὰ τὸν τύραννον ὠμό-
τητός τε καὶ δυνάμεως, Λακεδαιμόνιοι τὸ μὲν
πρῶτον ἀπέστειλαν πρὸς αὐτὸν πρέσβεις τοὺς πεί-
σοντας ἀποθέσθαι τὴν δυναστείαν· οὐ προσέχοντος
δὲ τοῖς ἀξιουμένοις ἔπεμψαν δύναμιν ἐπ' αὐτὸν καὶ
5 στρατηγὸν Πανθοίδαν. οὗ τὴν ἔφοδον αἰσθόμενος

---

[1] Βυζαντίους] Βοιωτοὺς AHL.

end, Eucleides was archon in Athens, and in Rome 403 B.C.
four military tribunes succeeded to the consular
magistracy, Publius Cornelius, Numerius Fabius, and
Lucius Valerius.[1] After these magistrates had taken
office, the Byzantines were in serious difficulties both
because of factional strife and of a war that they were
waging with the neighbouring Thracians ; and since
they were unable to devise a settlement of their
mutual differences, they asked the Lacedaemonians
for a general. The Spartans, accordingly, sent them
Clearchus to bring order to the affairs of the city ;
and he, after being entrusted with supreme authority,
and having gathered a large body of mercenaries,
was no longer their president but their tyrant. First
of all, he invited their chief magistrates to attend a
festival of some kind and put them to death. and after
this, since there was no government in the city, he
seized a group of thirty prominent Byzantines, put
a cord about their necks, and strangled them to
death. After appropriating for himself the property
of those he had slain, he also picked out the wealthy
among the rest of the citizens, and launching false
charges against them, he put some to death and
drove others into exile. Having thus acquired a
large amount of money and assembled a great body
of mercenaries, he made his tyrannical power se-
cure.

When the cruelty and power of the tyrant became
noised abroad, the Lacedaemonians first of all dis-
patched ambassadors to him to prevail upon him to
lay down his tyrannical power, but when he paid no
heed to their requests, they sent an army against
him under the command of Panthoedas. Clearchus,

---

[1] Most of the manuscripts add " and Terentius Maximus."

ὁ Κλέαρχος εἰς Σηλυμβρίαν μετήγαγε τὴν δύναμιν,
κύριος ὢν καὶ ταύτης τῆς πόλεως· πολλὰ γὰρ εἰς
τοὺς Βυζαντίους ἡμαρτηκὼς ὑπελάμβανεν οὐ μόνον
τοὺς Λακεδαιμονίους ἀλλὰ καὶ τοὺς ἐν τῇ πόλει
6 πολεμίους ἕξειν. διόπερ ἐκ Σηλυμβρίας κρίνας
ἀσφαλέστερον διαπολεμήσειν, τά τε χρήματα καὶ
τὴν δύναμιν μετέστησεν. ὡς δ᾽ ἐπύθετο τοὺς Λακε-
δαιμονίους ἐγγὺς ὄντας, ἀπήντησεν αὐτοῖς, καὶ
περὶ τὸν καλούμενον Πόρον συνῆψε μάχην τοῖς
7 περὶ τὸν Πανθοίδαν. γενομένου δ᾽ ἐπὶ πολὺν
χρόνον τοῦ κινδύνου, καὶ λαμπρῶς ἀγωνισαμένων
τῶν Λακεδαιμονίων, οἱ τοῦ τυράννου διεφθάρησαν.
ὁ δὲ Κλέαρχος τὸ μὲν πρῶτον μετ᾽ ὀλίγων συγ-
κλεισθεὶς εἰς Σηλυμβρίαν ἐπολιορκεῖτο· μετὰ δὲ
ταῦτα φοβηθεὶς διέδρα νυκτὸς καὶ διέπλευσεν εἰς
τὴν Ἰωνίαν· ἐκεῖ δ᾽ εἰς συνήθειαν ἐλθὼν Κύρῳ τῷ
8 τοῦ βασιλέως ἀδελφῷ δυνάμεως ἀφηγήσατο. ὁ
γὰρ Κῦρος, ἄρχων ἀποδεδειγμένος τῶν ἐπὶ θαλάττῃ
σατραπειῶν καὶ φρονήματος πλήρης ὤν, διενοεῖτο
9 στρατεύειν ἐπὶ τὸν ἀδελφὸν Ἀρταξέρξην. ὁρῶν
οὖν τὸν Κλέαρχον τόλμαν ἔχοντα καὶ θράσος πρό-
χειρον, ἔδωκεν αὐτῷ χρήματα καὶ προσέταξεν ὡς
πλείστους ξενολογεῖν, νομίζων εὔθετον ἕξειν συν-
αγωνιστὴν τοῖς ὑπ᾽ αὐτοῦ τολμωμένοις.

13. Λύσανδρος δὲ ὁ Σπαρτιάτης ἐπειδὴ πάσας
τὰς ὑπὸ Λακεδαιμονίους πόλεις διῴκησε κατὰ τὴν
τῶν ἐφόρων γνώμην, ἐν αἷς μὲν δεκαδαρχίας, ἐν
αἷς δ᾽ ὀλιγαρχίας καταστήσας, περίβλεπτος ἦν ἐν

---

[1] The Aegean Sea. Xenophon (*Anab.* 1. 1. 2) states that

on learning of his approach, transferred his army to 403 B.C.
Selymbria, being master also of this city, for he
assumed that after the many crimes he had com-
mitted against the Byzantines, he would have as
enemies not only the Lacedaemonians, but also the
inhabitants of the city. Consequently, having decided
that Selymbria would be a safer base for the war,
he removed both his treasure and his army to that
place. When he learned that the Lacedaemonians
were close at hand, he advanced to meet them and
joined battle with the troops of Panthoedas at the
place called Porus. The struggle lasted a long while,
but the Lacedaemonians fought splendidly and the
forces of the tyrant were destroyed. Clearchus with
a few companions was at first shut up in Selymbria
and besieged there, but later he was fearful and
slipped away by night, and crossed over to Ionia,
where he became intimate with Cyrus, the brother
of the Persian King, and won command of his troops.
For Cyrus, who had been appointed supreme com- ✓
mander of the satrapies lying on the sea [1] and was
afire with ambition, was planning to lead an army
against his brother Artaxerxes. Observing, there-
fore, that Clearchus possessed daring and a prompt
boldness, he supplied him with funds and instructed
him to enroll as many mercenaries as he could, be-
lieving that he would have in Clearchus an apt partner
for his bold undertakings.

13. Lysander the Spartan, after he had introduced
governments in all the cities under the Lacedae-
monians in accordance with the will of the ephors,
establishing a rule of ten men in some and oligarchies

he had been made " general of all the forces that muster in
the plain of Castolus."

τῇ Σπάρτῃ. καταλύσας γὰρ τὸν Πελοποννησιακὸν πόλεμον τῇ πατρίδι περιτεθεικὼς ἦν τὴν ἡγεμονίαν ὁμολογουμένην καὶ τὴν κατὰ γῆν καὶ τὴν κατὰ

2 θάλατταν. διόπερ ἐπὶ τούτοις πεφρονηματισμένος διενοεῖτο καταλῦσαι τὴν τῶν Ἡρακλειδῶν βασιλείαν καὶ κοινὴν ἐκ πάντων Σπαρτιατῶν ποιῆσαι τὴν αἵρεσιν τῶν βασιλέων· ἤλπιζε γὰρ εἰς ἑαυτὸν τάχιστα τὴν ἀρχὴν ἥξειν διὰ τὸ μεγίστας καὶ καλ-

3 λίστας πράξεις κατειργάσθαι. θεωρῶν δὲ τοὺς Λακεδαιμονίους μάλιστα τοῖς μαντείοις προσέχοντας, ἐπεχείρησε τὴν ἐν Δελφοῖς προφῆτιν διαφθεῖραι χρήμασιν· ἐνόμιζε γάρ, εἰ χρησμὸν λάβοι σύμμαχον ταῖς ἰδίαις ἐπιβολαῖς, ῥᾳδίως ἄξειν¹ ἐπὶ τέλος τὴν

4 προαίρεσιν. ἐπεὶ δὲ παμπληθῆ² χρήματα τοῖς περὶ τὸ μαντεῖον διατρίβουσιν ὑπισχνούμενος οὐκ ἔπειθε, ταῖς ἐν Δωδώνῃ περὶ τὸ μαντεῖον οὔσαις ἱερείαις προσήνεγκε λόγους περὶ τῶν αὐτῶν διά τινος Φερεκράτους, Ἀπολλωνιάτου μὲν τὸ γένος, ἔχοντος δὲ συνήθειαν πρὸς τοὺς περὶ τὸ ἱερὸν διατρίβοντας.

5 Οὐδὲν δὲ πρᾶξαι δυνάμενος ἐξεδήμησεν εἰς Κυρήνην, πρόφασιν μὲν ὡς εὐχὰς ἀποδιδοὺς Ἄμμωνι, τῇ δ' ἀληθείᾳ διαφθεῖραι βουλόμενος τὸ μαντεῖον· ἐκόμισε δὲ καὶ χρημάτων πλῆθος, δι' ὧν ἤλπιζε τοὺς περὶ τὸ ἱερὸν διατρίβοντας πεῖσαι.

6 καὶ γὰρ ὁ βασιλεὺς τῶν περὶ ἐκείνους τοὺς τόπους Λίβυς ξένος ἦν αὐτῷ πατρικός, καὶ τὸν ἀδελφὸν τοῦ Λυσάνδρου συνέβαινεν ὀνομάζεσθαι Λίβυν ἀπὸ τῆς

¹ So Dindorf : ἥξειν.
² χρόνον after παμπληθῆ deleted by Reiske.

in others, was the cynosure of Sparta. For by bring- 403 B.C.
ing the Peloponnesian War to an end he had be-
stowed upon his native land the supreme power,
acknowledged by all, both on land and on sea. Con-
sequently, having become filled with pride on this
account, he conceived the idea of putting an end to
the kingship of the Heracleidae [1] and making every
Spartan eligible to election as king ; for he hoped
that the kingship would very soon come to him
because of his achievements, which were very great
and glorious. Knowing that the Lacedaemonians
gave very great heed to the responses of oracles, he
attempted to bribe the prophetess in Delphi, since
he believed that, if he should receive an oracular
response favourable to the designs he entertained,
he should easily carry his project to a successful end.
But when he could not win over the attendants of
the oracle, despite the large sum he promised them,
he opened negotiations on the same matter with the
priestesses of the oracle of Dodonê, through a certain
Pherecrates, who was a native of Apollonia and
intimate with the attendants of the shrine.

Meeting with no success, he made a journey to
Cyrenê, offering as his reason payment of vows to
Ammon,[2] but actually for the purpose of bribing the
oracle ; and he took with him a great sum of money
with which he hoped to win over the attendants of
the shrine. And in fact Libys, the king of those
regions, was a guest-friend of his father, and it so
happened that Lysander's brother had been named
Libys by reason of the friendship with the king.

---

[1] The two lines of Spartan kings claimed to be " De-
scendants of Heracles."

[2] Zeus-Ammon, whose shrine was in the Oasis of Siwah.

45

7 πρὸς ἐκεῖνον φιλίας. διὰ δὴ τούτου καὶ τῶν κομι-
ζομένων χρημάτων ἐλπίσας πείσειν οὐ μόνον ἀπ-
έτυχε τῆς ἐπιβολῆς, ἀλλὰ καὶ συνεξέπεμψαν οἱ
τοῦ μαντείου προεστῶτες πρέσβεις τοὺς κατηγορή-
σοντας τοῦ Λυσάνδρου περὶ τῆς τοῦ χρηστηρίου
διαφθορᾶς. ὁ δὲ Λύσανδρος παραγενηθεὶς εἰς
Λακεδαίμονα κρίσεως αὐτῷ προτεθείσης ἀπελογή-
8 σατο πιθανῶς ὑπὲρ αὐτοῦ. τότε μὲν οὖν οὐδὲν
ᾔδεισαν οἱ Λακεδαιμόνιοι περὶ τῆς τοῦ Λυσάνδρου
προαιρέσεως εἰς τὸ καταλῦσαι τοὺς ἀφ' Ἡρακλέους
βασιλεῖς· μετὰ δέ τινα χρόνον τελευτήσαντος αὐτοῦ,
καί τινων χρηματισμῶν ζητουμένων κατὰ τὴν
οἰκίαν, εὗρον λόγον γεγραμμένον πολυτελῶς,[1] ὃν
ἐπραγματεύσατο πρὸς τὰ πλήθη, πείσων ἐξ ἁπάν-
των τῶν πολιτῶν αἱρετοὺς γίνεσθαι βασιλεῖς.

14. Διονύσιος δ' ὁ τῶν Συρακοσίων τύραννος
ἐπειδὴ τὴν πρὸς Καρχηδονίους εἰρήνην ἐποιήσατο,
τῶν δὲ κατὰ τὴν πόλιν στάσεων ἀπήλλακτο, τὰς
ὁμόρους τῶν Χαλκιδέων πόλεις ἔσπευδε προσαγα-
γέσθαι· αὗται δ' ἦσαν Νάξος, Κατάνη, Λεοντῖνοι.
2 τούτων δ' ἐπεθύμει κυριεῦσαι διὰ τὸ συνορίζειν
αὐτὰς τῇ Συρακούσῃ καὶ πολλὰς ἀφορμὰς ἔχειν
πρὸς τὴν αὔξησιν τῆς δυναστείας. πρῶτον μὲν
οὖν τῇ Αἴτνῃ προσστρατοπεδεύσας[2] παρέλαβε τὸ
φρούριον, τῶν φυγάδων οὐκ ὄντων ἀξιομάχων πρὸς
3 τηλικαύτην δύναμιν· μετὰ δὲ ταῦτα ἐπὶ Λεοντίνους
ἀναζεύξας ἐγγὺς τῆς πόλεως κατεστρατοπέδευσε
παρὰ τὸν Τηρίαν ποταμόν. καὶ τὸ μὲν πρῶτον
ἐκτάξας τὴν δύναμιν ἐξαπέστειλε κήρυκα πρὸς τοὺς
Λεοντίνους, κελεύων παραδοῦναι τὴν πόλιν καὶ

---

[1] πολυτελῶς] φιλοτίμως or ἐπιμελῶς Bezzel.
[2] So Vogel : στρατεύσας.

With the king's help, then, and the money he ⁴⁰³ ᴮ·ᶜ·
brought, he hoped to win them, but not only did he
fail of his design, but the overseers of the oracle sent
ambassadors to lay charges against Lysander for his
effort to bribe the oracle. When Lysander arrived
at Lacedaemon, a trial was proposed, but he presented
a persuasive defence of his conduct. Now at that
time the Lacedaemonians knew nothing of Lysander's
purpose to abolish the kings in line of descent from
Heracles ; but some time later, after his death, when
some documents were being searched for in his house,
they found a speech, composed at great expense,[1]
which he had prepared to deliver to the people, to
persuade them that the kings should be elected from
all the citizens.

14. Dionysius, the tyrant of the Syracusans, after
he had made peace with the Carthaginians and had
got free of the uprisings in the city, was eager to
attach to himself the neighbouring cities of the
Chalcidians,[2] namely, Naxos, Catanê, and Leontini.
He was eager to be lord of them because they lay on
the borders of Syracuse and possessed many advan-
tages for further increase of his tyrannical power.
First of all, then, he encamped near Aetnê and won
the fortress, the exiles there being no match for an
army of such size ; and after this he advanced to
Leontini and pitched his camp near the city along
the river Teria. Then he at first led out his army in
battle-order and dispatched a herald to the Leon-
tines, commanding them to surrender the city and

---

[1] Or more likely, " composed with great care " ; see
critical note. [2] *i.e.* colonies of Chalcis.

4 νομίζων τῷ φόβῳ καταπλῆξαι τοὺς ἔνδον· οὐ προσ-
εχόντων δὲ τῶν Λεοντίνων, ἀλλὰ πάντα παρ-
εσκευασμένων τὰ πρὸς τὴν πολιορκίαν, Διονύσιος
οὐκ ἔχων μηχανήματα τὴν μὲν πολιορκίαν κατὰ
τὸ παρὸν ἀπέγνω, τὴν δὲ χώραν ἅπασαν ἐληλά-
5 τησεν. ἐκεῖθεν δ' ἀνέζευξεν ἐπὶ τοὺς Σικελούς,
προσποιούμενος τὸν πρὸς τούτους πόλεμον ἐπαναι-
ρεῖσθαι πρὸς τὸ τοὺς Καταναίους καὶ Ναξίους
ῥᾳθυμοτέρους γενέσθαι περὶ τὴν τῆς πόλεως φυ-
6 λακήν. διατρίβων δὲ περὶ τὴν Ἔνναν Ἀείμνηστον
τὸν Ἐνναῖον ἔπεισεν ἐπιθέσθαι τυραννίδι, συνεπι-
7 λήψεσθαι τῆς προθέσεως ἐπαγγελλόμενος. κρατή-
σαντος δ' ἐκείνου τῆς ἐπιβολῆς καὶ τὸν Διονύσιον
οὐκ εἰσαγαγόντος εἰς τὴν πόλιν, διοργισθεὶς μετ-
εβάλετο καὶ τοὺς Ἐνναίους παρεκάλει καταλύειν
τὸν τύραννον. ὧν συνδραμόντων εἰς τὴν ἀγορὰν
μετὰ τῶν ὅπλων καὶ τῆς ἐλευθερίας ἀντιποιουμένων,
8 πλήρης ἦν ἡ πόλις ταραχῆς. Διονύσιος δὲ πυθό-
μενος τὴν στάσιν ἀνέλαβε τοὺς ψιλοὺς[1] καὶ ταχέως
διά τινος ἐρήμου τόπου[2] παρεισέπεσεν εἰς τὴν πό-
λιν, καὶ τὸν μὲν Ἀείμνηστον συλλαβὼν παρέδωκε
τοῖς Ἐνναίοις πρὸς τὴν τιμωρίαν, αὐτὸς δ' οὐδὲν ἀδι-
κήσας ἀπῆλθεν ἐκ τῆς πόλεως. τοῦτο δ' ἔπραξεν
οὐχ οὕτως τοῦ δικαίου φροντίζων ὡς βουλόμενος
προτρέψασθαι τὰς ἄλλας πόλεις αὐτῷ πιστεύειν.

15. Ἐκεῖθεν δ' ἀναζεύξας τὴν τῶν Ἐρβιταίων
πόλιν πορθεῖν ἐπεχείρησεν· οὐδὲν δὲ πράσσων πρὸς
μὲν τούτους εἰρήνην ἐποιήσατο, τὴν δὲ δύναμιν
ἤγαγεν ἐπὶ Κατάνην· Ἀρκεσίλαος γὰρ στρατηγὸς
ὢν τῶν Καταναίων ἐπηγγέλλετο αὐτῷ προδώσειν

---

[1] So Hertlein : φίλους.
[2] ἐλθὼν after τόπου omitted JK, Vogel.

believing that he had struck terror into the inhabi-
tants. But when the Leontines paid no attention to
him and had made every preparation to withstand
a siege, Dionysius, having no engines of war, gave
up the siege for the time being, but plundered their
entire territory. From there he set out against the
Siceli, pretending that he was engaging in war
against them in order that the Catanians and the
Naxians might become slacker in the defence of their
cities. And while he was tarrying in the neighbour-
hood of Enna, he persuaded Aeimnestus, a native of
the city, to make a bid for tyranny, promising to aid
him in the undertaking. But when Aeimnestus had
succeeded in his design and then did not admit
Dionysius into the city, Dionysius in anger changed
sides and urged the Ennaeans to overthrow the
tyrant. These streamed into the market-place with
their arms, contending for their freedom, and the city
was filled with tumult. Dionysius, on learning of the
strife, took his light-armed troops, speedily broke
through an unoccupied place into the city, seized
Aeimnestus, and handed him over to the Ennaeans
to be punished. He himself, refraining from all
injustice, departed from the city. This he did, not
so much because he had regard for right as because
he wanted to encourage the other cities to put faith
in him.

15. From Enna Dionysius set out to the city of
the Herbitaeans and attempted to ravage it. But
accomplishing nothing, he made peace with them and
led his army to Catanê, for Arcesilaüs, the general of
the Catanians, had offered to betray the city to him.

τὴν πόλιν. διόπερ ὑπὸ τούτου περὶ μέσας νύκτας
παρεισαχθεὶς κύριος τῆς Κατάνης ἐγένετο. ἀφελό-
μενος δὲ τῶν πολιτῶν τὰ ὅπλα, φρουρὰν ἐν αὐτῇ
2 κατέστησεν ἱκανήν. μετὰ δὲ ταῦτα Προκλῆς ὁ
τῶν Ναξίων ἀφηγούμενος ἐπαγγελιῶν μεγέθει
πεισθεὶς παρέδωκε τὴν πατρίδα τῷ Διονυσίῳ· ὃς
τὰς δωρεὰς ἀποδοὺς τῷ προδιδόντι καὶ τοὺς συγ-
γενεῖς αὐτῷ χαρισάμενος τὴν πόλιν ἐξηνδραποδί-
σατο, καὶ τὰς μὲν κτήσεις ἐφῆκε τοῖς στρατιώταις
διαρπάσαι, τὰ δὲ τείχη καὶ τὰς οἰκίας κατέσκαψεν.
3 παραπλησίως δὲ καὶ τοῖς Καταναίοις χρησάμενος
ἐλαφυροπώλησε τοὺς αἰχμαλώτους ἐν Συρακούσαις.
τὴν μὲν οὖν τῶν Ναξίων χώραν Σικελοῖς τοῖς ὁμο-
ροῦσιν ἐδωρήσατο, τοῖς δὲ Καμπανοῖς τὴν πόλιν
4 τῶν Καταναίων οἰκητήριον ἔδωκεν. μετὰ δὲ ταῦτα
ἐπὶ Λεοντίνους στρατεύσας ἁπάσῃ τῇ δυνάμει τὴν
πόλιν περιεστρατοπέδευσε, καὶ πρὸς τοὺς ἔνδον
διαπρεσβευσάμενος ἐκέλευσεν αὐτοὺς παραδιδόναι
τὴν πόλιν καὶ μετέχειν τῆς ἐν Συρακούσαις πολι-
τείας. οἱ δὲ Λεοντῖνοι, βοήθειαν μὲν οὐδεμίαν
ἕξειν προσδοκῶντες, τὰς δὲ Ναξίων καὶ Καταναίων
συμφορὰς ἀναλογιζόμενοι, κατεπλήττοντο φοβού-
μενοι μὴ τοῖς αὐτοῖς περιπέσωσι δυστυχήμασιν.
διόπερ εἴξαντες τῷ καιρῷ συνεχώρησαν, καὶ τὴν
πόλιν ἐκλιπόντες εἰς Συρακούσας μετῴκησαν.

16. Ἀρχωνίδης δ' ὁ τῆς Ἑρβίτης ἐπιστάτης,
ἐπειδὴ πρὸς Διονύσιον εἰρήνην ὁ δῆμος ὁ τῶν
Ἑρβιταίων συνέθετο, διενοεῖτο κτίσαι πόλιν. εἶχε
γὰρ μισθοφόρους τε πλείους καὶ σύμμικτον ὄχλον,
ὃς τῷ πρὸς Διονύσιον πολέμῳ συνέδραμεν εἰς τὴν
πόλιν· πολλοὶ δὲ καὶ τῶν ἀπόρων[1] Ἑρβιταίων ἐπηγ-

---

[1] τῶν ἀπόρων Post : τῶν ἀπὸ τῶν.

Consequently, being admitted by Arcesilaüs about 403 B.C. midnight, he became master of Catanê. After taking their arms from the citizens, he placed an adequate garrison in the city. After this Procles, the commander of the Naxians, on being won over by great promises, delivered over his native city to Dionysius, who, after paying the promised gifts to the traitor and granting him his kinsmen, sold the inhabitants into slavery, turned their property over to the soldiers to plunder, and razed the walls and the dwellings. He also meted out a similar treatment to the Catanians, selling the captives he took as booty in Syracuse. Now the territory of the Naxians he gave as a present to the neighbouring Siceli and granted to the Campanians the city of the Catanians as their dwelling-place. After this he advanced to Leontini with his entire armed strength and laid siege to the city, and sending ambassadors to the inhabitants, he ordered them to hand over their city and enjoy citizenship in Syracuse. The Leontines, expecting that they would receive no help and reflecting on the fate of the Naxians and Catanians, were struck with terror in fear that they would suffer the same misfortune. Consequently, yielding to the exigency of the moment, they assented to the proposal, left their city, and removed to Syracuse.

16. Archonides, the leader of Herbitê, after the citizen-body of the Herbitaeans had concluded peace with Dionysius, determined to found a city. For he had not only many mercenaries but also a mixed throng who had streamed into the city in connection with the war against Dionysius ; and many of the destitute among the Herbitaeans had promised him to

2 γέλλοντο αὐτῷ κοινωνήσειν τῆς ἀποικίας. ἀνα-
λαβὼν οὖν τὸ συνδραμὸν[1] πλῆθος κατελάβετό τινα
τῶν λόφων ὀκτὼ σταδίους ἀπέχοντα τῆς θαλάττης,
ἐν ᾧ πόλιν ἔκτισεν Ἄλαισαν· οὐσῶν δὲ καὶ ἄλλων
πόλεων κατὰ τὴν Σικελίαν ὁμωνύμων, Ἀρχωνίδιον
3 αὐτὴν προσηγόρευσεν ἀφ' ἑαυτοῦ. ἐν δὲ τοῖς
ὕστερον χρόνοις τῆς πόλεως πολλὴν ἐπίδοσιν λαμ-
βανούσης διά τε τὰς ἀπὸ τῆς θαλάττης ἐργασίας
καὶ διὰ τὴν ὑπὸ Ῥωμαίων δοθεῖσαν ἀτέλειαν, οἱ
Ἁλαισῖνοι τὴν τῶν Ἑρβιταίων συγγένειαν ἀπηρνή-
σαντο, αἰσχρὸν ἡγούμενοι καταδεεστέρας πόλεως
4 ἑαυτοὺς ἀποίκους νομίζεσθαι. οὐ μὴν ἀλλὰ μέχρι
νῦν παρ' ἀμφοτέραις συγγένειαί τε πλείονες δια-
μένουσι καὶ τὰς κατὰ τὸ Ἀπολλώνιον θυσίας τοῖς
αὐτοῖς ἔθεσι διοικοῦσιν. τινὲς δέ φασιν ὑπὸ Καρχη-
δονίων ἐκτίσθαι τὴν Ἄλαισαν, καθ' ὃν καιρὸν
Ἱμίλκων τὴν πρὸς τὸν Διονύσιον εἰρήνην ἐποιήσατο.
5 Κατὰ δὲ τὴν Ἰταλίαν Ῥωμαίοις πρὸς Βηίους[2]
πόλεμος συνέστη διὰ τοιαύτας[3] αἰτίας. τότε πρώ-
τως[4] ἐπεψηφίσαντο Ῥωμαῖοι τοῖς στρατιώταις καθ'
ἕκαστον ἐνιαυτὸν εἰς ἐφόδια διδόναι χρήματα. ἐξ-
επολιόρκησαν δὲ καὶ τὴν Οὐόλσκων πόλιν, ἣ τότε
μὲν Ἄνξωρ ἐκαλεῖτο, νῦν δ' ὀνομάζεται Ταρρα-
κίνη.

17. Τοῦ δ' ἐνιαυσίου χρόνου διεληλυθότος Ἀθή-
νησι μὲν ἦρχε Μικίων, ἐν δὲ τῇ Ῥώμῃ τὴν ὑπατι-
κὴν ἀρχὴν μετέλαβον χιλίαρχοι τρεῖς, Τίτος
Κοΐντιος καὶ Γάιος Ἰούλιος καὶ Αὖλος Μαμίλος.
τούτων δὲ τὰς ἀρχὰς λαβόντων οἱ τὸν Ὠρωπὸν
οἰκοῦντες πρὸς ἀλλήλους στασιάσαντες ἐφυγάδευ-
2 σαν τῶν πολιτῶν τινας. οἱ δὲ φυγάδες μέχρι μέν

---

[1] So Dindorf : συνεδρεῦον.   [2] So Wesseling : Βοιούς.

join in the colony. Consequently, taking the multi- 403 B.C.
tude of refugees, he occupied a hill lying eight stades
from the sea, on which he founded the city of Halaesa;
and since there were other cities of Sicily with the
same name, he called it Halaesa Archonidion after
himself. When, in later times, the city grew greatly
both because of the trade by sea and because the
Romans exempted it from tribute, the Halaesians
denied their kinship with the Herbitaeans, holding it
a disgrace to be deemed colonists of an inferior city.
Nevertheless, up to the present time numerous ties
of relationships are to be found among both peoples,
and they administer their sacrifices at the Temple
of Apollo with the same routine. But there are
those who state that Halaesa was founded by the
Carthaginians at the time when Himilcon concluded
his peace with Dionysius.

In Italy a war arose between the Romans and the
people of Veii for the following reasons.[1] In this
campaign the Romans voted for the first time to give
annual pay to the soldiers for their service. They
also reduced by siege the city of the Volsci which
was called at that time Anxor [2] but now has the name
Tarracinê.

17. At the close of the year Micion was archon in 402 B.C.
Athens, and in Rome three military tribunes took
over the consular magistracy, Titus Quinctius, Gaius
Julius, and Aulus Mamilus. After these magistrates
had entered office, the inhabitants of Oropus fell into
civil strife and exiled some of their citizens. For a

---

[1] There is probably a lacuna here. The " reasons " are
given in Livy, 4. 58.   [2] Anxur.

---

[3] τοιαύτας] Vogel suggests τινας.
[4] So Dindorf: πρώτοις.

τινος δι' ἑαυτῶν ἐπεβάλοντο κατελθεῖν, οὐ δυνά-
μενοι δὲ τὴν προαίρεσιν ἐπὶ τέλος ἀγαγεῖν, ἔπεισαν
τοὺς Θηβαίους ἑαυτοῖς συναποστεῖλαι δύναμιν.
3 Θηβαῖοι δὲ στρατεύσαντες ἐπὶ τοὺς Ὠρωπίους
καὶ κυριεύσαντες τῆς πόλεως, μετῴκισαν ἀπὸ τῆς
θαλάττης αὐτοὺς ὡς ἑπτὰ σταδίους, καὶ χρόνους
μέν τινας εἴασαν καθ' αὑτοὺς πολιτεύεσθαι, μετὰ
δὲ ταῦτα δόντες πολιτείαν τὴν χώραν Βοιωτίαν
ἐποιήσαντο.

4 Τούτων δὲ πραττομένων Λακεδαιμόνιοι καὶ ἄλλα
μὲν πλείονα τοῖς Ἠλείοις ἐνεκάλουν, μάλιστα
δ' ὅτι Ἆγιν[1] αὐτῶν τὸν βασιλέα διεκώλυσαν τῷ θεῷ
θῦσαι καὶ διότι τοῖς Ὀλυμπίοις Λακεδαιμονίους
5 οὐκ εἴασαν ἀγωνίσασθαι. διόπερ κρίναντες πρὸς
αὐτοὺς ἐκφέρειν πόλεμον, δέκα πρεσβευτὰς ἀπ-
έστειλαν, πρῶτον μὲν κελεύοντες[2] τὰς περιοίκους
πόλεις ἐᾶν αὐτονόμους εἶναι, ἔπειτα τὰς δαπάνας
τοῦ πρὸς Ἀθηναίους πολέμου κατὰ[3] τὸ ἐπιβάλλον
6 αὐτοῖς μέρος ἀπῄτουν. ταῦτα δ' ἔπραττον προ-
φάσεις αὐτοῖς εὐλόγους καὶ πιθανὰς ἀρχὰς ζητοῦν-
τες πολέμου. οὐ προσεχόντων δὲ τῶν Ἠλείων,
ἀλλὰ καὶ προσεγκαλούντων ὅτι τοὺς Ἕλληνας
καταδουλοῦνται, τὸν ἕτερον τῶν βασιλέων Παυ-
σανίαν ἐπ' αὐτοὺς ἀπέστειλαν μετὰ στρατιωτῶν
7 τετρακισχιλίων. συνηκολούθουν δ' αὐτῷ πολλοὶ
στρατιῶται καὶ παρὰ τῶν συμμάχων σχεδὸν ἁπάν-
των πλὴν Βοιωτῶν καὶ Κορινθίων· οὗτοι δὲ δυσ-

time the exiles undertook to effect their return by ^{402 B.C.} their own resources, but finding themselves unable to carry through their purpose, they persuaded the Thebans to send an army to assist them. The Thebans took the field against the Oropians, and becoming masters of the city, resettled the inhabitants some seven stades from the sea ; and for some time they allowed them to have their own government, but after this they gave them Theban citizenship and attached their territory to Boeotia.

While these events were taking place, the Lacedaemonians brought a number of charges against the Eleians, the most serious being that they had prevented Agis, their king, from offering sacrifices to the god [1] and that they had not allowed the Lacedaemonians to compete in the Olympic Games. Consequently, having decided to wage war on the Eleians, they dispatched ten ambassadors to them, ordering them, in the first place, to allow their subject cities to be independent, and after that they demanded of them their quota of the cost of the war against the Athenians. This they did in quest of specious pretexts for themselves and of plausible openings for war. When the Eleians not only paid no heed to them but even accused them besides of enslaving the Greeks, they dispatched Pausanias, the other of their two kings, against them with four thousand soldiers. He was accompanied by many soldiers also from practically all the allies except the Boeotians and Corinthians. They, being offended

---

[1] Olympian Zeus.

---

[1] Ἄγιν Reiske (Xen. *Hell.* 3. 2. 22) : Παυσανίαν.

[2] So Dindorf : κελεύοντας.

[3] κατὰ Rhodoman : καὶ κατά.

DIODORUS OF SICILY

χεραίνοντες τοῖς ὑπὸ Λακεδαιμονίων πραττομένοις
οὐ μετέσχον τῆς ἐπὶ τὴν Ἦλιν στρατείας.

8 Ὁ δ᾽ οὖν Παυσανίας κατ᾽ ἔφοδον τῆς Ἀρκαδίας
ἐμβαλὼν εἰς τὴν Ἦλιν Λασίωνα μὲν φρούριον
εὐθὺς εἷλεν ἐξ ἐφόδου, μετὰ δὲ ταῦτα διὰ τῆς
Ἀκρωρείας ἀγαγὼν τὸ στρατόπεδον τέτταρας
πόλεις προσηγάγετο, Θραῖστον, Ἅλιον, Ἐπιτά-
9 λιον,¹ Ὀποῦντα. ἐκεῖθεν δὲ τῇ Πύλῳ προσστρατο-
πεδεύσας² εὐθὺς καὶ τοῦτο τὸ χωρίον παρέλαβεν,
ἀπέχον τῆς Ἤλιδος σταδίους ὡς ἑβδομήκοντα.
μετὰ δὲ ταῦτ᾽ ἐπ᾽ αὐτὴν πορευθεὶς τὴν Ἦλιν ἐπὶ
τῶν πέραν τοῦ ποταμοῦ λόφων κατεστρατοπέδευσεν.
Ἠλεῖοι δὲ μικρὸν ἔμπροσθεν ἦσαν παρ᾽ Αἰτωλῶν
εἰληφότες συμμάχους ἐπιλέκτους ἄνδρας χιλίους,
οἷς τὸν περὶ τὸ γυμνάσιον τόπον δεδώκεισαν φυ-
10 λάττειν. τοῦ δὲ Παυσανίου τοῦτον τὸν τόπον πρῶ-
τον ἐπιχειρήσαντος πολιορκεῖν καταπεφρονηκότως,
ὡς οὐδέποτ᾽ ἂν τολμησάντων Ἠλείων ἐπεξελθεῖν,
ἐξαίφνης οἵ τε Αἰτωλοὶ καὶ πολλοὶ τῶν πολιτῶν
ἐκχυθέντες ἐκ τῆς πόλεως κατεπλήξαντο τοὺς Λα-
κεδαιμονίους, καὶ σχεδὸν τριάκοντα αὐτῶν κατέ-
11 βαλον. ὁ δὲ Παυσανίας τότε μὲν ἔλυσε τὴν πολιορ-
κίαν, μετὰ δὲ ταῦθ᾽ ὁρῶν ἐργώδη τὴν ἅλωσιν
οὖσαν, ἐπῄει πορθῶν καὶ φθείρων τὴν χώραν ἱερὰν
12 οὖσαν, καὶ παμπληθεῖς ὠφελείας ἤθροισεν. ἤδη
δὲ τοῦ χειμῶνος συνεγγίζοντος κατὰ μὲν τὴν
Ἠλείαν ἐτείχισε φρούρια, καὶ τὴν ἱκανὴν ἐν αὐτοῖς
κατέλιπε δύναμιν, αὐτὸς δὲ μετὰ τῆς ὑπολοίπου
στρατιᾶς ἐν Δύμῃ παρεχείμασεν.

18. Κατὰ δὲ τὴν Σικελίαν Διονύσιος ὁ τῶν Σι-
κελῶν τύραννος, ἐπειδὴ τὰ κατὰ τὴν δυναστείαν
αὐτῷ προεχώρει κατὰ γνώμην, διενοεῖτο μὲν πρὸς

56

by the proceedings of the Lacedaemonians, took no 402 b.c. part in the campaign against Elis.

Pausanias, then, entered Elis by way of Arcadia and straightway took the outpost of Lasion at the first assault ; then, leading his army through Acroreia, he won to his side the four cities of Thraestus, Halium, Epitalium, and Opus. Moving thence, he straightway encamped near Pylus and took this place, which was about seventy stades from Elis. After this, advancing to Elis proper, he pitched his camp on the hills across the river.[1] A short time before this the Eleians had got from the Aetolians a thousand élite troops to help them, to whom they had given the region about the *gymnasion* to guard. When Pausanias first of all started to lay siege to this place, and in a careless manner, not supposing that the Eleians would ever dare to make a sortie against him, suddenly both the Aetolians and many of the citizens, pouring forth from the city, struck terror into the Lacedaemonians and slew some thirty of them. At the time Pausanias raised the siege, but after this, since he saw that the city would be hard to take, he traversed its territory, laying it waste and plundering it, even though it was sacred soil, and gathered great stores of booty. Since the winter was already at hand, he built walled outposts in Elis and left adequate forces in them, and himself passed the winter with the rest of the army in Dymê.

18. In Sicily Dionysius, the tyrant of the Siceli,[2] 401 b.c. since his government was making satisfactory progress, determined to make war upon the Cartha-

---

[1] The Peneus.   [2] See note 1, p. 25.

---

[1] Ἐπιτάλιον Wesseling : Εὐπάγιον.
[2] So Eichstädt : προστρατοπεδεύσας.

Καρχηδονίους ἐκφέρειν πόλεμον· οὔπω δὲ ταῖς
παρασκευαῖς ἱκανὸς ὢν τὴν μὲν προαίρεσιν ταύτην
ἔκρυπτε, πρὸς δὲ τοὺς μέλλοντας κινδύνους τὰ
2 χρήσιμα διῴκει. εἰδὼς οὖν κατὰ τὸν Ἀττικὸν
πόλεμον τὴν πόλιν ἐκ θαλάττης εἰς θάλατταν ἀπο-
τετειχισμένην, εὐλαβεῖτο μήποτε παραπλησίοις
ἐλαττώμασι περιπεσὼν ἀποκλεισθῇ τῆς εἰς τὴν
χώραν ἐξόδου· εὐφυῶς γὰρ ἑώρα κειμένας τὰς
καλουμένας Ἐπιπολὰς κατὰ τῆς πόλεως τῶν Συ-
3 ρακοσίων. διόπερ τοὺς ἀρχιτέκτονας παραλαβών,
ἀπὸ τῆς τούτων γνώμης ἔκρινε δεῖν τειχίσαι τὰς
Ἐπιπολάς, ᾗ νῦν τὸ πρὸς τοῖς Ἑξαπύλοις ὑπάρχει
4 τεῖχος. ὁ γὰρ τόπος οὗτος τετραμμένος ἐστὶ πρὸς
ἄρκτον, ὑπόκρημνος δὲ πᾶς καὶ διὰ τὴν τραχύτητα
δυσπρόσοδος ἐκ τῶν ἔξωθεν μερῶν. βουλόμενος
οὖν ταχεῖαν τὴν κατασκευὴν τῶν τειχῶν γίνεσθαι,
τὸν ἀπὸ τῆς χώρας ὄχλον ἤθροισεν, ἐξ οὗ τοὺς
εὐθέτους ἄνδρας[1] ἐπιλέξας εἰς ἑξακισμυρίους ἐπι-
5 διεῖλε τούτοις τὸν τειχιζόμενον τόπον. καθ᾽ ἕκα-
στον μὲν οὖν στάδιον ἀρχιτέκτονας ἐπέστησε, κατὰ
δὲ πλέθρον ἐπέταξεν οἰκοδόμους, καὶ τοὺς τούτοις
ὑπηρετήσοντας ἐκ τῶν ἰδιωτῶν εἰς ἕκαστον πλέ-
θρον διακοσίους. χωρὶς δὲ τούτων ἕτεροι παμ-
πληθεῖς τὸν ἀριθμὸν ἔτεμνον τὸν ἀνέργαστον λίθον·
ἑξακισχίλια δὲ ζεύγη βοῶν ἐπὶ τὸν οἰκεῖον τόπον
6 παρεκόμιζεν.[2] ἡ δὲ τῶν ἐργαζομένων πολυχειρία
πολλὴν παρείχετο τοῖς θεωμένοις κατάπληξιν,
ἁπάντων σπευδόντων τελέσαι τὸ τεταγμένον. ὁ
γὰρ Διονύσιος τὴν προθυμίαν τοῦ πλήθους ἐκκα-

---

[1] ἐλευθέρους after ἄνδρας omitted FJKM, Dindorf, Vogel.

ginians ; but being not yet sufficiently prepared, he 401 B.C. concealed this purpose of his while making the necessary preparations for the coming encounters. And realizing that in the war with Athens the city had been blocked off by a wall that ran from the sea to the sea,[1] he took care that he should never, where caught at a similar disadvantage, be cut off from contact with the countryside ; for he saw that the site of Epipolae, as it is called, naturally commanded the city of the Syracusans. Sending, therefore, for his master-builders, in accord with their advice he decided that he must fortify Epipolae at the point where there stands now the Wall with the Six Gates. For this place, which faces north, is precipitous in its entirety, and so steep that access is hardly to be won from the outside. Wishing to complete the building of the walls rapidly, he gathered the peasants from the countryside, from whom he selected some sixty thousand capable men and parcelled out to them the space to be walled. For each stade he appointed a master-builder and for each plethron [2] a mason, and the labourers from the common people assigned to the task numbered two hundred for each plethron. Besides these, other workers, a multitude in number, quarried out the rough stone, and six thousand yoke of oxen brought it to the appointed place. And the united labour of so many workers struck the watchers with great amazement, since all were zealous to complete the task assigned them. For Dionysius, in order to excite the enthusiasm of the multitude,

[1] See Book 13. 7.
[2] The sixth of a stade, roughly one hundred feet.

---

[2] So Dindorf : παρεσκεύαζεν.

λούμενος μεγάλας προέθηκε δωρεὰς τοῖς προτερή-
σασι, δίχα μὲν τοῖς ἀρχιτέκτοσι, χωρὶς δὲ τοῖς
οἰκοδόμοις καὶ πάλιν τοῖς ἐργαζομένοις· καὶ αὐτὸς
δὲ μετὰ τῶν φίλων προσήδρευε τὰς ἡμέρας ὅλας
τοῖς ἔργοις, ἐπὶ πάντα τόπον ἐπιφαινόμενος καὶ
7 τοῖς κακοπαθοῦσιν αἰεὶ προσλαμβάνων. καθόλου
δ' ἀποθέμενος τὸ τῆς ἀρχῆς βάρος ἰδιώτην αὑτὸν
ἀπεδείκνυε, καὶ τοῖς βαρυτάτοις τῶν ἔργων προσ-
ιστάμενος[1] ὑπέμενε τὴν αὐτὴν τοῖς ἄλλοις κακο-
πάθειαν, ὥστε πολλὴ μὲν ἔρις ἐγίνετο καὶ τοῖς τῆς
ἡμέρας ἔργοις ἔνιοι προσετίθεσαν καὶ μέρη τῶν
νυκτῶν· τοσαύτη σπουδὴ τοῖς πλήθεσιν ἐνεπεπτώ-
8 κει. διόπερ ἀνελπίστως ἐν ἡμέραις εἴκοσι τέλος
ἔσχε τὸ τεῖχος, τὸ μὲν μῆκος κατασκευασθὲν ἐπὶ
σταδίους τριάκοντα, τὸ δὲ ὕψος σύμμετρον, ὥστε
τῷ τοίχῳ τῆς ὀχυρότητος προσγενομένης[2] ἀνάλω-
τον ἐκ βίας ὑπάρξαι· τοῖς γὰρ πύργοις διείληπτο
πυκνοῖς καὶ ὑψηλοῖς, ἔκ τε λίθων ᾠκοδόμητο[3]
τετραπέδων[4] φιλοτίμως συνειργασμένων.

19. Τοῦ δ' ἔτους τούτου διεληλυθότος Ἀθήνησι
μὲν ἦν ἄρχων Ἐξαίνετος, ἐν Ῥώμῃ δὲ τὴν ὑπατικὴν
ἀρχὴν παρέλαβον χιλίαρχοι ἕξ, Πόπλιος Κορνήλιος,
Καίσων Φάβιος, Σπόριος Ναύτιος, Γάιος Οὐαλέ-
2 ριος, Μάνιος Σέργιος. περὶ δὲ τούτους τοὺς χρόνους
Κῦρος ὁ τῶν ἐπὶ θαλάττης σατραπειῶν ἡγούμενος
διενοεῖτο μὲν πάλαι στρατεύειν ἐπὶ τὸν ἀδελφὸν
Ἀρταξέρξην· ἦν γὰρ ὁ νεανίσκος φρονήματος
πλήρης καὶ προθυμίαν ἔχων οὐκ ἄπρακτον εἰς τοὺς

---

[1] So Dindorf : προιστάμενος.
[2] προσγενομένης Reiske : γενομένης.
[3] So Eichstädt : ᾠκοδόμητο.
[4] So Dindorf : τετραπόδων.

offered valuable gifts to such as finished first, special 401 B.C. ones for the master-builders, and still others for the masons and in turn for the common labourers ; and he in person, together with his friends, oversaw the work through all the days required, visiting every section and ever lending a hand to the toilers. Speaking generally, he laid aside the dignity of his office and reduced himself to the ranks. Putting his hands to the hardest tasks, he endured the same toil as the other workers, so that great rivalry was engendered and some added even a part of the night to the day's labour, such eagerness had infected the multitude for the task. As a result, contrary to expectation, the wall was brought to completion in twenty days. It was thirty stades in length and of corresponding height, and the added strength of the wall made it impregnable to assault ; for there were lofty towers at frequent intervals and it was constructed of stones four feet long and carefully joined.

19. At the close of the year Exaenetus was archon in Athens, and in Rome six military tribunes took over the consular magistracy, Publius Cornelius, Caeso Fabius, Spurius Nautius, Gaius Valerius, and Manius Sergius.[1] At this time Cyrus, who was commander of the satrapies on the sea,[2] had been planning for a long while to lead an army against his brother Artaxerxes ; for the young man was full of ambition and had a keenness for the encounters of war that

[1] Several manuscripts complete the number by adding " and Junius Lucullus."
[2] See chap. 12. 8 and note.

3 κατὰ πόλεμον ἀγῶνας. ἐπεὶ δ' αὐτῷ μισθοφόρων
πλῆθος ἱκανὸν συνῆκτο καὶ τὰ πρὸς τὴν στρατείαν
εὐτρέπιστο, τοῖς μὲν πλήθεσιν οὐκ ἐδήλου τἀληθές,
ἔφασκε δ' εἰς Κιλικίαν ἀνάγειν τὴν δύναμιν ἐπὶ
4 τοὺς ἀφεστηκότας τοῦ βασιλέως τυράννους. ἀπ-
έστειλε δὲ καὶ πρὸς Λακεδαιμονίους πρεσβευτὰς
τοὺς ἀνανεωσομένους τὰς κατὰ τὸν πρὸς Ἀθηναίους
πόλεμον εὐεργεσίας καὶ παρακαλέσοντας ἑαυτῷ
συμμαχεῖν. οἱ δὲ Λακεδαιμόνιοι, νομίσαντες αὐ-
τοῖς συνοίσειν τὸν πόλεμον, ἔγνωσαν τῷ Κύρῳ
βοηθεῖν, καὶ παραχρῆμα ἐξέπεμψαν πρεσβευτὰς
πρὸς τὸν ἑαυτῶν ναύαρχον Σάμον ὀνομαζόμενον,
5 ὅπως ὅ τι ἂν κελεύῃ ὁ Κῦρος πράττῃ. ὁ δὲ Σάμος
εἶχε μὲν τριήρεις εἴκοσι καὶ πέντε, μεθ' ὧν πλεύσας
εἰς Ἔφεσον πρὸς τὸν Κύρου ναύαρχον ἕτοιμος ἦν
αὐτῷ πάντα συμπράττειν. ἐξέπεμψαν δὲ καὶ
πεζοὺς στρατιώτας ὀκτακοσίους, ἡγεμόνα Χειρί-
σοφον καταστήσαντες. ἀφηγεῖτο δὲ τοῦ βαρβα-
ρικοῦ στόλου Ταμώς, ἔχων τριήρεις πεντήκοντα
πολυτελῶς ἐξηρτυμένας[1]· καὶ καταπλευσάντων τῶν
Λακεδαιμονίων ἀνήχθησαν οἱ στόλοι τὸν πλοῦν ὡς
ἐπὶ Κιλικίας ποιούμενοι.
6 Κῦρος δὲ τούς τε ἀπὸ τῆς Ἀσίας στρατολογηθέν-
τας καὶ μισθοφόρους μυρίους τρισχιλίους ἀθροίσας
εἰς Σάρδεις, Λυδίας μὲν καὶ Φρυγίας κατέστησεν
ἐπιμελητὰς Πέρσας ἑαυτοῦ συγγενεῖς, Ἰωνίας δὲ
καὶ τῆς Αἰολίδος, ἔτι δὲ τῶν σύνεγγυς τόπων
Ταμώ, φίλον μὲν ὄντα πιστόν, τὸ δὲ γένος ὑπ-
άρχοντα Μεμφίτην· αὐτὸς δὲ μετὰ τῆς δυνάμεως
προῆγεν ὡς ἐπὶ τῆς Κιλικίας καὶ Πισιδίας, δια-
διδοὺς λόγον ὅτι τινὲς τῶν ἐκεῖ κατοικούντων

---

[1] So Wesseling : ἐξηρτισμένας.

was not unrewarded. When an adequate force of ^{401 B.C.} mercenaries had been collected for him and all preparations for the campaign had been completed, he did not reveal the truth to the troops, but kept asserting that he was leading the army to Cilicia against the despots who were in rebellion against the King. He also dispatched ambassadors to the Lacedaemonians to recall to their minds the services he had rendered in their war against the Athenians and to urge them to join him as allies. The Lacedaemonians, thinking that the war would be to their advantage, decided to give aid to Cyrus and forthwith sent ambassadors to their admiral, named Samus,[1] with instructions that he should carry out whatever Cyrus ordered. Samus had twenty-five triremes, and with these he sailed to Ephesus to Cyrus' admiral and was ready to co-operate with him in every respect. They also sent eight hundred infantry, giving the command to Cheirisophus. The commander of the barbarian fleet was Tamōs, who had fifty triremes which had been fitted out at great expense ; and after the Lacedaemonians had arrived, the fleets put out to sea, following a course for Cilicia.

Cyrus, after gathering to Sardis both the levies of Asia and thirteen thousand mercenaries, appointed Persians of his kindred to be governors of Lydia and Phrygia, but of Ionia, Aeolis, and the neighouring territories, his trusted friend Tamōs, who was a native of Memphis ; then he with his army advanced in the direction of Cilicia and Pisidia, spreading the report that certain peoples of those regions were in revolt.

[1] Samius in Xenophon, *Hell.* 3. 1. 1.

DIODORUS OF SICILY

7 ἀφεστήκασιν. εἶχε δὲ τοὺς ἅπαντας ἀπὸ μὲν τῆς Ἀσίας ἑπτακισμυρίους, ὧν ἦσαν ἱππεῖς τρισχίλιοι, ἀπὸ δὲ Πελοποννήσου καὶ τῆς ἄλλης Ἑλλάδος 8 μισθοφόρους μυρίους τρισχιλίους. ἡγεῖτο δὲ τῶν μὲν ἀπὸ Πελοποννήσου χωρὶς Ἀχαιῶν Κλέαρχος ὁ Λακεδαιμόνιος, τῶν δ' ἀπὸ Βοιωτίας Πρόξενος Θηβαῖος, τῶν δ' Ἀχαιῶν Σωκράτης Ἀχαιός, τῶν 9 δ' ἀπὸ Θεσσαλίας Μένων ὁ Λαρισσαῖος. τῶν δὲ βαρβάρων τὰς μὲν κατὰ λεπτὸν ἡγεμονίας εἶχον Πέρσαι, τῶν δὲ συμπάντων αὐτὸς ἡγεῖτο Κῦρος, ὃς τοῖς μὲν ἡγεμόσιν ἐδεδηλώκει τὴν ἐπὶ τὸν ἀδελφὸν ἀνάβασιν, τὸ δὲ πλῆθος ἔκρυπτεν, εὐλαβούμενος μήποτε διὰ τὸ μέγεθος τῆς στρατείας ἐγκαταλίπῃ τὴν ἑαυτοῦ προαίρεσιν. διὸ καὶ κατὰ τὴν ὁδοιπορίαν προορώμενος τὸ μέλλον ἐξεθεράπευσε τοὺς στρατιώτας, κοινὸν ἑαυτὸν παρεχόμενος καὶ δαψιλεῖς ἀγορὰς ἑτοιμάζων.

20. Ἐπεὶ δὲ διῆλθε Λυδίαν καὶ Φρυγίαν, ἔτι δὲ Καππαδοκίας[1] τὰ συνορίζοντα, παρεγενήθη πρὸς τοὺς ὅρους τῆς Κιλικίας καὶ τὴν πρὸς ταῖς Κιλικίαις Πύλαις εἰσβολήν· αὕτη δ' ἐστὶ στενὴ καὶ παράκρημνος ἐπὶ σταδίους μὲν εἴκοσι παρατείνουσα, πλησίον δ' αὐτῆς ἐστιν ἐξ ἀμφοτέρων καθ' ὑπερβολὴν ὄρη μεγάλα καὶ δυσπρόσιτα· ἀπὸ δὲ τῶν ὀρῶν ἐξ ἑκατέρου μέρους τείχη κατατείνει μέχρι τῆς ὁδοῦ, 2 καθ' ἣν ἐνῳκοδόμηνται πύλαι. διεξαγαγὼν δὲ διὰ τούτων τὴν δύναμιν εἰσέβαλεν εἴς τι πεδίον[2] τῶν κατὰ τὴν Ἀσίαν οὐδενὸς τῷ κάλλει λειπόμενον· δι' οὗ πορευθεὶς εἰς Ταρσόν, μεγίστην τῶν ἐν Κιλικίᾳ πόλεων, ταχέως αὐτῆς ἐγκρατὴς ἐγένετο.

From Asia he had in all seventy thousand troops, of 401 B.C.
whom three thousand were cavalry, and from the
Peloponnesus and the rest of Greece thirteen thou-
sand mercenaries. The soldiers from the Pelopon-
nesus, with the exception of the Achaeans, were
commanded by Clearchus the Lacedaemonian, those
from Boeotia by Proxenus the Theban, the Achaeans
by Socrates the Achaean, and those from Thessaly
by Menon of Larissa. The officers of the barbarians,
in minor commands, were Persians, and of the whole
army Cyrus himself was commander-in-chief. He had
disclosed to the commanders that he was marching
against his brother, but he kept this hid from the
troops for fear that they would leave his enterprise
stranded because of the scale of his expedition.
Consequently along the march, by way of providing
for the coming occasion, he curried favour with the
troops by affability and by providing abundant
supplies of provisions.

20. After Cyrus had traversed Lydia and Phrygia
as well as the regions bordering on Cappadocia, he
arrived at the boundaries of Cilicia and the entrance
at the Cilician Gates. This pass is narrow and pre-
cipitous, twenty stades in length, and bordering it
on both sides are exceedingly high and inaccessible
mountains ; and walls stretch down on each side from
the mountains as far as the roadway, where gates
have been built across it. Leading his army through
these gates, Cyrus entered a plain which in beauty
yields to no plain in Asia, and through which he
advanced to Tarsus, the largest city of Cilicia, which

---

¹ Καππαδοκίας Wurm ; καὶ τὰ (or κατὰ) τῆς Κιλικίας P, καὶ
κατὰ τῆς Κιλ. FJKM, καὶ τὰ τῆς Κιλ. cet.
² τι πεδίον Stephanus : τενέβιον.

Συέννεσις δ' ὁ τῆς Κιλικίας δυναστεύων ὡς ἤκουσε τὸ μέγεθος τῆς τῶν πολεμίων δυνάμεως, εἰς ἀπο-
3 ρίαν πολλὴν ἐνέπιπτεν, οὐκ ὢν ἀξιόμαχος. μετα-πεμπομένου δ' αὐτὸν Κύρου καὶ τὰ πιστὰ δόντος ἐπορεύθη πρὸς αὐτόν, καὶ τὴν ἀλήθειαν τοῦ πολέμου πυθόμενος ὡμολόγησε συμμαχήσειν ἐπὶ τὸν Ἀρτα-ξέρξην, καὶ τὸν ἕνα τῶν υἱῶν τῷ Κύρῳ συνεξ-απέστειλεν, αὐτῷ δοὺς τῶν Κιλίκων τοὺς ἱκανοὺς συστρατευσομένους[1]· πανοῦργος γὰρ ὢν τὴν φύσιν καὶ πρὸς τὸ τῆς τύχης ἄδηλον ἀρτισάμενος, τὸν ἕτερον τῶν υἱῶν ἐξέπεμψε λάθρᾳ πρὸς τὸν βασιλέα, δηλώσοντα καὶ τὰς δυνάμεις ἐπ' ἐκεῖνον ἠθροισμέ-νας καὶ διότι τῆς μὲν συμμαχίας δι' ἀνάγκην τῷ Κύρῳ μετέχει, τῇ δ' εὐνοίᾳ προσμένων,[2] ἂν καιρὸς γένηται, καταλιπὼν ἐκεῖνον τῷ βασιλεῖ συστρατεύσεσθαι.

4 Κῦρος δ' εἴκοσι μὲν ἡμέρας ἐν Ταρσῷ τὴν δύνα-μιν ἀνέλαβε· μετὰ δὲ ταῦτα ἀναζευγνύντος αὐτοῦ, τὸ πλῆθος ὑπώπτευσε τὴν στρατείαν ἐπὶ τὸν Ἀρτα-ξέρξην γίνεσθαι. ἀναλογιζόμενος δὲ ἕκαστος τὰ μήκη τῶν ὁδῶν καὶ τὰ πλήθη τῶν πολεμίων ἐθνῶν, δι' ὧν ἀναγκαῖον ἦν τὴν πορείαν ποιεῖσθαι, τελέως ἠγωνία· διαβεβόητο γὰρ ἡ μὲν ἕως Βάκτρων ὁδὸς οὖσα στρατοπέδῳ τετραμήνου, δύναμις δ' ἠθροισ-μένη τῷ βασιλεῖ πλείω τῶν τετταράκοντα μυριά-
5 δων. διὸ δὴ περιδεεῖς ὄντες ἐκεῖνοι ἠγανάκτουν, καὶ τοὺς ἡγεμόνας δι' ὀργῆς ἔχοντες ἐνεχείρησαν ἀναιρεῖν ὡς προδότας ἑαυτῶν ὄντας. τοῦ δὲ Κύρου δεομένου πάντων, καὶ διαβεβαιουμένου τὴν στρα-

----

[1] So Reiske : στρατευσομένους.

he speedily mastered. When Syennesis, the lord of 401 B.C. Cilicia, heard of the great size of the hostile army, he was at a great loss, since he was no match for it in battle. When he was summoned to Cyrus' presence and had been given pledges, he went to him, and on learning the truth about the war he agreed to join him as an ally against Artaxerxes ; and he sent one of his two sons along with Cyrus, giving him also a strong contingent of Cilicians for his army. For Syennesis, being by nature unscrupulous and having adjusted himself to the uncertainty of Fortune, had dispatched his other son secretly to the King to reveal to him the armaments that had been gathered against him and to assure him that he took the part of Cyrus out of necessity, but that he was still faithful to the King and, when the opportunity arose, would desert Cyrus and join the army of the King.

Cyrus rested his army twenty days in Tarsus, and after this, when he would have resumed the march, the troops suspected that the campaign was against Artaxerxes. And as each man reckoned up the length of the distances entailed and the multitude of hostile peoples through whom they would have to pass, he was filled with the deepest anxiety ; for the word had got about that it was a four months' march for an army to Bactria and that a force of more than four hundred thousand soldiers had been mustered for the King. Consequently the soldiers became most fearful and vexed, and in anger at their commanders they attempted to kill them on the ground that the commanders had betrayed them. But when Cyrus entreated one and all of them and assured them

---

² So Wurm for πρὸς ἐκεῖνον of MSS. ; πρὸς ἐκεῖνον ἀποκλίνων Dindorf, π. ἐ. ῥέπει καὶ (or κἂν) Vogel.

τιὰν ἀνάγειν οὐκ ἐπ' Ἀρταξέρξην, ἀλλ' ἐπί τινα
σατράπην τῆς Συρίας, ἐπείσθησαν οἱ στρατιῶται,
καὶ λαβόντες πλείω μισθὸν ἀποκατέστησαν εἰς
τὴν ἐξ ἀρχῆς εὔνοιαν.

21. Ὁ δὲ Κῦρος ἐπειδὴ διῆλθε τὴν Κιλικίαν,[1]
παρεγενήθη πρὸς πόλιν Ἰσσόν, ἐπὶ θαλάττης μὲν
κειμένην, ἐσχάτην δ' οὖσαν τῆς Κιλικίας. κατ-
έπλευσε δ'[2] εἰς αὐτὴν περὶ τὸν αὐτὸν καιρὸν καὶ
ὁ στόλος ὁ τῶν Λακεδαιμονίων, καὶ οἱ στρατη-
γοῦντες[3] ἐξέβησαν καὶ συντυχόντες τῷ Κύρῳ τὴν
τῶν Σπαρτιατῶν εἰς αὐτὸν εὔνοιαν ἀπήγγειλαν,
καὶ τοὺς μετὰ Χειρισόφου πεζοὺς ὀκτακοσίους
2 ἐκβιβάσαντες παρέδωκαν. τούτους δὲ προσεποι-
οῦντο μὲν οἱ φίλοι τοῦ Κύρου πέμψαι μισθοφό-
ρους, τῇ δ' ἀληθείᾳ μετὰ τῆς τῶν ἐφόρων γνώμης
ἅπαντ' ἐπράττετο· οἱ δὲ Λακεδαιμόνιοι φανερὸν
οὔπω τὸν πόλεμον ἐπανῃροῦντο, κατέκρυπτον δὲ
τὴν προαίρεσιν, ἐπιτηροῦντες τὴν ῥοπὴν τοῦ πο-
λέμου.

Ὁ δὲ Κῦρος μετὰ τῆς δυνάμεως ἀνέζευξεν ἐπὶ
Συρίας τὴν πορείαν ποιούμενος, καὶ τοὺς ναυάρχους
3 ἐκέλευσε συμπαραπλεῖν ἁπάσαις ταῖς ναυσίν. ὡς
δ' ἦλθεν ἐπὶ τὰς Πύλας καλουμένας καὶ τὸν τόπον
εὗρεν ἔρημον τῶν φυλαττόντων, περιχαρὴς ἦν· ἠγω-
νία γὰρ σφόδρα, μή τινες αὐτὰς εἶεν προκατει-
λημμένοι. ἔστι δὲ ἡ φύσις τοῦ τόπου στενὴ καὶ
παράκρημνος, ὥστε δι' ὀλίγων ῥᾳδίως παραφυλάτ-
4 τεσθαι. ὄρη γὰρ πλησίον ἀλλήλων κεῖται, τὸ μὲν
τραχὺ καὶ κρημνοὺς ἔχον ἀξιολόγους, ἐπ' αὐτῆς
δ' ἄρχεται τῆς ὁδοῦ ἕτερον ὄρος[4] μέγιστον[5] τῶν

---

[1] καὶ after Κιλικίαν deleted by Wurm.
[2] κατέπλευσε δ' Bezzel : καταπλεύσας.

that he was leading the army, not against Artaxerxes, 401 B.C.
but against a certain satrap of Syria, the soldiers
yielded, and when they had received an increase in
pay, they resumed their former loyalty to him.

21. As Cyrus marched through Cilicia he arrived
at Issus, which lies on the sea and is the last city of
Cilicia. At the same time the fleet of the Lacedae-
monians also put in at the city, and the commanders
went ashore, met with Cyrus, and reported the good-
will of the Spartans toward him ; and they dis-
embarked and turned over to him the eight hundred
infantry under the command of Cheirisophus. The
pretence was that these mercenaries were sent by
the friends of Cyrus, but in fact everything was done
with the consent of the ephors. The Lacedaemonians
had not yet openly entered upon the war, but were
concealing their purpose, awaiting the turn of the
war.

Cyrus set out with his army, travelling toward
Syria, and ordered the admirals to accompany him
by sea with all the ships. When he arrived at the
Gates,[1] as they are called, and found the place clear
of guards, he was elated, for he was greatly concerned
lest troops might have occupied them before his
arrival. The place is narrow and precipitous in char-
acter, so that it can be easily guarded by few troops.
For two mountains lie against each other, the one
jagged and with great crags, and the other beginning
right at the road itself, and it is the largest in those

---

[1] Between Cilicia and Syria.

[3] καὶ οἱ στρατηγοῦντες added by Bezzel, who also deletes
συντυχόντες.

[4] So Wesseling : μέρος.

[5] μέγιστον Vogel : μία δ' ἐστίν.

περὶ τοὺς τόπους ἐκείνους, καὶ καλεῖται μὲν
Ἄμανος,[1] παρεκτείνει δὲ παρὰ τὴν Φοινίκην· ὁ δ᾽
ἀνὰ μέσον τόπος τῶν ὀρῶν, ὑπάρχων ὡς τριῶν
σταδίων, παντελῶς τετειχισμένος καὶ πύλας ἔχων
5 εἰς στενὸν συγκλειομένας. διελθὼν οὖν ὁ Κῦρος
ταύτας ἀκινδύνως, τὸν μὲν λοιπὸν στόλον ἀπέστει-
λεν ἀνακάμψαι εἰς Ἔφεσον· οὐκέτι γὰρ αὐτῷ
χρήσιμος ἦν μέλλοντι διὰ μεσογείου τὴν πορείαν
ποιεῖσθαι. ὁδοιπορήσας δ᾽ ἡμέρας εἴκοσι παρε-
γενήθη πρὸς Θάψακον πόλιν, ἣ κεῖται παρὰ τὸν
6 ποταμὸν τὸν Εὐφράτην. ἐνταῦθα δὲ πένθ᾽ ἡμέρας
διατρίψας, καὶ τὴν δύναμιν ἐξιδιοποιησάμενος ταῖς
τε τῶν ἐπιτηδείων ἀφθονίαις καὶ ταῖς ἐκ τῶν
προνομῶν ὠφελείαις, συνήγαγεν ἐκκλησίαν καὶ τὴν
ἀλήθειαν τῆς στρατείας ἐδήλωσεν. προσάντως δὲ
δεξαμένων τὸν λόγον τῶν στρατιωτῶν, ἐδεῖτο πάν-
των μὴ καταλιπεῖν ἑαυτόν, ἐπαγγελλόμενος ἄλλας
τε μεγάλας δωρεὰς καὶ ὅτι παραγενομένοις αὐτοῖς[2]
εἰς Βαβυλῶνα κατ᾽ ἄνδρα ἕκαστον δώσει πέντε
μνᾶς ἀργυρίου. οἱ μὲν οὖν στρατιῶται ταῖς ἐλπίσι
7 μετεωρισθέντες ἐπείσθησαν ἀκολουθεῖν· ὁ δὲ Κῦρος
ὡς διέβη τῇ δυνάμει τὸν Εὐφράτην, ἠπείγετο κατὰ
τὸ συνεχὲς ὁδοιπορῶν, καὶ παραγενηθεὶς ἐπὶ τοὺς
ὅρους τῆς Βαβυλωνίας ἀνελάμβανε τὴν δύναμιν.

22. Ὁ δὲ βασιλεὺς Ἀρταξέρξης καὶ πάλαι μὲν
ἦν παρὰ Φαρναβάζου πεπυσμένος ὅτι στρατόπεδον
ἐπ᾽ αὐτὸν ἀθροίζει λάθρᾳ Κῦρος, καὶ τότε δὴ πυθό-
μενος αὐτοῦ τὴν ἀνάβασιν μετεπέμπετο τὰς παν-
2 ταχόθεν δυνάμεις εἰς Ἐκβάτανα τῆς Μηδίας. ἐπεὶ
δὲ αἵ τε παρ᾽ Ἰνδῶν καί τινων ἄλλων ἐθνῶν καθ-

regions, bearing the name Amanus and extending 401 B.C.
along Phoenicia ; and the space between the moun-
tains, some three stades in length, has walls running
its whole length and gates closed to make a narrow
passage. Now, after passing through the Gates with-
out a fight, Cyrus sent off that part of the fleet that
was still with him to make the return voyage to
Ephesus, since it was of no further use to him now
that he would be travelling inland. After a march
of twenty days he arrived at the city of Thapsacus,
which lies on the Euphrates River. Here he remained
five days, and after winning the army to himself both
by abundant supplies and by booty from foraging,
he summoned it to an assembly and disclosed the
truth about his campaign. When the soldiers re-
ceived his words unfavourably, he besought them,
one and all, not to leave him in the lurch, promising,
besides other great rewards, that, when they came
to Babylon, he would give every man of them five
minas of silver.[1] The soldiers, accordingly, soaring
in their expectations, were prevailed upon to follow
him. When Cyrus crossed the Euphrates with his
army, he pressed on the way without making any
halt, and as soon as he reached the borders of Baby-
lonia he rested his troops.

22. King Artaxerxes had learned some time before
from Pharnabazus that Cyrus was secretly collecting
an army to lead against him, and when he now learned
that he was on the march, he summoned his arma-
ments from every place to Ecbatana in Media. When
the contingents from the Indians and certain other

---

[1] Some ninety dollars.

---

[1] Ἄμανος Wesseling : Λίβανος.
[2] So Sintenis : παραγενόμενος αὐτός.

ὑστέρουν διὰ τὸ μακρὰν ἀφεστάναι τοὺς τόπους, μετὰ τῆς συναχθείσης στρατιᾶς ὥρμησεν ἀπαντήσων τῷ Κύρῳ. εἶχε δὲ τοὺς ἅπαντας στρατιώτας σὺν ἱππεῦσιν οὐκ ἐλάττους τετταράκοντα μυριάδων,

3 καθά φησιν Ἔφορος. ὡς δ᾽ εἰς τὸ Βαβυλώνιον ἧκε πεδίον, παρὰ τὸν Εὐφράτην στρατοπεδείαν ἐβάλετο, διανοούμενος ἐν ταύτῃ καταλιπεῖν τὴν ἀποσκευήν· ἐπυνθάνετο γὰρ τοὺς πολεμίους οὐ μακρὰν ὄντας, καὶ τὸ παράβολον αὐτῶν τῆς τόλμης ὑπώπτευεν.

4 ὀρύξας οὖν τάφρον τὸ μὲν πλάτος ποδῶν ἑξήκοντα, τὸ δὲ βάθος¹ ποδῶν δέκα, περιέθηκε κύκλῳ τὰς συνακολουθούσας ἁρμαμάξας καθαπερεὶ τεῖχος. καταλιπὼν δ᾽ ἐν τῇ παρεμβολῇ τὴν ἀποσκευὴν καὶ τὸν ἀχρεῖον ὄχλον, ἐπὶ μὲν ταύτης ἱκανὴν φυλακὴν παρέστησεν, αὐτὸς δὲ τὴν δύναμιν εὔζωνον προαγαγὼν ἀπήντα τοῖς πολεμίοις ἐγγὺς ὑπάρχουσιν.

5 Ὁ δὲ Κῦρος ὡς εἶδε προϊοῦσαν τὴν τοῦ βασιλέως στρατιάν, εὐθὺς εἰς τάξεις κατέστησε τὸ σφέτερον στρατόπεδον. τὸ μὲν οὖν δεξιὸν κέρας παρὰ τὸν Εὐφράτην παρεκτεῖνον πεζοὶ μὲν ἐπεῖχον Λακεδαιμόνιοι καί τινες τῶν μισθοφόρων, ὧν ἁπάντων Κλέαρχος ὁ Λακεδαιμόνιος ἀφηγεῖτο· συνηγωνίζοντο δ᾽ αὐτῷ τῶν ἱππέων οἱ συναχθέντες ἀπὸ Παφλαγονίας, ὄντες ὑπὲρ τοὺς χιλίους· τὸ δὲ θάτερον μέρος ἐπεῖχον οἵ τ᾽ ἀπὸ Φρυγίας καὶ Λυδίας, ἔτι δὲ τῶν ἱππέων περὶ χιλίους, ὧν εἶχε τὴν ἡγεμο-

6 νίαν Ἀριδαῖος. αὐτὸς δὲ ὁ Κῦρος ἐτέτακτο κατὰ μέσην τὴν φάλαγγα τοὺς κρατίστους ἔχων Περσῶν τε καὶ τῶν ἄλλων βαρβάρων ὡς μυρίους· προηγοῦντο δ᾽ αὐτῷ τῶν ἱππέων οἱ κάλλιστα διεσκευασμένοι χίλιοι, θώρακας ἔχοντες καὶ μαχαίρας

peoples were delayed because of the remoteness of 401 B.C.
those regions, he set out to meet Cyrus with the army
that had been assembled. He had in all not less than
four hundred thousand soldiers, including cavalry,
as Ephorus states. When he arrived on the plain of
Babylonia, he pitched a camp beside the Euphrates,
intending to leave his baggage in it ; for he had
learned that the enemy was not far distant and he
was apprehensive of their reckless daring. Accord-
ingly he dug a trench sixty feet wide and ten deep
and encircled the camp with the baggage-waggons
of his train like a wall. Having left behind in the
camp the baggage and the attendants who were of
no use in the battle, he appointed an adequate guard
for it, and leading forward in person his army un-
encumbered, he advanced to meet the enemy which
was near at hand.

When Cyrus saw the King's army advancing, he
at once drew up his own force in battle order. The
right wing, which rested on the Euphrates, was held
by infantry composed of Lacedaemonians and some
of the mercenaries, all under the command of
Clearchus the Lacedaemonian, and helping him in
the fight were the cavalry brought from Paphlagonia,
more than a thousand. The left wing was held by
the troops from Phrygia and Lydia and about a
thousand of the cavalry, under the command of
Aridaeus. Cyrus himself had taken a station in the
centre of the battle-line, together with the choicest
troops gathered from Persians and the other bar-
barians, about ten thousand strong ; and leading the
van before him were the finest-equipped cavalry, a
thousand, armed with Greek breastplates and swords.

---

[1] So Palmer : μῆκος.

7 Ἑλληνικάς. Ἀρταξέρξης δὲ πρὸ μὲν τῆς φάλαγ-
γος πάσης ἔστησεν ἅρματα δρεπανηφόρα τὸν ἀρι-
θμὸν οὐκ ὀλίγα· καὶ τῶν μὲν κεράτων Πέρσας
ἡγεμόνας κατέστησε, κατὰ δὲ τὸ¹ μέσον αὐτὸς
ἐτάχθη τῶν ἐπιλέκτων ἔχων οὐκ ἐλάττους πεντα-
κισμυρίων.

23. Ὡς δὲ τρεῖς σχεδὸν σταδίους ἀπεῖχον ἀλλή-
λων αἱ δυνάμεις, οἱ μὲν Ἕλληνες παιανίσαντες τὸ
μὲν πρῶτον ἡσυχῇ προῆγον· ὡς δ' ἐντὸς βέλους
ἦσαν, ἔθεον κατὰ πολλὴν σπουδήν. παρηγγελκὼς
δ' αὐτοῖς Κλέαρχος ὁ Λακεδαιμόνιος ἦν τοῦτο
πράττειν· τὸ μὲν γὰρ ἐκ διαστήματος πολλοῦ μὴ
τρέχειν ἤμελλεν ἀκεραίους τοῖς σώμασι τοὺς ἀγωνι-
ζομένους τηρήσειν εἰς τὴν μάχην, τὸ δ' ἐγγὺς
ὄντας δρόμῳ προσιέναι τὰς τῶν τόξων βολὰς καὶ
τῶν ἄλλων βελῶν ὑπερπετεῖς ἐδόκει ποιήσειν.

2 ἐπεὶ δ' ἤγγισαν οἱ μετὰ Κύρου τῷ τοῦ βασιλέως
στρατοπέδῳ, τοσοῦτ' ἐπ' αὐτοὺς ἐρρίφη βελῶν
πλῆθος, ὅσον εἰκός ἐστιν ἐκ δυνάμεως ἐνεχθῆναι
συνεστώσης ἐκ μυριάδων τετταράκοντα. οὐ μὴν
ἀλλὰ βραχὺν χρόνον παντελῶς τοῖς παλτοῖς διαγω-
νισάμενοι, τὸ λοιπὸν ἐκ χειρὸς ἤδη τὴν μάχην
συνίσταντο.

3 Λακεδαιμόνιοι δὲ μετὰ τῶν ἄλλων μισθοφόρων
εὐθὺς ἐκ τῆς πρώτης συστάσεως ἐξέπληξαν τοὺς
ἀντιτεταγμένους βαρβάρους τῇ τε τῶν ὅπλων λαμ-
4 πρότητι καὶ ταῖς εὐχειρίαις. ἐκεῖνοι μὲν γὰρ ἦσαν
ὅπλοις τε μικροῖς ἐσκεπασμένοι καὶ τὰ πολλὰ τῶν
ταγμάτων ἔχοντες ψιλικά, πρὸς δὲ τούτοις ἄπειροι
τῶν κατὰ πόλεμον κινδύνων· οἱ δ' Ἕλληνες διὰ
τὸ μῆκος τοῦ Πελοποννησιακοῦ πολέμου κατὰ τὸ

¹ τὸ omitted PA, Vogel.

Artaxerxes stationed before the length of his battle- 401 B.C.
line scythe-bearing chariots in no small number, and
the wings he put under command of Persians, while
he himself took his position in the centre with no less
than fifty thousand élite troops.

23. When the armies were about three stades
apart, the Greeks struck up the paean and at first
advanced at a slow pace, but as soon as they were
within range of missiles they began to run at great
speed.[1] Clearchus the Lacedaemonian had given
orders for them to do this, for by not running from
a great distance he had in mind to keep the fighters
fresh in body for the fray, while if they advanced
on the run when at close quarters, this, it was thought,
would cause the missiles shot by bows and other
means to fly over their heads. When the troops with
Cyrus approached the King's army, such a multitude
of missiles was hurled upon them as one could expect
to be discharged from a host of four hundred thou-
sand. Nevertheless, they fought but an altogether
short time with javelins and then for the remainder
of the battle closed hand to hand.

The Lacedaemonians and the rest of the merce-
naries at the very first contact struck terror into the
opposing barbarians both by the splendour of their
arms and by the skill they displayed. For the bar-
barians were protected by small shields and their
divisions were for the most part equipped with light
arms ; and, furthermore, they were without trial in
the perils of war, whereas the Greeks had been in
constant battle by reason of the length of the Pelo-

---

[1] The battle is known as that of Cunaxa.

συνεχὲς ἐν μάχαις γεγενημένοι πολὺ ταῖς ἐμπειρίαις
διέφερον. διόπερ εὐθὺ τρεψάμενοι τοὺς καθ' αὑ-
τοὺς ἐδίωκον, καὶ πολλοὺς τῶν βαρβάρων ἀνήρουν.
5 κατὰ δὲ μέσην τὴν τάξιν ἔτυχε μὲν ἀμφοτέρους
τοὺς ὑπὲρ τῆς βασιλείας ἀγωνιζομένους ταχθῆναι·
διὸ καὶ κατανοήσαντες τὸ γεγενημένον ὥρμησαν
ἐπ' ἀλλήλους, φιλοτιμούμενοι δι' ἑαυτῶν κρῖναι τὴν
μάχην· συνήγαγε γάρ, ὡς ἔοικεν, ἡ τύχη τὴν ὑπὲρ
τῆς ἡγεμονίας τοῖς ἀδελφοῖς ἔριν εἰς μονομαχίαν
καθάπερ εἰς ἀπομίμημα τῆς παλαιᾶς ἐκείνης καὶ
τραγῳδουμένης τῆς περὶ τὸν Ἐτεοκλέα καὶ Πολυ-
6 νείκην τόλμης. Κῦρος μὲν οὖν φθάσας ἐκ διαστή-
ματος ἠκόντισε, καὶ τυχὼν τοῦ βασιλέως ἔσφηλεν
αὐτὸν ἐπὶ τὴν γῆν· ὃν ταχέως οἱ περὶ αὐτὸν ἁρπά-
σαντες ἀπήνεγκαν ἐκ τῆς μάχης. καὶ τὴν μὲν τοῦ
βασιλέως ἡγεμονίαν διαδεξάμενος Τισσαφέρνης ἀνὴρ
Πέρσης παρεκάλει τε τὰ πλήθη καὶ αὐτὸς λαμπρῶς
ἠγωνίζετο· ἀναμαχόμενος δὲ τὸ περὶ τὸν βασιλέα
γεγονὸς ἐλάττωμα καὶ μετὰ τῶν ἐπιλέκτων ἐπὶ
πάντα τόπον ἐπιφαινόμενος πολλοὺς ἀνήρει τῶν
ἀντιτεταγμένων, ὥστε τὴν ἐπιφάνειαν αὐτοῦ πόρ-
7 ρωθεν ὑπάρχειν ἐπίσημον. ὁ δὲ Κῦρος ἐπαρθεὶς
τῷ προτερήματι τῶν[1] περὶ αὐτὸν εἰς μέσους ἐβιά-
σατο τοὺς πολεμίους, καὶ τὸ μὲν πρῶτον ἀφειδῶς
τῇ τόλμῃ χρώμενος πολλοὺς ἀνήρει, μετὰ δὲ ταῦ-
τα προχειρότερον κινδυνεύων ὑπό τινος τῶν τυχόν-
των Περσῶν πληγεὶς ἐπικαίρως ἔπεσεν. τούτου
δ' ἀναιρεθέντος οἱ τοῦ βασιλέως πρὸς τὴν μάχην

ponnesian War and were far superior in experience. 401 B.C.
Consequently they straightway put their opponents
to flight, pushed after them in pursuit, and slew many
of the barbarians. In the centre of the lines, it so
happened, were stationed both the men who were
contending for the kingship. Consequently, becom-
ing aware of this fact, they made at each other, being
eagerly desirous of deciding the issue of the battle
by their own hands ; for Fortune, it appears, brought
the rivalry of the brothers over the throne to culmina-
tion in a duel as if in imitation of that ancient rash
combat of Eteocles and Polyneices so celebrated in
tragedy.[1] Cyrus was the first to hurl his javelin from
a distance, and striking the King, brought him to the
ground ; but the King's attendants speedily snatched
him away and carried him out of the battle. Tis-
saphernes, a Persian noble, now succeeded to the
supreme command held by the King, and not only
rallied the troops but fought himself in splendid
fashion ; and retrieving the reverse involved in the
wounding of the King and arriving on the scene
everywhere with his élite troops, he slew great
numbers of the enemy, so that his presence was con-
spicuous from afar. Cyrus, being elated by the
success of his forces, rushed boldly into the midst
of the enemy and at first slew numbers of them as he
set no bounds to his daring ; but later, as he fought
too imprudently, he was struck by a common Persian
and fell mortally wounded. Upon his death the
King's soldiers gained confidence for the battle and

---

[1] The fullest account preserved to us is in Aeschylus, *The
Seven against Thebes*.

---

[1] τῶν] τῷ Dindorf.

ἐπερρώσθησαν, καὶ τέλος τῷ τε πλήθει καὶ τῇ
τόλμῃ κατεπόνησαν τοὺς ἀνθεστηκότας.

24. Ἐκ δὲ θατέρου μέρους Ἀριδαῖος ὁ Κύρου σα-
τράπης τεταγμένος ἐπὶ τῆς ἡγεμονίας τὸ μὲν πρῶ-
τον εὐρώστως ἐδέξατο τοὺς ἐπιόντας βαρβάρους·
μετὰ δὲ ταῦτα τῆς φάλαγγος ἐπὶ πολὺ παρεκ-
τεινούσης κυκλούμενος καὶ τὴν Κύρου τελευτὴν
πυθόμενος, ἔφυγε μετὰ τῶν ἰδίων στρατιωτῶν πρός
τινα τῶν ἰδίων σταθμῶν, ἔχοντα καταφυγὴν οὐκ
2 ἀνεπιτήδειον. Κλέαρχος δὲ θεωρῶν τήν τε μέσην
τάξιν καὶ τἆλλα μέρη τῶν συμμάχων τετραμμένα,
τοῦ μὲν διώκειν ἀπέστη, τοὺς δὲ στρατιώτας ἀνα-
καλούμενος καθίστα· εὐλαβεῖτο γὰρ μήποτε πάσης
τῆς δυνάμεως ἐπὶ τοὺς Ἕλληνας ἐλθούσης κυκλω-
3 θῶσι καὶ πάντες ἀπόλωνται. οἱ δὲ μετὰ τοῦ βασι-
λέως ταχθέντες ἐπειδὴ τὰ καθ᾿ αὑτοὺς ἐτρέψαντο,
πρῶτον μὲν τὴν ἀποσκευὴν τοῦ Κύρου διήρπασαν,
μετὰ δὲ ταῦτα ἤδη νυκτὸς ἐπελθούσης ἀθροισθέντες
ἐπὶ τοὺς Ἕλληνας ὥρμησαν· ὧν δεξαμένων τὴν
ἔφοδον εὐγενῶς, ὀλίγον μὲν χρόνον ὑπέμενον οἱ
βάρβαροι, μετ᾿ ὀλίγον δὲ ταῖς τόλμαις καὶ ταῖς
4 εὐχειρίαις νικώμενοι πρὸς φυγὴν ὥρμησαν. οἱ δὲ
περὶ Κλέαρχον πολλοὺς τῶν βαρβάρων ἀνελόντες,
ὡς ἤδη νὺξ ἦν, ἀναχωρήσαντες τρόπαιον ἔστησαν,
καὶ περὶ δευτέραν σχεδὸν φυλακὴν ἔφθασαν εἰς τὴν
5 παρεμβολήν. τῆς δὲ μάχης τοιοῦτον τέλος λαβούσης
ἀνῃρέθησαν τῶν τοῦ βασιλέως πλείους τῶν μυρίων
πεντακισχιλίων, ὧν τοὺς πλείστους ἀνεῖλον οἱ μετὰ
Κλεάρχου ταχθέντες Λακεδαιμόνιοί τε καὶ μισθοφό-
6 ροι. ἐκ δὲ θατέρου μέρους τῶν Κύρου στρατιωτῶν
ἔπεσον περὶ τρισχιλίους· τῶν δὲ Ἑλλήνων φασὶν
ἀναιρεθῆναι μὲν οὐδένα, τρωθῆναι δ᾿ ὀλίγους.

in the end, by virtue of numbers and daring, wore 401 B.C. down their opponents.

24. On the other wing Aridaeus, who was second in command to Cyrus, at first withstood stoutly the charge of the barbarians, but later, since he was being encircled by the far-extended line of the enemy and had learned of Cyrus' death, he turned in flight with the soldiers under his command to one of the stations where he had once stopped, which was not unsuited as a place for retreat. Clearchus, when he observed that both the centre of his allies and the other parts as well had been routed, stopped his pursuit, and calling back the soldiers, set them in order ; for he feared that if the entire army should turn on the Greeks, they would be surrounded and slain to a man. The King's troops, after they had put their opponents to flight, first plundered Cyrus' baggage-train and then, when night had come on, gathered in force and set upon the Greeks ; but when the Greeks met the attack valiantly, the barbarians withstood them only a short while and after a little turned in flight, being overcome by their deeds of valour and skill. The troops of Clearchus, when they had slain great numbers of the barbarians, since it was already night, returned to the battlefield and set up a trophy, and about the second watch got safe to their camp. Such was the outcome of the battle, and of the army of the King more than fifteen thousand were slain, most of whom fell at the hands of the Lacedaemonians and mercenaries under the command of Clearchus. On the other side some three thousand of Cyrus' soldiers fell, while of the Greeks, we are told, not a man was slain, though a few were wounded.

DIODORUS OF SICILY

7 Τῆς δὲ νυκτὸς παρελθούσης Ἀριδαῖος ὁ πεφευγὼς εἰς τὸν σταθμὸν ἀπέστειλέ τινας πρὸς τὸν Κλέαρχον, παρακαλῶν πρὸς ἑαυτὸν ἀπαγαγεῖν τοὺς στρατιώτας καὶ κοινῇ διασῴζεσθαι πρὸς τοὺς ἐπὶ θάλατταν τόπους· ἀνῃρημένου γὰρ Κύρου καὶ τῶν τοῦ βασιλέως δυνάμεων ὑπερεχουσῶν, ἀγωνία πολλὴ κατέσχε τοὺς τετολμηκότας ἐπὶ τῇ καταλύσει τῆς Ἀρταξέρξου βασιλείας στρατεύεσθαι.

25. Ὁ δὲ Κλέαρχος ἀνακαλεσάμενος τούς τε στρατηγοὺς καὶ τοὺς ἐφ᾽ ἡγεμονίας τεταγμένους ἐβουλεύετο περὶ τῶν παρόντων. ὄντων δ᾽ αὐτῶν περὶ ταῦτα παρεγενήθησαν παρὰ τοῦ βασιλέως πρέσβεις, ὧν ἦν ἀρχιπρεσβευτὴς ἀνὴρ Ἕλλην, ὄνομα μὲν Φάλυνος, γένος δὲ Ζακύνθιος. εἰσαχθέντες δ᾽ εἰς τὸ συνέδριον εἶπον, ὅτι λέγει ὁ βασιλεὺς Ἀρταξέρξης· Ἐπειδὴ νενίκηκα Κῦρον ἀποκτείνας, παράδοτε τὰ ὅπλα, καὶ πρὸς τὰς θύρας αὐτοῦ βαδίσαντες ζητεῖτε, πῶς ἂν αὐτὸν ἐκθεραπεύσαντες
2 ἀγαθοῦ τινος μεταλάβητε. ῥηθέντων δὲ τούτων ἀπόκρισιν ἔδωκεν ἕκαστος τῶν στρατηγῶν τοιαύτην οἵαν Λεωνίδης, καθ᾽ ὃν καιρὸν περὶ Θερμοπύλας αὐτοῦ φυλάττοντος τὰς παρόδους Ξέρξης ἀπέστειλεν ἀγγέλους, κελεύων τῶν ὅπλων παραχωρῆσαι.
3 καὶ γὰρ τότε Λεωνίδης εἶπεν ἀπαγγεῖλαι τῷ βασιλεῖ διότι νομίζομεν, κἂν φίλοι γενώμεθα τῷ Ξέρξῃ, μετὰ τῶν ὅπλων ὄντες ἀμείνους ἔσεσθαι σύμμαχοι, κἂν πολεμεῖν πρὸς αὐτὸν ἀναγκασθῶμεν,
4 βέλτιον μετὰ τούτων ἀγωνιεῖσθαι. παραπλησίως δὲ καὶ τοῦ Κλεάρχου περὶ τούτων ἀποκριναμένου, Πρόξενος ὁ Θηβαῖος εἶπεν, ὅτι νῦν τὰ μὲν ἄλλα σχεδὸν ἀποβεβλήκαμεν, λέλειπται δ᾽ ἡμῖν ἥ τ᾽ ἀρετὴ καὶ τὰ ὅπλα. νομίζομεν οὖν, ἂν μὲν ταῦτα

When the night was past, Aridaeus, who had fled 401 B.C.
to the stopping-place, dispatched messengers to Cle-
archus, urging him to lead his soldiers to him and to
join him in making a safe return to the regions on the
sea. For now that Cyrus had been slain and the
King's armaments held the advantage, deep concern
had seized those who had dared to take the field
to unseat Artaxerxes from the throne.

25. Clearchus called together both the generals
and commanders and took counsel with them on the
situation. While they were discussing it, there came
ambassadors from the King, the chief of whom was
a man of Greece, Phalynus by name, who was a
Zacynthian. They were introduced to the gathering
and spoke as follows : " King Artaxerxes says :
Since I have defeated and slain Cyrus, do you sur-
render your arms, come to my doors, and seek how
you may appease me and gain some favour." To
these words each general gave a reply much like that
which Leonides made when he was guarding the Pass
of Thermopylae, and Xerxes sent messengers ordering
him to lay down his arms.[1] For Leonides at that time
instructed the messengers to report to the King :
" We believe that if we become friends of Xerxes,
we shall be better allies if we keep our arms, and if
we are forced to wage war against him, we shall fight
the better if we keep them." When Clearchus had
made a somewhat similar reply to the message,
Proxenus the Theban said, " As things now stand,
we have lost practically everything else, and all that
is left to us is our valour and our arms. It is my

---

[1] See Book 11. 5. 5.

φυλάττωμεν, χρησίμην ἡμῖν ἔσεσθαι καὶ τὴν ἀρετήν,
ἂν δὲ παραδῶμεν, οὐδὲ ταύτην ἡμῖν ἔσεσθαι βοη-
θόν. διόπερ ἐκέλευσε τῷ βασιλεῖ λέγειν, ὡς ἂν
περὶ ἡμῶν κακόν τι βουλεύηται, διὰ τούτων πρὸς
αὐτὸν διαγωνιούμεθα περὶ τῶν ἀγαθῶν τῶν ἐκείνου.[1]
5 λέγεται δὲ καὶ Σόφιλον τὸν ἐφ' ἡγεμονίας τεταγ-
μένον εἰπεῖν, ὅτι θαυμάζει τοὺς παρὰ τοῦ βασιλέως
λόγους· εἰ μὲν γὰρ αὐτὸν δοκεῖ κρείσσονα τῶν
Ἑλλήνων εἶναι, μετὰ τῆς δυνάμεως ἐλθὼν λαβέτω
τὰ παρ' ἡμῶν ὅπλα· εἰ δὲ πείσας βούλεται, λεγέτω,
6 τίνα χάριν ἡμῖν ἀντὶ τούτων ἀξίαν δώσει. μετὰ
δὲ τούτους Σωκράτης Ἀχαιὸς εἶπεν, ὅτι λίαν
αὐτοῖς ἐκπληκτικῶς ὁ βασιλεὺς προσφέρεται· ἃ
μὲν γὰρ παρ' ἡμῶν βούλεται λαβεῖν παραχρῆμ'
ἀπαιτεῖ, τὰ δ' ἀντὶ τούτων δοθησόμενα μετὰ ταῦτ'
ἀξιοῦν[2] προστάττει. καθόλου δ' εἰ μὲν ἀγνοῶν
τοὺς νενικηκότας ὡς ἡττημένους κελεύει τὸ προσ-
ταττόμενον ποιεῖν, μαθέτω ποτέρων ἐστὶν ἡ νίκη
παραγενηθεὶς μετὰ τῆς πολυαρίθμου δυνάμεως·
εἰ δὲ σαφῶς ἡμᾶς εἰδὼς νενικηκότας ψεύδεται, πῶς
αὐτῷ περὶ τῶν εἰς ὕστερον ἐπαγγελιῶν πιστεύ-
σομεν;

7 Οἱ μὲν οὖν ἄγγελοι τοιαύτας ἀποκρίσεις λαβόντες
ἐχωρίσθησαν· οἱ δὲ περὶ Κλέαρχον ἀνέζευξαν πρὸς
τὸν σταθμόν, ὅπου τὸ διασεσωσμένον στρατόπεδον
ἦν ἀνακεχωρηκός. εἰς ταὐτὸ[3] δὲ πάσης τῆς δυνά-
μεως ἐλθούσης, περὶ τῆς ἐπὶ θάλατταν καταβάσεως

opinion, therefore, that if we guard our arms, our 401 B.C. valour also will be useful to us, but if we give them up, then not even our valour will be of any help to us." Consequently he gave them this message to the King : " If you are plotting some evil against us, with our arms we will fight against you for your own possessions." We are told that also Sophilus, one of the commanders, said, " I am surprised at the words of the King ; for if he believes that he is stronger than the Greeks, let him come with his army and take our arms away from us ; but if he wishes to use persuasion, let him say what favour of equal worth he will grant us in exchange for them." After these speakers Socrates the Achaean said, " The King is certainly acting toward us in a most astounding fashion ; for what he wishes to take from us he requires at once, while what will be given us in return he commands us to request of him at a later time. In a word, if it is in ignorance of who are the victors that he orders us to obey his command as though we had been defeated, let him come with his numerous host and find out on whose side the victory lies ; but if, knowing well enough that we are the victors, he uses lying words, how shall we trust his later promises ? "

After the messengers had received these replies, they departed ; and Clearchus marched to the stopping-place whither the troops had retired who had escaped from the battle. When the entire force had gathered in the same place, they counselled together how they should make their way back to the

---

¹ ἐκείνου Bezzel (Xen. *Anab.* 2. 1. 12) : κοινῶν.
² ἀξιοῦν Vogel : ἀξιοῦντας αἰτεῖν.
³ So Reiske : τοῦτο.

8 ἐβουλεύοντο κοινῇ καὶ περὶ τῆς πορείας. ἔδοξεν
οὖν αὐτοῖς μὴ τὴν αὐτὴν ἀναχώρησιν ἧπερ ἦλθον
ποιεῖσθαι· πολὺ γὰρ αὐτῆς ἦν ἔρημον, ἐν ᾧ τροφὰς
οὐχ ὑπελάμβανον ἕξειν, δυνάμεως πολεμίας ἀκο-
λουθούσης. γνόντες δ' ἐπὶ Παφλαγονίας ἀνα-
ζευγνύειν, οὗτοι μὲν ὥρμησαν ἐπὶ Παφλαγονίαν
μετὰ τῆς δυνάμεως, κατὰ σχολὴν ὁδοιποροῦντες,
ὡς ἂν ἅμα τὰς τροφὰς ποριζόμενοι.

26. Ὁ δὲ βασιλεὺς βέλτιον ἔχων ἀπὸ τοῦ τραύ-
ματος, ὡς ἐπύθετο τὴν τῶν ἐναντίων ὑποχώρησιν,
νομίσας αὐτοὺς φεύγειν, ὥρμησε μετὰ τῆς δυνά-
2 μεως κατὰ σπουδήν. καταλαβὼν δ' αὐτοὺς διὰ
τὸ βραδέως ὁδοιπορεῖν, τότε μὲν ἤδη νυκτὸς οὔσης
ἐγγὺς τὴν στρατοπεδείαν ἐποιήσατο, ἅμα δ' ἡμέρᾳ
διατασσόντων τῶν Ἑλλήνων τὸ στρατόπεδον εἰς
μάχην, πέμψας τοὺς ἀγγέλους κατὰ μὲν τὸ παρὸν
3 εἰς τρεῖς ἡμέρας ἀνοχὰς ἐποιήσατο· ἐν δὲ ταύταις
συνεφώνησαν, ὥστε αὐτὸν μὲν φιλίαν παρασχέσθαι
τὴν χώραν καὶ τοὺς ἡγησομένους ἐπὶ θάλατταν
δοῦναι καὶ τοῖς διεξιοῦσιν ἀγορὰν παρέχειν, τοὺς
δὲ μετὰ Κλεάρχου μισθοφόρους καὶ τοὺς μετ' Ἀρι-
δαίου πάντας πορεύεσθαι διὰ τῆς χώρας μηδὲν
4 ἀδίκημα ποιοῦντας. μετὰ δὲ ταῦθ' οὗτοι μὲν περὶ[1]
τὰς ὁδοιπορίας ἐγίνοντο, τὴν δὲ δύναμιν ὁ βασιλεὺς
ἀπήγαγεν εἰς Βαβυλῶνα. ἐκεῖ δὲ τῶν κατὰ τὴν
μάχην ἀνδραγαθησάντων κατ' ἀξίαν ἕκαστον τι-
μήσας ἔκρινε πάντων ἄριστον γεγενῆσθαι Τισ-
σαφέρνην. διὸ καὶ μεγάλαις αὐτὸν τιμήσας
δωρεαῖς ἔδωκε τὴν ἑαυτοῦ θυγατέρα πρὸς συμ-
βίωσιν, καὶ τὸ λοιπὸν διετέλει πιστότατον αὐτὸν

sea and what route they should take. Now it was 401 B.C.
agreed that they should not return by the same way
they had come, since much of it was waste country
where they could not expect provisions to be available
with a hostile army on their heels. They resolved,
therefore, to make toward Paphlagonia, and set out
in that direction with the army, proceeding at a
leisurely pace, since they gathered provisions as they
marched.

26. The King was recovering from his wound, and
when he learned that his opponents were withdraw-
ing, he believed that they were in flight and set out
in haste after them with his army. As soon as he had
overtaken them because of their slow progress, for
the moment, since it was night, he went into camp
near them, and when day came and the Greeks were
drawing up their army for battle, he sent messengers
to them and for the time being agreed upon a truce
of three days. During this period they reached the
following agreement : The King would see that his
territory was friendly to them ; he would provide
them guides for their journey to the sea and would
supply them with provisions on the way ; the mer-
cenaries under Clearchus and all the troops under
Aridaeus should pass through his territory without
doing any injury. After this they started on their
journey, and the King led his army off to Babylon.
In that city he accorded fitting honours to everyone
who had performed deeds of courage in the battle
and judged Tissaphernes to have been the bravest
of all. Consequently he honoured him with rich gifts,
gave him his own daughter in marriage, and hence-
forth continued to hold him as his most trusted friend ;

So Stephanus : ἐπί.

ἔχων φίλον· ἔδωκε δ' αὐτῷ καὶ τὴν ἡγεμονίαν ὧν
Κῦρος ἐπὶ θαλάττης ἦρχε σατραπειῶν.

5 Ὁ δὲ Τισσαφέρνης θεωρῶν τὸν βασιλέα δι'
ὀργῆς ἔχοντα τοὺς Ἕλληνας, ἐπηγγείλατ' αὐτῷ
ἅπαντας ἀνελεῖν, ἐὰν αὐτῷ μὲν δυνάμεις δῷ πρὸς
δὲ Ἀριδαῖον διαλλαγῇ· προδοθήσεσθαι γὰρ ὑπὸ
τούτου τοὺς Ἕλληνας κατὰ τὴν ὁδοιπορίαν. ὁ δὲ
βασιλεὺς ἀσμένως τοὺς λόγους δεξάμενος τούτῳ
μὲν ἔδωκεν ἐξ ἁπάσης τῆς δυνάμεως ἐπιλέξαι[1]
6 τοὺς κρατίστους ὅσους προαιροῖτο. . . . ἄλλοις
γε ἡγεμόσιν ἐλθεῖν καὶ κατὰ πρόσωπον ἀκοῦσαι
τῶν λόγων. διόπερ οἵ τε στρατηγοὶ σχεδὸν ἅπαν-
τες μετὰ Κλεάρχου καὶ τῶν λοχαγῶν ὡς εἴκοσι[2]
πρὸς Τισσαφέρνην ἦλθον· καὶ στρατιωτῶν δὲ πρὸς
ἀγορὰν ἐλθεῖν βουλομένων ἠκολούθησαν ὡς δια-
7 κόσιοι. Τισσαφέρνης δὲ τοὺς μὲν στρατηγοὺς εἰς
τὴν σκηνὴν ἐκάλεσεν, οἱ δὲ λοχαγοὶ πρὸς ταῖς
θύραις διέτριβον. καὶ μετ' ὀλίγον ἐκ τῆς Τισσα-
φέρνους σκηνῆς ἀρθείσης φοινικίδος ὁ μὲν τοὺς
στρατηγοὺς ἔνδον συνέλαβε, τοὺς δὲ λοχαγοὺς οἷς
ἦν συντεταγμένον ἐπελθόντες ἀνεῖλον, ἄλλοι δὲ
τοὺς ἐπὶ τὴν ἀγορὰν ἥκοντας τῶν στρατιωτῶν
ἀνήρουν· ἐξ ὧν εἷς φυγὼν εἰς τὴν ἰδίαν παρεμβολὴν
ἐδήλωσε τὴν συμφοράν.

27. Οἱ δὲ στρατιῶται πυθόμενοι τὰ γεγενημένα
παρ' αὐτὸν μὲν τὸν καιρὸν ἐξεπλάγησαν καὶ πάντες

and he also gave him the command which Cyrus had _{401 B.C.} held over the satrapies on the sea.

Tissaphernes, seeing that the King was angered at the Greeks, promised him that he would destroy them one and all, if the King would supply him with armaments and come to terms with Aridaeus, for he believed that Aridaeus would betray the Greeks to him in the course of the march. The King readily accepted this suggestion and allowed him to select from his entire army as many of the best troops as he chose. (When Tissaphernes caught up with the Greeks he sent word for Clearchus and the) [1] rest of the commanders to come to him and hear what he had to say in person. Consequently, practically all the generals, together with Clearchus and some twenty captains, went to Tissaphernes, and of the common soldiers about two hundred, who wanted to go to market, accompanied them. Tissaphernes invited the generals into his tent and the captains waited at the entrance. And after a little, at the raising of a red flag from Tissaphernes' tent, he seized the generals within, certain appointed troops fell upon the captains and slew them, and others killed the soldiers who had come to the market. Of the last, one made his escape to his camp and disclosed the disaster that had befallen them.

27. When the soldiers learned what had taken place, at the moment they were panic-stricken and

---

[1] There is clearly a break in the text, as in fact is indicated by two of the manuscripts. The words in parenthesis suffice to carry on the narrative, although a section of considerable length may have fallen out.

[1] So Dindorf: ἐπιλέξας.
[2] So Wesseling: εἰκός.

ἐχώρουν εἰς ὅπλα μετὰ πολλῆς ἀταξίας, ὡς ἂν¹
ἀναρχίας οὔσης· μετὰ δὲ ταῦτα, οὐδενὸς αὐτοῖς
παρενοχλοῦντος, εἵλοντο στρατηγοὺς μὲν πλείους,
ἑνὶ δὲ τῶν ὅλων τὴν ἡγεμονίαν ἀπέδωκαν Χειρι-
2 σόφῳ τῷ Λακεδαιμονίῳ. οὗτοι δὲ διατάξαντες τὸ
στρατόπεδον εἰς τὴν ὁδοιπορίαν ὥς ποτ' αὐτοῖς
ἐδόκει κάλλιστα προῆγον ἐπὶ Παφλαγονίαν. Τισ-
σαφέρνης δὲ τοὺς στρατηγοὺς δήσας ἀπέστειλε
πρὸς Ἀρταξέρξην· ἐκεῖνος δὲ τοὺς μὲν ἄλλους
ἀνεῖλε, Μένωνα δὲ μόνον ἀφῆκεν· ἐδόκει γὰρ μόνος
οὗτος στασιάζων πρὸς τοὺς συμμάχους² προδώσειν
3 τοὺς Ἕλληνας. Τισσαφέρης δὲ μετὰ τῆς δυνά-
μεως ἐπακολουθῶν τοῖς Ἕλλησιν ἐξήπτετο, καὶ
κατὰ στόμα μὲν οὐκ ἐτόλμα παρατάττεσθαι, φο-
βούμενος ἀπεγνωσμένων ἀνδρῶν θράσος καὶ ἀπό-
νοιαν, ἐν δὲ τοῖς εὐθέτοις τόποις παρενοχλῶν
μεγάλῳ μὲν οὐδενὶ κακῷ περιβάλλειν αὐτοὺς ἠδύ-
νατο, μικρὰ δὲ βλάπτων μέχρι τοῦ τῶν Καρδούχων
καλουμένων³ ἔθνους ἐπηκολούθησεν.
4 Καὶ Τισσαφέρνης μὲν οὐδὲν ἔτι δυνάμενος πρᾶξαι
μετὰ τῆς δυνάμεως ἐπ' Ἰωνίας ἀνέζευξεν· οἱ δὲ
Ἕλληνες ἐφ' ἑπτὰ μὲν ἡμέρας διεπορεύοντο τὰ
τῶν Καρδούχων ὄρη, πολλὰ κακὰ πάσχοντες ὑπὸ
τῶν ἐγχωρίων ἀλκίμων τε ὄντων καὶ τῆς χώρας
5 ἐμπείρων. ἦσαν δ' οὗτοι πολέμιοι μὲν τοῦ βασι-
λέως, ἐλεύθεροι δὲ καὶ τὰ κατὰ πόλεμον ἀσκοῦντες,
μάλιστα δ' ἐκπονοῦντες σφενδόναις ὡς μεγίστους
λίθους ἐμβάλλειν καὶ τοξεύμασιν ὑπερμεγέθεσι
χρῆσθαι, δι' ὧν τοὺς Ἕλληνας κατατιτρώσκοντες
ἐξ ὑπερδεξίων τόπων πολλοὺς μὲν ἀνεῖλον, οὐκ

¹ ἂν added by Hertlein.
² συμμάχους] Vogel suggests συνάρχοντας.

88

all rushed to arms in great disorder, since there was 401 B.C.
no one to command ; but after this, since no one
disturbed them, they elected a number of generals
and put the supreme command in the hands of one,
Cheirisophus the Lacedaemonian. The generals
organized the army for the march on the route they
thought best and proceeded toward Paphlagonia.
Tissaphernes sent the generals in chains to Artaxerxes,
who executed the others but spared Menon alone,
since he alone, because of a quarrel with his allies,[1]
was thought to be ready to betray the Greeks.
Tissaphernes, following with his army, clung to the
Greeks, but he did not dare to meet them in battle
face to face, fearing as he did the courage and reck-
lessness of desperate men ; and although he harassed
them in places well suited for that purpose, he was
unable to do them any great harm, but he followed
them, causing slight difficulties, as far as the country
of the people known as the Carduchi.

Since Tissaphernes was unable to accomplish any-
thing further, he set out with his army for Ionia ; and
the Greeks made their way for seven days through
the mountains of the Carduchi, suffering greatly
at the hands of the natives, who were a warlike people
and well acquainted with the region. They were
enemies of the King and a free people who practised
the arts of war, and they especially trained them-
selves in hurling the largest stones they could with
slings and in the use of enormous arrows, with which
missiles they inflicted wounds on the Greeks from
advantageous positions, slaying many and seriously

---

[1] Or " with his fellow commanders " ; see critical note.

[3] So Hertlein : καλουμένου.

6 ὀλίγους δὲ κακῶς διέθεσαν. τὰ γὰρ βέλη μείζω
καθεστῶτα δυεῖν πηχῶν ἔδυνε διά τε τῶν ἀσπίδων
καὶ θωράκων, ὥστε μηδὲν τῶν ὅπλων ἰσχύειν τὴν
βίαν αὐτῶν ὑπομένειν· οὕτω γάρ φασι μεγάλοις
κεχρῆσθαι οἰστοῖς, ὥστε τοὺς Ἕλληνας ἐναγκυλοῦν-
τας τὰ ῥιπτόμενα βέλη τούτοις σαυνίοις χρωμένους
7 ἐξακοντίζειν. διελθόντες οὖν τὴν προειρημένην
χώραν ἐπιπόνως παρεγενήθησαν πρὸς τὸν Κεντρί-
την ποταμόν· ὃν διαβάντες εἰσέβαλον εἰς τὴν
Ἀρμενίαν. ταύτης δ' ἦν σατράπης Τιρίβαζος,
πρὸς ὃν σπεισάμενοι διεπορεύοντο τὴν χώραν ὡς
φίλοι.

28. Ὁδοιπορούντες δὲ διὰ τῶν Ἀρμενίων ὀρῶν
ἐλήφθησαν ὑπὸ χιόνος πολλῆς, καὶ παρεκινδύνευσαν
ἀπολέσθαι πάντες. τοῦ γὰρ ἀέρος τεταραγμένου
τὸ μὲν πρῶτον κατ' ὀλίγον ἤρξατο χιὼν πίπτειν
ἐκ τοῦ περιέχοντος, ὥστε τοὺς ὁδοιπορούντας
μηδὲν ἐμποδίζεσθαι τῆς εἰς τοὔμπροσθεν πορείας·
μετὰ δὲ ταῦτα πνεύματος ἐπιγινομένου μᾶλλον
αἰεὶ κατερρίπτετο καὶ τὴν χώραν ἐπεκάλυπτεν,
ὥστε μηκέτι δύνασθαι μήτε τὰς ὁδοὺς μήτε ὁλο-
2 σχερῶς τὰς ἰδιότητας τῶν τόπων θεωρεῖσθαι. διό-
περ ἀθυμία τὸ στρατόπεδον ὑπεδύετο καὶ δέος,
ἀνακάμπτειν μὲν εἰς ἀπώλειαν οὐ βουλομένων, προ-
άγειν δὲ διὰ τὸ πλῆθος τῶν χιόνων οὐ δυναμένων.[1]
τοῦ δὲ χειμῶνος ἐπίτασιν λαμβάνοντος ἐπεγενήθη
πνευμάτων μέγεθος μετὰ πολλῆς χαλάζης, ὥστε τοῦ
συρμοῦ κατὰ πρόσωπον ὄντος ἀναγκασθῆναι καθ-
ίσαι τὴν δύναμιν ἅπασαν· ἕκαστος γὰρ τὴν ἐκ τῆς
ὁδοιπορίας κακοπάθειαν ὑπομένειν ἀδυνατῶν, οὗ
3 ποτε τύχοι, μένειν ἠναγκάζετο. ἀποροῦντες δὲ πάν-

---

[1] οὐ δυναμένων] οὔτε δυναμένων AL, οὐ δεδυνημένων cet.

injuring not a few. For the arrows were more than 401 b.c.
two cubits long [1] and pierced both the shields and
breastplates, so that no armour could withstand their
force ; and these arrows they used were so large,
we are told, that the Greeks wound thongs about
those that had been shot and used them as javelins
to hurl back. Now after they had traversed with
difficulty the country we have mentioned, they arrived
at the river Centrites, which they crossed, and entered
Armenia. The satrap here was Tiribazus, with whom
they made a truce and passed through his territory
as friends.

28. As they made their way through the mountains
of Armenia they encountered a heavy snow and the
entire army came near to perishing. What happened
was this. At first, when the air was stirred, the snow
began to fall in light quantities from the heavens,
so that the marchers experienced no trouble in their
advance ; but after this a wind arose and it came
down heavier and heavier and so covered the ground
that not only the road but even the peculiarities of
the region could no longer be seen at all. Conse-
quently despondency and fear seized the army, which
was unwilling to turn back to certain destruction and
unable to advance because of the heavy snow. As
the storm increased in intensity, there came a great
wind and heavy hail which beat in gusts on their
faces and forced the entire army to come to a halt ;
for everyone, being unable to endure the hardship en-
tailed in a further advance, was forced to remain wher-
ever he happened to be. Although without supplies

[1] About three feet.

τῶν[1] τῶν ἀναγκαίων ἐκείνην μὲν τὴν ἡμέραν καὶ
τὴν νύκτα διεκαρτέρουν ὑπαίθριοι, πολλοῖς συν-
εχόμενοι κακοῖς· διὰ γὰρ τὸ πλῆθος τῆς κατὰ τὸ
συνεχὲς ἐκχεομένης χιόνος τά τε ὅπλα πάντα συν-
εκαλύφθη καὶ τὰ σώματα διὰ τὸν ἀπὸ τῆς αἰθρίας
πάγον περιεψύχετο. διὰ δὲ τὴν ὑπερβολὴν τῶν
κακῶν ὅλην τὴν νύκτα διηγρύπνουν· καὶ τινὲς μὲν
πῦρ ἐκκαύσαντες τῆς ἀπὸ τούτου βοηθείας ἐτύγχα-
νον, τινὲς δὲ περικαταληφθέντες ὑπὸ τοῦ πάγου
τὰ σώματα πᾶσαν ἀπεγίνωσκον ἐπικουρίαν, τῶν
ἀκρωτηρίων αὐτοῖς σχεδὸν ἁπάντων ἀπονεκρου-
4 μένων. διόπερ ὡς ἡ νὺξ διῆλθε, τῶν θ᾽ ὑποζυγίων
τὰ πλεῖστα εὑρέθη διεφθαρμένα καὶ τῶν ἀνδρῶν
πολλοὶ μὲν τετελευτηκότες, οὐκ ὀλίγοι δὲ τὴν μὲν
ψυχὴν ἔχοντες ἔμφρονα, τὸ δὲ σῶμα διὰ τὸν πάγον
ἀκίνητον· ἔνιοι δὲ καὶ τοὺς ὀφθαλμοὺς ἐτυφλώθησαν
διά τε τὸ ψῦχος καὶ τὴν ἀνταύγειαν τῆς χιόνος.
5 καὶ τελείως ἂν ἅπαντες διεφθάρησαν, εἰ μὴ βραχὺ
διελθόντες εὗρον κώμας γεμούσας τῶν ἐπιτηδείων.
αὗται δὲ τὰς μὲν τοῖς ὑποζυγίοις καταβάσεις εἶχον
ὀρυκτάς, τὰς δὲ τοῖς ἀνδράσι κατὰ κλιμάκων . . .
ταῖς οἰκίαις τά τε βοσκήματα τρεφόμενα χόρτῳ,
τοῖς δ᾽ ἀνδράσι πολλὴν ἀφθονίαν πάντων τῶν πρὸς
τὸ ζῆν ἀναγκαίων.

29. Ἐμμείναντες δὲ ταῖς κώμαις ἡμέρας ὀκτὼ
παρεγενήθησαν πρὸς τὸν Φᾶσιν ποταμόν. ἐκεῖ δὲ ·
τέτταρας ἡμέρας διανύσαντες[2] διεπορεύοντο τὴν

---

[1] So Dindorf: πάντες.   [2] διανύσαντες] διαμείναντες P.

---

[1] There is clearly a lacuna in the text. Any reconstruction

of any kind, they stuck it out under the open sky that 401 B.C.
day and the following night, beset by many hardships;
for because of the heavy snow which kept continually
falling, all their arms were covered and their bodies
were completely chilled by the frost in the air. The
hardships they endured were so great that they got
no sleep the entire night. Some lighted fires and
got some help from them, and some, whose bodies
were invaded by the frost, gave up all hope of suc-
cour, since practically all their fingers and toes were
mortifying. Accordingly, when the night was past,
it was found that most of the baggage animals had
perished, and of the soldiers many were dead and not
a few, though still conscious, could not move their
bodies because of the frost ; and the eyes of some
were blinded by reason of the cold and the glare from
the snow. And every man would certainly have
perished had they not gone on a little farther and
found villages full of supplies. These villages had
entrances for the beasts of burden which were
tunnelled under the ground and others for the human
inhabitants who descended into them by ladders . . . [1]
and in the houses the animals were supplied with
hay, while the human inhabitants enjoyed a great
abundance of all the necessities of life.

29. After they had remained in the villages eight
days, they went on to the river Phasis. Here they
passed four days and then made their way through

should be guided by Xenophon's description (*Anab.* 4. 5. 25) :
" The houses here were underground, with a mouth like that
of a well, but spacious below ; and while entrances were
tunnelled down for the beasts of burden, the human in-
habitants descended by a ladder. In the houses were goats,
sheep, etc." (tr. of Brownson in the *L.C.L.*). Such under-
ground villages are still to be found in modern Armenia.

Χάων καὶ Φασιανῶν χώραν. ἐπιθεμένων δ' αὐτοῖς
τῶν ἐγχωρίων, τούτους μὲν ἐν τῇ μάχῃ νικήσαντες
πολλοὺς ἀνεῖλον, αὐτοὶ δὲ καταλαμβάνοντες τὰς
τῶν ἐγχωρίων κτήσεις γεμούσας ἀγαθῶν ἐνδιέτρι-
2 ψαν ἐν αὐταῖς ἡμέρας πεντεκαίδεκα. ἀναζεύξαντες
δ' ἐκεῖθεν διῆλθον τὴν Χαλδαίων[1] καλουμένων[2]
χώραν ἐν ἡμέραις ἑπτὰ καὶ παρεγενήθησαν πρὸς
τὸν Ἅρπαγον ὀνομαζόμενον ποταμόν, ὄντα τὸ
πλάτος πλέθρων τεττάρων. ἐντεῦθεν δὲ διὰ τῆς
Σκυτίνων πορευόμενοι διῆλθον ὁδὸν πεδινήν, ἐν ᾗ
τρεῖς ἡμέρας αὐτοὺς ἀνέλαβον, εὐποροῦντες ἁπάν-
των τῶν ἀναγκαίων. μετὰ δὲ ταῦτ' ἀναζεύξαντες
τεταρταῖοι παρεγενήθησαν πρὸς πόλιν μεγάλην
3 Γυμνασίαν ὀνομαζομένην. ἐκ δὲ ταύτης ὁ τῶν
τόπων τούτων ἀφηγούμενος ἐσπείσατο πρὸς αὐ-
τοὺς καὶ τοὺς ὁδηγήσοντας ἐπὶ θάλατταν συνέστη-
σεν. ἐν ἡμέραις δὲ πεντεκαίδεκα παραγενόμενοι
ἐπὶ τὸ Χήνιον ὄρος, ὡς εἶδον πορευόμενοι οἱ πρῶτοι
τὴν θάλατταν, περιχαρεῖς ἦσαν καὶ τοιαύτην ἐποί-
ουν κραυγήν, ὥστε τοὺς ἐπὶ τῆς οὐραγίας ὄντας
ὑπολαμβάνοντας πολεμίων ἔφοδον εἶναι χωρεῖν εἰς
4 ὅπλα. ὡς δ' ἅπαντες ἀνέβησαν ἐπὶ τὸν τόπον, ἐξ
οὗ τὴν θάλατταν ἦν ὁρᾶν, τοῖς θεοῖς ἀνατείναντες
τὰς χεῖρας ηὐχαρίστουν ὡς ἤδη διασεσωσμένοι·
συνενέγκαντες δ' εἰς ἕνα τόπον λίθους παμπληθεῖς,
καὶ ποιήσαντες ἐξ αὐτῶν ἀναστήματα μεγάλα,
σκῦλα τῶν βαρβάρων ἀνέθεσαν, βουλόμενοι τῆς
στρατείας ἀθάνατον ὑπόμνημα καταλιπεῖν. καὶ
τῷ μὲν ὁδηγήσαντι φιάλην ἀργυρᾶν καὶ στολὴν
Περσικὴν ἐδωρήσαντο· ὃς δείξας αὐτοῖς τὴν ἐπὶ
5 Μάκρωνας ὁδὸν ἀπηλλάγη. οἱ δ' Ἕλληνες εἰσ-

[1] So Wesseling : Χαλκιδαίων P[1], Χαλκιδέων cet.

94

the territory of the Chaoi [1] and the Phasians. When 401 B.C.
the natives attacked them, they defeated them in
battle, slaying great numbers of them, seized their
farms, which abounded in provisions, and spent fifteen
days on them. Continuing their advance from here,
they then traversed the territory of the Chaldaeans,
as they are called, in seven days and arrived at the
river named Harpagus, which was four plethra wide.
From here their advance brought them through the
territory of the Scytini by a road across a plain, on
which they refreshed themselves for three days,
enjoying all the necessities of life in plenty. After
this they set out and on the fourth day arrived at a
large city which bore the name of Gymnasia. Here
the ruler of these regions concluded a truce with
them and furnished them guides to lead them to the
sea. Arriving in fifteen days at Mt. Chenium, when
the men marching in the van caught sight of the sea,
they were overjoyed and raised such a cry that the
men in the rear, assuming that there was an attack
by enemies, rushed to arms. But when they had
all got up to the place from which the sea could be
seen, they raised their hands to the gods and gave
thanks, believing they had now come through to
safety ; and gathering together into one spot a great
number of stones, they formed from them great
cairns on which they set up as a dedication spoils
taken from the barbarians, wishing to leave an
eternal memorial of their expedition. To the guide
they gave as presents a silver bowl and a suit of
Persian raiment ; and he, after pointing out to them
the road to the Macronians, took his departure. The

---

[1] Probably the Taochians of Xenophon, *Anab.* 4. 6. 5.

[2] So Vogel : καλουμένην.

βαλόντες εἰς τὴν τῶν Μακρώνων χώραν ἐσπεί-
σαντο, καὶ πρὸς πίστιν παρὰ μὲν ἐκείνων λόγχην
ἔλαβον βαρβαρικήν, αὐτοὶ δ᾽ Ἑλληνικὴν ἔδωκαν·
ταῦτα γὰρ ἔφασαν αὐτοῖς οἱ βάρβαροι διὰ προγό-
νων παραδεδόσθαι πρὸς πίστιν βεβαιότατα. ὡς δὲ
τοὺς τούτων ὅρους διῆλθον, παρεγενήθησαν εἰς τὴν
6 τῶν Κόλχων χώραν. εἰς ἣν ἀθροισθέντων τῶν ἐγ-
χωρίων ἐπ᾽ αὐτούς, τούτους μὲν κρατήσαντες μάχῃ
πολλοὺς ἀνεῖλαν, αὐτοὶ δὲ λόφον ὀχυρὸν καταλαβό-
μενοι τὴν χώραν ἐπόρθουν, καὶ τὰς ὠφελείας εἰς
τοῦτον ἀθροίσαντες ἀφθόνως ἑαυτοὺς ἀνελάμβανον.
30. Εὑρίσκετο δὲ καὶ σμήνη παμπληθῆ περὶ
τοὺς τόπους, ἐξ ὧν πολυτελῆ προσεφέρετο κηρία.
τούτων δ᾽ οἱ γευσάμενοι παραλόγῳ περιέπιπτον
συμπτώματι· οἱ γὰρ μεταλαβόντες αὐτῶν ἄφρονες
ἐγίνοντο καὶ πίπτοντες ἐπὶ τὴν γῆν ὅμοιοι τοῖς
2 τετελευτηκόσιν ὑπῆρχον. πολλῶν δὲ φαγόντων
διὰ τὴν γλυκύτητα τῆς ἀπολαύσεως, ταχὺ τὸ
πλῆθος ἐγεγόνει τῶν πεπτωκότων οἱονεὶ τροπῆς ἐν
πολέμῳ γεγενημένης. ἐκείνην μὲν οὖν τὴν ἡμέραν
ἠθύμησεν ἡ δύναμις, καταπεπληγμένη τό τε παρά-
δοξον καὶ τὸ πλῆθος τῶν ἠτυχηκότων· τῇ δ᾽
ὑστεραίᾳ περὶ τὴν αὐτὴν ὥραν ἅπαντες ἑαυτοὺς
ἀνελάμβανον καὶ κατ᾽ ὀλίγον ἀνακτώμενοι τὸ φρο-
νεῖν ἀνέστησαν, καὶ τὸ σῶμα διετέθησαν ὁμοίως
τοῖς ἐκ φαρμακοποσίας διασωθεῖσιν.
3 Ὡς δ᾽ ἀνέλαβον ἑαυτοὺς ἐν τρισὶν ἡμέραις, ἐπο-
ρεύθησαν εἰς Τραπεζοῦντα πόλιν Ἑλληνίδα, Σινω-
πέων μὲν ἄποικον, κειμένην δ᾽ ἐν τῇ Κόλχων χώρᾳ.
ἐνταῦθα δὲ διατρίψαντες ἡμέρας τριάκοντα, παρὰ

Greeks then entered the territory of the Macronians 401 b.c.
with whom they concluded a truce, receiving from
them as a pledge of good faith a spear used by these
barbarians and giving them in return a Greek one ;
for the barbarians declared that such an exchange
had been handed down to them from their forefathers
as the surest pledge of good faith. When they had
crossed the boundaries of this people, they arrived
at the territory of the Colchians. When the natives
gathered here against them, the Greeks overcame
them in battle and slew great numbers of them, and
then, seizing a strong position on a hill, they pillaged
the territory, gathered their booty on the hill, and
refreshed themselves plentifully.

30. There were found in the regions great numbers
of beehives which yielded valuable honey. But as
many as partook of it succumbed to a strange afflic-
tion ; for those who ate it lost consciousness, and
falling on the ground were like dead men. Since many
consumed the honey because of the pleasure its sweet-
ness afforded, such a number had soon fallen to the
ground as if they had suffered a rout in war. Now
during that day the army was disheartened, terrified
as it was at both the strange happening and the great
number of the unfortunates ; but on the next day
at about the same hour all came to themselves, gradu-
ally recovered their senses, and rose up from the
ground, and their physical state was like that of men
recovered after a dose of a drug.

When they had refreshed themselves for three
days, they marched on to the Greek city of Trapezus,[1]
which is a colony of the Sinopians and lies in the terri-
tory of the Colchians. Here they spent thirty days,

[1] The modern Trebizond.

μὲν τοῖς ἐγχωρίοις λαμπρῶς ἐξενίσθησαν, αὐτοὶ
δὲ¹ τῷ τε Ἡρακλεῖ καὶ Διὶ Σωτηρίῳ θυσίαν ἐποίη-
σαν καὶ γυμνικὸν ἀγῶνα, καθ᾽ ὃν τόπον φασὶ
προσπλεῦσαι τὴν Ἀργὼ καὶ τοὺς περὶ Ἰάσονα.
4 ἐκεῖθεν δὲ Χειρίσοφον μὲν τὸν ἀφηγούμενον ἀπ-
έστειλαν εἰς Βυζάντιον ἐπὶ πλοῖα καὶ τριήρεις·
ἔλεγε² γὰρ εἶναι φίλος Ἀναξιβίῳ τῷ Βυζαντίων
ναυάρχῳ. τοῦτον μὲν οὖν ἐπὶ κέλητος ἐξέπεμψαν·
λαβόντες δὲ τῶν ἐπικώπων δύο πλοιάρια παρὰ τῶν
Τραπεζουντίων, ἐλῄστευον τοὺς περιοικοῦντας βαρ-
5 βάρους καὶ κατὰ γῆν καὶ κατὰ θάλατταν. ἐφ᾽
ἡμέρας μὲν οὖν τριάκοντα περιέμειναν τὸν Χειρί-
σοφον· ὡς δ᾽ ἐκεῖνος ἐβράδυνεν, αἱ δὲ τροφαὶ τοῖς
ἀνθρώποις ἐσπάνιζον, ἀνέζευξαν ἐκ Τραπεζοῦντος,
καὶ τριταῖοι παρεγενήθησαν εἰς Κερασοῦντα πόλιν
Ἑλληνίδα, Σινωπέων ἄποικον. ἐν ταύτῃ δὲ ἡμέρας
διατρίψαντές τινας παρεγενήθησαν εἰς τὸ τῶν
6 Μοσσυνοίκων ἔθνος. τῶν δὲ βαρβάρων συστρα-
φέντων ἐπ᾽ αὐτοὺς ἐκράτησαν μάχῃ καὶ πολλοὺς
ἀνεῖλον. συμφυγόντων δ᾽ εἴς τι χωρίον, ἐν ᾧ
κατῴκουν ἑπτορόφους ἔχοντες ξυλίνους πύργους,
συνεχεῖς προσβολὰς ποιησάμενοι κατὰ κράτος εἷλον.
ἦν δὲ τὸ χωρίον τοῦτο μητρόπολις τῶν ἄλλων ἐρυ-
μάτων, ἐν ᾧ καὶ ὁ βασιλεὺς αὐτῶν κατῴκει τὸν
7 ὑψηλότατον τόπον ἔχων. ἔθος δ᾽ ἔχει πάτριον
μένειν ἐν αὐτῷ τὸν πάντα βίον, κἀκεῖθεν διαδιδόναι
τοῖς ὄχλοις τὰ προστάγματα. βαρβαρώτατον δ᾽
ἔφασαν οἱ στρατιῶται τοῦτο διεληλυθέναι τὸ ἔθνος,
καὶ ταῖς μὲν γυναιξὶν αὐτοὺς πλησιάζειν ἁπάντων
ὁρώντων, τοὺς δὲ παῖδας τῶν πλουσιωτάτων

---

¹ δὲ Eichstädt : τε.
² So Dindorf : ἐλέγετο.

during which they were most magnificently enter- 401 B.C.
tained by the inhabitants ; and they offered sacrifices
to Heracles and to Zeus the Deliverer and held a
gymnastic contest at the place at which, men say,
the Argo put in with Jason and his men. From here
they dispatched Cheirisophus their commander to
Byzantium to get transports and triremes, since he
claimed to be a friend of Anaxibius, the admiral of
the Byzantians. The Greeks sent him off on a light
boat, and then, receiving from the Trapezians two
small boats equipped with oars, they plundered the
neighbouring barbarians both by land and by sea.
Now for thirty days they waited for the return of
Cheirisophus, and when he still delayed and provisions
for the troops were running low, they set out from
Trapezus and arrived on the third day at the Greek
city of Cerasus, a colony of the Sinopians. Here they
spent some days and then came to the people of
the Mosynoecians. When the barbarians assembled
against them, the Greeks defeated them in battle,
slaying great numbers of them. And when they fled
for refuge to a stronghold where they had their
dwelling and which they defended with wooden
towers seven stories high, the Greeks launched suc-
cessive assaults upon it and took it by storm. This
stronghold was the capitol of all the other walled
communities and in it, in the loftiest part, their king
had his dwelling. A custom, handed down from their
fathers, is followed that the king must remain for
his entire life in the stronghold and from it issue his
commands to the people. This was the most bar-
barous nation, the soldiers said, that they passed
through : the men have intercourse with the women
in the sight of all ; the children of the wealthiest are

τρέφεσθαι καρύοις ἐφθοῖς, ἅπαντας δ᾽ ἐκ παιδὸς
στίγμασι τόν τε νῶτον καὶ τὰ στήθη καταπε-
ποικίλθαι. ταύτην μὲν οὖν τὴν χώραν ἐν ἡμέραις
ὀκτὼ διεπορεύθησαν, τὴν δ᾽ ἐχομένην ἐν τρισίν,
ἣν ἐκάλουν Τιβαρηνήν.

31. Κἀκεῖθεν εἰς Κοτύωρα πόλιν παρεγενήθησαν
Ἑλληνίδα, Σινωπέων ἄποικον. ἐν ταύτῃ δὲ πεντή-
κονθ᾽ ἡμέρας διέτριψαν τοὺς περιοίκους τῆς Παφλα-
γονίας τε καὶ τοὺς ἄλλους βαρβάρους λῃστεύοντες.
Ἡρακλεῶται δὲ καὶ Σινωπεῖς ἀπέστειλαν αὐτοῖς
πλοῖα, δι᾽ ὧν αὐτοί τε καὶ τὰ σκευοφόρα διεκο-
2 μίσθησαν. ἡ δὲ Σινώπη Μιλησίων μὲν ἦν ἄποικος,
κειμένη δ᾽ ἐν τῇ Παφλαγονίᾳ μέγιστον εἶχεν ἀξίωμα
τῶν περὶ τοὺς τόπους· ἐν ᾗ δὴ καθ᾽ ἡμᾶς ἔσχε
Μιθριδάτης ὁ πρὸς Ῥωμαίους διαπολεμήσας τὰ
3 μέγιστα βασίλεια. παρεγενήθη δὲ καὶ ἐνταῦθα
Χειρίσοφος ὁ πρὸς τὰς τριήρεις ἀπεσταλμένος
ἄπρακτος. οὐ μὴν ἀλλ᾽ οἱ¹ Σινωπεῖς φιλοφρόνως
αὐτοὺς ξενίσαντες ἀπέπεμψαν αὐτοὺς κατὰ θά-
λατταν εἰς Ἡράκλειαν, Μεγαρέων ἄποικον· καὶ
καθωρμίσθη πᾶς ὁ στόλος πρὸς τὴν Ἀχερουσίαν
χερρόνησον, ὅπου φασὶν Ἡρακλέα τὸν ἐξ Ἅιδου
4 Κέρβερον ἀναγαγεῖν. ἐκεῖθεν δὲ πεζῇ διὰ Βιθυνίας
πορευόμενοι κινδύνοις περιέπιπτον, τῶν ἐγχωρίων
ἐξαπτομένων κατὰ τὴν πορείαν. μόγις οὖν διεσώ-
θησαν εἰς Χρυσόπολιν τῆς Χαλκηδονίας οἱ περι-
λειφθέντες ἀπὸ μυρίων ὀκτακισχίλιοι τριακόσιοι.²
5 ἐκεῖθεν δὲ ῥᾳδίως ἤδη τὸ λοιπὸν τινὲς μὲν διεσώ-
θησαν εἰς τὰς πατρίδας, οἱ δὲ λοιποὶ περὶ τὴν

nourished on boiled nuts ; and they are all from their 401 B.C.
youth tattooed in various colours on both their back
and breast. This territory they passed through in
eight days and the next country, called Tibarenê,
in three.

31. From there they arrived at Cotyora, a Greek
city and a colony of the Sinopians. Here they spent
fifty days, plundering both the neighbouring peoples
of Paphlagonia and the other barbarians. And the
citizens of Heracleia and Sinopê sent them vessels on
which both the soldiers and their pack-animals were
conveyed across.[1] Sinopê was a colony founded by
the Milesians, and situated as it was in Paphlagonia,
it held first place among the cities of those regions ;
and it was in this city that in our day Mithridates,
who went to war with the Romans, had his largest
palace. And at that city also arrived Cheirisophus,
who had been dispatched without success to get
triremes. Nevertheless, the Sinopians entertained
them in kindly fashion and sent them on their way
by sea to Heracleia, a colony of the Megarians ; and
the entire fleet came to anchor at the peninsula of
Acherusia, where, we are told, Heracles led up
Cerberus from Hades. As they proceeded from
there on foot through Bithynia they fell among perils,
as the natives skirmished with them along their route.
So they barely made their way to safety to Chryso-
polis in Chalcedonia, eight thousand three hundred
surviving of the original ten thousand. From there
some of the Greeks got back in safety, without further
trouble, to their native lands, and the rest banded

---

[1] To Sinopê (Xenophon, *Anab.* 6. 1. 14-15).

---

[1] οὐ μὴν ἀλλ' οἱ Dindorf, οἱ μὲν ἄλλοι P[1], οἱ μὲν οὖν ἄλλοι *cet.*
[2] So Dindorf (ch. 37. 1): τρισχίλιοι ὀκτακόσιοι.

101

Χερρόνησον ἀθροισθέντες ἐπόρθουν τὴν παρακει-
μένην Θρᾳκῶν χώραν.[1]

Ἡ μὲν οὖν ἐπ' Ἀρταξέρξην Κύρου στρατεία
τοιοῦτον ἔσχε τὸ τέλος.

32. Οἱ δ' ἐν ταῖς Ἀθήναις δυναστεύοντες τριά-
κοντα τύραννοι καθ' ἡμέραν οὐκ ἐπαύοντο τοὺς
μὲν φυγαδεύοντες, τοὺς δὲ ἀναιροῦντες. τῶν δὲ
Θηβαίων ἀγανακτούντων ἐπὶ τοῖς γινομένοις καὶ
φιλοφρόνως τοὺς φυγάδας ὑποδεχομένων, Θρασύ-
βουλος Στιριεὺς ὀνομαζόμενος, ὢν Ἀθηναῖος, ὑπὸ
δὲ τῶν τριάκοντα πεφυγαδευμένος, συνεργούντων
αὐτῷ λάθρᾳ τῶν Θηβαίων κατελάβετο τῆς Ἀττικῆς
χωρίον ὀνομαζόμενον Φυλήν. ἦν δὲ τὸ φρούριον
ὀχυρόν τε σφόδρα καὶ τῶν Ἀθηνῶν ἀπέχον στα-
δίους ἑκατόν, ὥστε πολλὰς ἀφορμὰς αὐτοῖς παρ-
2 έχεσθαι πρὸς τὴν ἔφοδον. οἱ δὲ τριάκοντα τύραννοι
πυθόμενοι τὸ γεγονὸς τὸ μὲν πρῶτον ἐξήγαγον ἐπ'
αὐτοὺς τὴν δύναμιν ὡς πολιορκήσοντες τὸ χωρίον·
πλησίον δὲ τῆς Φυλῆς αὐτῶν στρατοπεδευόντων
3 ἐπεγενήθη πολὺς νιφετός. καί τινων ἐπιχειρησάν-
των μετασκηνοῦν, οἱ πολλοὶ φεύγειν αὐτοὺς ὑπ-
έλαβον καὶ πλησίον τινὰ πολεμίαν δύναμιν εἶναι·
ἐμπεσόντος δὲ εἰς τὸ στρατόπεδον θορύβου τοῦ
καλουμένου Πανικοῦ μετεστρατοπέδευσαν εἰς ἕτε-
ρον τόπον.

4 Οἱ δὲ τριάκοντα θεωροῦντες τοὺς πολίτας ἐν Ἀθή-
ναις, ὅσοι μὴ μετεῖχον τῆς τῶν τρισχιλίων πολι-
τείας, μετεώρους ὄντας πρὸς τὴν κατάλυσιν τῆς

---

[1] χώραν Wesseling : πόλιν.

together around the Chersonesus and laid waste the 401 B.C.
adjoining territory of the Thracians.

Such, then, was the outcome of the campaign of
Cyrus against Artaxerxes.

32. In Athens the Thirty Tyrants, who were in
supreme control, made no end of daily exiling some
citizens and putting to death others. When the
Thebans were displeased at what was taking place
and extended kindly hospitality to the exiles,[1]
Thrasybulus of the deme of Stiria, as he was called,
who was an Athenian and had been exiled by the
Thirty, with the secret aid of the Thebans seized a
stronghold in Attica called Phylê. This was an out-
post, which was not only very strong but was also
only one hundred stades distant from Athens, so
that it afforded them many advantages for attack.
The Thirty Tyrants, on learning of this act, at first
led forth their troops against the band with the in-
tention of laying siege to the stronghold. But while
they were encamped near Phylê there came a heavy
snow, and when some set to work to shift their en-
campment, the majority of the soldiers assumed that
they were taking to flight and that a hostile force was
at hand ; and the uproar which men call Panic struck
the army and they removed their camp to another
place.

The Thirty, seeing that those citizens of Athens
who enjoyed no political rights in the government
of the three thousand [2] were elated at the prospect
of the overthrow of their control of the state, trans-

[1] Here and often below the word translated " exile " may
include not only those who had been legally sentenced to
exile but also others who had voluntarily fled Athens.

[2] These were chosen by the Thirty, as Xenophon states
(*Hell.* 2. 3. 18), to " share in the government."

δυναστείας, μετῴκισαν αὐτοὺς εἰς τὸν Πειραιᾶ,
καὶ τοῖς ξενικοῖς ὅπλοις διακατεῖχον τὴν πόλιν·
Ἐλευσινίους δὲ καὶ Σαλαμινίους αἰτιασάμενοι τὰ
5 τῶν φυγάδων φρονεῖν, ἅπαντας ἀνεῖλον. τούτων
δὲ πραττομένων πολλοὶ τῶν φυγάδων συνέρρεον
πρὸς τοὺς περὶ Θρασύβουλον . . . φανερῶς μὲν
περί τινων αἰχμαλώτων διαλεξόμενοι, λάθρᾳ δὲ
συμβουλεύειν αὐτῷ¹ διαλῦσαι τὸ συνεστηκὸς φυ-
γαδικὸν καὶ μεθ᾽ ἑαυτῶν τῆς πόλεως δυναστεύειν
ἀντὶ Θηραμένους προαιρεθέντα,² λαβεῖν δ᾽ ἐξου-
σίαν δέκα τῶν φυγάδων οὓς ἂν προαιρῆται κατ-
6 άγειν εἰς τὴν πατρίδα. ὁ μὲν Θρασύβουλος ἔφησε
προκρίνειν τὴν ἑαυτοῦ φυγὴν τῆς τῶν τριάκοντα
δυναστείας, καὶ τὸν πόλεμον οὐ καταλύσειν, εἰ μὴ
πάντες οἱ πολῖται κατέλθωσι καὶ τὴν πάτριον
πολιτείαν ὁ δῆμος ἀπολάβῃ. οἱ δὲ τριάκοντα
θεωροῦντες πολλοὺς μὲν ἀφ᾽ ἑαυτῶν ἀφισταμένους
διὰ τὸ μῖσος, τοὺς δὲ φυγάδας ἀεὶ πλείους γινο-
μένους, ἀπέστειλαν εἰς Σπάρτην πρέσβεις περὶ
βοηθείας, αὐτοὶ δ᾽ ὅσους ἠδύναντο πλείστους ἀθροί-
σαντες ἐν ὑπαίθρῳ περιεστρατοπέδευσαν περὶ τὰς
ὀνομαζομένας Ἀχαρνάς.

33. Ὁ δὲ Θρασύβουλος τὴν ἱκανὴν φυλακὴν τοῦ
χωρίου καταλιπὼν ἐξήγαγε τοὺς φυγάδας, ὄντας
χιλίους καὶ διακοσίους· ἐπιθέμενος δὲ τῇ τῶν ἐναν-
τίων παρεμβολῇ νυκτὸς ἀπροσδοκήτως καὶ συχνοὺς
ἀποκτείνας, τοὺς ἄλλους διὰ τὸ παράδοξον ἐξέπληξε
2 καὶ φυγεῖν εἰς Ἀθήνας ἠνάγκασεν. μετὰ δὲ τὴν
μάχην ὁ Θρασύβουλος εὐθὺς μὲν ὥρμησεν ἐπὶ τὸν
Πειραιᾶ καὶ κατελάβετο τὴν Μουνυχίαν, λόφον

_____

¹ τὸ after αὐτῷ deleted by Dindorf.
² So Dindorf, omitted FJK, προαιρεθέντα cet.

ferred them to the Peiraeus and maintained their 401 B.C.
control of the city by means of mercenary troops;
and accusing the Eleusians and Salaminians of siding
with the exiles, they put them all to death. While
these things were being done, many of the exiles
flocked to Thrasybulus; (and the Thirty dispatched
ambassadors to Thrasybulus) [1] publicly to treat with
him about some prisoners, but privately to advise him
to dissolve the band of exiles and to associate himself
with the Thirty in the rule of the city, taking the
place of Theramenes; and they promised further
that he could have licence to restore to their native
land any ten exiles he chose. Thrasybulus replied
that he preferred his own state of exile to the rule
of the Thirty and that he would not end the war
unless all the citizens returned from exile and the
people got back the form of government they had
received from their fathers. The Thirty, seeing many
revolting from them because of hatred and the exiles
growing ever more numerous, dispatched ambassadors
to Sparta for aid, and meanwhile themselves gathered
as many troops as they could and pitched a camp in
the open country near Acharnae, as it is called.

33. Thrasybulus, leaving behind an adequate guard
at the stronghold,[2] led forth the exiles, twelve hun-
dred in number, and delivering an unexpected attack
by night on the camp of his opponents, he slew a large
number of them, struck terror into the rest by his
unexpected move, and forced them to flee to Athens.
After the battle Thrasybulus set out straightway for
the Peiraeus and seized Munychia, which was an

[1] A statement to this general effect must have been in the
Greek.
[2] *i.e.* Phylê.

ἔρημον καὶ καρτερόν, οἱ δὲ τύραννοι τῇ δυνάμει
πάσῃ καταβάντες εἰς τὸν Πειραιᾶ προσέβαλον τῇ
Μουνυχίᾳ, Κριτίου τὴν ἡγεμονίαν ἔχοντος. ἐπὶ
πολὺν δὲ χρόνον τῆς μάχης καρτερᾶς γενομένης,
οἱ μὲν τύραννοι τοῖς πλήθεσιν ὑπερεῖχον, οἱ δὲ
3 φυγάδες τῇ τῶν τόπων ὀχυρότητι. τέλος δὲ
Κριτίου πεσόντος οἱ μετὰ τῶν τριάκοντα κατεπλά-
γησαν καὶ πρὸς τοὺς ὁμαλωτέρους τόπους κατ-
έφυγον, οὐ τολμώντων τῶν φυγάδων εἰς ἐκείνους
καταβαίνειν. μετὰ δὲ ταῦτα συχνῶν ἀφισταμένων
πρὸς τοὺς φυγάδας, οἱ περὶ τὸν Θρασύβουλον ἐξαί-
φνης ἐπέθεντο τοῖς ἐναντίοις, καὶ μάχῃ κρατή-
4 σαντες ἐκυρίευσαν τοῦ Πειραιῶς. εὐθὺ δὲ πολλοὶ
μὲν τῶν ἐκ τῆς πόλεως ἐπιθυμοῦντες ἀπαλλαγῆναι
τῆς τυραννίδος συνέρρεον εἰς τὸν Πειραιᾶ, πάντες
δ' οἱ κατὰ τὰς πόλεις διερριμμένοι φυγάδες ἀκούον-
τες τὰ προτερήματα τῶν περὶ Θρασύβουλον, ἧκον
εἰς Πειραιᾶ, καὶ τὸ λοιπὸν ἤδη πολὺ ταῖς δυνά-
μεσιν οἱ φυγάδες ὑπερεῖχον· διὸ καὶ πολιορκεῖν τὴν
πόλιν ἐπεχείρησαν.
5 Οἱ δ' ἐν ταῖς Ἀθήναις τοὺς μὲν τριάκοντα τῆς
ἀρχῆς παύσαντες ἐκ τῆς πόλεως ἐξέπεμψαν, δέκα
δ' ἄνδρας κατέστησαν αὐτοκράτορας, εἰ δύναιντο,
μάλιστα φιλικῶς διαλύεσθαι τὸν πόλεμον. οὗτοι
δὲ παραλαβόντες τὴν ἀρχὴν τούτων μὲν ἠμέλησαν,
ἑαυτοὺς δὲ τυράννους ἀποδείξαντες ἀπὸ Λακεδαί-
μονος τετταράκοντα ναῦς μετεπέμψαντο καὶ στρα-
6 τιώτας χιλίους, ὧν ἦρχε Λύσανδρος. Παυσανίας
δὲ ὁ τῶν Λακεδαιμονίων βασιλεύς, φθονῶν μὲν τῷ
Λυσάνδρῳ, θεωρῶν δὲ τὴν Σπάρτην ἀδοξοῦσαν
παρὰ τοῖς Ἕλλησιν, ἀνέζευξε μετὰ δυνάμεως πολ-
λῆς, καὶ παραγενηθεὶς εἰς Ἀθήνας διήλλαξε τοὺς

uninhabited and strong hill; and the Tyrants with 401 B.C. all the troops at their disposal went down to the Peiraeus and attacked Munychia, under the command of Critias. In the sharp battle which continued for a long time the Thirty held the advantage in numbers and the exiles in the strength of their position. At last, however, when Critias fell, the troops of the Thirty were dismayed and fled for safety to more level ground, the exiles not daring to come down against them. When after this great numbers went over to the exiles, Thrasybulus made an unexpected attack upon his opponents, defeated them in battle, and became master of the Peiraeus. At once many of the inhabitants of the city [1] who wished to be rid of the tyranny flocked to the Peiraeus and all the exiles who were scattered throughout the cities of Greece, on hearing of the successes of Thrasybulus, came to the Peiraeus, so that from now on the exiles were far superior in force. In consequence they began to lay siege to the city.

The remaining citizens in Athens now removed the Thirty from office and sent them out of the city, and then they elected ten men with supreme power first and foremost to put an end to the war, in any way possible, on friendly terms. But these men, as soon as they had succeeded to office, paid no attention to these orders, but established themselves as tyrants and sent to Lacedaemon for forty warships and a thousand soldiers, under the command of Lysander. But Pausanias, the king of the Lacedaemonians, being jealous of Lysander and observing that Sparta was in ill repute among the Greeks, marched forth with a strong army and on his arrival in Athens brought

[1] Athens.

ἐν τῇ πόλει πρὸς τοὺς φυγάδας. διόπερ Ἀθηναῖοι
μὲν ἐκομίσαντο τὴν πατρίδα καὶ τὸ λοιπὸν τοῖς
ἰδίοις νόμοις ἐπολιτεύοντο, τοῖς δ' εὐλαβουμένοις,
μή τι πάθωσι διὰ τὰ γενόμενα κατὰ τὸ συνεχὲς
αὐτῶν ἀδικήματα, τὴν Ἐλευσῖνα κατοικεῖν συνεχώ-
ρησαν.

34. Ἠλεῖοι δὲ φοβηθέντες τὴν τῶν Λακεδαι-
μονίων ὑπεροχήν, κατέλυσαν τὸν πρὸς αὐτοὺς πό-
λεμον, ἐφ' ᾧ τὰς τριήρεις δοῦναι Λακεδαιμονίοις
καὶ τὰς περιοικούσας πόλεις αὐτονόμους ἀφεῖναι.
2 Λακεδαιμόνιοι δὲ καταλελυκότες τοὺς πολέμους
καὶ σχολὴν ἔχοντες ἐστράτευσαν ἐπὶ Μεσσηνίους,
ὧν οἱ μὲν ἐν Κεφαλληνίᾳ φρούριόν τι κατῴκουν, οἱ
δὲ Ναύπακτον ἐν τοῖς προσεσπερίοις λεγομένοις
Λοκροῖς, δόντων Ἀθηναίων. ἐκβαλόντες δ' αὐτοὺς
ἐκ τῶν τόπων ἀπέδωκαν τὰ φρούρια, τὸ μὲν τοῖς
3 τὴν Κεφαλληνίαν οἰκοῦσι, τὸ δὲ τοῖς Λοκροῖς. οἱ
δὲ Μεσσήνιοι διὰ τὸ παλαιὸν πρὸς τοὺς Σπαρτιάτας
μῖσος πανταχόθεν ἐλαυνόμενοι, μετὰ τῶν ὅπλων
ἀπηλλάγησαν ἐκ τῆς Ἑλλάδος, καὶ τινὲς μὲν αὐτῶν
πλεύσαντες εἰς Σικελίαν ἐγένοντο Διονυσίου μισθο-
φόροι, τινὲς δ' εἰς Κυρήνην ἔπλευσαν, περὶ τρισχι-
λίους ὄντες, καὶ μετὰ τῶν ἐκεῖ φυγάδων ἐτάχθησαν.
4 οἱ γὰρ Κυρηναῖοι κατ' ἐκεῖνον τὸν καιρὸν ἐν ταρα-
χῇ καθεστήκεισαν, Ἀρίστωνος καί τινων ἑτέρων
κατειληφότων τὴν πόλιν. προσφάτως μὲν πεντα-
κόσιοι οἱ δυνατώτατοι τῶν Κυρηναίων ἀνῄρηντο,
5 τῶν δ' ἄλλων ἐπεφεύγεισαν οἱ χαριέστατοι. οὐ
μὴν ἀλλ' οἱ[1] φυγάδες προσλαμβανόμενοι τοὺς

---

[1] οὐ μὴν ἀλλ' οἱ Dindorf : οἱ μὲν ἄλλοι.

---

[1] Cp. Book 11. 84. 7.

about a reconciliation between the men in the city 401 B.C. and the exiles. As a result the Athenians got back their country and henceforth conducted their government under laws of their own making ; and the men who lived in fear of punishment for their unbroken series of past crimes they allowed to make their home in Eleusis.

34. The Eleians, because they stood in fear of the superior strength of the Lacedaemonians, brought the war with them to an end, agreeing that they would surrender their triremes to the Lacedaemonians and let the neighbouring cities go free. And the Lacedaemonians, now that they had brought their wars to an end and were no longer concerned with them, advanced with their army against the Messenians, of whom some were settled in an outpost on Cephallenia and others in Naupactus, which the Athenians had given them, among the western Locrians.[1] Driving the Messenians from these regions, they returned the one outpost to the inhabitants of Cephallenia and the other to the Locrians. The Messenians, being now driven from every place because of their ancient hatred of the Spartans, departed with their arms from Greece, and some of them, sailing to Sicily, took service as mercenaries with Dionysius, while others, about three thousand in number, sailed to Cyrenê and joined the forces of exiles there. For at that time disorder had broken out among the Cyrenaeans, since Ariston, together with certain others, had seized the city. Of the Cyrenaeans, five hundred of the most influential citizens had recently been put to death and the most respected among the survivors had been banished. The exiles now added the Messenians to their number

Μεσσηνίους παρετάξαντο πρὸς τοὺς τὴν πόλιν
κατειληφότας, καὶ τῶν μὲν Κυρηναίων πολλοὶ παρ'
ἀμφοτέροις ἔπεσον, οἱ δὲ Μεσσήνιοι σχεδὸν ἅπαντες
6 ἀνῃρέθησαν. μετὰ δὲ τὴν παράταξιν οἱ Κυρηναῖοι
πρὸς ἀλλήλους διαπρεσβευσάμενοι διηλλάγησαν, καὶ
παραχρῆμα ὀρκωμοτήσαντες μὴ μνησικακήσειν,
κοινῇ τὴν πόλιν κατῴκησαν.
7 Περὶ δὲ τοὺς αὐτοὺς χρόνους Ῥωμαῖοι προσ-
έθηκαν οἰκήτορας εἰς τὰς ὀνομαζομένας Οὐελί-
τρας.[1]

35. Τοῦ δ' ἔτους τούτου διελθόντος Ἀθήνησι μὲν
ἦρχε Λάχης, ἐν δὲ τῇ Ῥώμῃ τὴν ὕπατον ἀρχὴν
διῴκουν χιλίαρχοι, Μάνιος Κλώδιος, Μάρκος Κοΐν-
τιος, Λεύκιος Ἰούλιος, Μάρκος Φούριος, Λεύκιος
Οὐαλέριος, ἐγενήθη δὲ καὶ Ὀλυμπιὰς πέμπτη πρὸς
ταῖς ἐνενήκοντα, καθ' ἣν ἐνίκα στάδιον Μίνως Ἀθη-
2 ναῖος. κατὰ δὲ τούτους τοὺς χρόνους Ἀρταξέρξης
μὲν ὁ τῆς Ἀσίας βασιλεὺς καταπεπολεμηκὼς
Κῦρον ἀπεστάλκει Τισσαφέρνην[2] παραληψόμενον
πάσας τὰς ἐπὶ θαλάττῃ σατραπείας. διόπερ οἱ
Κύρῳ συμμαχήσαντες σατράπαι καὶ πόλεις ἐν
ἀγωνίᾳ πολλῇ καθειστήκεισαν, μήποτε δῶσι τιμω-
3 ρίαν ὑπὲρ ὧν ἐξήμαρτον εἰς τὸν βασιλέα. οἱ μὲν
οὖν ἄλλοι σατράπαι διαπρεσβευσάμενοι πρὸς Τισ-
σαφέρνην ἐξεθεράπευον καὶ τὰ καθ' αὑτοὺς ἐτίθεντο
πρὸς αὐτόν, ὅπως ποτ' ἦσαν δυνατοί· Ταμὼς δέ,
μέγιστος ὢν αὐτῶν καὶ τῆς Ἰωνίας ἀφηγούμενος,
εἰς τὰς τριήρεις ἐνέθετο τὰ χρήματα καὶ τοὺς υἱοὺς
ἅπαντας πλὴν ἑνὸς τοῦ καλουμένου μὲν Γλοῦ[3] μετὰ
δέ τινας χρόνους ἀφηγησαμένου τῶν βασιλικῶν
4 δυνάμεων. εὐλαβηθεὶς οὖν ὁ Ταμὼς τὸν Τισσα-

[1] So Rhodoman : οὐέντρας.

and joined battle with the men who had seized the 401 B.C. city, and many of the Cyrenaeans were slain on both sides, but the Messenians were killed almost to a man. After the battle the Cyrenaeans negotiated with each other and agreed to be reconciled, and they immediately swore oaths not to remember past injuries and lived together as one body in the city.

At this same time the Romans increased the number of colonists in the city known as Velitrae.

35. At the close of this year, in Athens Laches was 400 B.C. archon and in Rome the consulship was administered by military tribunes, Manius Claudius, Marcus Quinctius, Lucius Julius, Marcus Furius, and Lucius Valerius [1]; and the Ninety-fifth Olympiad was held, that in which Minos of Athens won the " stadion." This year Artaxerxes, the King of Asia, after his defeat of Cyrus, had dispatched Tissaphernes to take over all the satrapies which bordered on the sea. Consequently the satraps and cities which had allied themselves with Cyrus were in great suspense, lest they should be punished for their offences against the King. Now all the other satraps, sending ambassadors to Tissaphernes, paid court to him and in every way possible arranged their affairs to suit him ; but Tamōs, the most powerful satrap, who commanded Ionia, put on triremes his possessions and all his sons except one whose name was Glōs and who became later commander of the King's armaments. Tamōs

[1] Livy (5. 1) gives the names as M. Aemilius Mamercus, L. Valerius Potitus, Ap. Claudius Crassus, M. Quinctilius Varus, L. Iulius Iulus, M. Postumius, M. Furius Camillus, and M. Postumius Albinus.

[2] So Wesseling : Φαρνάβαζον.
[3] So Wesseling : γάον.

φέρνην ἀπῆρεν εἰς Αἴγυπτον μετὰ τοῦ στόλου, καὶ
κατέφυγε πρὸς Ψαμμήτιχον τὸν βασιλέα τῶν Αἰ-
γυπτίων, ἀπόγονον ὄντα τοῦ Ψαμμητίχου. οὔσης
δ' αὐτῷ προγεγενημένης εὐεργεσίας εἰς τὸν βασι-
λέα, διελάμβανε τοῦτον ἕξειν οἷόν τινα λιμένα τῶν
5 ἀπὸ τοῦ βασιλέως κινδύνων. ὁ δὲ Ψαμμήτιχος
τήν τε εὐεργεσίαν καὶ τὸ πρὸς τοὺς ἱκέτας ὅσιον
παρ' οὐδὲν ἡγησάμενος ἀπέσφαξε τὸν ἱκέτην καὶ
φίλον μετὰ τῶν τέκνων, ὅπως τῶν τε χρημάτων
καὶ τοῦ στόλου γένηται κύριος.

6 Αἱ δὲ κατὰ τὴν Ἀσίαν Ἑλληνίδες πόλεις πυν-
θανόμεναι τὴν τοῦ Τισσαφέρνους κατάβασιν, περὶ
σφῶν ἀγωνιῶσαι πρὸς Λακεδαιμονίους ἔπεμψαν
πρέσβεις, δεόμεναι μὴ περιδεῖν ἑαυτὰς ὑπὸ τῶν
βαρβάρων ἀναστάτους γινομένας. οἱ δὲ Λακεδαι-
μόνιοι βοηθήσειν ἐπαγγειλάμενοι πρὸς Τισσα-
φέρνην ἔπεμψαν πρέσβεις τοὺς ἐροῦντας μὴ ὅπλα
7 πολέμια ἐπιφέρειν ταῖς Ἑλληνίσι πόλεσιν. Τισσα-
φέρνης δὲ μετὰ δυνάμεως ἐπὶ πρώτην ἐλθὼν τὴν
Κυμαίων πόλιν τήν τε χώραν ἐπόρθησεν ἅπασαν
καὶ πολλῶν αἰχμαλώτων ἐγκρατὴς ἐγένετο· μετὰ
δὲ ταῦτα συγκλείσας αὐτοὺς εἰς πολιορκίαν, ὡς ὁ
μὲν χειμὼν συνήγγισε, τὴν δὲ πόλιν ἑλεῖν οὐκ
ἠδύνατο, τοὺς αἰχμαλώτους πολλῶν χρημάτων ἀπ-
ελύτρωσε καὶ τὴν πολιορκίαν ἔλυσεν.

36. Λακεδαιμόνιοι δὲ ἐπὶ τὸν πρὸς βασιλέα πόλε-
μον Θίβρωνα καταστήσαντες ἡγεμόνα χιλίους μὲν
τῶν πολιτῶν ἔδωκαν, παρὰ δὲ τῶν συμμάχων

then, in fear of Tissaphernes, sailed off with his fleet 400 B.C. to Egypt and sought safety with Psammetichus, the king of the Egyptians, who was a descendant of the famous Psammetichus.[1] Because of a good turn he had done the king in the past, Tamōs believed that he would find in him a haven, as it were, from the perils he faced from the King of Persia. But Psammetichus, completely ignoring both the good turn and the hallowed obligation due to suppliants, put to the sword the man who was his suppliant and friend, together with his children, in order to take for his own both Tamōs' possessions and his fleet.

When the Greek cities of Asia learned that Tissaphernes was on his way, they were deeply concerned for their future and dispatched ambassadors to the Lacedaemonians, begging them not to allow the cities to be laid waste by the barbarians. The Lacedaemonians promised to come to their aid and sent ambassadors to Tissaphernes to warn him not to commit any acts of aggression against the Greek cities. Tissaphernes, however, advancing with his army against the city of the Cymaeans first, both plundered its entire territory and got possession of many captives; after this he laid siege to the Cymaeans, but on the approach of winter, since he was unable to capture the city, he released the captives for a heavy ransom and raised the siege.

36. The Lacedaemonians appointed Thibron commander of the war against the King, gave him a thousand soldiers from their own citizens,[2] and

[1] Psammetichus I (664-610 B.C.), the founder of the Twenty-sixth Dynasty, who fostered trade relations with the Greeks (cp. Herodotus, 2. 151-154).

[2] Xenophon (*Hell*. 3. 1. 4) says that these were emancipated Helots.

ἐκέλευσαν στρατολογεῖν ὅσους ἂν αὐτῷ φαίνηται
2 συμφέρειν. ὁ δὲ Θίβρων πορευθεὶς εἰς Κόρινθον,
κἀκεῖ παρὰ τῶν συμμάχων μεταπεμψάμενος στρα-
τιώτας, ἐξέπλευσεν εἰς Ἔφεσον ἔχων οὐ πλείους
πεντακισχιλίων. ἐκεῖ δὲ ἔκ τε τῶν ἰδίων πόλεων
καὶ τῶν ἄλλων ὡς δισχιλίους καταγράψας, ἀν-
έζευξε τοὺς πάντας ἔχων πλείους ἑπτακισχιλίων.
διελθὼν δ᾽ ὡς ἑκατὸν εἴκοσι σταδίους πρὸς Μαγνη-
σίαν ἧκεν, ἧς ἦρχε Τισσαφέρνης· ταύτην δ᾽ ἐξ
ἐφόδου παραλαβών, καὶ ταχέως ἐπὶ Τράλλεις τῆς
Ἰωνίας πορευθείς, ἐπεχείρησε πολιορκεῖν τὴν πόλιν·
οὐδὲν δὲ δυνάμενος πρᾶξαι δι᾽ ὀχυρότητα, πάλιν
3 εἰς Μαγνησίαν ἀπεχώρησεν. ταύτης δ᾽ οὔσης
ἀτειχίστου, καὶ διὰ τοῦτο φοβούμενος μήποτε
χωρισθέντος αὐτοῦ κυριεύσῃ τῆς πόλεως ὁ Τισσα-
φέρνης, μετῴκισεν αὐτὴν πρὸς τὸ πλησίον ὄρος,
ὃ καλοῦσι Θώρακα· αὐτὸς δ᾽ ἐμβαλὼν εἰς τὴν τῶν
πολεμίων χώραν τοὺς στρατιώτας ἐνέπλησε παν-
τοίας ὠφελείας. Τισσαφέρνους δὲ μετὰ πολλῆς
ἵππου παραγενομένου διευλαβηθεὶς ἀνέστρεψεν εἰς
Ἔφεσον.

37. Περὶ δὲ τὸν αὐτὸν χρόνον τῶν ἐστρατευ-
μένων μετὰ Κύρου καὶ διασωθέντων εἰς τὴν
Ἑλλάδα τινὲς μὲν εἰς τὰς ἰδίας πατρίδας ἀπηλλά-
γησαν, οἱ δὲ πλεῖστοι στρατιωτικὸν εἰθισμένοι ζῆν
βίον, καὶ σχεδὸν ὄντες πεντακισχίλιοι, στρατηγὸν
2 αὐτῶν εἵλοντο Ξενοφῶντα. ὃς ἀναλαβὼν τὴν δύ-
ναμιν ὥρμησε πολεμήσων Θρᾷκας τοὺς περὶ τὸν
Σαλμυδησσὸν οἰκοῦντας· οὗτος δ᾽ ἔστι μὲν ἐπ᾽
ἀριστερᾷ τοῦ Πόντου, παρεκτείνων δ᾽ ἐπὶ πολὺ

---

[1] Cp. chaps. 19-31.

ordered him to enlist as many troops from their allies 400 B.C.
as he should think desirable. Thibron, after going to
Corinth and summoning soldiers from the allies to
that city, set sail for Ephesus with not more than five
thousand troops. Here he enrolled some two thou-
sand soldiers from his own and other cities and then
marched forth with a total force of over seven thou-
sand. Advancing some one hundred and twenty
stades, he came to Magnesia which was under the
government of Tissaphernes ; taking this city at the
first assault, he then advanced speedily to Tralles in
Ionia and began to lay siege to the city, but when
he was unable to achieve any success because of its
strong position, he turned back to Magnesia. And
since the city was unwalled and Thibron therefore
feared that at his departure Tissaphernes would get
control of it, he transferred it to a neighbouring hill
which men call Thorax ; then Thibron, invading the
territory of the enemy, glutted his soldiers with booty
of every kind. But when Tissaphernes arrived with
strong cavalry forces, he withdrew for security to
Ephesus.

37. At this same time a group of the soldiers who
had served in the campaign with Cyrus [1] and had got
back safe to Greece went off each to his own country,
but the larger part of them, about five thousand in
number, since they had become accustomed to the
life of a soldier, chose Xenophon for their general.
And Xenophon with this army set out to make war
on the Thracians who dwell around Salmydessus.[2]
The territory of this city, which lies on the left side
of the Pontus, stretches for a great distance and

[2] A city on the west shore of the Black Sea some sixty
miles from the Bosphorus.

3 πλεῖστα ποιεῖ ναυάγια. οἱ μὲν οὖν Θρᾷκες εἰώ-
θεισαν περὶ τούτους τοὺς τόπους ἐφεδρεύοντες τοὺς
ἐκπίπτοντας τῶν ἐμπόρων αἰχμαλωτίζειν· ὁ δὲ
Ξενοφῶν μετὰ τῶν συνηθροισμένων στρατιωτῶν
ἐμβαλὼν αὐτῶν εἰς τὴν χώραν μάχῃ τε ἐνίκησε
4 καὶ τὰς πλείστας τῶν κωμῶν ἐνέπρησεν· μετὰ δὲ
ταῦτα Θίβρωνος αὐτοὺς μεταπεμπομένου καὶ μι-
σθοὺς ἐπαγγελλομένου δώσειν, πρὸς ἐκεῖνον ἀπ-
εχώρησαν καὶ μετὰ Λακεδαιμονίων ἐπολέμουν τοῖς
Πέρσαις.

5 Τούτων δὲ πραττομένων Διονύσιος μὲν ἐν τῇ
Σικελίᾳ πόλιν ἔκτισεν ὑπ᾽ αὐτὸν τὸν τῆς Αἴτνης
λόφον, καὶ ἀπό τινος ἐπιφανοῦς ἱεροῦ προσηγό-
6 ρευσεν αὐτὴν Ἄδρανον. κατὰ δὲ τὴν Μακεδονίαν
Ἀρχέλαος ὁ βασιλεὺς ἔν τινι κυνηγίῳ πληγεὶς
ἀκουσίως ὑπὸ Κρατερου τοῦ ἐρωμένου τὸν βίον
μετήλλαξε, βασιλεύσας ἔτη ἑπτά· τὴν δ᾽ ἀρχὴν
διεδέξατο Ὀρέστης παῖς ὤν, ὃν ἀνελὼν Ἀέροπος
7 ἐπίτροπος ὢν κατέσχε τὴν βασιλείαν ἔτη ἕξ. Ἀθή-
νησι δὲ Σωκράτης ὁ φιλόσοφος ὑπ᾽ Ἀνύτου καὶ
Μελήτου κατηγορηθεὶς ἐπ᾽ ἀσεβείᾳ καὶ φθορᾷ τῶν
νέων, θανάτῳ κατεδικάσθη καὶ πιὼν κώνειον
ἐτελεύτησεν. ἀδίκου δὲ τῆς κατηγορίας γεγενη-
μένης ὁ δῆμος μετεμελήθη, τηλικοῦτον ἄνδρα
θεωρῶν ἀνῃρημένον· διόπερ τοὺς κατηγορήσαντας
δι᾽ ὀργῆς εἶχε καὶ τέλος ἀκρίτους ἀπέκτεινεν.

38. Τοῦ δ᾽ ἐνιαυσίου χρόνου διεληλυθότος Ἀθή-
νησι μὲν τὴν ἀρχὴν Ἀριστοκράτης παρέλαβεν, ἐν

---

[1] Xenophon (*Anab.* 7. 5. 12) states that " shoals extend
far and wide."

is the cause of many shipwrecks.[1] Accordingly the 400 B.C.
Thracians made it their practice to lie in wait in those
parts and seize the merchants who were cast ashore
as prisoners. Xenophon with the troops he had
gathered invaded their territory, defeated them in
battle, and burned most of their villages. After this,
when Thibron sent for the soldiers with the promise
to hire them, they withdrew to join him and made
war with the Lacedaemonians against the Persians.

While these events were taking place, Dionysius
founded in Sicily a city just below the crest of Mount
Aetnê and named it Adranum, after a certain famous
temple.[2] In Macedonia King Archelaüs was unin-
tentionally struck while hunting by Craterus, whom
he loved, and met his end, after a reign of seven[3]
years. He was succeeded on the throne by Orestes,
who was still a boy and was slain by Aëropus, his
guardian, who held the throne for six years. In
Athens Socrates the philosopher, who was accused
by Anytus and Meletus of impiety and of corrupting
the youth, was condemned to death and met his end
by drinking the hemlock. But since the accusation
had been undeserved, the people repented, consider-
ing that so great a man had been put to death ; con-
sequently they were angered at the accusers and
ultimately put them to death without trial.[4]

38. At the end of the year in Athens Aristocrates 399 B.C.
entered the office of archon and in Rome the consular

[2] That of the god Adranus, the reputed father of the Palici,
who were worshipped throughout all Sicily. See Book 11.
88. 6-89 ; Plutarch, *Timoleon*, 12. 2.

[3] Archelaüs was king 413–399 B.C.

[4] This statement is to be doubted in the case of Meletus
and is definitely false with respect to the other accusers of
Socrates.

Ῥώμῃ δὲ τὴν ὑπατικὴν ἀρχὴν ἓξ χιλίαρχοι δι-
εδέξαντο, Γάιος Σερουίλιος καὶ Λούκιος Οὐεργίνιος,
Κόιντος Σουλπίκιος, Αὖλος Μουτίλιος, Μάνιος
2 Σέργιος. τούτων δὲ τὴν ἀρχὴν παρειληφότων
Λακεδαιμόνιοι πυθόμενοι τὸν Θίβρωνα κακῶς δι-
οικοῦντα τὰ κατὰ τὸν πόλεμον, Δερκυλίδαν στρατ-
ηγὸν εἰς τὴν Ἀσίαν ἐξέπεμψαν· ὃς παραλαβὼν τὴν
δύναμιν ἐστράτευσεν ἐπὶ τὰς ἐν τῇ Τρῳάδι πόλεις.
3 Ἀμάξιτον[1] μὲν οὖν καὶ Κολώνας καὶ Ἀρίσβαν
εἷλεν ἐξ ἐφόδου· μετὰ δὲ ταῦτα Ἴλιον καὶ Κεβρη-
νίαν καὶ τὰς ἄλλας ἁπάσας τὰς κατὰ τὴν Τρῳάδα
ἃς μὲν δόλῳ παρέλαβεν, ἃς δ' ἐκ βίας ἐχειρώσατο.
μετὰ δὲ ταῦτα πρὸς Φαρνάβαζον ὀκταμηνιαίους
ἀνοχὰς ποιησάμενος, ἐστράτευσεν ἐπὶ Θρᾷκας τοὺς
περὶ Βιθυνίαν τότε κατοικοῦντας· πορθήσας δ'
αὐτῶν τὴν χώραν ἀπήγαγε τὴν δύναμιν εἰς παρα-
χειμασίαν.
4 Ἐν Ἡρακλείᾳ δὲ τῇ περὶ Τραχῖνα στάσεως
γενομένης Ἡριππίδαν ἐξέπεμψαν Λακεδαιμόνιοι
καταστήσοντα τὰ πράγματα. ὃς παραγενόμενος
εἰς Ἡράκλειαν συνήγαγεν εἰς ἐκκλησίαν τὰ πλήθη,
καὶ περιστήσας αὐτοῖς ὁπλίτας[2] συνέλαβε τοὺς
αἰτίους καὶ πάντας ἀνεῖλεν, ὄντας περὶ πεντα-
5 κοσίους. τῶν δὲ περὶ τὴν Οἴτην κατοικούντων
ἀποστάντων ἐπολέμησεν αὐτοῖς, καὶ πολλοῖς περι-
βαλὼν κακοῖς ἠνάγκασεν ἐκλιπεῖν τὴν χώραν· ὧν
οἱ πλεῖστοι μετὰ τῶν τέκνων καὶ γυναικῶν ἔφυγον
εἰς Θεσσαλίαν, καὶ μετὰ πέντε ἔτη κατήχθησαν
ὑπὸ Βοιωτῶν.[3]

---

[1] So Rhodoman : ἀνάξιτον.
[2] αὐτοῖς ὁπλίτας Hertlein (ch. 4. 6 ; Bk. 15. 75. 1) : ἐν τοῖς
ὅπλοις.

magistracy was taken over by six military tribunes, 399 B.C.
Gaius Servilius, Lucius Verginius, Quintus Sulpicius,
Aulus Mutilius, and Manius Sergius.[1] After these
magistrates had entered office the Lacedaemonians,
learning that Thibron was conducting the war in-
efficiently, dispatched Dercylidas as general to Asia ;
and he took over the army and advanced against the
cities in the Troad. Now Hamaxitus and Colonae
and Arisba he took at the first assault, then Ilium and
Cerbenia and all the rest of the cities of the Troad,
occupying some by craft and conquering the others
by force. After this he concluded an armistice of
eight months with Pharnabazus and advanced against
the Thracians who were dwelling at that time in
Bithynia ; and after laying waste their territory he
led his army off into winter quarters.

In Trachinian Heracleia civil discord had arisen
and the Lacedaemonians sent Herippidas there to
restore order. As soon as Herippidas arrived in
Heracleia he called an assembly of the people, and
surrounding them with his hoplites, he arrested the
authors of the discord and put them all to death, some
five hundred in number. And since the inhabitants
about Oetê had revolted, he made war on them, sub-
jected them to many hardships, and forced them to
leave their land. The majority of them, together with
their children and wives, fled into Thessaly, from
where they were restored to their homes five years
later by the Boeotians.

---

[1] There are only five names and the MSS. vary greatly.
Livy (5. 8) lists Gaius Servilius Ahala, Quintus Servilius,
Lucius Verginius, Quintus Sulpicius, Aulus Manlius, and
Manius Sergius.

---

[3] So Dindorf : εἰς Βοιωτίαν. Vogel suggests εἰς Οἰταίαν.

6 Τούτων δὲ πραττομένων Θρᾷκες πολλοῖς πλή-
θεσιν ἐνέβαλον εἰς τὴν Χερρόνησον καὶ τὴν χώραν
πᾶσαν πορθήσαντες τειχήρεις συνεῖχον τὰς ἐν αὐτῇ
πόλεις. οἱ δὲ Χερρονησῖται πιεζόμενοι τῷ πολέμῳ
μετεπέμψαντο Δερκυλίδαν τὸν Λακεδαιμόνιον ἐκ
7 τῆς Ἀσίας. οὗτος δὲ διαβὰς μετὰ τῆς δυνάμεως
τοὺς μὲν Θρᾷκας ἐξήλασεν ἐκ τῆς χώρας, τὴν δὲ
Χερρόνησον ἀπὸ θαλάττης ἀρξάμενος μέχρι θα-
λάττης διετείχισεν. τοῦτο δὲ πράξας τοὺς μὲν
Θρᾷκας ἐκώλυσε τῆς εἰς τὸν μετὰ ταῦτα χρόνον
καταδρομῆς, αὐτὸς δὲ μεγάλαις δωρεαῖς τιμηθεὶς
διεβίβασε τὸ στρατόπεδον εἰς τὴν Ἀσίαν.

39. Φαρνάβαζος δὲ τῶν πρὸς Λακεδαιμονίους
ἀνοχῶν γενομένων ἀνέβη πρὸς τὸν βασιλέα, καὶ
συνέπεισεν αὐτὸν στόλον ἑτοιμάσαι καὶ ναύαρχον
ἐπιστῆσαι Κόνωνα τὸν Ἀθηναῖον· οὗτος γὰρ ἦν
ἔμπειρος τῶν κατὰ πόλεμον ἀγώνων, καὶ μάλιστα
τῶν πολεμίων[1]· πολεμικώτατος[2] δ᾽ ὢν ἐν Κύπρῳ
διέτριβε παρ᾽ Εὐαγόρᾳ τῷ βασιλεῖ. πεισθέντος
δὲ τοῦ βασιλέως Φαρνάβαζος λαβὼν ἀργυρίου
τάλαντα πεντακόσια παρεσκευάζετο κατασκευάζειν
2 ναυτικόν. διαπλεύσας οὖν εἰς Κύπρον τοῖς μὲν
ἐκεῖ βασιλεῦσι παρήγγειλεν ἑκατὸν τριήρεις ἑτοι-
μάζειν, τῷ δὲ Κόνωνι περὶ τῆς ναυαρχίας δια-
λεχθεὶς ἐπέστησεν αὐτὸν ἐπὶ τὴν θάλατταν ἡγεμόνα,
μεγάλας ὑποφαίνων παρὰ τοῦ βασιλέως ἐλπίδας.
3 ὁ δὲ Κόνων ἅμα μὲν ἐλπίζων ἀνακτήσεσθαι τῇ

---

[1] πολεμίων] ναυτικῶν Wesseling, πελαγίων Dindorf ; Wurm
suggests ἀγώνων ναυμαχιῶν.
[2] πολεμικώτατος] φυγὰς Reiske.

---

[1] Xenophon (Hell. 3. 2. 10) says that the isthmus was only

While these events were taking place, the Thracians 399 B.C. invaded the Chersonesus in great multitudes, laid waste the whole region, and held its cities beleaguered. The inhabitants of the Chersonesus, being hard pressed in the war, sent for the Lacedaemonian Dercylidas to come from Asia. He, crossing over with his army, drove the Thracians out of the country and shut off the Chersonesus by a wall which he ran from sea to sea.[1] By this act he prevented any future descent of the Thracians ; and after being honoured with great gifts he transported his army to Asia.

39. Pharnabazus, after the truce had been made with the Lacedaemonians, went back to the King and won him over to the plan of preparing a fleet and appointing Conon the Athenian as its admiral ; for Conon was experienced in the encounters of war and especially in combat with the present enemy,[2] and although he excelled in warfare, he was at the time in Cyprus at the court of Evagoras the king.[3] After the King had been persuaded, Pharnabazus took five hundred talents of silver and prepared to fit out a naval force. Sailing across to Cyprus, he ordered the kings there to make ready a hundred triremes and then, after discussions with Conon about the command of the fleet, he appointed him supreme commander at sea, giving indications in the name of the King of great hopes Conon might entertain. Conon, in the hope not only that he would recover

thirty-seven stades (some five miles) wide where the wall was built ; cp. Pliny, *Hist. Nat.* 4. 43.

[2] *i.e.* the Lacedaemonians. But the text may have mentioned instead his special experience in fighting at sea ; cp. critical note.

[3] Conon had taken refuge with him after the battle of Aegospotami, fearing to return to Athens (Book 13. 106).

πατρίδι τὴν ἡγεμονίαν, εἰ Λακεδαιμόνιοι καταπολεμηθεῖεν, ἅμα δ' αὐτὸς μεγάλης τεύξεσθαι δόξης, 4 προσεδέξατο τὴν ναυαρχίαν. οὔπω δὲ τοῦ στόλου παντὸς παρεσκευασμένου τὰς ἑτοίμους ναῦς τετταράκοντα λαβὼν διέπλευσεν εἰς Κιλικίαν, κἀκεῖ τὰ πρὸς τὸν πόλεμον ἡτοιμάζετο.

Φαρνάβαζος δὲ καὶ Τισσαφέρνης ἐκ τῶν ἰδίων σατραπειῶν ἀθροίσαντες στρατιώτας ἀνέζευξαν, ἐπὶ τῆς Ἐφέσου τὴν πορείαν ποιούμενοι διὰ τὸ τοὺς 5 πολεμίους ἔχειν ἐνταῦθα τὴν δύναμιν. καὶ συνηκολούθουν αὐτοῖς πεζοὶ μὲν δισμύριοι, ἱππεῖς δὲ μύριοι. ἀκούων δὲ τῶν Περσῶν τὴν ἔφοδον Δερκυλίδας ὁ τῶν Λακεδαιμονίων ἀφηγούμενος ἐξήγαγε τὴν δύναμιν, ἔχων τοὺς πάντας οὐ πλείους 6 τῶν ἑπτακισχιλίων. ὡς δ' ἐγγὺς ἀλλήλων ἐγενήθη τὰ στρατόπεδα, σπονδὰς ἐποιήσαντο καὶ χρόνον ὥρισαν, ἐν ᾧ Φαρνάβαζος μὲν πρὸς τὸν βασιλέα πέμψει περὶ συνθηκῶν, εἰ βούλοιτο καταλῦσαι τὸν πόλεμον, Δερκυλίδας δὲ τοῖς Σπαρτιάταις δηλώσει περὶ τούτων. οὗτοι μὲν οὖν οὕτω διέλυσαν τὰ στρατόπεδα.

40. Ῥηγῖνοι δὲ Χαλκιδέων ὄντες ἄποικοι τὴν αὔξησιν τοῦ Διονυσίου χαλεπῶς ἑώρων. Ναξίους μὲν γὰρ καὶ Καταναίους συγγενεῖς ὄντας ἐξηνδραποδίσατο, τοῖς δὲ Ῥηγίνοις, γένους[1] τοῦ αὐτοῦ μετέχουσι τοῖς ἠτυχηκόσιν, οὐ τὴν τυχοῦσαν ἀγωνίαν παρεῖχε τὸ γεγονός, πάντων εὐλαβουμένων μὴ

the leadership in Greece for his native country if the
Lacedaemonians were subdued in war but also that
he would himself win great renown, accepted the
command. And before the entire fleet had been
made ready, he took the forty ships which were at
hand and sailed across to Cilicia, where he began
preparations for the war.

Pharnabazus and Tissaphernes gathered soldiers
from their own satrapies and marched out, making
their way towards Ephesus, since the enemy had their
forces in that city. The army accompanying them
numbered twenty thousand infantry and ten thousand
cavalry. On hearing of the approach of the Persians
Dercylidas, the commander of the Lacedaemonians,
led out his army, having in all not more than seven
thousand men. But when the forces drew near each
other, they concluded a truce and set a period of
time during which Pharnabazus should send word
to the King regarding the terms of the treaty, should
he be ready to end the war, and Dercylidas should
explain the matter to the Spartans. So upon this
understanding the commanders dispersed their
armies.

40. The inhabitants of Rhegium, who were colonists
of Chalcis, were angered to see the growing power
of Dionysius. For he had sold into slavery the
Naxians and Catanians,[1] their kinsmen, and to the
Rhegians, because they were of the same blood as [2]
these unfortunate peoples, this act was the cause of
no ordinary concern, since all feared the same disaster

[1] Cp. chap. 15.
[2] Or " they faced the same danger as."

---

[1] γένους added by Reiske. Post would read κινδύνου τοῦ
αὐτοῦ ; Vogel suggests γένους οὖσι for μετέχουσι.

2 ταῖς αὐταῖς συμφοραῖς περιπέσωσιν. ἔδοξεν οὖν
αὐτοῖς, πρὶν τελείως ἰσχυρὸν γενέσθαι τὸν τύραννον,
στρατεύειν ἐπ' αὐτὸν κατὰ τάχος. παραχρῆμα δὲ
συνεβάλοντο¹ πρὸς τὸν πόλεμον οὐκ ἐλάχιστα καὶ
οἱ φυγαδευθέντες τῶν Συρακοσίων ὑπὸ Διονυσίου·
τότε γὰρ οἱ πλεῖστοι διατρίβοντες ἐν Ῥηγίῳ δι-
ετέλουν περὶ τούτων διαλεγόμενοι, διδάσκοντες ὅτι
συνεπιθήσονται² τῷ καιρῷ πάντες οἱ Συρακόσιοι.
3 τέλος δὲ καταστήσαντες στρατηγούς, ἐξέπεμψαν
μετ' αὐτῶν πεζοὺς μὲν ἑξακισχιλίους, ἱππεῖς δὲ
ἑξακοσίους, τριήρεις δὲ πεντήκοντα. οὗτοι δὲ
διαπλεύσαντες τὸν πορθμὸν ἔπεισαν τοὺς τῶν
Μεσσηνίων στρατηγοὺς κοινωνῆσαι τοῦ πολέμου,
φάσκοντες δεινὸν εἶναι περιιδεῖν ἀστυγείτονας Ἑλ-
ληνίδας πόλεις ἄρδην ἀνῃρημένας ὑπὸ τοῦ τυράννου.
4 οἱ μὲν οὖν στρατηγοὶ πεισθέντες τοῖς Ῥηγίνοις
ἄνευ τῆς τοῦ δήμου γνώμης ἐξήγαγον τοὺς στρα-
τιώτας· ἦσαν δ' οὗτοι πεζοὶ μὲν τετρακισχίλιοι,
ἱππεῖς δὲ τετρακόσιοι, τριήρεις δὲ τριάκοντα. ἐπεὶ
δὲ προῆλθον αἱ προειρημέναι δυνάμεις πρὸς τοὺς
ὅρους τῆς Μεσσήνης, ἐνέπεσεν εἰς τοὺς στρατιώτας
στάσις, Λαομέδοντος τοῦ Μεσσηνίου δημηγορή-
5 σαντος· οὗτος γὰρ συνεβούλευε μὴ κατάρχεσθαι
πολέμου πρὸς τὸν Διονύσιον μηδὲν αὐτοὺς ἠδικη-
κότα. οἱ μὲν οὖν τῶν Μεσσηνίων στρατιῶται, τὸν
πόλεμον οὐκ ἐπικεκυρωκότος³ τοῦ δήμου, παρα-
χρῆμ' ἐπείσθησαν, καὶ τοὺς στρατηγοὺς καταλι-
6 πόντες ἀνέκαμψαν εἰς τὴν πατρίδα· Ῥηγῖνοι δ' οὐκ
ὄντες ἀξιόμαχοι καθ' ἑαυτούς, ἐπειδὴ τοὺς Μεσ-

---

¹ παραχρῆμα δὲ συνεβάλοντο Bezzel : παρὰ τοῦ Ῥηγίνου
λαβόντας. ² So Wesseling : συνεπείσθησαν.
³ So Wesseling : ἐπικεκηρυκότος.

would befall them. They therefore decided to take 399 B.C.
the field speedily against the tyrant before he became
entirely secure. Their decision upon war was forth-
with supported strongly also by the Syracusans who
had been exiled by Dionysius, for most of them were
at that time resident in Rhegium and were continually
discussing the matter and pointing out that all the
Syracusans would seize the occasion to join in an
attack. In the end the Rhegians appointed generals
and sent out with them six thousand infantry, six
hundred cavalry, and fifty triremes. The generals
crossed the strait and induced the generals of the
Messenians to join in the war, declaring that it would
be a terrible thing for them to stand idly by when
Greek cities, and their neighbours, had been totally
destroyed by the tyrant. Now the generals were
won over by the Rhegians and, without obtaining a
vote of the people, led forth their forces which con-
sisted of four thousand infantry, four hundred cavalry,
and thirty triremes. But when the armaments we
have mentioned had advanced as far as the borders
of Messenê, opposition broke out among the soldiers
due to a harangue delivered by the Messenian
Laomedon ; for he advised them not to begin a war
against Dionysius who had done them no wrong.
Accordingly the Messenian troops, since the people
had not approved the war, followed his advice at once,
and, deserting their generals, turned back home ; and
the Rhegians, since they were not strong enough
alone for a battle, when they saw that the Messenians

σηνίους ἑώρων διαλύοντας τὸ στρατόπεδον, καὶ
αὐτοὶ ταχέως ἀνέκαμψαν εἰς Ῥήγιον. Διονύσιος
δὲ τὸ μὲν πρῶτον ἐπὶ τοὺς ὅρους τῆς Συρακοσίας
ἐξήγαγε τὴν δύναμιν, προσδεχόμενος τὴν τῶν πο-
λεμίων ἔφοδον· ὡς δ᾽ ἤκουσε τὴν ἀνάζευξιν αὐτῶν,
7 ἀπήγαγε τὴν στρατιὰν εἰς τὰς Συρακούσας· δια-
πρεσβευσαμένων δὲ τῶν Ῥηγίνων καὶ τῶν Μεσ-
σηνίων περὶ εἰρήνης, κρίνων[1] συμφέρον εἶναι
διαλύεσθαι τὴν ἔχθραν πρὸς τὰς πόλεις, συνέθετο
τὴν εἰρήνην.

41. Ὁρῶν δὲ τῶν Ἑλλήνων τινὰς εἰς τὴν ἐπι-
κράτειαν τῶν Καρχηδονίων ἀποτρέχοντας τάς τε
πόλεις καὶ τὰς κτήσεις κομιζομένους, ἐνόμιζε τῆς
πρὸς Καρχηδονίους εἰρήνης μενούσης πολλοὺς τῶν
ὑφ᾽ αὑτὸν ταττομένων βουλήσεσθαι κοινωνεῖν τῆς
ἐκείνων ἀποστάσεως,[2] ἐὰν δὲ πόλεμος γένηται,
πάντας τοὺς καταδεδουλωμένους ὑπὸ Καρχηδονίων
ἀποστήσεσθαι πρὸς αὐτόν· ἤκουσε δὲ καὶ τῶν
Καρχηδονίων πολλοὺς ἐν Λιβύῃ διεφθάρθαι λοιμικῇ
2 καταστάσει περιπεσόντας. διὸ καὶ νομίζων εὔθετον
ἔχειν καιρὸν τοῦ πολέμου κατασκευὴν ἔκρινε δεῖν
πρῶτον γίνεσθαι· ὑπελάμβανε γὰρ ἔσεσθαι μέγαν
καὶ πολυχρόνιον τὸν πόλεμον, ὡς ἂν πρὸς τοὺς
δυνατωτάτους τῶν κατὰ τὴν Εὐρώπην μέλλων
3 διαγωνίζεσθαι. εὐθὺς οὖν τοὺς τεχνίτας ἤθροιζεν
ἐκ μὲν τῶν ὑπ᾽ αὐτὸν ταττομένων πόλεων κατὰ
πρόσταγμα, τοὺς δ᾽ ἐξ Ἰταλίας καὶ τῆς Ἑλλάδος
ἔτι δὲ τῆς Καρχηδονίων ἐπικρατείας μεγάλοις
μισθοῖς προτρεπόμενος. διενοεῖτο γὰρ ὅπλα μὲν
παμπληθῆ καὶ βέλη παντοῖα κατασκευάσαι, πρὸς
δὲ τούτοις ναῦς τετρήρεις[3] καὶ πεντήρεις, οὐδέπω
κατ᾽ ἐκείνους τοὺς χρόνους σκάφους πεντηρικοῦ

were disbanding their army, also turned back speedily 399 B.C.
to Rhegium. At the outset Dionysius had led out
his army to the border of the Syracusan territory,
awaiting the attack of the enemy ; but when he
learned of their retirement, he led his forces back to
Syracuse. When the Rhegians and Messenians sent
ambassadors to treat upon terms of peace, he decided
that it was to his advantage to put an end to enmity
against these states and concluded peace.

41. When Dionysius observed that some of the
Greeks were deserting to the Carthaginian domain,
taking with them their cities and their estates, he
concluded that so long as he was at peace with the
Carthaginians many of his subjects would be wanting
to join their defection, whereas, if there were war,
all who had been enslaved by the Carthaginians
would revolt to him. And he also heard that many
Carthaginians in Libya had fallen victims to a plague
which had raged among them. Thinking for these
reasons, then, that he had a favourable occasion for
war, he decided that preparation should first be
effected ; for he assumed that the war would be a
great and protracted one since he was entering a
struggle with the most powerful people of Europe.
At once, therefore, he gathered skilled workmen,
commandeering them from the cities under his con-
trol and attracting them by high wages from Italy
and Greece as well as Carthaginian territory. For
his purpose was to make weapons in great numbers
and every kind of missile, and also quadriremes and
quinqueremes, no ship of the latter size having yet

---

[1] So Stephanus : κρίνων περὶ εἰρήνης.
[2] So Wurm : ἐπιστασίας Vogel : ἐπιστάσεως.
[3] So Wesseling : τε τριήρεις.

DIODORUS OF SICILY

4 νεναυπηγημένου. συναχθέντων δὲ πολλῶν τεχνιτῶν, διελὼν αὐτοὺς κατὰ τὰς οἰκείας ἐργασίας κατέστησε τῶν πολιτῶν τοὺς ἐπισημοτάτους, προθεὶς δωρεὰς μεγάλας τοῖς κατασκευάσασιν ὅπλα. διέδωκε δὲ καὶ τῶν ὅπλων τὸν γένους[1] ἑκάστου τύπον διὰ τὸ τοὺς μισθοφόρους ἐκ πολλῶν ἐθνῶν
5 συνεστηκέναι· ἔσπευδε γὰρ ἕκαστον τῶν στρατευομένων κοσμῆσαι τοῖς οἰκείοις ὅπλοις, καὶ διελάμβανε[2] τὸ στρατόπεδον πολλὴν ἕξειν κατάπληξιν διὰ ταύτην τὴν αἰτίαν καὶ κατὰ τὰς μάχας κάλλιστα[3] χρήσεσθαι[4] τῷ συνήθει καθοπλισμῷ πάντας
6 τοὺς συναγωνιζομένους. συμπροθυμουμένων δὲ καὶ τῶν Συρακοσίων τῇ τοῦ Διονυσίου προαιρέσει, πολλὴν συνέβαινε γίνεσθαι[5] τὴν φιλοτιμίαν περὶ τὴν τῶν ὅπλων κατασκευήν. οὐ μόνον γὰρ ἐν τοῖς προνάοις καὶ τοῖς ὀπισθοδόμοις τῶν ἱερῶν, ἔτι δὲ τοῖς γυμνασίοις καὶ ταῖς κατὰ τὴν ἀγορὰν στοαῖς, ἔγεμε πᾶς τόπος τῶν ἐργαζομένων, ἀλλὰ καὶ χωρὶς τῶν δημοσίων τόπων ἐν ταῖς ἐπιφανεστάταις οἰκίαις ὅπλα παμπληθῆ κατεσκευάζετο.

42. Καὶ γὰρ τὸ καταπελτικὸν εὑρέθη κατὰ τοῦτον τὸν καιρὸν ἐν Συρακούσαις, ὡς ἂν τῶν κρατίστων τεχνιτῶν πανταχόθεν εἰς ἕνα τόπον συνηγμένων. τὴν γὰρ προθυμίαν τό τε μέγεθος τῶν μισθῶν ἐξεκαλεῖτο καὶ τὸ πλῆθος τῶν προκειμένων ἄθλων τοῖς ἀρίστοις κριθεῖσι· χωρὶς δὲ

---

[1] τὸν γένους Vogel, τοῦ γένους Wesseling, πρὸς γένος Reiske : τὸ γένος.   [2] So Stephanus : διελαμβάνετο.
[3] So Dindorf : κάλλιστον.   [4] So Bekker : χρήσασθαι.
[5] So Dindorf : γενέσθαι.

128

been built at that time.[1]   After collecting many 399 B.C.
skilled workmen, he divided them into groups in
accordance with their skills, and appointed over them
the most conspicuous citizens, offering great bounties
to any who created a supply of arms.   As for the
armour, he distributed among them models of each
kind, because he had gathered his mercenaries from
many nations ; for he was eager to have every one
of his soldiers armed with the weapons of his people,
conceiving that by such armour his army would, for
this very reason, cause great consternation, and that
in battle all of his soldiers would fight to best effect
in armour to which they were accustomed.   And
since the Syracusans enthusiastically supported the
policy of Dionysius, it came to pass that rivalry rose
high to manufacture the arms.   For not only was
every space, such as the porticoes and back rooms
of the temples as well as the gymnasia and colonnades
of the market place, crowded with workers, but the
making of great quantities of arms went on, apart
from such public places, in the most distinguished
homes.

42. In fact the catapult was invented at this time
in Syracuse,[2] since the ablest skilled workmen had
been gathered from everywhere into one place.   The
high wages as well as the numerous prizes offered the
workmen who were judged to be the best stimulated

[1] W. W. Tarn, *Hellenistic Military and Naval Develop-
ments*, pp. 130-131, questions the invention of quinqueremes
at this time, since they are not heard of again until the time
of Alexander the Great.

[2] Machines for throwing heavy missiles were known to
the Assyrians several centuries before this and their use was
probably brought to the west by the Carthaginians, from
whom the western Greeks learned of them.

τούτων περιπορευόμενος τοὺς ἐργαζομένους ὁ Διο-
νύσιος καθ' ἡμέραν λόγοις τε φιλανθρώποις ἐχρῆτο
καὶ τοὺς προθυμοτάτους ἐτίμα δωρεαῖς καὶ πρὸς
2 τὰ συνδείπνια παρελάμβανε. διόπερ ἀνυπέρβλητον
φιλοτιμίαν εἰσφέροντες οἱ τεχνῖται πολλὰ προσεπ-
ενοοῦντο βέλη καὶ μηχανήματα ξένα καὶ δυνάμενα
παρέχεσθαι μεγάλας χρείας. ἤρξατο δὲ ναυπη-
γεῖσθαι τετρήρεις[1] καὶ πεντηρικὰ σκάφη, πρῶτος
ταύτην τὴν κατασκευὴν τῶν νεῶν ἐπινοήσας.
3 ἀκούων γὰρ ὁ Διονύσιος ἐν Κορίνθῳ ναυπηγηθῆναι
τριήρη πρώτως,[2] ἔσπευδε κατὰ τὴν ἀποικισθεῖσαν
ὑπ' ἐκείνων πόλιν αὐξῆσαι τὸ μέγεθος τῆς τῶν
4 νεῶν κατασκευῆς. λαβὼν δ' ἐκ τῆς Ἰταλίας ἐξα-
γωγὴν ὕλης, τοὺς μὲν ἡμίσεις τῶν ὑλοτόμων εἰς
τὸ κατὰ τὴν Αἴτνην ὄρος ἀπέστειλε, γέμον κατ'
ἐκείνους τοὺς χρόνους πολυτελοῦς ἐλάτης τε καὶ
πεύκης, τοὺς δ' ἡμίσεις εἰς τὴν Ἰταλίαν ἀποστείλας
παρεσκευάσατο ζεύγη μὲν τὰ πρὸς τὴν θάλατταν
κατακομιοῦντα, πλοῖα δὲ[3] καὶ τοὺς ὑπηρέτας πρὸς
τὸ τὰς σχεδίας ἀπάγεσθαι κατὰ τάχος εἰς τὰς
5 Συρακούσας. ὁ δὲ Διονύσιος ἐπειδὴ τὴν ἱκανὴν
ὕλην ἤθροισεν, ὑφ' ἕνα καιρὸν ἤρξατο ναυπηγεῖσθαι
ναῦς πλείους τῶν διακοσίων, ἐπισκευάζειν δὲ τὰς
προϋπαρχούσας δέκα πρὸς ταῖς ἑκατόν· ᾠκοδόμει
δὲ καὶ νεωσοίκους πολυτελεῖς κύκλῳ τοῦ νῦν μεγά-
λου[4] καλουμένου λιμένος ἑκατὸν ἑξήκοντα, τοὺς
πλείστους δύο ναῦς δεχομένους, καὶ τοὺς προϋπ-
άρχοντας ἐθεράπευεν, ὄντας ἑκατὸν πεντήκοντα.

43. Διόπερ τοσούτων ὅπλων[5] καὶ νεῶν κατα-

---

[1] So Wesseling : τε τριήρεις.

their zeal. And over and above these factors, Diony- 399 B.C.
sius circulated daily among the workers, conversed
with them in kindly fashion, and rewarded the most
zealous with gifts and invited them to his table.
Consequently the workmen brought unsurpassable
devotion to the devising of many missiles and engines
of war that were strange and capable of rendering
great service. He also began the construction of
quadriremes and quinqueremes, being the first to
think of the construction of such ships. For, hearing
that triremes had first been built in Corinth, he was
intent, in his city that had been settled by a colony
from there, on increasing the scale of naval construc-
tion. After obtaining leave to transport timber
from Italy he dispatched half of his woodmen to
Mount Aetnê, on which there were heavy stands at
that time of both excellent fir and pine, while the
other half he dispatched to Italy, where he got ready
teams to convey the timber to the sea, as well as
boats and crews to bring the worked wood speedily
to Syracuse. When Dionysius had collected an ade-
quate supply of wood, he began at one and the
same time to build more than two hundred ships and
to refit the one hundred and ten he already had ; and
he also constructed all about the Great Harbour, as
it is now called, one hundred and sixty costly ship-
sheds, most of which could accommodate two vessels,
and repaired the one hundred and fifty which were
already there.

43. With so many arms and ships under construc-

---

² πρώτως Vogel : πρῶτος PA, πρῶτον cet.
³ δέ Eichstädt : τε.
⁴ μεγάλου added by Wesseling.
⁵ So Reiske : οἴκων.

σκευαζομένων ἐν ἑνὶ τόπῳ, τὸ γινόμενον πολλὴν
παρεῖχε τοῖς θεωμένοις κατάπληξιν· ὅτε μὲν γάρ
τις ἴδοι τὴν περὶ τὰς ναῦς σπουδήν, ἐνόμιζε περὶ
ταύτας ἅπαντας πραγματεύεσθαι τοὺς Σικελιώτας·
ὅτε δὲ πάλιν τοῖς τῶν ὁπλοποιῶν καὶ μηχανοποιῶν
ἔργοις συμπαραγενηθείη, περὶ τούτους μόνους ἐνό-
μιζεν ἅπασαν εἶναι τὴν τῆς ὑπηρεσίας παρασκευήν.
2 οὐ μὴν ἀλλὰ καὶ τῆς περὶ ταῦτα σπουδῆς ἀνυπερ-
βλήτου γινομένης, κατεσκευάσθησαν ἀσπίδων μὲν
τεσσαρεσκαίδεκα μυριάδες, ἐγχειριδίων δὲ καὶ περι-
κεφαλαιῶν ὁ παραπλήσιος ἀριθμός· ἡτοιμάσθησαν
δὲ καὶ θώρακες, παντοῖοι μὲν ταῖς κατασκευαῖς,
περιττῶς δὲ κατὰ τὴν τέχνην εἰργασμένοι, πλείους
3 τῶν μυρίων τετρακισχιλίων.   τούτους δὲ διενοεῖτο
διαδιδόναι[1] τοῖς ἱππεῦσι καὶ τῶν πεζῶν τοῖς ἐφ᾽
ἡγεμονίας τεταγμένοις, ἔτι δὲ τῶν μισθοφόρων τοῖς
σωματοφυλακεῖν μέλλουσιν.   κατεσκευάσθησαν δὲ
καὶ καταπέλται παντοῖοι καὶ τῶν ἄλλων βελῶν
4 πολύς τις ἀριθμός.   τῶν δὲ παρασκευασθεισῶν
νεῶν μακρῶν αἱ μὲν ἡμίσεις αὐτῶν[2] εἶχον πολι-
τικοὺς κυβερνήτας καὶ πρῳρεῖς, ἔτι δὲ τοὺς ταῖς
κώπαις χρησομένους, ταῖς δ᾽[3] ἄλλαις ὁ Διονύσιος
ξένους ἐμισθώσατο.   ἐπεὶ δὲ τὰ περὶ τὰς ναῦς καὶ
τὴν ὁπλοποιίαν αὐτῷ συντέλειαν ἐλάμβανε, περὶ
τὴν τῶν στρατιωτῶν παρασκευὴν ἐγίνετο· τούτους
γὰρ ἔκρινε συμφέρειν μὴ πρὸ πολλοῦ μισθοῦσθαι
πρὸς τὸ μὴ πολλὰς γίνεσθαι δαπάνας.
5   Ἀστυδάμας δ᾽ ὁ τραγῳδιογράφος τότε πρῶτον
ἐδίδαξεν· ἔζησε δὲ ἔτη ἑξήκοντα.
  Ῥωμαῖοι δὲ πολιορκοῦντες τοὺς Βηίους,[4] ἐξελ-

---

[1] So Hertlein : διδόναι.
[2] So Post: αὐτῶν. Vogel suggests deletion.

tion at one place the beholder was filled with utter 300 B.C. wonder at the sight. For whenever a man gazed at the eagerness shown in the building of the ships, he thought that every Greek in Sicily was engaged on their construction; and when, on the other hand, he visited the places where men were making arms and engines of war, he thought that all available labour was engaged in this alone. Moreover, despite the unsurpassable zeal devoted to the products we have mentioned, there were made one hundred and forty thousand shields and a like number of daggers and helmets; and in addition corselets were made ready, of every design and wrought with utmost art, more than fourteen thousand in number. These Dionysius expected to distribute to his cavalry and the commanders of the infantry, as well as to the mercenaries who were to form his bodyguard. He also had catapults made of every style and a large number of the other missiles. For half of the ships of war which were prepared, the pilots, officers at the bow, and rowers were drawn from citizens, while for the rest of the vessels Dionysius hired mercenaries. When the building of the ships and the making of arms were completed, Dionysius turned his attention to the gathering of soldiers; for he believed it advantageous not to hire them far in advance in order to avoid heavy expenses.

In this year Astydamas,[1] the writer of tragedies, produced his first play; and he lived sixty years.

The Romans were besieging Veii, and when a sortie

[1] Of Athens.

---

[3] δὲ added by Reiske.
[4] So Wesseling : Βοιούς.

θόντων τῶν[1] ἐκ τῆς πόλεως οἱ μὲν κατεκόπησαν ὑπὸ τῶν Βηίων,[2] οἱ δ᾽ ἐξέφυγον αἰσχρῶς.

44. Τοῦ δ᾽ ἔτους τούτου διεληλυθότος Ἀθήνησι μὲν ἦρξεν Ἰθυκλῆς, ἐν Ῥώμῃ δ᾽ ἀντὶ τῶν ὑπάτων χιλίαρχοι πέντε κατεστάθησαν, Λεύκιος Ἰούλιος, Μάρκος Φούριος, Μάρκος Αἰμίλιος, Γάιος Κορνήλιος, Καίσων Φάβιος. Διονύσιος δ᾽ ὁ τῶν Συρακοσίων τύραννος, ἐπειδὴ τῶν περὶ τὴν ὁπλοποιίαν καὶ ναυπηγίαν ἔργων τὰ πλεῖστα συντέλειαν εἰλήφει, περὶ τὴν τῶν στρατιωτῶν παρασκευὴν εὐθὺς 2 ἐγένετο. τῶν οὖν Συρακοσίων κατέλεγε τοὺς ἐπιτηδείους εἰς τάξεις, καὶ παρὰ τῶν ὑπ᾽ αὐτὸν ταττομένων πόλεων μετεπέμπετο τοὺς εὐθέτους. συνήγαγε δὲ καὶ μισθοφόρους ἐκ τῆς Ἑλλάδος καὶ μάλιστα παρὰ τῶν Λακεδαιμονίων· οὗτοι γὰρ αὐτῷ συναύξοντες τὴν ἀρχὴν ἔδωκαν ἐξουσίαν ὅσους βούλοιτο παρ᾽ αὐτῶν ξενολογεῖν. καθόλου δ᾽ ἐκ πολλῶν ἐθνῶν σπεύδων τὸ ξενικὸν στρατόπεδον συνηθροικέναι[3] καὶ μισθοὺς πολλοὺς ἐπαγγελλόμενος, εὕρισκε τοὺς ὑπακούοντας.

3 Μέλλων δὲ μέγαν ἐξεγείρειν πόλεμον, ταῖς κατὰ τὴν νῆσον πόλεσι φιλανθρώπως προσεφέρετο, τὴν εὔνοιαν αὐτῶν ἐκκαλούμενος. τοὺς δὲ παρὰ τὸν πορθμὸν κατοικοῦντας Ῥηγίνους τε καὶ Μεσσηνίους ὁρῶν ἱκανὴν δύναμιν ἔχοντας συντεταγμένην, εὐλαβεῖτο μήποτε τῶν Καρχηδονίων διαβάντων εἰς Σικελίαν ἐκείνοις πρόσθωνται· οὐ μικρὰν γὰρ αἱ πόλεις αὗται ῥοπὴν εἶχον, ὁποτέροις εἰς τὸν πόλεμον

---

[1] τῶν added by Eichstädt. [2] So Wesseling : Βοιῶν.

was made from the city, some of the Romans were 399 B.C.
cut to pieces by the Veientes and others escaped by
shameful flight.

44. When this year had come to an end, Ithycles 398 B.C.
was archon in Athens and in Rome five military
tribunes were established in place of the consuls,
Lucius Julius, Marcus Furius, Marcus Aemilius,
Gaius Cornelius, and Caeso Fabius. Dionysius, the
tyrant of the Syracusans, as soon as the major part
of the task of making arms and building a fleet was
completed, turned at once to the gathering of soldiers.
From the Syracusans he enrolled those who were fit
for military service in companies and from the cities
subject to him he summoned their able men. He
also gathered mercenaries from Greece, and especially
from the Lacedaemonians, for they, in order to aid
him in building up his power, gave him permission
to enlist as many mercenaries from them as he might
wish. And, speaking generally, since he made a point
of gathering his mercenary force from many nations
and promised high pay, he found men who were
responsive.

Since Dionysius was going to raise up a great war,
he addressed himself to the cities of Sicily with
courtesy, eliciting their goodwill. He saw that the
Rhegians and Messenians who dwelt on the Strait [1]
had a strong army mobilized and he feared that, when
the Carthaginians crossed over to Sicily, they would
join the Carthaginians; for these cities would add
no little weight to the side with which they allied
themselves for the war. Since these considerations

[1] The Strait of Messina.

---

[3] συνηθροικέναι] Vogel suggests συναθροῖσαι.

4 συμμαχήσειαν. ἃ δὴ λίαν ἀγωνιῶν ὁ Διονύσιος
τοῖς Μεσσηνίοις ἔδωκε πολλὴν τῆς ὁμόρου χώρας,
ἰδίους αὐτοὺς κατασκευάζων ταῖς εὐεργεσίαις· πρὸς
δὲ Ῥηγίνους ἀπέστειλε πρεσβευτάς, παρακαλῶν
ἐπιγαμίαν ποιήσασθαι καὶ δοῦναι τῶν πολιτικῶν
παρθένων αὐτῷ μίαν συμβιώσασθαι· ἐπηγγέλλετο
δ' αὐτοῖς πολλὴν τῆς συνοριζούσης χώρας κατακτή-
σεσθαι,[1] τὴν πόλιν δ' αὐξήσειν ἐφ' ὅσον ἂν αὐτὸς
5 ἰσχύῃ. τῆς γὰρ γυναικὸς αὐτοῦ, θυγατρὸς δ'
Ἑρμοκράτους, κατὰ τὴν ἀπόστασιν τῶν ἱππέων
ἀνῃρημένης, ἔσπευδε τεκνοποιήσασθαι, διαλαμ-
βάνων τῇ τῶν γεννηθέντων εὐνοίᾳ βεβαιότατα
τηρήσειν τὴν δυναστείαν. οὐ μὴν ἀλλ' ἐν τῷ
Ῥηγίῳ συναχθείσης περὶ τούτων ἐκκλησίας, καὶ
πολλῶν ῥηθέντων λόγων, ἔδοξε τοῖς Ῥηγίνοις μὴ
6 δέξασθαι τὴν ἐπιγαμίαν. Διονύσιος δ' ἀποτυχὼν
ταύτης τῆς ἐπιβολῆς, περὶ τῶν αὐτῶν ἀπέστειλε
τοὺς πρεσβευτὰς πρὸς τὸν δῆμον τῶν Λοκρῶν.
ὧν ψηφισαμένων τὴν ἐπιγαμίαν, ἐμνήστευεν ὁ
Διονύσιος Δωρίδα τὴν[2] Ξενέτου θυγατέρα, κατ'
ἐκεῖνον τὸν χρόνον ὄντος ἐνδοξοτάτου τῶν πολιτῶν.
7 ὀλίγαις δ' ἡμέραις πρὸ τῶν γάμων ἀπέστειλεν εἰς
Λοκροὺς πεντήρη πρῶτον νεναυπηγημένην, ἀργυ-
ροῖς καὶ χρυσοῖς κατασκευάσμασι κεκοσμημένην·
ἐφ' ἧς διακομίσας τὴν παρθένον εἰς τὰς Συρακούσας
8 εἰσήγαγεν εἰς τὴν ἀκρόπολιν. ἐμνηστεύσατο δὲ
καὶ τῶν πολιτικῶν[3] τὴν ἐπισημοτάτην Ἀριστο-

---

[1] So Dindorf : κατακτήσασθαι.
[2] τὴν Stephanus : τε τήν.   [3] So Eichstädt : πολιτῶν.

were the cause of great concern to Dionysius, he
made a present to the Messenians of a large piece of
territory on their borders, binding them to him by
such a benefaction ; and to the Rhegians he dis-
patched ambassadors, urging them to form a connec-
tion by marriage and to give him in marriage a maiden
who was a citizen of theirs ; and he promised that he
would win for them a large section of neighbouring
territory and do all that was in his power to add to
the strength of their city. For since his wife, the
daughter of Hermocrates, had been slain at the time
the cavalry revolted,[1] he was eager to beget children,
in the belief that the loyalty of his offspring would
be the strongest safeguard of his tyrannical power.
Nevertheless, when an assembly of the people was
held in Rhegium to consider Dionysius' proposal,
after much discussion the Rhegians voted not to
accept the marriage connection.[2] Now that Dionysius
had failed of this design, he dispatched his ambas-
sadors for the same purpose to the people of the
Locrians.[3] When they voted to approve the marriage
connection, Dionysius sued for the hand of Doris, the
daughter of Xenetus, who at that time was their most
esteemed citizen. A few days before the marriage
he sent to Locri a quinquereme, the first one he had
built, embellished with silver and gold furnishings ;
on this he had the maiden conveyed to Syracuse,
where he led her into the acropolis. And he also
sought in marriage from among the people of his city
the most notable maiden among them, Aristomachê,[4]

[1] Cp. Book 13. 112. 4.
[2] More on the reply in chap. 107.
[3] The Epizephyrian Locrians in the " toe " of Italy.
[4] Daughter of Hipparinus and sister of the famous Dion
(Book 16. 6).

μάχην, ἐφ᾽ ἣν ἀποστείλας λευκὸν τέθριππον ἤγαγεν
εἰς τὴν ἰδίαν οἰκίαν.

45. Περὶ δὲ τὸν αὐτὸν χρόνον ἀμφοτέρας γήμας
συνεχεῖς ἑστιάσεις ἐποιεῖτο τῶν στρατιωτῶν καὶ
τῶν πλείστων πολιτῶν[1]· ἀπετίθετο γὰρ ἤδη τὸ
πικρὸν τῆς τυραννίδος, καὶ μεταβαλλόμενος εἰς
ἐπιείκειαν φιλανθρωπότερον ἦρχε τῶν ὑποτεταγ-
μένων, οὔτε φονεύων οὔτε φυγάδας ποιῶν, καθάπερ
2 εἰώθει. μετὰ δὲ τοὺς γάμους ὀλίγας ἐπιμείνας
ἡμέρας συνήγαγεν ἐκκλησίαν καὶ παρεκάλει τοὺς
Συρακοσίους πόλεμον ἐξενεγκεῖν πρὸς τοὺς Καρ-
χηδονίους, ἀποφαίνων αὐτοὺς καθόλου μὲν τοῖς
Ἕλλησιν ἐχθροτάτους ὄντας, μάλιστα δὲ τοῖς Σι-
3 κελιώταις διὰ παντὸς ἐπιβουλεύοντας. καὶ νῦν
μὲν ἐφ᾽ ἡσυχίας αὐτοὺς μένειν ἀπεδείκνυε διὰ τὸν
ἐμπεσόντα λοιμόν, ὃν τοὺς πλείστους τῶν κατὰ
Λιβύην διεφθαρκέναι· ἰσχύσαντας δ᾽ αὐτοὺς οὐκ
ἀφέξεσθαι τῶν Σικελιωτῶν, οἷς ἐξ ἀρχαίων ἐπι-
βουλεύουσιν. διὸ αἱρετώτερον νῦν εἶναι πρὸς
ἀσθενεῖς αὐτοὺς ὄντας διαπολεμεῖν ἢ μετὰ ταῦτα
4 πρὸς ἰσχυροὺς διαγωνίζεσθαι. ἅμα δὲ συνίστα
δεινὸν εἶναι περιορᾶν τὰς Ἑλληνίδας πόλεις ὑπὸ
βαρβάρων καταδεδουλωμένας, ἃς ἐπὶ τοσοῦτον
συνεπιλήψεσθαι τῶν κινδύνων, ἐφ᾽ ὅσον τῆς ἐλευ-
θερίας τυχεῖν ἐπιθυμοῦσιν. οὐ μὴν ἀλλὰ πολλοὺς
λόγους πρὸς ταύτην τὴν προαίρεσιν διαλεχθεὶς ταχὺ
5 συγκαταίνους ἔλαβε τοὺς Συρακοσίους. οὐ γὰρ
ἧττον ἐκείνου τὸν πόλεμον ἔσπευδον γενέσθαι, πρῶ-
τον μὲν μισοῦντες τοὺς Καρχηδονίους,[2] δι᾽ ἐκείνους

---

[1] So Eichstädt : πόλεων.

[2] καὶ after Καρχηδονίους (PAL, omitted cet.) deleted by
Vogel, ὡς for καὶ other editors.

for whom he dispatched a chariot drawn by four 398 B.C.
white horses to bring her to his own home.

45. After Dionysius had taken in marriage both
maidens at the same time, he gave a series of public
dinners for the soldiers and the larger part of the
citizens ; for he now renounced the oppressive aspect
of his tyranny, and changing to a course of equitable
dealing, he ruled over his subjects in more humane
fashion, no more putting them to death or banishing
them, as had been his practice. After his marriages
he let a few days pass and then called an assembly
of the Syracusans and urged them to make war
against the Carthaginians, declaring that they were
most hostile to all Greeks generally and that they had
designs at every opportunity on the Greeks of Sicily
in particular. For the present, he pointed out, the
Carthaginians were inactive because of the plague
which had broken out among them and had destroyed
the larger part of the inhabitants of Libya, but when
they had recovered their strength, they would not
refrain from attacking the Sicilian Greeks, against
whom they had been plotting from the earliest time.
It was therefore preferable, he continued, to wage a
decisive war upon them while they were weak than to
wait and compete when they were strong. At the
same time he pointed out how terrible a thing it was
to allow the Greek cities to be enslaved by barbarians,
and that these cities would the more zealously join
in the war, the more eagerly they desired to obtain
their freedom. After speaking at length in support
of his policy he speedily won the approval of the
Syracusans. Indeed they were no less eager than
he for war, first of all because of their hatred of the
Carthaginians who were the cause of their being

139

ἠναγκασμένοι ποιεῖν τὸ προσταττόμενον ὑπὸ τοῦ
τυράννου· ἔπειτα δὲ καὶ τὸν Διονύσιον φιλανθρω-
πότερον ἑαυτοῖς ἤλπιζον χρήσεσθαι,[1] φοβούμενον
τοὺς πολεμίους καὶ τὴν ἀπὸ τῶν καταδεδουλω-
μένων ἐπίθεσιν· τὸ δὲ μέγιστον, ἤλπιζον ἑαυτοὺς
κυριεύσαντας ὅπλων, ἐὰν ἡ τύχη δῷ καιρόν, ἀντι-
λήψεσθαι τῆς ἐλευθερίας.

46. Μετὰ δὲ τὴν ἐκκλησίαν, τοῦ Διονυσίου τὴν
ἐξουσίαν δόντος, οἱ Συρακόσιοι τὰ Φοινικικὰ χρή-
ματα διήρπασαν. οὐκ ὀλίγοι γὰρ τῶν Καρχη-
δονίων ᾤκουν ἐν ταῖς Συρακούσαις ἁδρὰς ἔχοντες
κτήσεις, πολλοὶ δὲ καὶ τῶν ἐμπόρων εἶχον ἐν τῷ
λιμένι τὰς ναῦς γεμούσας φορτίων, ἃ πάντα[2] δι-
2 φόρησαν οἱ Συρακόσιοι. παραπλησίως δὲ καὶ οἱ
λοιποὶ Σικελιῶται τοὺς παρ' αὐτοῖς οἰκοῦντας τῶν
Φοινίκων ἐκβαλόντες τὰς κτήσεις διήρπασαν·
καίπερ γὰρ τὴν Διονυσίου τυραννίδα μισοῦντες,
ὅμως ἡδέως ἐκοινώνουν τοῦ πρὸς Καρχηδονίους
3 πολέμου διὰ τὴν ὠμότητα τῶν ἀνδρῶν. ὧν δὴ
χάριν καὶ οἱ τὰς Ἑλληνίδας πόλεις οἰκοῦντες ὑπὸ[3]
Καρχηδονίους, ἐπειδὴ φανερῶς ὁ Διονύσιος ἐξέφερε
τὸν πόλεμον, ἐναπεδείξαντο τὸ πρὸς τοὺς Φοίνικας
μῖσος· οὐ μόνον γὰρ αὐτῶν τὰς οὐσίας διήρπασαν,
ἀλλὰ καὶ αὐτοὺς συλλαμβάνοντες πᾶσαν αἰκίαν καὶ
ὕβριν εἰς τὰ σώματ' αὐτῶν ἀπετίθεντο, μνημονεύον-
4 τες ὧν αὐτοὶ κατὰ τὴν αἰχμαλωσίαν ἔπαθον. ἐπὶ
τοσοῦτον δὲ τῆς κατὰ τῶν Φοινίκων τιμωρίας
προέβησαν καὶ τότε καὶ κατὰ τὸν ὕστερον χρόνον,
ὥστε τοὺς Καρχηδονίους διδαχθῆναι μηκέτι παρα-

[1] So Eichstädt : χρῆσθαι.

compelled to take orders from the tyrant ; secondly, because they hoped that Dionysius would treat them in more humane fashion because of his fear of the enemy and of an attack upon him by the citizens he had enslaved ; but most of all, because they hoped that once they had got weapons in their hand, they could strike for their liberty, let Fortune but give them the opportunity.

46. After the meeting of the assembly the Syracusans, with the permission of Dionysius, seized as plunder the property of the Phoenicians ; for no small number of Carthaginians had their homes in Syracuse and rich possessions, and many also of their merchants had vessels in the harbour loaded with goods, all of which the Syracusans plundered. Similarly the rest of the Sicilian Greeks drove out the Phoenicians who dwelt among them and plundered their possessions ; for although they hated the tyranny of Dionysius, they were still glad to join in the war against the Carthaginians because of the cruelty of that people. For the very same reasons, too, the inhabitants of the Greek cities under the rule of the Carthaginians, as soon as Dionysius publicly enacted war, made open display of their hatred of the Phoenicians ; for not only did they seize their property as plunder, but they also laid hands on their persons and subjected them to every kind of physical torture and outrage, remembering what they had themselves suffered during the time of their captivity. So far did they go in the vengeance they wreaked on the Phoenicians both at this time and subsequently, that the Carthaginians were taught

---

² ἃ πάντα Madvig, Cobet : ὧν ἅπαντα.
³ ὑπὸ] τὰς ὑπὸ Dindorf.

νομεῖν εἰς τοὺς ὑποπεσόντας· οὐ γὰρ ἠγνόουν, δι
αὐτῶν τῶν ἔργων μαθόντες, ὅτι τοῖς διαπολεμοῦσι
κοινῆς τῆς τύχης ὑπαρχούσης ἀμφοτέρους κατὰ
τὰς ἥττας τοιαῦτα ἀνάγκη πάσχειν, οἷα ἂν αὐτοὶ
πράξωσιν εἰς τοὺς ἀτυχήσαντας.

5 Ὁ δ' οὖν Διονύσιος, ἐπειδὴ πάντ' αὐτῷ τὰ πρὸς
τὸν πόλεμον ἡτοίμαστο, διενοεῖτο πέμπειν ἀγ-
γέλους εἰς Καρχηδόνα τοὺς ἐροῦντας, ὅτι Συρα-
κόσιοι καταγγέλλουσι πόλεμον Καρχηδονίοις, ἐὰν
μὴ τὰς ὑπ' αὐτῶν καταδεδουλωμένας Ἑλληνίδας
πόλεις ἐλευθερώσωσιν.

Διονύσιος μὲν οὖν περὶ ταῦτ' ἐγίνετο.

6 Κτησίας δ' ὁ συγγραφεὺς τὴν τῶν Περσικῶν
ἱστορίαν εἰς τοῦτον τὸν ἐνιαυτὸν κατέστροφεν,
ἀρξάμενος ἀπὸ Νίνου καὶ Σεμιράμεως. ἤκμασαν
δὲ κατὰ τοῦτον τὸν ἐνιαυτὸν οἱ ἐπισημότατοι δι-
θυραμβοποιοί, Φιλόξενος Κυθήριος, Τιμόθεος Μιλή-
σιος, Τελέστης Σελινούντιος, Πολύειδος, ὃς καὶ ζω-
γραφικῆς καὶ μουσικῆς εἶχεν ἐμπειρίαν.

47. Τοῦ δ' ἐνιαυσίου χρόνου διεληλυθότος Ἀθή-
νησι μὲν παρειλήφει τὴν ἀρχὴν Λυσιάδης, ἐν δὲ τῇ
Ῥώμῃ τὴν ὕπατον ἀρχὴν διῴκουν χιλίαρχοι ἕξ,
Πόπλιος Μάλλιος, Πούπλιος Μαίλιος, Σπόριος
Φούριος, Λεύκιος Πούπλιος. Διονύσιος δ' ὁ τῶν
Συρακοσίων τύραννος, ἐπειδὴ πάντα τὰ πρὸς τὸν[1]
πόλεμον αὐτῷ κατεσκεύαστο κατὰ τὴν ἰδίαν προ-
αίρεσιν, ἐξέπεμψεν εἰς Καρχηδόνα κήρυκα, δοὺς
2 ἐπιστολὴν πρὸς τὴν γερουσίαν· ἐν ταύτῃ δὲ γεγραμ-

---

[1] τὸν omitted PF, Vogel.

the lesson no more to transgress the law in their 398 B.C.
treatment of conquered peoples ; for they did not
fail to realize, learning as they did by very deeds,
that in war Fortune is impartial to both combatants
and in defeat both sides must suffer the same sort of
thing that they themselves have done to those who
were unfortunate.

Now when Dionysius had made ready all his
preparations for the war, he determined to send
messengers to Carthage with the announcement :
The Syracusans declare war upon the Carthaginians
unless they restore freedom to the Greek cities that
they have enslaved.

Dionysius, then, was engaged in the affairs we
have discussed.

Ctesias [1] the historian ended with this year his
History of the Persians, which began with Ninus and
Semiramis. And in this year the most distinguished
composers of dithyrambs were in their prime, Philo-
xenus of Cythera, Timotheüs of Miletus, Telestus
of Selinus, and Polyeidus, who was also expert in the
arts of painting and music.

47. At the close of the year, in Athens Lysiades [2] 397 B.C.
became archon, and in Rome six military tribunes
administered the office of consul, Popilius Mallius,
Publius Maelius, Spurius Furius, and Lucius Publius.[3]
When Dionysius, the tyrant of the Syracusans, had
completed all his preparations for the war according
to his personal design, he sent a herald to Carthage,
having given him a letter to the senate, which con-

---

[1] Cp. Book 1. 32. 4.

[2] The name should be Suniades (Kirchner, *Prosopographia Attica*, 12817).

[3] There are only four names and they differ considerably from those in Livy, 5. 12.

μένον ἦν ὅτι Συρακοσίοις δεδογμένον εἴη[1] πολεμεῖν
πρὸς Καρχηδονίους, ἐὰν μὴ τῶν Ἑλληνίδων πόλεων
ἐκχωρήσωσιν. οὗτος μὲν οὖν κατὰ τὸ παραγ-
γελθὲν πλεύσας εἰς Λιβύην τὴν ἐπιστολὴν ἀπέδωκε
τῇ γερουσίᾳ. ἧς ἀναγνωσθείσης ἔν τε τῇ συγκλήτῳ
καὶ μετὰ ταῦτ᾽ ἐν τῷ δήμῳ συνέβη τοὺς Καρχη-
δονίους οὐ μετρίως ἀγωνιᾶν περὶ τοῦ πολέμου· ὅ
τε γὰρ λοιμὸς αὐτῶν παμπληθεῖς ἀπεκτάγκει καὶ
3 τοῖς ὅλοις ἦσαν ἀπαρασκεύαστοι. οὐ μὴν ἀλλ᾽
οὗτοι μὲν ἐκαραδόκουν τὴν τῶν Συρακοσίων προ-
αίρεσιν καὶ μετὰ πολλῶν χρημάτων ἀπέστειλάν
τινας τῶν ἐκ τῆς γερουσίας τοὺς ξενολογήσοντας
ἀπὸ τῆς Εὐρώπης.
4 Διονύσιος δ᾽ ἀναλαβὼν τοὺς Συρακοσίους καὶ
τοὺς μισθοφόρους, ἔτι δὲ τοὺς συμμάχους, ἀνέζευξεν
ἐκ Συρακουσῶν, ἐπ᾽ Ἔρυκος τὴν πορείαν ποιού-
μενος. οὐ μακρὰν γὰρ τοῦ λόφου τούτου Μοτύη
πόλις ἦν ἄποικος Καρχηδονίων, ᾗ μάλιστα ἐχρῶντο
κατὰ τῆς Σικελίας ὁρμητηρίῳ· ταύτης γὰρ κρατή-
σας ἤλπιζεν οὐκ ὀλίγα προτερήσειν τῶν πολεμίων.
5 κατὰ δὲ τὴν ὁδοιπορίαν ἀεὶ παρελάμβανε τοὺς ἐκ
τῶν Ἑλληνίδων πόλεων, πανδημεὶ καθοπλίζων·
συνεστρατεύοντο γὰρ αὐτῷ προθύμως ἅπαντες, μι-
σοῦντες μὲν τὸ βάρος τῆς τῶν Φοινίκων ἐπικρα-
τείας, ἐπιθυμοῦντες δὲ τυχεῖν ποτε τῆς ἐλευθερίας.
6 καὶ πρώτους μὲν Καμαριναίους παρέλαβεν, εἶτα
Γελῴους καὶ Ἀκραγαντίνους· μεθ᾽ οὓς Ἱμεραίους
μετεπέμψατο, κατοικοῦντας ἐπὶ θάτερα μέρη τῆς
Σικελίας· Σελινουντίους δ᾽ ἐν[2] παρόδῳ προσαγαγό-
μενος[3] παρεγενήθη πρὸς τὴν Μοτύην μετὰ πάσης

---

[1] εἴη Hertlein : ἦν.
[2] ἐν added by Stephanus.

tained the statement that the Syracusans had re-
solved to make war upon the Carthaginians unless
they withdrew from the Greek cities. The herald
accordingly, pursuant to his orders, sailed to Libya
and delivered the letter to the senate. When it had
been read in the council and subsequently before
the people, it came about that the Carthaginians
were not a little distressed at the thought of war ; for
the plague had killed great numbers of them, and
they were also totally unprepared. Nevertheless,
they waited for the Syracusans to take the initiative
and dispatched members of the senate with large
sums of money to recruit mercenaries in Europe.[1]

Dionysius with the Syracusans, the mercenaries,
and his allies marched forth from Syracuse and made
his way towards Eryx.[2] For not far from this hill lay
the city of Motyê, a Carthaginian colony, which they
used as their chief base of operations against Sicily ;
and Dionysius hoped that with this city in his power
he would have no small advantage over his enemies.
In the course of his march he received from time to
time the contingents from the Greek cities, supplying
the full levy of each with arms ; for they were all
eager to join his campaign, hating as they did the
heavy hand of Phoenician domination and relishing
the prospect at last of freedom. He received first
the levy from Camarina, then those of Gela and
Acragas ; and after these he sent for the Himeraeans,
whose home was on the other side of Sicily, and after
adding the men of Selinus, as he passed by, he arrived

---

[1] Presumably in Spain, where Hannibal had formerly
gathered mercenaries (Book 13. 44).

[2] Cp. Book 4. 83.

---

[3] So Eichstädt : προσαγόμενος.

7 τῆς δυνάμεως. εἶχε δὲ πεζοὺς μὲν ὀκτακισμυρίους, ἱππεῖς δὲ πολὺ[1] πλείους τῶν τρισχιλίων, ναῦς δὲ μακρὰς οὐ πολὺ λειπούσας τῶν διακοσίων· συνηκολούθει δὲ καὶ φορτηγὰ πλοῖα γέμοντα πολλῶν μηχανημάτων, ἔτι δὲ τῆς ἄλλης χορηγίας ἁπάσης, ὄντα τὸν ἀριθμὸν οὐκ ἐλάττω πεντακοσίων.

48. Τηλικαύτης δὲ τῆς παρασκευῆς οὔσης, Ἐρυκῖνοι μὲν καταπλαγέντες τὸ μέγεθος τῆς δυνάμεως καὶ μισοῦντες Καρχηδονίους προσεχώρησαν τῷ Διονυσίῳ, οἱ δὲ τὴν Μοτύην κατοικοῦντες προσδεχόμενοι τὴν ἐκ Καρχηδονίων βοήθειαν[2] οὐ κατεπλήττοντο τὴν Διονυσίου δύναμιν,[3] ἀλλὰ πρὸς τὴν πολιορκίαν παρεσκευάζοντο· οὐ γὰρ ἠγνόουν τοὺς Συρακοσίους ὅτι πρώτην[4] τὴν Μοτύην πορθήσουσι διὰ τὸ πιστοτάτην εἶναι τοῖς Καρχηδονίοις.

2 αὕτη δ' ἡ πόλις ἦν ἐπί τινος νήσου κειμένη, τῆς Σικελίας ἀπέχουσα σταδίους ἕξ, τῷ δὲ πλήθει καὶ τῷ κάλλει τῶν οἰκιῶν εἰς ὑπερβολὴν πεφιλοτεχνημένη διὰ τὴν εὐπορίαν τῶν κατοικούντων. εἶχε δὲ καὶ ὁδὸν στενὴν χειροποίητον φέρουσαν ἐπὶ τὸν τῆς Σικελίας αἰγιαλόν, ἣν οἱ Μοτυηνοὶ τότε διέσκαψαν, ὡς μὴ προσόδους[5] ἔχοιεν κατ' αὐτῶν οἱ πολέμιοι.

3 Διονύσιος δὲ μετὰ τῶν ἀρχιτεκτόνων κατασκεψάμενος τοὺς τόπους, ἤρξατο χώματα κατασκευάζειν ἐπὶ τὴν Μοτύην, καὶ τὰς μὲν μακρὰς ναῦς παρὰ τὸν εἴσπλουν τοῦ λιμένος ἐνεώλησε, τὰ δὲ φορτηγὰ τῶν πλοίων ὥρμισε παρὰ τὸν αἰγιαλόν.

4 μετὰ δὲ ταῦτα ἐπὶ μὲν τῶν ἔργων κατέλιπεν ἐπιστάτην Λεπτίνην τὸν ναύαρχον, αὐτὸς δὲ μετὰ τῆς

at Motyê with all his army. He had eighty thousand 397 B.C.
infantry, well over three thousand cavalry, and a
little less than two hundred warships, and he was
accompanied by not less than five hundred merchant-
men loaded with great numbers of engines of war
and all the other supplies needed.

48. Since the armament was on the great scale we
have described, the people of Eryx were awed by the
magnitude of the force and, hating the Carthaginians
as they did, came over to Dionysius. The inhabitants
of Motyê, however, expecting aid from the Cartha-
ginians, were not dismayed at Dionysius' armament,
but made ready to withstand a siege ; for they were
not unaware that the Syracusans would make Motyê
the first city to sack, because it was most loyal to the
Carthaginians. This city was situated on an island
lying six stades off Sicily, and was embellished
artistically to the last degree with numerous fine
houses, thanks to the prosperity of the inhabitants.
It also had a narrow artificial causeway extending
to the shore of Sicily, which the Motyans breached
at this time, in order that the enemy should have no
approach against them.

Dionysius, after reconnoitring the area, together
with his engineers, began to construct moles leading
to Motyê, hauled the warships up on land at the
entrance of the harbour, and moored the merchant-
men along the beach. After this he left Leptines [1]
his admiral in command of the works, while he himself

---

[1] Brother of the tyrant.

---

[1] πολὺ deleted by Dindorf, Vogel.
[2] So Rhodoman : δύναμιν.   [3] So Rhodoman : βοήθειαν.
[4] πρώτην Hertlein, πρώτως Post : πρῶτοι PAL, πρῶτον cet.
[5] So Wesseling : προόδοις P, προόδους cet.

πεζῆς στρατιᾶς ὥρμησεν ἐπὶ τὰς τοῖς Καρχηδονίοις
συμμαχούσας πόλεις. Σικανοὶ μὲν οὖν πάντες[1]
εὐλαβούμενοι τὸ μέγεθος τῆς δυνάμεως προσεχώ-
ρησαν τοῖς Συρακοσίοις, τῶν δὲ ἄλλων πόλεων
πέντε μόνον διέμειναν ἐν[2] τῇ πρὸς Καρχηδονίους
φιλίᾳ· αὗται δὲ ἦσαν Ἁλικύαι,[3] Σολοῦς, Αἴγεστα,
5 Πάνορμος, Ἔντελλα. τὴν μὲν οὖν τῶν Σολουντί-
νων καὶ Πανορμιτῶν, πρὸς δὲ τούτοις Ἁλικυαίων
χώραν ὁ Διονύσιος λεηλατήσας ἐδενδροτόμησε,
τὴν δὲ Αἴγεσταν καὶ Ἔντελλαν[4] πολλῇ δυνάμει
περιστρατοπεδεύσας συνεχεῖς ἐποιεῖτο προσβολάς,
σπεύδων αὐτῶν μετὰ βίας κυριεῦσαι. καὶ τὰ μὲν
περὶ Διονύσιον ἐν τούτοις ἦν.

49. Ἰμίλκων δὲ ὁ τῶν Καρχηδονίων στρατηγὸς
αὐτὸς μὲν περὶ τὸν τῶν δυνάμεων ἀθροισμὸν καὶ
τὴν ἄλλην ἐγίνετο παρασκευήν, τὸν δὲ ναύαρχον
μετὰ δέκα τριήρων ἀπέστειλε, κελεύσας κατὰ τάχος
λάθρα πλεῖν ὡς ἐπὶ Συρακοσίους, καὶ νυκτὸς εἰς
τὸν λιμένα πλεύσαντα διαφθεῖραι τὰ καταλελειμ-
2 μένα τῶν πλοίων. τοῦτο δ' ἔπραξε νομίζων ἀντι-
περισπασμόν τινα ποιήσειν καὶ τὸν Διονύσιον
ἀναγκάσειν μέρος τῶν πλοίων ἀποστέλλειν ἐπὶ
Συρακοσίους. ὁ δὲ πεμφθεὶς ναύαρχος συντόμως
πράξας τὸ παραγγελθέν, κατέπλευσε νυκτὸς εἰς
τὸν τῶν Συρακοσίων λιμένα, πάντων ἀγνοούντων
τὸ γεγενημένον. ἀπροσδοκήτως δ' ἐπιθέμενος καὶ
τοῖς παρορμοῦσι πλοίοις ἐμβολὰς δοὺς καὶ σχεδὸν
ἅπαντα καταδύσας,[5] ἀνέκαμψεν εἰς Καρχηδόνα.
3 Διονύσιος δὲ πᾶσαν τὴν ὑπὸ Καρχηδονίους χώραν

---

[1] οὖν πάντες Stephanus : παναυτῶν P, πάντες cet.
[2] ἐν added by Eichstädt.
[3] So Jac. Gronovius : ἄγκυραι.

148

set out with the infantry of his army against the cities 397 B.C.
that were allies of the Carthaginians. Now the
Sicani,[1] fearing the great size of the army, all went
over to the Syracusans, and of the rest of the cities
only five remained loyal to the Carthaginians, these
being Halicyae, Solûs, Aegesta, Panormus, and
Entella. Hence Dionysius plundered the territory
of Solûs and Panormus, and that also of Halicyae,
and cut down the trees on it, but he laid siege to
Aegesta and Entella with strong forces and launched
continuous attacks upon them, seeking to get control
of them by force. Such was the state of the affairs
of Dionysius.

49. Himilcon, the general of the Carthaginians,
being himself busy with the mustering of the arma-
ments and other preparations, dispatched his admiral
with ten triremes under orders to sail speedily in
secret against the Syracusans,[2] enter the harbour by
night, and destroy the shipping left behind there.
This he did, expecting to cause a diversion and force
Dionysius to send part of his fleet back to the Syra-
cusans. The admiral who had been dispatched
carried out his orders with promptness and entered
the harbour of the Syracusans by night while every-
one was ignorant of what had taken place. Attacking
unawares, he rammed the vessels lying at anchor along
the shore, sank practically all of them, and then
returned to Carthage. Dionysius, after ravaging all
the territory held by the Carthaginians and forcing

---

[1] On the origin of the Sicani see Book 5. 6.
[2] " To Syracuse " is meant, as also just below.

---

[4] So Dindorf: τήν τε τῶν Αἰγεσταίων καὶ Ἐντελλάνων.
[5] So Wesseling: καταλύσας.

δῃώσας καὶ τοὺς πολεμίους τειχήρεις ποιήσας, ἐπὶ
τὴν Μοτύην ἅπασαν ἤγαγε τὴν δύναμιν· ἤλπιζε
γὰρ ταύτης ἐκπολιορκηθείσης τὰς ἄλλας εὐθέως
αὑτὰς παραδώσειν. εὐθὺς οὖν πολλαπλασίους ἄν-
δρας τοῖς ἔργοις τε προστιθεὶς ἐχώννυε τὸν μεταξὺ
πόρον, καὶ τὰς μηχανὰς ἐκ τοῦ κατ' ὀλίγον ἅμα
τῇ τοῦ χώματος αὐξήσει προσήγαγε τοῖς τείχε-
σιν.

50. Περὶ δὲ τοῦτον τὸν χρόνον Ἰμίλκων ὁ τῶν
Καρχηδονίων ναύαρχος ἀκούσας ὅτι Διονύσιος
ἐνεώλκησε τὰς ναῦς, εὐθὺς ἐπλήρου τὰς ἀρίστας
τῶν τριήρων ἑκατόν· ὑπελάμβανε γὰρ ἀπροσδοκή-
τως ἐπιφανεὶς ῥᾳδίως κρατήσειν τῶν νενεωλκη-
μένων ἐν τῷ λιμένι σκαφῶν, κυριεύων τῆς θαλάττης·
τοῦτο δὲ πράξας ἐνόμιζε τήν τε τῆς Μοτύης
πολιορκίαν λύσειν καὶ τὸν πόλεμον μετάξειν ἐπὶ
2 τὴν τῶν Συρακοσίων πόλιν.[1] ἐκπλεύσας οὖν μετὰ
νεῶν ἑκατὸν κατήχθη ἐπὶ τὴν τῶν Σελινουντίων
χώραν νυκτός, καὶ περιπλεύσας τὴν περὶ[2] Λιλύ-
βαιον ἄκραν ἅμ' ἡμέρᾳ παρῆν ἐπὶ τὴν Μοτύην.
ἀνελπίστως δ' ἐπιφανεὶς τοῖς πολεμίοις τῶν παρορ-
μούντων πλοίων τὰ μὲν συνέτριψε, τὰ δ' ἔκαυσεν,
3 οὐ δυναμένων βοηθεῖν τῶν περὶ Διονύσιον. μετὰ
δὲ ταῦτ' εἰσπλεύσας εἰς τὸν λιμένα διέταξε τὰς ναῦς
ὡς ἐπιθησόμενος ταῖς νενεωλκημέναις ὑπὸ τῶν
πολεμίων. Διονύσιος δὲ συναγαγὼν τὴν δύναμιν
ἐπὶ τὸ στόμα τοῦ λιμένος, καὶ θεωρῶν τοὺς πο-
λεμίους τὸν ἐκ τοῦ λιμένος ἔκπλουν παραφυλάττον-
τας, εὐλαβεῖτο καθέλκειν εἰς τὸν λιμένα τὰ σκάφη·
οὐ γὰρ ἠγνόει διότι στενοῦ τοῦ στόματος ὄντος

---

[1] τὴν τ. Σ. πόλιν Wesseling : τὸν τ. Σ. πόλεμον.
[2] τὴν περὶ Hertlein : περὶ τήν.

the enemy to take refuge behind walls, led all his _{397 B.C.} army against Motyê ; for he hoped that when this city had been reduced by siege, all the others would forthwith surrender themselves to him. Accordingly, he at once put many times more men on the task of filling up the strait between the city and the coast, and, as the mole was extended, advanced his engines of war little by little toward the walls.

50. Meanwhile Himilcon, the admiral of the Carthaginians, hearing that Dionysius had hauled his warships up on land, manned at once his hundred best triremes ; for he assumed that if he appeared unexpectedly, he should easily seize the vessels which were hauled up on land in the harbour, since he would be master of the sea. Once he succeeded in this, he believed, he would not only relieve the siege of Motyê but also transfer the war to the city of the Syracusans. Sailing forth, therefore, with one hundred ships, he arrived during the night at the territory of Selinus, skirted the promontory of Lilybaeum, and arrived at daybreak at Motyê. Since his appearance took the enemy by surprise, he disabled some of the vessels anchored along the shore by ramming and others by burning, for Dionysius was unable to come to their defence. After this he sailed into the harbour and drew up his ships as if to attack the vessels which the enemy had drawn up on land. Dionysius now massed his army at the entrance of the harbour ; but when he saw that the enemy was lying in wait to attack as the ships left the harbour, he refused to risk launching his ships within the harbour, since he realized that the narrow entrance compelled a few ships to

ἀναγκαῖον ἦν ὀλίγαις ναυσὶ πρὸς πολλαπλασίους
4 διακινδυνεύειν. διόπερ τῷ πλήθει τῶν στρατιωτῶν
ῥᾳδίως διελκύσας τὰ σκάφη διὰ τῆς γῆς εἰς τὴν
ἐκτὸς τοῦ λιμένος θάλατταν διέσωσε τὰς ναῦς.
Ἰμίλκων δὲ ταῖς πρώταις τριήρεσιν ἐπιθέμενος τῷ
πλήθει τῶν βελῶν ἀνείργετο· ἐπὶ μὲν γὰρ τῶν νεῶν
ἐπεβεβήκει πλῆθος τοξοτῶν καὶ σφενδονητῶν, ἀπὸ
δὲ τῆς γῆς τοῖς ὀξυβελέσι καταπέλταις οἱ Συρακό-
σιοι χρώμενοι συχνοὺς τῶν πολεμίων ἀνῄρουν· καὶ
γὰρ κατάπληξιν εἶχε μεγάλην τοῦτο τὸ βέλος διὰ
τὸ πρώτως εὑρεθῆναι κατ᾽ ἐκεῖνον τὸν καιρόν·
ὥστε Ἰμίλκων οὐ δυνάμενος κρατῆσαι τῆς ἐπιβολῆς
ἀπέπλευσεν εἰς τὴν Λιβύην, ναυμαχεῖν οὐ κρίνων
συμφέρειν διὰ τὸ διπλασίας εἶναι τὰς ναῦς τῶν
πολεμίων.

51. Διονύσιος δὲ τῇ πολυχειρίᾳ τῶν ἐργαζο-
μένων συντελέσας τὸ χῶμα, προσήγαγε παντοίας
μηχανὰς τοῖς τείχεσι, καὶ τοῖς μὲν κριοῖς ἔτυπτε
τοὺς πύργους, τοῖς δὲ καταπέλταις ἀνέστελλε τοὺς
ἐπὶ τῶν ἐπάλξεων μαχομένους· προσήγαγε δὲ καὶ
τοὺς ὑπὸ τῶν τροχῶν[1] πύργους τοῖς τείχεσιν, ἐξω-
ρόφους ὄντας, οὓς κατεσκεύασε πρὸς τὸ τῶν οἰκιῶν
2 ὕψος. οἱ δὲ τὴν Μοτύην κατοικοῦντες ἐν χερσὶ τοῦ
κινδύνου καθεστῶτος ὅμως οὐ κατεπλάγησαν τὴν
τοῦ Διονυσίου δύναμιν, καίπερ ὄντες ἔρημοι συμ-
μάχων κατ᾽ ἐκεῖνον τὸν καιρόν. ὑπερτιθέμενοι δὲ
τῇ φιλοδοξίᾳ τοὺς πολιορκοῦντας, τὸ μὲν πρῶτον

---

[1] ὑπὸ τῶν τροχῶν] ὑποτρόχους Wesseling, Vogel.

---

[1] i.e. in the narrow entrance Dionysius could not use the
great advantage he had in numbers.

[2] It is an interesting coincidence of history that the other

match themselves against an enemy many times more 397 B.C.
numerous.[1] Consequently, using the multitude of his
soldiers, he hauled his vessels over the land with no
difficulty and launched them safely in the sea out-
side the harbour. Himilcon attacked the first ships,
but was held back by the multitude of missiles ; for
Dionysius had manned the ships with a great number
of archers and slingers, and the Syracusans slew many
of the enemy by using from the land the catapults
which shot sharp-pointed missiles. Indeed this weapon
created great dismay, because it was a new inven-
tion at this time. As a result, Himilcon was un-
able to achieve his design and sailed away to Libya,
believing that a sea-battle would serve no end, since
the enemy's ships were double his in number.

51. After Dionysius had completed the mole [2] by
employing a large force of labourers, he advanced
war engines of every kind against the walls and kept
hammering the towers with his battering-rams, while
with the catapults he kept down the fighters on the
battlements ; and he also advanced against the walls
his wheeled towers, six stories high, which he had
built to equal the height of the houses. The in-
habitants of Motyê, now that the threat was at
hand-grips, were nevertheless not dismayed by the
armament of Dionysius, even though they had for the
moment no allies to help them. Surpassing the be-
siegers in thirst for glory, they in the first place raised

use of a mole of such magnitude in ancient history against
an island city was by Alexander the Great in 332 B.C. against
Tyre, the mother-city of the Carthaginians. Alexander's
mole was about half a mile long and reputed to be two
hundred feet wide. For the story of the famous seven-month
siege of Tyre see Book 17. 40-46, Arrian, *Anab.* 2. 18-24,
Curtius, 4. 2-4.

ἐκ τῶν μεγίστων ἱστῶν κεραίαις ἱσταμέναις ἐβά-
σταζον ἄνδρας ἐν θωρακίοις, οὗτοι δ' ἀφ' ὑψηλῶν
τόπων δᾷδας ἡμμένας ἠφίεσαν καὶ στυππεῖα καιό-
μενα μετὰ πίττης εἰς τὰς τῶν πολεμίων μηχανάς.
3 ταχὺ δὲ τῆς φλογὸς ἐπινεμομένης τὴν ὕλην, ὀξέως
οἱ Σικελιῶται παραβοηθήσαντες ταύτην μὲν ἀπ-
έσβεσαν, τοῖς δὲ κριοῖς πυκνὰς τὰς ἐμβολὰς διδόντες
κατέβαλον μέρος τοῦ τείχους. συνδραμόντων δ'
ἐπὶ τὸν τόπον ἀθρόων[1] ἐξ ἑκατέρου μέρους ἰσχυρὰν
4 συνέβαινε τὴν μάχην γίνεσθαι. οἱ μὲν γὰρ Σικε-
λιῶται κεκρατηκέναι τῆς πόλεως ἤδη νομίζοντες,
πᾶν ὑπέμενον ἕνεκεν τοῦ τοὺς Φοίνικας ἀμύνεσθαι,
περὶ ὧν πρότερον εἰς αὐτοὺς ἡμαρτήκεισαν· οἱ δ'
ἐκ τῆς πόλεως πρὸ ὀφθαλμῶν λαμβάνοντες τὰ τῆς
αἰχμαλωσίας δεινά, καὶ φυγὴν οὐδεμίαν ὁρῶντες
ὑπάρχουσαν οὔτε κατὰ γῆν οὔτε κατὰ θάλατταν,
5 οὐκ ἀγεννῶς ὑπέμενον τὸν θάνατον. θεωροῦντες
δὲ τὴν ἀπὸ τῶν τειχῶν ἐπικουρίαν περιῃρημένην,
ἐνέφραττον τοὺς στενωπούς, καὶ ταῖς ἐσχάταις
οἰκίαις ἐχρῶντο καθάπερ τειχίῳ πολυτελῶς ᾠκο-
δομημένῳ. ὅθεν εἰς μείζονα δυσχέρειαν οἱ περὶ
6 τὸν Διονύσιον παρεγενήθησαν. παρεισπεσόντες γὰρ
ἐντὸς τοῦ τείχους, καὶ δοκοῦντες ἤδη κυριεύειν τῆς
πόλεως, ὑπὸ τῶν ἐν ταῖς οἰκίαις ὄντων ἐξ ὑπερδε-
7 ξίων τόπων κατετιτρώσκοντο. οὐ μὴν ἀλλὰ τοὺς
ξυλίνους πύργους προσαγαγόντες ταῖς πρώταις
οἰκίαις ἐπιβάθρας κατεσκεύασαν. ἴσων δ' ὄντων
τῶν μηχανημάτων τοῖς οἰκοδομήμασι, τὸ λοιπὸν
ἐκ χειρὸς συνέβαινεν εἶναι τὴν μάχην. οἱ μὲν γὰρ
Σικελιῶται τὰς ἐπιβάθρας ἐπιρριπτοῦντες, διὰ
τούτων ἐπὶ τὰς οἰκίας ἐβιάζοντο.

[1] So Reiske : ἀθρόως.

up men in crow's-nests resting on yard-arms sus- pended from the highest possible masts, and these from their lofty positions hurled lighted fire-brands and burning tow with pitch on the enemies' siege engines.   The flame quickly caught the wood, but the Sicilian Greeks, dashing to the rescue, swiftly quenched it ; and meantime the frequent blows of the battering-rams broke down a section of the wall. Since now both sides rushed with one accord to the place, the battle that ensued grew furious.   For the Sicilian Greeks, believing that the city was already in their hands, spared no effort in retaliating upon the Phoenicians for former injuries they had suffered at their hands, while the people of the city, envisioning the terrible fate of a life of captivity and seeing no possibility of flight either by land or by sea, faced death stoutly.   And finding themselves shorn of the defence of the walls, they barricaded the narrow lanes and made the last houses provide a lavishly constructed wall.   From this came even greater difficulties for the troops of Dionysius.   For after they had burst through the wall and seemed to be already masters of the city, they were raked by missiles from men posted in superior positions.   Nevertheless, they advanced the wooden towers to the first houses and provided them with gangways [1] ; and since the siege machines were equal in height to the dwellings, the rest of the struggle was fought hand to hand. For the Sicilian Greeks would launch the gangways and force a passage by them on to the houses.

[1] These were small bridges which could be dropped or thrust from the towers across to opposing walls and in this case to the houses.

52. Οἱ δὲ Μοτυηνοὶ τὸ μέγεθος τοῦ κινδύνου λογιζόμενοι, καὶ τῶν γυναικῶν καὶ τῶν τέκνων ἐν ὀφθαλμοῖς ὄντων, τῷ περὶ τούτων φόβῳ προθυμότερον ἠγωνίζοντο. οἱ μὲν γὰρ γονέων παρεστώτων καὶ δεομένων μὴ περιδεῖν αὐτοὺς τῇ τούτων ὕβρει παραδιδομένους ἐπηγείροντο ταῖς ψυχαῖς, οὐδεμίαν φειδὼ τοῦ ζῆν ποιούμενοι, οἱ δὲ γυναικῶν καὶ νηπίων τέκνων θρῆνον ἀκούοντες ἔσπευδον εὐγενῶς ἀποθανεῖν, πρὶν ἐπιδεῖν τὴν τῶν

2 τέκνων αἰχμαλωσίαν· οὐδὲ γὰρ φυγεῖν ἐκ τῆς πόλεως ἦν, ὡς ἂν περιεχούσης μὲν θαλάττης, τῶν δὲ πολεμίων θαλαττοκρατούντων. ἐξέπληττέ τε[1] καὶ μάλιστα ἀπογινώσκειν ἐποίει τοὺς Φοίνικας τὸ ὠμῶς κεχρῆσθαι[2] τοῖς τῶν Ἑλλήνων ἡλωκόσιν, οἷς[3] ταὐτὸ προσεδόκων πείσεσθαι. ἀπελείπετ' οὖν αὐτοῖς εὐγενῶς μαχομένοις ἢ νικᾶν ἢ τελευτᾶν.

3 τοιαύτης δὲ παραστάσεως ἐμπεσούσης εἰς τὰς τῶν πολιορκουμένων ψυχάς, συνέβαινε τοὺς Σικελιώτας

4 εἰς πολλὴν ἀπορίαν ἐμπίπτειν. ἀπὸ γὰρ τῶν ἐπερεισθεισῶν σανίδων μαχόμενοι κακῶς ἀπήλλαττον διά τε τὴν στενοχωρίαν καὶ διὰ τὸ τοὺς ἐναντίους ἀπονενοημένως κινδυνεύειν, ὡς ἂν ἀπογινώσκοντας τὸ ζῆν· ὥσθ' οἱ μὲν εἰς χεῖρας συμπλεκόμενοι καὶ τραύματα διδόντες καὶ λαμβάνοντες ἀπέθνησκον, οἱ δ' ὑπὸ τῶν Μοτυαίων ἐξωθούμενοι καὶ ἀπὸ τῶν[4] σανίδων ἀποπίπτοντες εἰς τὴν γῆν ἀπώλλυντο.

5 τέλος δ' ἐφ' ἡμέρας τοιαύτης τινὸς τῆς πολιορκίας γινομένης, Διονύσιος αἰεὶ πρὸς τὴν ἑσπέραν τῇ σάλπιγγι τοὺς μαχομένους ἀνακαλούμενος ἔλυε τὴν

---

[1] αὐτοὺς after τε deleted by Reiske.

52. The Motyans, as they took account of the 397 B.C.
magnitude of the peril, and with their wives and
children before their eyes, fought the more fiercely
out of fear for their fate. There were some whose
parents stood by entreating them not to let them be
surrendered to the lawless will of victors, who were
thus wrought to a pitch where they set no value on
life ; others, as they heard the laments of their wives
and helpless children, sought to die like men rather
than to see their children led into captivity. Flight
of course from the city was impossible, since it was
entirely surrounded by the sea, which was controlled
by the enemy. Most appalling for the Phoenicians
and the greatest cause of their despair was the thought
how cruelly they had used their Greek captives and
the prospect of their suffering the same treatment.
Indeed there was nothing left for them but, fighting
bravely, either to conquer or die. When such an
obstinate mood filled the souls of the besieged, the
Sicilian Greeks found themselves in a very difficult
position. For, fighting as they were from the sus-
pended wooden bridges, they suffered grievously both
because of the narrow quarters and because of the
desperate resistance of their opponents, who had
abandoned hope of life. As a result, some perished in
hand-to-hand encounter as they gave and received
wounds, and others, pressed back by the Motyans and
tumbling from the wooden bridges, fell to their death
on the ground. In the end, while the kind of siege we
have described had lasted some days, Dionysius made
it his practice always toward evening to sound the
trumpet for the recall of the fighters and break off

---

² So Wurm : κεχρημένους.   ³ So Wurm : οἵ.
⁴ τῶν added by Eichstädt.

πολιορκίαν. εἰς τοιαύτην δὲ συνήθειαν τοὺς Μο-
τυαίους ἀγαγών, ἐπειδὴ παρ᾽ ἑκατέρων οἱ κινδυ-
νεύοντες ἀπῆλθον, ἀπέστειλεν Ἀρχύλον τὸν Θούριον
6 μετὰ τῶν ἐπιλέκτων· οὗτος δ᾽ ἤδη νυκτὸς οὔσης
προσήρεισε ταῖς πεπτωκυίαις οἰκίαις κλίμακας,
δι᾽ ὧν ἀναβὰς καὶ καταλαβόμενός τινα τόπον εὔ-
7 καιρον παρεδέχετο τοὺς περὶ τὸν Διονύσιον. οἱ δὲ
Μοτυαῖοι τὸ γεγενημένον αἰσθόμενοι παραυτίκα
μετὰ πάσης σπουδῆς παρεβοήθουν, καὶ τῶν καιρῶν
ὑστεροῦντες οὐδὲν ἧττον ὑπέστησαν τὸν κίνδυνον.
γενομένης δὲ τῆς μάχης ἰσχυρᾶς καὶ πολλῶν προσ-
αναβάντων, μόγις οἱ Σικελιῶται τῷ πλήθει κατ-
επόνησαν τοὺς ἀνθεστηκότας.

53. Εὐθὺς δὲ καὶ διὰ τοῦ χώματος ἡ δύναμις
ἅπασα τοῦ Διονυσίου παρεισέπεσεν εἰς τὴν πόλιν,
καὶ πᾶς τόπος ἔγεμε τῶν ἀναιρουμένων· οἱ γὰρ
Σικελιῶται ὠμότητα ὠμότητι[1] σπεύδοντες ἀμύ-
νεσθαι, πάντας ἑξῆς ἀνήρουν, ἁπλῶς οὐ παιδός, οὐ
2 γυναικός, οὐ πρεσβύτου φειδόμενοι. Διονύσιος δὲ
βουλόμενος ἐξανδραποδίσασθαι τὴν πόλιν, ὅπως
ἀθροισθῇ χρήματα, τὸ μὲν πρῶτον ἀνεῖργε τοὺς
στρατιώτας τοῦ φονεύειν τοὺς αἰχμαλώτους· ὡς
δ᾽ οὐδεὶς αὐτῷ προσεῖχεν, ἀλλ᾽ ἑώρα τὴν τῶν
Σικελιωτῶν ὁρμὴν ἀκατάσχετον οὖσαν, παρεστή-
σατο κήρυκας τοὺς μετὰ βοῆς δηλώσοντας τοῖς
Μοτυαίοις φυγεῖν εἰς τὰ παρὰ τοῖς Ἕλλησιν ἱερὰ
3 τιμώμενα. οὗ γενηθέντος οἱ μὲν στρατιῶται τοῦ
φονεύειν ἔληγον, ἐπὶ δὲ τὴν τῶν κτήσεων διαρπαγὴν
ὥρμησαν· καὶ διεφορεῖτο πολὺς μὲν ἄργυρος, οὐκ
ὀλίγος δὲ χρυσός, καὶ ἐσθῆτες πολυτελεῖς καὶ τῆς
ἄλλης εὐδαιμονίας πλῆθος. τὴν δὲ τῆς πόλεως
διαρπαγὴν ἔδωκεν ὁ Διονύσιος τοῖς στρατιώταις,

the siege. When he had accustomed the Motyans 397 B.C. to such a practice, the combatants on both sides retiring, he dispatched Archylus of Thurii with the élite troops, who, when night had fallen, placed ladders against the fallen houses, and mounting by them, seized an advantageous spot where he admitted Dionysius' troops. The Motyans, when they perceived what had taken place, at once rushed to the rescue with all eagerness, and although they were too late, none the less faced the struggle. The battle grew fierce and abundant reinforcements climbed the ladders, until at last the Sicilian Greeks wore down their opponents by weight of numbers.

53. Straightway Dionysius' entire army burst into the city, coming also by the mole, and now every spot was a scene of mass slaughter; for the Sicilian Greeks, eager to return cruelty for cruelty, slew everyone they encountered, sparing without distinction not a child, not a woman, not an elder. Dionysius, wishing to sell the inhabitants into slavery for the money he could gather, at first attempted to restrain the soldiers from murdering the captives, but when no one paid any attention to him and he saw that the fury of the Sicilian Greeks was not to be controlled, he stationed heralds to cry aloud and tell the Motyans to take refuge in the temples which were revered by the Greeks. When this was done, the soldiers ceased their slaughter and turned to looting the property; and the plunder yielded much silver and not a little gold, as well as costly raiment and an abundance of every other product of felicity. The city was given over by Dionysius to the soldiers

---

¹ ὠμότητα ὠμότητι Madvig, ὠμότητι PK, ὠμότητα cet.

βουλόμενος προθύμους αὐτοὺς ποιῆσαι πρὸς τοὺς
4 ἐπιφερομένους κινδύνους. ἀπὸ δὲ τούτων γενό-
μενος Ἀρχύλον τὸν ἀναβάντα πρῶτον ἐπὶ τὸ τεῖχος
ἑκατὸν μναῖς ἐστεφάνωσεν, τῶν δ᾽ ἄλλων κατὰ τὴν
ἀξίαν ἕκαστον τῶν ἠνδραγαθηκότων ἐτίμησεν,
καὶ τῶν Μοτυαίων τοὺς περιλειφθέντας ἐλαφυ-
ροπώλησεν· Δαϊμένην δὲ καί τινας τῶν Ἑλλήνων
συμμαχοῦντας Καρχηδονίοις λαβὼν αἰχμαλώτους
5 ἀνεσταύρωσεν. μετὰ δὲ ταῦτα φύλακας τῆς πόλεως
καταστήσας, Βίτωνα τὸν Συρακόσιον φρούραρχον
ἀπέδειξε· τὸ δὲ πλεῖον μέρος ἐκ τῶν Σικελῶν
ὑπῆρχεν. καὶ Λεπτίνην μὲν τὸν ναύαρχον μετὰ
νεῶν εἴκοσι καὶ ἑκατὸν ἐκέλευσεν[1] παρατηρεῖν τὴν
διάβασιν τῶν Καρχηδονίων, συνέταξε δ᾽ αὐτῷ[2]
τὴν Αἴγεσταν καὶ τὴν Ἔντελλαν πολιορκεῖν, καθ-
άπερ ἐξ ἀρχῆς πορθεῖν αὐτὰς[3] ἐνεστήσατο· αὐτὸς
δὲ τοῦ θέρους ἤδη λήγοντος ἀνέζευξε μετὰ τῆς
δυνάμεως εἰς Συρακούσας.
6 Ἐν δὲ ταῖς Ἀθήναις Σοφοκλῆς ὁ Σοφοκλέους[4]
τραγῳδίαν διδάσκειν ἤρξατο καὶ νίκας ἔσχε
δεκαδύο.

54. Τοῦ δ᾽ ἐνιαυσιαίου χρόνου διεληλυθότος
Ἀθήνησι μὲν ἔλαβε τὴν ἀρχὴν Φορμίων, ἐν Ῥώμῃ
δ᾽ ἀντὶ τῶν ὑπάτων ἐγένοντο χιλίαρχοι ἕξ, Γναῖος
Γενούκιος, Λεύκιος Ἀτίλιος, Μάρκος Πομπώνιος,
Γάιος Δυίλιος, Μάρκος Οὐετούριος, Οὐαλέριος Πο-
πλίλιος, Ὀλυμπιὰς δ᾽ ἤχθη ἐνενηκοστὴ καὶ ἕκτη,
2 καθ᾽[5] ἣν ἐνίκα Εὔπολις Ἠλεῖος. τούτων δὲ τὴν

---

[1] ἐκέλευσεν added by Vogel.
[2] αὐτῷ] Vogel suggests δ᾽ Ἀρχύλῳ.
[3] αὐτὰς] αὐτὴν PA.
[4] ὁ Σοφοκλέους omitted P.
[5] καθ᾽ added by Hertlein.

to plunder, since he wished to whet their appetites
for future encounters. After this success he rewarded
Archylus, who had been the first to mount the wall,
with one hundred minas,[1] and honoured according
to their merits all others who had performed deeds
of valour ; he also sold as booty the Motyans who
survived, but he crucified Daïmenes and other Greeks
who had fought on the side of the Carthaginians and
had been taken captive. After this Dionysius
stationed guards in the city whom he put under the
command of Biton of Syracuse ; and the garrison was
composed largely of Siceli. He ordered Leptines his
admiral with one hundred and twenty ships to lie
in wait for any attempt by the Carthaginians to cross
to Sicily ; and he also assigned to him the siege of
Aegesta and Entella, in accordance with his original
plan to sack them. Then, since the summer was
already coming to a close, he marched back to Syra-
cuse with his army.

In Athens Sophocles, the son [2] of Sophocles, began
to produce tragedies and won the first prize twelve
times.

54. When the year had come to an end, in Athens
Phormion assumed the archonship and in Rome six
military tribunes took the place of the consuls, Gnaeus
Genucius, Lucius Atilius, Marcus Pomponius, Gaius
Duilius, Marcus Veturius, and Valerius Publilius ;
and the Ninety-sixth Olympiad was celebrated, that
in which Eupolis of Elis was the victor.[3] In the year

---

[1] Some $1800.
[2] He was the grandson of the great tragedian.
[3] In the " stadion."

ἀρχὴν παραλαβόντων Διονύσιος ὁ τῶν Συρακοσίων
τύραννος μετὰ πάσης τῆς δυνάμεως ἀναζεύξας ἐκ
Συρακουσῶν ἐνέβαλεν εἰς τὴν τῶν Καρχηδονίων
ἐπικράτειαν. πορθοῦντος δ' αὐτοῦ τὴν χώραν,
Ἁλικυαῖοι μὲν καταπλαγέντες διεπρεσβεύσαντο
πρὸς αὐτὸν καὶ συμμαχίαν ἐποιήσαντο, Αἰγεσταῖοι
δὲ τοῖς πολιορκοῦσι νυκτὸς ἀπροσδοκήτως ἐπι-
θέμενοι, καὶ πῦρ ἐνέντες ταῖς κατὰ τὴν παρεμβολὴν
σκηναῖς, εἰς πολλὴν ταραχὴν ἤγαγον τοὺς ἐν τῇ
3 στρατοπεδείᾳ· ἐπινεμηθείσης δὲ τῆς φλογὸς ἐπὶ
πολὺν τόπον, καὶ τοῦ πυρὸς ἀκατασχέτου γενη-
θέντος, τῶν μὲν παραβοηθούντων στρατιωτῶν
ὀλίγοι διεφθάρησαν, τῶν δ' ἵππων¹ οἱ πλεῖστοι
4 ταῖς σκηναῖς συγκατεκαύθησαν. καὶ Διονύσιος μὲν
ἐδῄου τὴν χώραν οὐδενὸς ὑφισταμένου, Λεπτίνης
δ' ὁ ναύαρχος περὶ Μοτύην διατρίβων ἐπετήρει τὸν
τῶν πολεμίων κατάπλουν.

Οἱ δὲ Καρχηδόνιοι πυθόμενοι τὸ μέγεθος τῆς
τοῦ Διονυσίου δυνάμεως, ἔκριναν πολὺ ταῖς παρα-
5 σκευαῖς αὐτὸν ὑπερθέσθαι. διόπερ Ἰμίλκωνα βα-
σιλέα κατὰ νόμον καταστήσαντες, ἐκ τῆς Λιβύης
ὅλης, ἔτι δ' ἐκ τῆς Ἰβηρίας συνήγαγον δυνάμεις,
τὰς μὲν παρὰ τῶν συμμάχων μεταπεμπόμενοι, τὰς
δὲ μισθούμενοι· καὶ πέρας ἤθροισαν πεζῶν μὲν
ὑπὲρ τὰς τριάκοντα μυριάδας, ἱππεῖς δὲ τετρα-
κισχιλίους χωρὶς τῶν ἁρμάτων· ταῦτα δ' ἦσαν
τετρακόσια· ναῦς δὲ μακρὰς μὲν τετρακοσίας, τὰς
δὲ τὸν σῖτον καὶ τὰ μηχανήματα καὶ τὴν ἄλλην
ὑπηρεσίαν παρακομιζούσας πλείους τῶν ἑξακοσίων,
6 καθάπερ φησὶν Ἔφορος. Τίμαιος μὲν γὰρ τὰς ἐκ

when these magistrates entered office Dionysius, the
tyrant of the Syracusans, set out from Syracuse with
his entire army and invaded the domain of the Cartha-
ginians. While he was laying waste the countryside,
the Halicyaeans in dismay sent an embassy to him
and concluded an alliance. But the Aegestaeans,
falling unexpectedly by night on their besiegers and
setting fire to the tents where they were camped,
threw the men in the encampment into great con-
fusion ; for since the flames spread over a large area
and the fire could not be brought under control, a
few of the soldiers who came to the rescue lost their
lives and most of the horses were burned, together
with the tents. Now Dionysius ravaged the Cartha-
ginian territory without meeting any opposition, and
Leptines his admiral from his quarters in Motyê kept
watch against any approach of the enemy by sea.

The Carthaginians, when they learned of the
magnitude of the armament of Dionysius, resolved
far to surpass him in their preparations. Conse-
quently, lawfully according Himilcon sovereign
power,[1] they gathered armaments from all Libya as
well as from Iberia, summoning some from their allies
and in other cases hiring mercenaries. In the end
they collected more than three hundred thousand
infantry, four thousand cavalry in addition to chariots,
which numbered four hundred, four hundred ships of
war, and over six hundred other vessels to convey
food and engines of war and other supplies. These
are the numbers stated by Ephorus. Timaeus, on

[1] Strictly speaking, Himilcon was chosen one of the two
annually elected suffetes, who corresponded in general to
the Roman consuls, and put in command of the war.

---

[1] So Reiske : ἱππέων.

τῆς Λιβύης περαιωθείσας δυνάμεις[1] οὐ πλείω φησὶν εἶναι δέκα μυριάδων, καὶ πρὸς ταύταις ἑτέρας τρεῖς ἀποφαίνεται κατὰ Σικελίαν στρατολογηθείσας.

55. Ἰμίλκων δὲ τοῖς κυβερνήταις ἅπασι δοὺς βυβλίον ἐπεσφραγισμένον, ἐκέλευσεν ἀνοίγειν ὅταν ἐκπλεύσωσι καὶ ποιεῖν τὰ γεγραμμένα. τοῦτο δ' ἐμηχανήσατο πρὸς τὸ μηδένα τῶν κατασκόπων ἀπαγγεῖλαι τὸν κατάπλουν τῷ Διονυσίῳ· ἦν δὲ γεγραμμένον, ὅπως ἐς Πάνορμον καταπλεύσωσιν.

2 διόπερ ἐπιγενομένου πνεύματος οὐρίου καὶ πάντων λυσάντων τὰ πρυμνήσια, τὰ μὲν φορτηγὰ τῶν πλοίων ἔπλει διὰ τοῦ πελάγους, αἱ δὲ τριήρεις ἔπλευσαν εἰς τὴν Λιβυκήν,[2] παρελέγοντό τε τὴν γῆν. φοροῦ δὲ πνεύματος ὄντος, ὡς ἤδη καταφανεῖς ἦσαν ἀπὸ τῆς Σικελίας αἱ πρῶται πλέουσαι τῶν φορτηγῶν νεῶν, Διονύσιος ἀπέστειλε Λεπτίνην μετὰ τριάκοντα τριήρων, παρακελευσάμενος τύπτειν τοῖς ἐμβόλοις καὶ διαφθείρειν ἁπάσας τὰς

3 καταλαμβανομένας. ὃς μετὰ σπουδῆς ἐκπλεύσας καὶ ταῖς πρώταις προσμίξας εὐθέως τινὰς αὐτάνδρους κατέδυσεν· αἱ δὲ λοιπαὶ πλήρεις οὖσαι καὶ τὸν ἄνεμον τοῖς ἱστίοις δεχόμεναι ῥᾳδίως ἐξέφυγον· ὅμως κατέδυσε πεντήκοντα ναῦς στρατιώτας ἐχούσας πεντακισχιλίους, ἅρματα δὲ διακόσια.

4 Ἰμίλκων δὲ καταπλεύσας εἰς Πάνορμον καὶ τὴν δύναμιν ἐκβιβάσας ἦγεν ἐπὶ τοὺς πολεμίους, καὶ τὰς μὲν τριήρεις παραπλεῖν ἐκέλευσεν, αὐτὸς δ' ἐν παρόδῳ διὰ προδοσίας ἑλὼν Ἔρυκα πρὸς τὴν

---

[1] δυνάμεις omitted by PAL, Vogel.

the other hand, says that the troops transported ³⁹⁶ ʙ.ᴄ. from Libya did not exceed one hundred thousand and declares that an additional thirty thousand were enlisted in Sicily.

55. Himilcon gave sealed orders to all the pilots with commands to open them after they had sailed and to carry out the instructions. He devised this scheme in order that no spy should be able to report to Dionysius where they would put in ; and the orders read for them to put in at Panormus. When a favourable wind arose, all the vessels cast off their cables and the transports put out to open sea, but the triremes sailed into the Libyan Sea and skirted the land.[1] The wind continued favourable, and as soon as the leading vessels of the transports were visible from Sicily, Dionysius dispatched Leptines with thirty triremes under orders to ram and destroy all he could intercept. Leptines sailed forth promptly and straightway sank, together with their men, the first ships he encountered, but the rest, having all canvas spread and catching the wind with their sails, easily made their escape. Nevertheless, fifty ships were sunk, together with five thousand soldiers and two hundred chariots.

After Himilcon had put in at Panormus and disembarked his army, he advanced toward the enemy, ordering the triremes to sail along beside him ; and having himself taken Eryx by treachery as he passed,

[1] The course of the triremes was to divert attention from the route of the transports. When sighted, as they would be, going east, Dionysius might well fear that they intended an attack on Syracuse. How the triremes got to Panormus without an encounter with Leptines is not told us.

---

[2] Λιβυκὴν Post, Μοτύην Eichstädt, Λιλύβαιον ἄκραν Holm : Λιβύην.

Μοτύην κατεστρατοπέδευσεν. ὄντος δὲ κατὰ τοῦ-
τον τὸν χρόνον τοῦ Διονυσίου περὶ τὴν Αἴγεσταν
μετὰ τῆς δυνάμεως, Ἰμίλκων τὴν Μοτύην ἐξεπο-
5 λιόρκησεν. τῶν δὲ Σικελιωτῶν προθύμως ὄντων
διαμάχεσθαι, Διονύσιος ἅμα μὲν μακρὰν τῶν συμ-
μαχίδων πόλεων ἀπεωσμένος, ἅμα δὲ τῆς σιτοπομ-
πίας ἐπιλειπούσης, διέλαβε συμφέρειν ἐφ' ἑτέρων
6 τόπων συστήσασθαι τὸν πόλεμον. κρίνας οὖν ἀνα-
ζευγνύειν, τοὺς μὲν Σικανοὺς ἔπειθε καταλιπεῖν τὰς
πόλεις κατὰ τὸ παρὸν καὶ μετ' αὐτοῦ στρατεύε-
σθαι· ἀντὶ δὲ τούτων ἐπηγγέλλετο δώσειν χώραν
βελτίονα καὶ τῷ πλήθει παραπλησίαν καὶ μετὰ τὴν
τοῦ πολέμου κατάλυσιν κατάξειν τοὺς βουλομένους
7 εἰς τὰς πατρίδας. τῶν δὲ Σικανῶν ὀλίγοι, κατα-
πλαγέντες μήποτε ἀντιλέγοντες διαρπασθῶσιν ὑπὸ
τῶν στρατιωτῶν, συγκατέθεντο τοῖς ἀξιουμένοις
ὑπὸ Διονυσίου. ἀπέστησαν δὲ παραπλησίως καὶ
Ἁλικυαῖοι καὶ πέμψαντες πρέσβεις εἰς τὸ τῶν
Καρχηδονίων στρατόπεδον συμμαχίαν ἐποιήσαντο.
καὶ Διονύσιος μὲν ἀφώρμησεν ἐπὶ Συρακουσῶν,
καταφθείρων τὴν χώραν δι' ἧς ἦγε τὴν δύνα-
μιν.

56. Ἰμίλκων δὲ τῶν πραγμάτων προχωρούντων
κατὰ γνώμην παρεσκευάζετο τὴν στρατιὰν ἀνάγειν[1]
ἐπὶ Μεσσήνης, σπεύδων αὐτῆς κυριεῦσαι διὰ τὴν
εὐκαιρίαν τῶν τόπων· ὅ τε γὰρ ἐν αὐτῇ λιμὴν
εὔθετος ἦν, δυνάμενος δέχεσθαι πάσας τὰς ναῦς,
οὔσας πλείω τῶν ἑξακοσίων, τά τε περὶ τὸν πορθ-
μὸν οἰκεῖα ποιησάμενος[2] Ἰμίλκων ἤλπιζε τὰς τῶν
Ἰταλιωτῶν βοηθείας ἐμφράξειν καὶ τοὺς ἐκ Πε-
2 λοποννήσου στόλους ἐπισχεῖν. ταῦτα δὲ διανοηθεὶς
πράττειν, πρὸς τοὺς μὲν Ἱμεραίους καὶ τοὺς τὸ

he took up quarters before Motyê. Since Dionysius 396 B.C. and his army were during this time at Aegestê, Himilcon reduced Motyê by siege. Although the Sicilian Greeks were eager for a battle, Dionysius conceived it to be better, both because he was widely separated from his allied cities and because the transport of his food supplies was reduced, to renew the war in other areas. Having decided, therefore, to break camp, he proposed to the Sicani to abandon their cities for the present and to join him in the campaign ; and in return he promised to give them richer territory of about equal size and, at the conclusion of the war, to return to their native cities any who so wished. Of the Sicani only a few, fearing that, if they refused, they would be plundered by the soldiers, agreed to Dionysius' offer. The Halicyaeans similarly deserted him and sent ambassadors to the Carthaginian camp and concluded an alliance with them. And Dionysius set out for Syracuse, laying waste the territory through which he led his army.

56. Himilcon, now that his affairs were proceeding as he wished, made preparations to lead his army against Messenê, being anxious to get control of the city because of its favourable facilities ; for it had an excellent harbour, capable of accommodating all his ships, which numbered more than six hundred, and Himilcon also hoped that by getting possession of the straits he would be able to bar any aid from the Italian Greeks and hold in check the fleets that might come from the Peloponnesus. With this programme in mind, he formed relations of friendship with the

---

[1] So Eichstädt : ἀνάγων.

[2] οἰκεῖα ποιησάμενος] Vogel suggests from 15. 13. 1 ἰδιο-
ποιησάμενος.

Κεφαλοίδιον φρούριον κατοικοῦντας φιλίαν ἐποιή-
σατο, Λιπάρας δὲ τῆς πόλεως ἐγκρατὴς γενόμενος
τριάκοντα τάλαντα παρὰ τῶν κατοικούντων τὴν
νῆσον ἐπράξατο· αὐτὸς δὲ μετὰ πάσης τῆς δυνά-
μεως ὥρμησεν ἐπὶ Μεσσήνης, συμπαραπλεουσῶν
3 αὐτῷ τῶν νεῶν. καὶ ταχὺ διανύσας τὴν ὁδὸν κατ-
εστρατοπέδευσεν ἐπὶ τῆς Πελωρίδος, ἀπέχων τῆς
Μεσσήνης σταδίους ἑκατόν. οἱ δὲ τὴν πόλιν ταύ-
την κατοικοῦντες ὡς ἐπύθοντο τὴν παρουσίαν τῶν
πολεμίων, οὐ τὰς αὐτὰς ἀλλήλοις ἐννοίας εἶχον
4 περὶ τοῦ πολέμου. τινὲς μὲν γὰρ αὐτῶν τὸ μέγεθος
τῆς τῶν πολεμίων δυνάμεως ἀκούοντες, καὶ τὴν
ἐρημίαν τῶν συμμάχων ὁρῶντες, ἔτι δὲ καὶ τῶν
ἰδίων ἱππέων ἐν Συρακούσαις ὄντων, ἀπεγνώκει-
σαν τὴν ἐκ τῆς πολιορκίας σωτηρίαν. μάλιστα δ᾽
αὐτοὺς εἰς ἀθυμίαν ἦγε τὰ τείχη καταπεπτωκότα
καὶ ὁ καιρὸς εἰς παρασκευὴν οὐ διδοὺς ἄνεσιν.
διόπερ ἐξεκόμιζον ἐκ τῆς πόλεως τέκνα καὶ γυ-
ναῖκας καὶ τὰ πολυτελέστατα τῶν χρημάτων εἰς
5 τὰς ἀστυγείτονας πόλεις. τινὲς δὲ τῶν Μεσσηνίων
ἀκούοντές τι παλαιὸν αὐτοῖς εἶναι λόγιον, ὅτι δεῖ
Καρχηδονίους ὑδροφορῆσαι κατὰ τὴν πόλιν, ἐξε-
δέχοντο τὸ[1] κατὰ τὴν φήμην πρὸς τὸ συμφέρον
ἑαυτοῖς, νομίζοντες δουλεύσειν ἐν Μεσσήνῃ τοὺς
6 Καρχηδονίους. διὸ καὶ ταῖς ψυχαῖς εὐθαρσεῖς
ὄντες πολλοὺς καὶ τῶν ἄλλων προθύμους ἐποιοῦντο
εἰς τοὺς ὑπὲρ τῆς ἐλευθερίας κινδύνους. εὐθέως
δὲ τῶν νεωτέρων ἐπιλέξαντες τοὺς ἀρίστους ἀπ-
έστειλαν ἐπὶ τὴν Πελωρίδα κωλύσοντας τοὺς πο-
λεμίους ἐπιβαίνειν τῆς χώρας.

57. Περὶ ταῦτα δ᾽ ὄντων αὐτῶν, Ἱμίλκων θεω-

---

[1] τὸ added by Reiske.

Himeraeans and the dwellers in the fort of Cepha- 396 B.C.
loedium,[1] and seizing the city of Lipara, he exacted
thirty talents from the inhabitants of the island.[2]
Then he set out in person with his entire army toward
Messenê, his ships sailing along the coast beside him.
Completing the distance in a brief time, he pitched
his camp at Peloris, at a distance of one hundred
stades from Messenê. When the inhabitants of this
city learned that the enemy was at hand, they could
not agree among themselves about the war. One
party, when they heard reports of the great size of
the enemy's army and observed that they themselves
were without any allies—what is more, that their
own cavalry were at Syracuse—were fully convinced
that nothing could save them from capture. What
contributed most to their despair was the fact that
their walls had fallen down and that the situation
allowed no time for their repair. Consequently they
removed from the city their children and wives
and most valuable possessions to neighbouring cities.
Another party of the Messenians, however, hearing
of a certain ancient oracle of theirs which ran,
"Carthaginians must be bearers of water in Messenê,"
interpreted the utterance to their advantage, be-
lieving that the Carthaginians would serve as slaves
in Messenê. Consequently not only were they in
a hopeful mood, but they made many others eager
to face battle for their freedom. At once, then, they
selected the ablest troops from among their young
men and dispatched them to Peloris to prevent the
enemy from entering their territory.

57. While the Messenians were busied in this way,

---

[1] Some fifteen miles east of Himera.
[2] On Lipara see Book 5. 10.

ρῶν ἐκβοηθοῦντας τοὺς Μεσσηνίους περὶ τὴν ἀπό-
βασιν, ἀπέστειλε τῶν νεῶν διακοσίας ἐπὶ τὴν
πόλιν· ἤλπιζε γάρ, ὅπερ ἦν εἰκός, τῶν στρατιωτῶν
τὴν ἀπόβασιν κωλυόντων τοὺς ἐν ταῖς ναυσὶ κυ-
ριεύσειν ῥᾳδίως τῆς Μεσσήνης οὔσης ἐρήμου τῶν
2 ἀμυνομένων. πνεύσαντος δὲ βορέου τὰς μὲν ναῦς
συνέβη ταχέως πλήρεσι τοῖς ἱστίοις εἰς τὸν λιμένα
κατενεχθῆναι, τοὺς δ' ἐπὶ τῇ Πελωρίδι παρα-
φυλάττοντας Μεσσηνίους ὑστερῆσαι τῆς τῶν νεῶν
παρουσίας, καίπερ κατὰ σπουδὴν ἐπειγομένους.
3 διόπερ οἱ Καρχηδόνιοι περιστρατοπεδεύσαντες τὴν
Μεσσήνην καὶ διὰ τῶν πεπτωκότων τειχῶν εἰσ-
4 βιασάμενοι τῆς πόλεως ἐκυρίευσαν. τῶν δὲ Μεσ-
σηνίων οἱ μὲν μαχόμενοι γενναίως ἀνῃρέθησαν, οἱ
δ' εἰς τὰς ἐγγυτάτω κειμένας πόλεις ἔφυγον, ὁ δὲ
πολὺς ὄχλος διὰ τῶν παρακειμένων ὀρῶν ὁρμήσας
5 εἰς τὰ κατὰ τὴν χώραν φρούρια διεσπάρη· τῶν δὲ
ἄλλων τινὲς μὲν ὑπὸ τῶν πολεμίων συνελαμβάνοντο,
τινὲς δὲ ἀποληφθέντες εἰς τὸ πρὸς τὸν λιμένα μέρος
ἔρριψαν ἑαυτοὺς εἰς τὴν θάλατταν, ἐλπίζοντες δια-
νήξασθαι τὸν μεταξὺ πόρον. τούτων δὲ ὄντων
πλειόνων ἢ διακοσίων, οἱ πλεῖστοι μὲν ὑπὸ τοῦ
ῥοῦ διεφθάρησαν, πεντήκοντα δὲ πρὸς τὴν Ἰταλίαν
6 διεσώθησαν. Ἰμίλκων δὲ τὴν δύναμιν ἅπασαν
μεταγαγὼν εἰς τὴν πόλιν, τὸ μὲν πρῶτον ἐπ-
εχείρησε πορθεῖν τὰ κατὰ τὴν χώραν[1] φρούρια,
τούτων δ' ὀχυρῶν ὄντων, καὶ τῶν εἰς αὐτὰ συμ-
πεφευγότων γενναίως ἀγωνιζομένων, ἀνέστρεψεν
εἰς τὴν πόλιν, ἀδυνατήσας αὐτῶν κυριεῦσαι. μετὰ
δὲ ταῦτα τήν τε δύναμιν ἀνελάμβανε καὶ παρεσκευά-
ζετο τὴν πορείαν ἐπὶ Συρακούσας ποιεῖσθαι.

[1] So Wesseling : πόλιν.

Himilcon, seeing that they had sallied against his
place of landing, dispatched two hundred ships
against the city, for he hoped, as well he might, that
while the soldiers were trying to prevent his landing,
the crews of the ships would easily seize Messenê,
stripped of defenders as it was. A north wind sprang
up and the ships with all canvas spread entered the
harbour, while the Messenians who were on guard
at Peloris, in spite of their hurried return, failed to
arrive before the ships. Consequently the Cartha-
ginians invested Messenê, forced their way through
the fallen walls, and made themselves masters of the
city. Of the Messenians, some were slain as they
put up a gallant fight, others fled to the nearest cities,
but the great mass of the common people took to
flight through the surrounding mountains and scat-
tered among the fortresses of the territory ; of the
rest, some were captured by the enemy and some,
who had been cut off in the area near the harbour,
hurled themselves into the sea in hopes of swimming
across the intervening strait. These numbered more
than two hundred and most of them were overcome
by the current, only fifty making their way in safety
to Italy. Himilcon now brought his entire army into
the city and at first set to work to reduce the forts
over the countryside ; but since they were strongly
situated and the men who had fled to them put up
gallant struggles, he retired to the city, having found
himself unable to master them. After this he re-
freshed his army and made preparations to advance
against Syracuse.

58. Οἱ δὲ Σικελοί, πάλαι μὲν μισοῦντες τὸν Διονύσιον, τότε δὲ καιρὸν τῆς ἀποστάσεως ἔχοντες, μετεβάλοντο πρὸς Καρχηδονίους πλὴν Ἀσσωρίνων ἅπαντες. Διονύσιος δ᾽ ἐν ταῖς Συρακούσαις τοὺς δούλους ἐλευθερώσας, ἐπλήρωσεν ἐξ αὐτῶν ναῦς ἑξήκοντα· μετεπέμψατο δὲ καὶ παρὰ Λακεδαιμονίων μισθοφόρους πλείω τῶν χιλίων, καὶ τὰ κατὰ τὴν χώραν φρούρια περιπορευόμενος ὠχύρου καὶ σῖτον παρεκόμιζεν· ἐπιμελέστατα δὲ τὰς ἐν Λεοντίνοις ἀκροπόλεις ἐτείχισε καὶ τὸν ἐκ τῶν 2 πεδίων σῖτον εἰς ταύτας συνήθροισεν. ἔπεισε δὲ καὶ τοὺς τὴν Κατάνην οἰκοῦντας Καμπανοὺς εἰς τὴν νῦν καλουμένην Αἴτνην μεταστῆναι διὰ τὸ λίαν εἶναι τὸ φρούριον ὀχυρόν. μετὰ δὲ ταῦτα ἀπὸ τῶν Συρακουσῶν ἑκατὸν ἑξήκοντα σταδίους προαγαγὼν ἅπασαν τὴν δύναμιν κατεστρατοπέδευσε περὶ τὸν Ταῦρον καλούμενον. εἶχε δὲ¹ κατ᾽ ἐκεῖνον τὸν καιρὸν πεζοὺς μὲν τρισμυρίους, ἱππεῖς δὲ πλείους τῶν τρισχιλίων, ναῦς δὲ ἑκατὸν ὀγδοήκοντα· τούτων δ᾽ ὀλίγαι μὲν ἦσαν τριήρεις.

3 Ἱμίλκων δὲ τὰ τείχη τῆς Μεσσήνης κατασκάψας προσέταξε τοῖς στρατιώταις καταβαλεῖν τὰς οἰκίας εἰς ἔδαφος, καὶ μήτε κέραμον μήθ᾽ ὕλην μήτ᾽ ἄλλο μηδὲν ὑπολιπεῖν, ἀλλὰ τὰ μὲν κατακαῦσαι, τὰ δὲ συντρῖψαι. ταχὺ δὲ τῇ τῶν στρατιωτῶν πολυχειρίᾳ λαβόντων τῶν ἔργων συντέλειαν, ἡ πόλις ἄγνωστος 4 ἦν ὅτι² πρότερον αὐτὴν οἰκεῖσθαι συνέβαινεν. ὁρῶν γὰρ τὸν τόπον πόρρω μὲν ἀπὸ τῶν συμμαχίδων πόλεων κεχωρισμένον, εὐκαιρότατον δὲ τῶν περὶ Σικελίαν ὄντα, προῄρητο δυεῖν θάτερον, ἢ τελέως ἀοίκητον διατηρεῖν ἢ δυσχερῆ καὶ πολυχρόνιον τὴν κτίσιν αὐτῆς γίνεσθαι.

58. The Siceli, who had hated Dionysius from of
old and now had an opportunity to revolt, went over
in a body, with the exception of the people of Assorus,
to the Carthaginians. In Syracuse Dionysius set free
the slaves and manned sixty ships from their numbers;
he also summoned over a thousand mercenaries from
the Lacedaemonians, and went about the country-
side strengthening the fortresses and storing them
with provisions. He was most concerned, however,
to fortify the citadels of the Leontines and to store
in them the harvest from the plains. He also per-
suaded the Campanians who were dwelling in Catanê
to move to Aetnê, as it is now called, since it was an
exceptionally strong fortress. After this he led forth
his entire army one hundred and sixty stades from
Syracuse and encamped near Taurus, as it is called.
He had at that time thirty thousand infantry, more
than three thousand cavalry, and one hundred and
eighty ships of war, of which only a few were tri-
remes.

Himilcon threw down the walls of Messenê and
issued orders to his soldiers to raze to the ground the
dwellings, and to leave not a tile or timber or any-
thing else but either to burn or break them. When
the many hands of the soldiers speedily accomplished
this task, no one would have known that the site had
been occupied. For, reflecting that the place was far
separated from the cities which were his allies and
yet was the most strategically situated of any in
Sicily, he had determined that he would see either
that it was kept uninhabited or that it was an arduous
and prolonged task to rebuild it.

---

[1] καὶ after δὲ omitted F, Dindorf, Vogel.
[2] ὅτι Wesseling : ὅτε Pa F¹, ὅτε που cet.

59. Ἐναποδειξάμενος οὖν τὸ πρὸς τοὺς Ἕλληνας μῖσος ἐν τῇ τῶν Μεσσηνίων ἀτυχίᾳ, Μάγωνα μὲν τὸν ναύαρχον ἀπέστειλε μετὰ τῆς ναυτικῆς δυνάμεως, προστάξας παραπλεῖν ἐπὶ τὸν λόφον τὸν καλούμενον Ταῦρον. τοῦτον δὲ κατειληφότες ἦσαν Σικελοί, συχνοὶ μὲν τὸ πλῆθος ὄντες, οὐδένα δ'

2 ἔχοντες ἡγεμόνα. τούτοις δὲ τὸ μὲν πρότερον Διονύσιος δεδώκει τὴν τῶν Ναξίων χώραν, τότε δ' ὑπ' Ἰμίλκου πεισθέντες ἐπαγγελίαις τὸν λόφον κατελάβοντο. ὀχυροῦ δ' ὄντος τούτου, καὶ τότε καὶ μετὰ τὸν πόλεμον ᾤκουν αὐτὸν τεῖχος περιβαλόμενοι, καὶ τὴν πόλιν διὰ τὸ μεῖναι τοὺς ἐπὶ τὸν Ταῦρον ἀθροισθέντας Ταυρομένιον ὠνόμασαν.

3 Ἰμίλκων δὲ ἀναλαβὼν τὴν πεζὴν στρατιὰν εὔτονον τὴν πορείαν ἐποιεῖτο, καὶ κατήντησε τῆς Ναξίας ἐπὶ τὸν προειρημένον τόπον, ἅμα καὶ Μάγωνος καταπλεύσαντος. προσφάτως δὲ πυρὸς ἐκραγέντος ἐκ τῆς Αἴτνης μέχρι τῆς θαλάττης, οὐκέτι δυνατὸν ἦν τὴν πεζὴν στρατιὰν συμπαράγειν παραπλεούσαις ταῖς ναυσίν· ἐφθαρμένων γὰρ τῶν παρὰ τὴν θάλατταν τόπων ὑπὸ τοῦ καλουμένου ῥύακος, ἀναγκαῖον ἦν τὸ πεζὸν στρατόπεδον περι-

4 πορεύεσθαι τὸν τῆς Αἴτνης λόφον. διόπερ Μάγωνι προσέταξε καταπλεῖν ἐπὶ τῆς Κατάνης, αὐτὸς δὲ διὰ τῆς μεσογείου ταχέως ὁρμήσας ἔσπευδε συμμῖξαι ταῖς ναυσὶ περὶ τὸν τῶν Καταναίων αἰγιαλόν· εὐλαβεῖτο γὰρ μήποτε διεσπαρμένης τῆς δυνάμεως οἱ Σικελιῶται τοῖς περὶ τὸν Μάγωνα

5 διαναυμαχήσωσιν· ὅπερ καὶ συνετελέσθη.[1] Διονύ-

---

[1] So Reiske, σνετέλεσεν P, συνετέλεσαν A, συνετέλεσε cet.

59. After Himilcon had exhibited his hatred for 396 B.C.
the Greeks by the calamity he visited upon the
Messenians, he dispatched Magon his admiral with
his naval armament under orders to sail to the peak
known as Taurus.[1] This area had been taken by
Siceli in large numbers, who, however, had no leader.
They had formerly been given by Dionysius the
territory of the Naxians,[2] but at this time, having
been induced by Himilcon's offers, they occupied
this peak. Since it was a strong position, both at
this time and subsequent to the war, they made it
their home, throwing a wall about it, and since those
who gathered remained (*menein*) upon Taurus, they
named the city Tauromenium.

Himilcon, advancing with his land forces, made so
rapid a march that he arrived at the place we have
mentioned in the territory of Naxos at the same time
as Magon put in there by sea. But since there had
recently been a fiery eruption from Mt. Aetnê as far
as the sea, it was no longer possible for the land forces
to advance in the company of the ships as they sailed
beside them ; for the regions along the sea were laid
waste by the lava, as it is called, so that the land army
had to take its way around the peak of Aetnê. Con-
sequently he gave orders to Magon to come to port
at Catanê, while he himself advanced speedily through
the heart of the country with the intention of joining
the ships on the Catanaean shore ; for he was con-
cerned lest, when his forces were divided, the Sicilian
Greeks should fight a battle with Magon at sea. And
this is what actually took place. For Dionysius, when

[1] This is not the Taurus mentioned just above which lay
near Syracuse, but the site of the later Tauromenium.
[2] Cp. chap. 15. 3.

σιος γὰρ τὸν μὲν πλοῦν εἰδὼς τῷ Μάγωνι βραχὺν[1]
ὄντα, τὴν δὲ πορείαν τοῖς πεζοῖς ἐργώδη καὶ μα-
κράν, ἔσπευδεν ἐπὶ τῆς Κατάνης, βουλόμενος ναυ-
μαχῆσαι πρὸς Μάγωνα πρὶν ἐλθεῖν τοὺς περὶ τὸν
6 Ἰμίλκωνα. ἤλπιζε γὰρ τῶν πεζῶν ἐκτεταγμένων
παρὰ τὸν αἰγιαλὸν τοῖς μὲν ἰδίοις θάρσος παρ-
έξεσθαι, τοὺς δὲ πολεμίους δειλοτέρους ἔσεσθαι·
τὸ δὲ μέγιστον, εἴ τι συμβαίη γενέσθαι πταῖσμα,
ταῖς θλιβομέναις ναυσὶν ἐξῆν καταφυγεῖν πρὸς τὸ
7 τῶν πεζῶν στρατόπεδον. ταῦτα δὲ διανοηθεὶς
Λεπτίνην μὲν ἀπέστειλε μετὰ πασῶν τῶν νεῶν,
παραγγείλας ἀθρόοις τοῖς σκάφεσι ναυμαχεῖν καὶ
μὴ λύειν τὴν τάξιν ὅπως μὴ κινδυνεύσωσιν ὑπὸ
τοῦ πλήθους τῶν ἐναντίων· εἶχον γὰρ οἱ περὶ τὸν
Μάγωνα σὺν ταῖς ὁλκάσι καὶ ταῖς ἄλλαις ταῖς
ἐπικώποις, οὔσαις χαλκεμβόλοις, ναῦς οὐκ ἐλάτ-
τους πεντακοσίων.

60. Οἱ δὲ Καρχηδόνιοι ὡς εἶδον τὸν αἰγιαλὸν
τῶν πεζῶν[2] πλήρη καὶ τὰς Ἑλληνικὰς ναῦς ἐπι-
φερομένας, παραχρῆμα μὲν[3] οὐ μετρίως ἠγωνίασαν,
καὶ πρὸς τὴν γῆν ἐπεχείρησαν καταπλεῖν· μετὰ δὲ
ταῦτα λογισάμενοι διότι κινδυνεύσουσιν ἀπολέσθαι
πρὸς τὰς ναῦς ἅμα καὶ τοὺς πεζοὺς μαχόμενοι,
ταχέως μετενόησαν. κρίναντες οὖν ναυμαχεῖν, δι-
έταττον τὰς ναῦς καὶ τὸν τῶν πολεμίων ἐπίπλουν
2 ἐκαραδόκουν. Λεπτίνης δὲ τριάκοντα ναυσὶ ταῖς
ἀρίσταις πολὺ τῶν ἄλλων προάγων, οὐκ ἀνάνδρως
μέν, ἀβούλως δὲ διηγωνίσατο. εὐθὺς γὰρ ἐπι-
θέμενος[4] ταῖς πρώταις τῶν Καρχηδονίων, τὸ μὲν
πρῶτον οὐκ ὀλίγας κατέδυσε τῶν ἀντιτεταγμένων

----

[1] So Dindorf : βραδύν.
[2] πεζῶν Palmer : νεῶν.

he realized that Magon had a short sail, whereas 396 B.C.
the route of the land forces was toilsome and long,
hastened to Catanê with the object of attacking
Magon by sea before the arrival of Himilcon. His
hope was that his land forces lined up along the coast
would embolden his own troops while the enemy
would be the more fearful, and, what was the most
important consideration, that if he should suffer a
reverse of some kind, the ships in distress would be
able to take refuge in the camp of the land forces.
With this purpose in mind, he dispatched Leptines
with his whole fleet under orders to engage with his
ships in close order, and not to break his line lest he be
endangered by the great numbers of his opponents ;
for, including merchantmen and oared vessels with
brazen beaks, Magon had no less than five hundred
ships.

60. When the Carthaginians saw the shore thronged
with infantry and the ships of the Greeks bearing
down on them, they were at once not a little alarmed
and began to make for the land ; but later, when they
realized the risk they ran of destruction in giving
battle at the same time both to the fleet and to the
infantry, they quickly changed their mind. Deciding,
therefore, to face the battle at sea, they drew up
their ships and awaited the approach of the enemy.
Leptines advanced with his thirty best vessels far
ahead of the rest and joined battle, in no cowardly
fashion, but without prudence. Attacking forthwith
the leading ships of the Carthaginians, at the outset
he sank no small number of the opposing triremes ;

---

³ παραχρῆμα μὲν transposed by Wesseling from after
αἰγιαλόν.
⁴ ἐπιθέμενος added by Vogel.

τριήρων· τοῦ δὲ Μάγωνος ἀθρόαις ταῖς ναυσὶ ταῖς
τριάκοντα περιχυθέντος, ταῖς μὲν ἀρεταῖς ὑπερεῖχον
οἱ περὶ τὸν Λεπτίνην, τοῖς δὲ πλήθεσιν οἱ Καρχη-
3 δόνιοι. διὸ καὶ τῆς μάχης ἰσχυροτέρας γινομένης,
καὶ τῶν κυβερνητῶν ἐκ παραβολῆς τὸν ἀγῶνα
συνισταμένων, ὅμοιος ὁ κίνδυνος ταῖς ἐπὶ τῆς γῆς
παρατάξεσιν ἐγίνετο. οὐ γὰρ ἐκ διαστήματος τοῖς
ἐμβόλοις εἰς τὰς τῶν πολεμίων ναῦς ἐνέσειον, ἀλλὰ
συμπλεκομένων τῶν σκαφῶν ἐκ χειρὸς διηγωνί-
ζοντο. τινὲς μὲν ἐπὶ τὰς τῶν ἐναντίων ναῦς ἐπι-
πηδῶντες ἔπιπτον εἰς τὴν θάλατταν, τινὲς δὲ
κρατήσαντες τῆς ἐπιβολῆς ἐν ταῖς τῶν πολεμίων
4 ναυσὶν ἠγωνίζοντο. τέλος δὲ ὁ μὲν Λεπτίνης
ἐκβιασθεὶς ἠναγκάσθη φυγεῖν εἰς τὸ πέλαγος, αἱ
δὲ λοιπαὶ τῶν νεῶν ἀτάκτως τὸν ἐπίπλουν ποιού-
μεναι ὑπὸ τῶν Καρχηδονίων ἐχειροῦντο· καὶ γὰρ
τὸ περὶ¹ τὸν ναύαρχον ἐλάττωμα τοὺς Φοίνικας
εὐθαρσεστέρους ἐποίησεν, τοὺς δὲ Σικελιώτας οὐκ
εἰς τὴν τυχοῦσαν ἀθυμίαν ἤγαγεν.
5 Τῆς δὲ μάχης τοιοῦτον λαβούσης τὸ τέλος, οἱ
Καρχηδόνιοι τοὺς ἀτάκτως φεύγοντας σφᾶς φιλο-
τιμότερον διώξαντες διέφθειραν μὲν ναῦς πλείους
τῶν ἑκατόν, τὰ δ' ὑπηρετικὰ παρὰ τὸν αἰγιαλὸν
καταστήσαντες ἀνήρουν τῶν ναυτῶν τοὺς διανηχο-
6 μένους πρὸς τὸ πεζὸν στρατόπεδον. πολλῶν δ'
ἀπολλυμένων οὐ μακρὰν τῆς γῆς, τῶν περὶ τὸν
Διονύσιον οὐδαμῶς δυναμένων βοηθῆσαι, πᾶς ὁ
τόπος ἔγεμε νεκρῶν καὶ ναυαγίων. ἀπώλοντο μὲν
οὖν ἐν τῇ ναυμαχίᾳ τῶν μὲν Καρχηδονίων οὐκ ὀλί-
γοι, τῶν δὲ Σικελιωτῶν ναῦς μὲν πλείω τῶν ἑκα-
7 τόν, ἄνδρες δ' ὑπὲρ τοὺς δισμυρίους. ἀπὸ δὲ τῆς
μάχης οἱ μὲν Φοίνικες περὶ τὴν Κατάνην ὁρμίσαν-

but when Magon's massed ships crowded about the
thirty, the forces of Leptines surpassed in valour, but
the Carthaginians in numbers. Consequently, as the
battle grew fiercer, the steersmen laid their ships
broadside in the fighting and the struggle came to
resemble conflicts on land. For they did not drive
upon the opposing ships from a distance in order to
ram them, but the vessels were locked together and
the fighting was hand to hand. Some, as they leaped
for the enemy's ships, fell into the sea, and others,
who succeeded in their attempt, continued the
struggle on the opponents' ships. In the end Lep-
tines was driven off and compelled to flee to the open
sea, and his remaining ships, attacking without order,
were overcome by the Carthaginians ; for the defeat
suffered by the admiral raised the spirits of the
Phoenicians and markedly discouraged the Sicilian
Greeks.

After the battle had ended in the manner we have
described, the Carthaginians pursued with even
greater ardour the enemy who were fleeing in dis-
order and destroyed more than one hundred of their
ships, and stationing their lighter craft along the
shore, they slew any of the sailors who were swimming
toward the land army. And as they perished in great
numbers not far from the land, while the troops of
Dionysius were unable to help them in any way, the
whole region was full of corpses and wreckage. There
perished in the sea battle no small number of Cartha-
ginians, but the loss of the Sicilian Greeks amounted
to more than one hundred ships and over twenty
thousand men. After the battle the Phoenicians
anchored their triremes in the harbour of Catanê,

---

[1] So Wesseling : παρά.

τες τὰς τριήρεις, ἀνήψαντο τὰς αἰχμαλώτους ναῦς,
καὶ καθελκύσαντες[1] αὐτὰς ἐθεράπευον, ὥστε τοῖς
Καρχηδονίοις μὴ μόνον ἀκουστόν, ἀλλὰ καὶ θεω-
ρητὸν ποιῆσαι τὸ μέγεθος τοῦ προτερήματος.

61. Οἱ δὲ Σικελιῶται τὴν πορείαν μὲν ἐπὶ Συ-
ρακουσῶν ἐποιήσαντο, νομίζοντες δὲ[2] πάντως εἰς
ἐργώδη πολιορκίαν συγκλεισθήσεσθαι παρεκάλουν
τὸν Διονύσιον εὐθέως ἀπαντᾶν τοῖς περὶ τὸν Ἱμίλ-
κωνα διὰ τὴν γεγενημένην νίκην· τάχα γὰρ τῷ
παραδόξῳ τῆς ἐπιφανείας καταπλήξεσθαι τοὺς βαρ-
βάρους καὶ τὸ πρότερον ἐλάττωμα διορθώσεσθαι.
2 Διονύσιος δὲ τὸ μὲν πρῶτον τοῖς παρακαλοῦσι
πειθόμενος ἕτοιμος ἦν ἄγειν τὴν δύναμιν ἐπὶ τὸν
Ἱμίλκωνα· ὡς δέ τινες τῶν φίλων ἔλεγον αὐτῷ,
ὅτι κινδυνεύσει τὴν πόλιν ἀποβαλεῖν, ἐὰν Μάγων
ἀναχθῇ μετὰ τοῦ στόλου παντὸς ἐπὶ Συρακου-
σῶν, εὐθέως μετενόησε· καὶ γὰρ τὴν Μεσσήνην ᾔδει
τῷ παραπλησίῳ τρόπῳ τοῖς βαρβάροις ὑποχείριον
γεγενημένην. ὥστε οὐκ ἀσφαλὲς εἶναι νομίζων ἔρη-
μον ποιῆσαι τὴν πόλιν τῶν ἀμυνομένων, ἀνέζευξεν
3 ἐπὶ Συρακουσῶν. τῶν δὲ Σικελιωτῶν οἱ πλεῖστοι
χαλεπῶς φέροντες ἐπὶ τῷ μὴ βούλεσθαι τοῖς πολε-
μίοις ἀπαντᾶν, καταλιπόντες τὸν Διονύσιον οἱ
μὲν εἰς τὰς ἰδίας πατρίδας, οἱ δ᾽ εἰς τὰ σύνεγγυς[3]
τῶν φρουρίων ἀπεχώρησαν.
4 Ἱμίλκων δὲ δυσὶν ἡμέραις κατανύσας εἰς τὸν
τῶν Καταναίων αἰγιαλὸν τὰς μὲν ναῦς ἁπάσας
ἐνεώλκησε, μεγάλου πνεύματος ἐπιγενομένου, τὴν
δὲ δύναμιν ἐφ᾽ ἡμέρας τινὰς ἀναλαμβάνων πρέσ-

---

[1] καὶ καθελκύσαντες] κ. ἀνελκύσαντες Eichstädt, κἀνελκύσαντες
Vogel.   [2] δὲ added by Dindorf.
[3] τὰ σύνεγγυς Vogel : τὰς ἐγγύς.

took in tow the ships they had captured, and when 396 B.C. they had brought them in, repaired them, so that they made the greatness of their success not only a tale for the ears but also a sight for the eyes of the Carthaginians.[1]

61. The Sicilian Greeks made their way toward Syracuse, but as they reflected that they would certainly be invested and forced to endure a laborious siege, they urged Dionysius to seek an immediate encounter with Himilcon because of his past victory ; for, they said, perhaps their unexpected appearance would strike terror into the barbarians and they could repair their late reverse. Dionysius was at first won over by these advisers and ready to lead his army against Himilcon, but when some of his friends told him that he ran the risk of losing the city if Magon should set out with his entire fleet against Syracuse, he quickly changed his mind ; and in fact he knew that Messenê had fallen to the hands of the barbarians in a similar manner.[2] And so, believing that it was not safe to strip the city of defenders, he set out for Syracuse. The majority of the Sicilian Greeks, being angered at his unwillingness to encounter the enemy, deserted Dionysius, some of them departing to their own countries and others to fortresses in the neighbourhood.

Himilcon, who had reached in two days the coast of the Catanaeans, hauled all the ships up on land, since a strong wind had arisen, and, while resting his forces for some days, sent ambassadors to the Cam-

---

[1] *i.e.*, the army of Himilcon.   [2] Cp. chap. 57.

βεις ἀπέστειλε πρὸς τοὺς τὴν Αἴτνην κατέχοντας
Καμπανούς, παρακαλῶν ἀποστῆναι τοῦ Διονυσίου.
5 ἐπηγγέλλετο δ' αὐτοῖς χώραν τε δωρήσεσθαι πολλὴν
καὶ τῶν ἐκ τοῦ πολέμου λαφύρων κοινωνοὺς ποιή-
σεσθαι· ἐδίδασκε δὲ καὶ τοὺς τὴν Ἔντελλαν κατ-
οικοῦντας Καμπανοὺς εὐδοκοῦντας Καρχηδονίοις
καὶ συμμαχοῦντας κατὰ τῶν Σικελιωτῶν,[1] καθόλου
δὲ τὸ τῶν Ἑλλήνων ἀπεδείκνυε πολέμιον ὑπ-
6 άρχον τῶν ἄλλων ἐθνῶν. οἱ δὲ Καμπανοὶ δε-
δωκότες ὁμήρους τῷ Διονυσίῳ, καὶ τοὺς ἀρίστους
τῶν στρατιωτῶν ἀπεσταλκότες εἰς Συρακούσας,
ἠναγκάσθησαν διατηρῆσαι τὴν πρὸς Διονύσιον συμ-
μαχίαν, καίπερ ἐπιθυμοῦντες μεταβαλέσθαι πρὸς
Καρχηδονίους.

62. Μετὰ δὲ ταῦτα Διονύσιος μὲν καταπεπληγ-
μένος τοὺς Καρχηδονίους ἀπέστειλε πρεσβευτὴν
πρός τε τοὺς κατ' Ἰταλίαν Ἕλληνας καὶ πρὸς
Λακεδαιμονίους, ἔτι δὲ Κορινθίους, Πολύξενον τὸν
κηδεστήν, δεόμενος βοηθεῖν καὶ μὴ περιιδεῖν τὰς
ἐν Σικελίᾳ πόλεις τῶν Ἑλλήνων ἄρδην ἀναιρου-
μένας. ἔπεμψε δὲ καὶ ξενολόγους εἰς Πελοπόν-
νησον μετὰ πολλῶν χρημάτων, ἐντειλάμενος ὡς
πλείστους ἀθροίζειν στρατιώτας μὴ φειδομένους
2 τῶν μισθῶν. Ἰμίλκων δὲ τοῖς ἀπὸ τῶν πολεμίων
σκύλοις κοσμήσας τὰς ναῦς κατέπλευσεν εἰς τὸν
μέγαν λιμένα τῶν Συρακοσίων, καὶ πολλὴν τοῖς
ἐν τῇ πόλει κατάπληξιν ἐπέστησεν. διακόσιαι μὲν
γὰρ καὶ πεντήκοντα μακραὶ ναῦς εἰσέπλεον ἐν τάξει
τὰς εἰρεσίας ποιούμεναι καὶ τοῖς ἐκ τοῦ πολέμου
λαφύροις πολυτελῶς κεκοσμημέναι, μετὰ δὲ ταῦτα
αἱ φορτηγοὶ ναῦς εἰσθεόμεναι μὲν ὑπὲρ τρισχιλίας,
φέρουσαι δὲ πλείους τῶν πεντακοσίων, αἱ δὲ πᾶσαι

panians who held Aetnê, urging them to revolt from 396 B.C.
Dionysius. He promised both to give them a large
amount of territory and to let them share in the spoils
of the war; he also informed them that the Cam-
panians dwelling in Entella found no fault with the
Carthaginians and took their side against the Sicilian
Greeks, and he pointed out that as a general thing
the Greeks as a race are the enemies of all other
peoples. But since the Campanians had given hos-
tages to Dionysius and had sent their choicest troops
to Syracuse, they were compelled to maintain the
alliance with Dionysius, although they would gladly
have joined the Carthaginians.

62. After this Dionysius, who was in terror of the
Carthaginians, sent his brother-in-law Polyxenus as
ambassador both to the Greeks in Italy and to the
Lacedaemonians, as well as the Corinthians, begging
them to come to his aid and not to suffer the Greek
cities of Sicily to be utterly destroyed. He also sent
to the Peloponnesus men with ample funds to recruit
mercenaries, ordering them to enlist as many soldiers
as they could without regard to economy. Himilcon
decked his ships with the spoils taken from the enemy
and put in at the great harbour of the Syracusans,
and he caused great dismay among the inhabitants
of the city. For two hundred and fifty ships of war
entered the harbour, with oars flashing in order and
richly decked with the spoils of war; then came the
merchantmen, in excess of three thousand, laden
with more than five hundred . . . ; and the whole

---

[1] καὶ after Σικελιωτῶν deleted by Vogel.

σχεδὸν δισχίλιαι.[1] διὸ καὶ συνέβαινε τὸν[2] λιμένα
τῶν Συρακοσίων, καίπερ ὄντα μέγαν, ἐμπεφράχθαι
μὲν τοῖς σκάφεσι, συγκαλύπτεσθαι δὲ σχεδὸν
3 ἅπαντα τοῖς ἱστίοις. τούτων δὲ καθορμισθεισῶν
εὐθὺς καὶ τὸ πεζὸν στρατόπεδον ἐκ θατέρου μέρους
ἀντιπαρῆγε, συνεστηκός, ὡς μέν τινες ἀνέγραψαν,
ἐκ τριάκοντα μυριάδων πεζῶν, ἱππέων δὲ τρισχι-
λίων.[3] ὁ μὲν οὖν στρατηγὸς τῶν δυνάμεων Ἰμίλ-
κων κατεσκήνωσεν ἐν τῷ τοῦ Διὸς νεῷ, τὸ δὲ
λοιπὸν πλῆθος ἐν τῷ παρακειμένῳ τόπῳ κατεστρα-
τοπέδευσεν ἀπέχον τῆς πόλεως σταδίους δώδεκα.
4 μετὰ δὲ ταῦτα Ἰμίλκων ἐξήγαγε τὴν στρατιὰν
ἅπασαν καὶ πρὸ τῶν τειχῶν ἐξέταξε[4] τὴν δύναμιν,
εἰς μάχην προκαλούμενος τοὺς Συρακοσίους. ἐπ-
έπλευσε δὲ καὶ τοῖς λιμέσιν ἑκατὸν ναυσὶ ταῖς
ἀρίσταις, ὅπως καταπλήξηται τοὺς κατὰ τὴν πόλιν
καὶ συναναγκάσῃ συγχωρεῖν ἥττους εἶναι καὶ κατὰ
5 θάλατταν. οὐδενὸς δ᾿ ἐπεξιέναι τολμῶντος τότε
μὲν ἀπῆγε τὴν δύναμιν εἰς τὴν στρατοπεδείαν, μετὰ
δὲ ταῦτ᾿ ἐφ᾿ ἡμέρας τριάκοντα τὴν χώραν ἐπῄει
δενδροτομῶν καὶ πᾶσαν φθείρων, ὅπως ἅμα μὲν
τοὺς στρατιώτας πληρώσῃ παντοίας ὠφελείας, ἅμα
δὲ τοὺς ἐντὸς τῶν τειχῶν εἰς ἀθυμίαν καταστήσῃ.

63. Κατελάβετο δὲ καὶ τὸ τῆς Ἀχραδινῆς προ-
άστειον, καὶ τοὺς νεὼς τῆς τε Δήμητρος καὶ
Κόρης ἐσύλησεν· ὑπὲρ ὧν ταχὺ τῆς εἰς τὸ θεῖον
ἀσεβείας ἀξίαν ὑπέσχε τιμωρίαν. ταχὺ γὰρ αὐτῷ
τὰ πράγματα καθ᾿ ἡμέραν ἐγίνετο χείρω, καὶ τοῦ

---

[1] εἰσθεόμεναι . . . δισχίλιαι] Vogel joins Wesseling in re-
fusing to attempt emendation of this hopeless passage. The
numbers may be compared with those in chs. 47. 7 ; 54. 5 ;
56. 1 ; 59. 7.

fleet numbered some two thousand vessels.[1] The 396 B.C.
result was that the harbour of the Syracusans, despite
its great size, was blocked up by the vessels and it
was almost entirely concealed from view by the sails.
The ships had just come to anchor when at once from
the other side the land army advanced, consisting,
as some have reported, of three hundred thousand
infantry and three thousand cavalry. The general
of the armaments, Himilcon, took up his quarters in
the temple of Zeus and the rest of the multitude
encamped in the neighbourhood twelve stades from
the city. After this Himilcon led out the entire army
and drew up his troops in battle order before the walls,
challenging the Syracusans to battle ; and he also
sailed up to the harbours with a hundred of his finest
ships in order to strike terror into the inhabitants of
the city and to force them to concede that they were
inferior at sea as well. But when no one ventured
to come out against him, for the time being he with-
drew his troops to the camp and then for thirty days
overran the countryside, cutting down the trees and
laying it all waste, in order not only to satisfy the
soldiers with every kind of plunder, but also to reduce
the besieged to despair.

63. Himilcon seized the suburb of Achradinê ; and
he also plundered the temples of both Demeter and
Corê, for which acts of impiety against the divinity
he quickly suffered a fitting penalty. For his fortune
quickly worsened from day to day, and whenever

---

[1] What Diodorus wrote in this sentence can never be
known.

[2] μὲν after τὸν deleted by Dindorf.
[3] νεῶν δὲ μακρῶν διακοσίων after τρισχιλίων deleted by
Wesseling.   [4] So Hertlein : ἔταξε.

185

Διονυσίου θαρροῦντος ἀκροβολισμοὺς συνίστασθαι
2 συνέβαινε προτερεῖν τοὺς Συρακοσίους. ἐγίνοντο
δὲ καὶ τὰς νύκτας ἐν τῷ στρατοπέδῳ παράλογοι
ταραχαὶ καὶ μετὰ τῶν ὅπλων συνέτρεχον, ὡς τῶν
πολεμίων ἐπιθεμένων τῷ χάρακι. ἐπεγενήθη δὲ
καὶ νόσος, ἣ πάντων αὐτοῖς αἰτία κακῶν κατέστη·
περὶ ἧς μικρὸν ὕστερον ἐροῦμεν, ἵνα μὴ προλαμ-
βάνωμεν τῇ γραφῇ τοὺς καιρούς.
3   Ἰμίλκων μὲν οὖν τεῖχος περιβαλὼν τῇ παρεμ-
βολῇ τοὺς τάφους σχεδὸν πάντας τοὺς σύνεγγυς
καθεῖλεν, ἐν οἷς τόν τε Γέλωνος καὶ τῆς γυναικὸς
αὐτοῦ Δημαρέτης, πολυτελῶς κατεσκευασμένους.
ᾠκοδόμησε δὲ καὶ τρία φρούρια παρὰ θάλατταν,
τὸ μὲν ἐπὶ τοῦ Πλημμυρίου, τὸ δ' ἐπὶ μέσου τοῦ
λιμένος, τὸ δὲ κατὰ τὸν νεὼν τοῦ Διός· εἰς δὲ ταῦτα
τόν τε οἶνον καὶ τὸν σῖτον καὶ τὰ λοιπὰ τῶν ἐπι-
τηδείων κατεκόμιζε, νομίζων χρονιωτέραν ἔσεσθαι
4 τὴν πολιορκίαν. ἀπέστειλε δὲ καὶ τὰς ὁλκάδας
ναῦς ἔς τε Σαρδῶνα καὶ Λιβύην, ὅπως σῖτον καὶ
τὰς ἄλλας τροφὰς παρακομίζωσιν. Πολύξενος δὲ
ὁ Διονυσίου κηδεστὴς ἔκ τε Πελοποννήσου καὶ τῆς
Ἰταλίας παρεγενήθη ναῦς μακρὰς ἄγων τριάκοντα
παρὰ τῶν συμμάχων καὶ ναύαρχον Φαρακίδαν
Λακεδαιμόνιον.
64. Μετὰ δὲ ταῦτα Διονύσιος μὲν καὶ Λεπτίνης
μετὰ μακρῶν νεῶν ἐξέπλεον[1] ἀγορὰν βουλόμενοι
παρακομίσαι, οἱ δὲ[2] Συρακόσιοι καθ' αὑτούς τε
γενόμενοι καὶ κατὰ τύχην ἰδόντες σιτηγὸν πλοῖον
προσφερόμενον, πέντε ναυσὶν ἐπέπλευσαν αὐτῷ, καὶ
2 κατακυριεύσαντες κατῆγον εἰς τὴν πόλιν. τῶν δὲ
Καρχηδονίων ἐπ' αὐτοὺς ἀναχθέντων τετταράκοντα

---

[1] ἐξέπλεον added by Reiske.   [2] δὲ A.

Dionysius made bold to skirmish with him, the Syra- 396 B.C.
cusans had the better of it. Also at night unaccount-
able tumults would arise in the camp and the soldiers
would rush to arms, thinking that the enemy was
attacking the palisade. To this was added a plague
which was the cause of every kind of suffering. But
of this we shall speak a little later, in order that our
account may not anticipate the proper time.

Now when he threw a wall about the camp, Himilcon
destroyed practically all the tombs in the area, among
which was that of Gelon and his wife Demaretê, of
costly construction.[1] He also built three forts along
the sea, one at Plemmyrium,[2] one at the middle of
the harbour, and one by the temple of Zeus, and into
them he brought wine and grain and all other pro-
visions, believing that the siege would continue a
long time. He also dispatched merchant ships to
Sardinia and Libya to secure grain and every kind
of food. Polyxenus, the brother-in-law of Dionysius,
arrived from the Peloponnesus and Italy, bringing
thirty warships from his allies, with Pharacidas[3] the
Lacedaemonian as admiral.

64. After this Dionysius and Leptines had set out
with warships to escort a supply of provisions ; and
the Syracusans, who were thus left to themselves,
seeing by chance a vessel approaching laden with
food, sailed out against it with five ships, seized it,
and brought it to the city. The Carthaginians put
out against them with forty ships, whereupon the

[1] Cp. Book 11. 38. 4 f.

[2] The headland which formed the south side of the entrance
to the Great Harbour (Thucydides, 7. 4).

[3] Beloch (*Rhein. Mus.* 34. 124) thinks that Pharacidas is
the Pharax of Xenophon, *Hell.* 3. 2. 12, who was Spartan
admiral in 397 B.C.

ναυσίν, οἱ Συρακόσιοι πάσας ἐπλήρωσαν τὰς ναῦς,
καὶ ναυμαχήσαντες τῆς τε στρατηγίδος νεὼς ἐκυ-
ρίευσαν καὶ τῶν ἄλλων εἴκοσι καὶ τέτταρας δι-
έφθειραν· καταδιώξαντες δὲ τὰς φευγούσας μέχρι
τοῦ ναυστάθμου τῶν πολεμίων, προεκαλοῦντο τοὺς
3 Καρχηδονίους εἰς ναυμαχίαν. ἐκεῖνοι μὲν οὖν διὰ
τὸ παράδοξον τεταραγμένοι[1] ἡσυχίαν ἔσχον, οἱ
δὲ Συρακόσιοι τὰς αἰχμαλώτους ναῦς ἀναψάμενοι[2]
κατήγαγον εἰς τὴν πόλιν. μετεωρισθέντες δὲ τῷ
προτερήματι, καὶ διαλογιζόμενοι τὸν μὲν Διονύσιον
πλεονάκις ἡττημένον, αὐτοὺς δὲ χωρὶς ἐκείνου νε-
νικηκότας Καρχηδονίους, φρονήματος ἐπληροῦντο.
4 ἀθροιζόμενοι δὲ διελάλουν, ὅτι περιορῶσιν αὐτοὺς
δουλεύοντας Διονυσίῳ, καὶ ταῦτα καιρὸν ἔχοντες
τῆς καταλύσεως αὐτοῦ· τὸν μὲν γὰρ ἔμπροσθεν
χρόνον ἦσαν ἀφωπλισμένοι, τότε δὲ διὰ τὸν πόλεμον
5 τῶν ὅπλων ἦσαν κύριοι. οὐ μὴν ἀλλὰ τοιούτων
λόγων γινομένων Διονύσιος κατέπλευσε, καὶ συν-
αγαγὼν ἐκκλησίαν ἐπῄνει τοὺς Συρακοσίους καὶ
παρεκάλει θαρρεῖν, ἐπαγγελλόμενος ταχέως κατα-
λύσειν τὸν πόλεμον. ἤδη δ' αὐτοῦ μέλλοντος
διαλύειν τὴν ἐκκλησίαν ἀναστὰς Θεόδωρος ὁ
Συρακόσιος, ἐν τοῖς ἱππεῦσιν εὐδοκιμῶν καὶ δοκῶν
εἶναι πρακτικός, ἀπετόλμησε περὶ τῆς ἐλευθερίας
τοιούτοις χρήσασθαι λόγοις.

65. Εἰ καί τινα προσέψευσται Διονύσιος, τό γε
ῥηθὲν ὑπ' αὐτοῦ τὸ τελευταῖον ἀληθὲς ἦν, ὅτι
ταχέως καταλύσει τὸν πόλεμον. τοῦτο δὲ πρᾶξαι
δύναιτ' ἂν οὐκ αὐτὸς ἀφηγούμενος, ἥττηται γὰρ

[1] Dindorf and Vogel add τὴν after τεταραγμένοι.

Syracusans manned all their ships and in the ensuing battle both captured the flag-ship and destroyed twenty-four of the remainder ; and then, pursuing the fleeing ships as far as the enemy's anchorage, they challenged the Carthaginians to battle. When the latter, confused at the unexpected turn of events, made no move, the Syracusans took the captured ships in tow and brought them to the city. Elated at their success and thinking how often Dionysius had met defeat, whereas they, without his presence, had won a victory over the Carthaginians, they were now puffed up with pride. And as they gathered in groups they talked together about how they took no steps to end their slavery to Dionysius, even though they had an opportunity to depose him ; for up until then they had been without arms,[1] but now because of the war they had weapons at their command. Even while discussions of this kind were taking place, Dionysius sailed into the harbour and, calling an assembly, praised the Syracusans and urged them to be of good courage, promising that he would speedily put an end to the war. And he was on the point of dismissing the assembly when Theodorus, a Syracusan, who was held in high esteem among the cavalry and was considered a man of action, made bold to speak as follows in regard to their liberty.

65. " Although Dionysius has introduced some falsehoods, the last statement he made was true : that he would speedily put an end to the war. He could accomplish this if he were no longer our commander—for he has often been defeated—but had

---

[1] Cp. chap. 10. 4.

[2] So Wesseling : ἐναψάμενοι.

189

πολλάκις, ἀλλὰ τὴν πάτριον ἐλευθερίαν ἀποδοὺς
2 τοῖς πολίταις. νῦν μὲν γὰρ οὐδεὶς ἡμῶν προθύμως
ὑπομένει τοὺς κινδύνους, ὅταν ἡ νίκη μηδὲν ἧττον
ᾖ τῆς ἥττης· λειφθέντας γὰρ Καρχηδονίοις δεήσει
ποιεῖν τὸ προσταττόμενον, νικήσαντας δὲ Διονύσιον
ἔχειν βαρύτερον ἐκείνων δεσπότην. Καρχηδόνιοι
μὲν γάρ, κἂν πολέμῳ κρατήσωσι, φόρον ὡρισμένον
λαβόντες οὐκ ἂν ἡμᾶς ἐκώλυσαν τοῖς πατρίοις
νόμοις διοικεῖν τὴν πόλιν· οὗτος δὲ τὰ μὲν ἱερὰ
συλήσας, τοὺς δὲ τῶν ἰδιωτῶν πλούτους ἅμα ταῖς
τῶν κεκτημένων ψυχαῖς ἀφελόμενος, τοὺς οἰκέτας
μισθοδοτεῖ κατὰ τῆς τῶν δεσποτῶν δουλείας· καὶ
τὰ συμβαίνοντα κατὰ τὰς τῶν πόλεων ἁλώσεις
δεινά, ταῦτ' ἐν εἰρήνῃ πράττων καταλύσειν ἐπαγ-
3 γέλλεται τὸν πρὸς Καρχηδονίους πόλεμον. ἡμῖν
δ', ὦ ἄνδρες, οὐχ ἧττον τοῦ Φοινικικοῦ πολέμου
καταλυτέον ἐστὶ τὸν ἐντὸς τοῦ τείχους τύραννον.
ἡ μὲν γὰρ ἀκρόπολις δούλων ὅπλοις τηρουμένη
κατὰ τῆς πόλεως ἐπιτετείχισται, τὸ δὲ τῶν μισθο-
φόρων πλῆθος ἐπὶ δουλείᾳ τῶν Συρακοσίων ἤθροι-
σται· καὶ κρατεῖ τῆς πόλεως οὐκ ἐπ' ἴσης βραβεύων
τὸ δίκαιον, ἀλλὰ μόναρχος πλεονεξίᾳ κρίνων πράτ-
τειν πάντα. καὶ νῦν μὲν οἱ πολέμιοι βραχὺ μέρος
ἔχουσι τῆς χώρας, Διονύσιος δὲ πᾶσαν ποιήσας
ἀνάστατον τοῖς τὴν τυραννίδα συναύξουσιν ἐδωρή-
σατο.
4 Μέχρι τίνος οὖν καρτερήσομεν ταῦτα πάσχοντες
ὑπὲρ ὧν οἱ ἀγαθοὶ χάριν τοῦ μὴ λαβεῖν πεῖραν
ἀποθνήσκειν ὑπομένουσιν; καὶ πρὸς μὲν Καρχη-
δονίους ἀγωνιζόμενοι τοὺς ἐσχάτους κινδύνους εὐ-
ψύχως ὑπομένομεν, πρὸς δὲ πικρὸν τύραννον ὑπὲρ
ἐλευθερίας καὶ περὶ πατρίδος οὐδὲ λόγῳ παρρησίαν

returned to the citizens the freedom their fathers 396 B.C.
enjoyed. As things are, no one of us faces battle with
good courage so long as victory differs not a whit from
defeat ; for if conquered, we shall have to obey the
commands of the Carthaginians, and if conquerors,
to have in Dionysius a harsher master than they
would be. For even should the Carthaginians defeat
us in war, they would only impose a fixed tribute
and would not prevent us from governing the city in
accordance with our ancient laws ; but this man has
plundered our temples, has taken the property of
private citizens together with the lives of their owners,
and pays a wage to servants to secure the enslave-
ment of their masters. Such horrors as attend the
storming of cities are perpetrated by him in time
of peace, yet he promises to put an end to the war
with the Carthaginians. But it behooves us, fellow
citizens, to put an end not only to the Phoenician war
but to the tyrant within our walls. For the acro-
polis, which is guarded by the weapons of slaves, is a
hostile redoubt in our city ; the multitude of mer-
cenaries has been gathered to hold the Syracusans
in slavery ; and he lords it over the city, not like a
magistrate dispensing justice on equal terms, but
like a dictator who by policy makes all decisions for
his own advantage. For the time being the enemy
possess a small portion of our territory, but Dionysius
has devastated it all and given it to those who join
in increasing his tyranny.

" How long, then, are we to be patient though we
suffer such abuses as brave men endure to die rather
than experience them ? In battle against the Cartha-
ginians we bravely face the final sacrifice, but against
a harsh tyrant, in behalf of freedom and our father-

ἔτι ἄγειν[1] τολμῶμεν· καὶ ταῖς μὲν τοσαύταις μυριάσι
τῶν πολεμίων ἀντιταττόμεθα, μόναρχον δὲ οὐδ'
ἀνδραπόδου γενναίου τὴν ἀρετὴν ἔχοντα πεφρί-
καμεν.

66. Οὐ γὰρ δήπουθεν ἀξιώσαι τις ἂν παραβάλ-
λειν Διονύσιον τῷ παλαιῷ Γέλωνι. ἐκεῖνος μὲν
γὰρ μετὰ τῆς ἰδίας ἀρετῆς, μετὰ τῶν Συρακοσίων
καὶ τῶν ἄλλων Σικελιωτῶν ἠλευθέρωσε τὴν Σι-
κελίαν ἅπασαν, ὁ δ' ἐν ἐλευθερίᾳ παραλαβὼν τὰς
πόλεις τῶν μὲν ἄλλων ἁπασῶν κυρίους πεποίηκε
τοὺς πολεμίους, αὐτὸς δὲ τὴν πατρίδα καταδεδού-
2 λωται. κἀκεῖνος μὲν πολὺ πρὸ τῆς Σικελίας ἀγω-
νισάμενος τοὺς ἐν ταῖς πόλεσιν ὄντας συμμάχους
οὐδὲ ἰδεῖν τοὺς πολεμίους ἐποίησεν, ὁ δ' ἀπὸ
Μοτύης διὰ πάσης τῆς νήσου φυγὼν συγκέκλεικεν
ἑαυτὸν ἐντὸς τῶν τειχῶν, πρὸς μὲν τοὺς πολίτας
θρασυνόμενος, τοὺς δὲ πολεμίους οὐδὲ κατ' ὄψιν
3 ἰδεῖν ὑπομένων. τοιγαροῦν ἐκεῖνος μὲν διά τε τὴν
ἀρετὴν καὶ τὸ μέγεθος τῶν πράξεων οὐ μόνον τῶν
Συρακοσίων, ἀλλὰ καὶ τῶν Σικελιωτῶν ἑκουσίων
παρέλαβε τὴν ἡγεμονίαν, ὁ δ' ἐπ' ὀλέθρῳ μὲν τῶν
συμμάχων, ἐπὶ δουλείᾳ δὲ τῶν πολιτῶν στρατη-
γήσας, πῶς οὐκ ἂν δικαίως ὑπὸ πάντων μισοῖτο;
οὐ γὰρ μόνον ἡγεμονίας ἀνάξιος, ἀλλὰ καὶ μυρίων
4 θανάτων τυχεῖν δίκαιος. Γέλα καὶ Καμάρινα διὰ
τοῦτον κατεστράφησαν, Μεσσήνη ἄρδην ἀνῄρηται,
κατὰ ναυμαχίαν[2] δισμύριοι τῶν συμμάχων ἀπολώ-
λασι, τὸ σύνολον[3] εἰς μίαν κατακεκλείσμεθα πόλιν,
τῶν κατὰ Σικελίαν Ἑλληνίδων πασῶν ἀνῃρημένων.

---

[1] ἔτι ἄγειν Dindorf : ἐπάγειν.

land, even in speech we no longer dare to raise our 396 B.C. voices ; we face in battle so many myriads of the enemy, but we stand in shivering fear of a single ruler, who has not the manliness of a superior slave.

66. " Surely no one would think of comparing Dionysius with Gelon [1] of old. For Gelon, by reason of his own high character, together with the Syracusans and the rest of the Sicilian Greeks, set free the whole of Sicily, whereas this man, who found the cities free, has delivered all the rest of them over to the lordship of the enemy and has himself enslaved his native state. Gelon fought so far forward in behalf of Sicily that he never let his allies in the cities even catch sight of the enemy, whereas this man, after fleeing from Motyê through the entire length of the island, has cooped himself up within our walls, full of confidence against his fellow citizens, but unable to bear even the sight of the enemy. As a consequence Gelon, by reason both of his high character and of his great deeds, received the leadership by the free will not only of the Syracusans but also of the Sicilian Greeks, while, as for this man whose generalship has led to the destruction of his allies and the enslavement of his fellow citizens, how can he escape the just hatred of all ? For not only is he unworthy of leadership but, if justice were done, would die ten thousand deaths. Because of him Gela and Camarina were subdued, Messenê lies in total ruin, twenty thousand allies are perished in a sea-battle, and, in a word, we have been enclosed in one city and all the other Greek cities throughout Sicily

---

[1] See Book 11. 21-26.

[2] So Wurm : συμμαχίαν.   [3] σύνολον Dindorf : οὖν ὅλον.

πρὸς γὰρ τοῖς ἄλλοις ἀδικήμασι[1] Νάξον καὶ Κα-
τάνην ἐξηνδραποδίσατο, πόλεις συμμαχίδας, ἐπι-
5 καίρους πόλεις, ἄρδην ἀνῄρηκεν. καὶ πρὸς μὲν
Καρχηδονίους δύο μάχας ἐνστησάμενος ἐν ἑκα-
τέραις ἥττηται, παρὰ δὲ τοῖς πολίταις πιστευθεὶς
ἅπαξ στρατηγίας εὐθέως ἀφείλετο τὴν ἐλευθερίαν,
φονεύων μὲν τοὺς παρρησίαν ἄγοντας ὑπὲρ τῶν
νόμων, φυγαδεύων δὲ τοὺς ταῖς οὐσίαις προέχοντας,
καὶ τὰς μὲν τῶν φυγάδων γυναῖκας οἰκέταις καὶ
μιγάσιν ἀνθρώποις συνοικίζων, τῶν δὲ πολιτικῶν
ὅπλων βαρβάρους καὶ ξένους ποιῶν κυρίους. καὶ
ταῦτ' ἔπραξεν, ὦ Ζεῦ καὶ θεοὶ πάντες, ὑπηρέτης
ἀρχείων, ἀπεγνωσμένος ἄνθρωπος.

67. Καὶ ποῦ τὸ φιλελεύθερον τῶν Συρακοσίων;
ποῦ δ' αἱ τῶν προγόνων πράξεις; ἐῶ τὰς[2] ἐφ'
Ἱμέρᾳ τριάκοντα μυριάδας ἄρδην ἀναιρεθείσας Καρ-
χηδονίων, παρίημι τὴν τῶν μετὰ Γέλωνα[3] τυράν-
νων κατάλυσιν· ἀλλ'[4] ἐχθὲς καὶ πρώην, Ἀθηναίων
τηλικαύταις δυνάμεσιν ἐπὶ Συρακούσας στρατευ-
σάντων, οἱ πατέρες ἡμῶν οὐδὲ τὸν ἀπαγγελοῦντα
2 τὴν συμφορὰν ἀπέλιπον. ἡμεῖς δὲ τηλικαῦτ' ἔχον-
τες πατέρων παραδείγματ' ἀρετῆς, τοῦ Διονυσίου
προστάγμασιν ὑπακούομεν, καὶ ταῦτα τῶν ὅπλων
ὄντες κύριοι; θεῶν γάρ τις πρόνοια μετὰ τῶν
συμμάχων ἐν τοῖς ὅπλοις ἡμᾶς συνήγαγε πρὸς τὸ
τὴν ἐλευθερίαν ἀνακτήσασθαι, καὶ πάρεστι τήμερον
ἄνδρας ἀγαθοὺς γενομένους καὶ συμφρονήσαντας
3 ἀπαλλαγῆναι τῆς βαρείας ἀνάγκης. τὸν μὲν γὰρ

---

[1] So Wurm : ἀτυχήμασι.
[2] ἐῶ τὰς Wesseling, ὦ ταῦτ' PAL, ὧν ταῦτ' cet.
[3] μετὰ Γέλωνα Wesseling, καταγέλων P, κατὰ Γέλωνα cet.

have been destroyed. For in addition to his other
malefactions he sold into slavery Naxos and Catanê ;
he has completely destroyed cities that were allies,
cities whose existence was opportune. With the
Carthaginians he has fought two battles and has come
out vanquished in each. Yet when he was entrusted
with a generalship by the citizens but one time, he
speedily robbed them of their freedom, slaying those
who spoke openly on behalf of the laws and exiling
the more wealthy ; he gave the wives of the banished
in marriage to slaves and to a motley throng ; he put
the weapons of citizens in the hands of barbarians
and foreigners. And these deeds, O Zeus and all the
gods, were the work of a public clerk, of a desperate
man.

67. " Where, then, is the Syracusans' love of
freedom ? Where the deeds of our ancestors ? I say
nothing of the three hundred thousand Carthaginians
who were totally destroyed at Himera [1] ; I pass by
the overthrow of the tyrants who followed Gelon.[2]
But only yesterday, as it were, when the Athenians
attacked Syracuse with such great armaments, our
fathers left not a man free to carry back word of the
disaster. And shall we, who have such great examples
of our fathers' valour, take orders from Dionysius,
especially when we have weapons in our hands ?
Surely some divine providence has gathered us here,
with allies about us and weapons in our hands, for
the purpose of recovering our freedom, and it is
within our power this day to play the part of brave
men and rid ourselves with one accord of our heavy

[1] Cp. Book 11. 22.   [2] Cp. Book 11. 67-68.

---

[4] εἰ after ἀλλ' omitted by A, Vogel.

ἔμπροσθεν χρόνον παρωπλισμένοι καὶ ἔρημοι[1] συμ-
μάχων ὄντες, τῷ δὲ τῶν μισθοφόρων πλήθει τηρού-
μενοι,[2] σχεδὸν εἴκομεν τῷ τῆς ἀνάγκης καιρῷ·
νῦν δὲ τῶν ὅπλων κυριεύοντες καὶ τοὺς συμμάχους
ἅμα βοηθοὺς καὶ θεατὰς ἔχοντες τῆς ἀρετῆς, μὴ
παραχωρήσωμεν ἀλλὰ ποιήσωμεν φανερόν, ὡς διὰ
καιρόν, οὐ δι' ἀνανδρίαν ὑπεμείναμεν δουλεύειν.
4 οὐκ αἰσχυνόμεθα τῶν πολέμων ἔχοντες ἡγεμόνα
τὸν τὰ κατὰ τὴν πόλιν ἱερὰ σεσυληκότα, καὶ τηλι-
κούτων πραγμάτων ποιοῦντες προστάτην, ᾧ βίον
ἰδιωτικὸν οὐδεὶς ἂν εὖ φρονῶν διοικεῖν ἐπιτρέψειεν·
καὶ τῶν ἄλλων ἐν τοῖς πολέμοις μάλιστα τηρούντων
τὰ πρὸς τοὺς θεοὺς ὅσια διὰ τὸ μέγεθος τῶν κινδύ-
νων, ἡμεῖς τὸν ἐπ' ἀσεβείᾳ διωνομασμένον ἐλπί-
ζομεν καταλύσειν τὸν[3] πόλεμον;

68. Καίτοι γε εἴ τις βούλεται τἀκριβὲς ζητεῖν,
εὑρήσει Διονύσιον οὐχ ἧττον τοῦ πολέμου τὴν
εἰρήνην εὐλαβούμενον. νῦν μὲν γὰρ διὰ τὸν ἀπὸ
τῶν πολεμίων φόβον νομίζει τοὺς Συρακοσίους
μηθὲν ἐπιχειρήσειν κατ' αὐτοῦ πρᾶξαι, καταπονη-
θέντων δὲ τῶν Καρχηδονίων ἀντιλήψεσθαι τῆς
ἐλευθερίας, τῶν μὲν ὅπλων κυριεύοντας, διὰ δὲ
2 τὰς πράξεις πεφρονηματισμένους. διὰ τοῦτο γάρ,
οἶμαι, κατὰ μὲν τὸν πρῶτον πόλεμον προδοὺς
Γέλαν καὶ Καμάριναν ταύτας ἀοικήτους ἐποίησεν,
ἐν δὲ ταῖς συνθήκαις ἐκδότους τὰς πλείστας[4] Ἑλ-
3 ληνίδας πόλεις συνέθετο. μετὰ δὲ ταῦτ' ἐν εἰρήνῃ

---

[1] καὶ ἔρημοι suggested by Vogel.
[2] So Wesseling : πληρούμενοι.
[3] τὸν added by Eichstädt.

yoke. For hitherto, while we were disarmed and 396 B.C.
without allies and guarded by a multitude of mer-
cenaries, we have, I dare say, yielded to the pressure
of circumstances ; but now, since we have arms in
our hands and allies to give us aid as well as bear
witness of our bravery, let us not yield but make it
clear that it was circumstances, not cowardice, that
made us submit to slavery. Are we not ashamed
that we should have as commander in our wars the
man who has plundered the temples of our city and
that we choose as representative in such important
matters a person to whom no man of good sense would
entrust the management of his private affairs ? And
though all other peoples in times of war, because of
the great perils they face, observe with the greatest
care their obligations to the gods, do we expect that
a man of such notorious impiety will put an end to
the war ?

68. " In fact, if a man cares to put a finer point on
it, he will find that Dionysius is as wary of peace as
he is of war. For he believes that, as matters stand,
the Syracusans, because of their fear of the enemy,
will not attempt anything against him, but that once
the Carthaginians have been defeated they will claim
their freedom, since they will have weapons in their
hands and will be proudly conscious of their deeds.
Indeed this is the reason, in my opinion, why in the
first war he betrayed Gela and Camarina [1] and made
these cities desolate, and why in his negotiations he
agreed that most of the Greek cities should be given
over to the enemy. After this he broke faith in time

---

[1] Cp. Book 13. 111.

---

[4] ἀοικήτους after πλείστας deleted by Reiske.

Νάξον καὶ Κατάνην παρασπονδῶν ἐξανδραποδι-
σάμενος ἣν μὲν κατέσκαψεν, ἣν δὲ τοῖς ἐξ Ἰταλίας
4 Καμπανοῖς οἰκητήριον ἔδωκεν. ἐπειδὴ δὲ ἐκείνων
ἀπολομένων οἱ περιλειφθέντες πολλάκις ἐπεβάλοντο
καταλῦσαι τὴν τυραννίδα, πάλιν τοῖς Καρχηδονίοις
πόλεμον κατήγγειλεν· οὐ γὰρ οὕτως εὐλαβεῖτο λῦ-
σαι τὰς συνθήκας παρὰ τοὺς ὅρκους, ὡς ἐφοβεῖτο
τὰ περιλελειμμένα¹ συστήματα τῶν Σικελιωτῶν.

Καὶ δὴ φαίνεται διὰ παντὸς ἐπηγρυπνηκὼς τῇ
5 τούτων ἀπωλείᾳ. καὶ πρῶτον μὲν περὶ Πάνορ-
μον δυνάμενος παρατάξασθαι τοῖς πολεμίοις, ἀπο-
βαινόντων ἐκ τῶν νεῶν καὶ τὰ σώματα κακῶς
ἐχόντων διὰ τὸν σάλον, οὐκ ἠβουλήθη· μετὰ δὲ
ταῦτα τὴν Μεσσήνην ἐπίκαιρον καὶ τηλικαύτην
πόλιν ἀβοήθητον περιδὼν εἴασε κατασκαφῆναι,
ὅπως μὴ μόνον ὡς πλεῖστοι διαφθείρωνται τῶν
Σικελιωτῶν, ἀλλὰ καὶ Καρχηδόνιοι τὰς ἐξ Ἰταλίας
βοηθείας καὶ τοὺς ἐκ Πελοποννήσου στόλους ἐμφρά-
6 ξωσιν. τὸ δὲ τελευταῖον ἐν τῷ Καταναίων αἰγιαλῷ
διηγωνίσατο, παρεὶς πρὸς τῇ πόλει τὴν μάχην
συστήσασθαι πρὸς τὸ τοὺς ἐλαττουμένους κατα-
φεύγειν εἰς τοὺς οἰκείους λιμένας. μετὰ δὲ τὴν
ναυμαχίαν, μεγάλων πνευμάτων ἐπιγενομένων καὶ
τῶν Καρχηδονίων ἀναγκασθέντων νεωλκῆσαι τὸν
7 στόλον, καιρὸν εἶχε τοῦ νικᾶν κάλλιστον· τὸ μὲν
γὰρ πεζὸν στράτευμα τῶν πολεμίων οὔπω κατην-
τηκὸς ἦν, τὸ δὲ μέγεθος τοῦ χειμῶνος ἐπὶ τὸν
αἰγιαλὸν αὐτοῖς τὰς ναῦς ἐξέβραττεν. τότε συν-
επιθεμένων ἡμῶν πεζῇ πάντων ἠναγκάσθησαν ἂν²

of peace with Naxos and Catanê and sold the in-
habitants into slavery, razing one to the ground and
giving the other to the Campanians from Italy to
dwell in. And when, after the destruction of these
peoples, the rest of Sicily made many attempts to
overthrow his tyranny, he again declared war upon
the Carthaginians ; for his scruple against breaking
his agreement in violation of the oaths he had taken
was not so great as his fear of the surviving concen-
trations of the Sicilian Greeks.

" Moreover, it is obvious that he has been at all
times on the alert to effect their destruction. First
of all at Panormus, when the enemy were disembark-
ing and were in bad physical condition after the
stormy passage, he could have offered battle, but
did not choose to do so. After that he stood idly by
and sent no help to Messenê, a city strategically
situated and of great size, but allowed it to be razed,
not only in order that the greatest possible number
of Sicilian Greeks should perish, but also that the
Carthaginians might intercept the reinforcements
from Italy and the fleets from the Peloponnesus.
Last of all, he joined battle offshore at Catanê, care-
less of the advantage of pitching battle near the city,
where the vanquished could find safety in their own
harbours. After the battle, when strong winds sprang
up and the Carthaginians were forced to haul their
fleet up on land, he had a most favourable oppor-
tunity for victory ; for the land forces of the enemy
had not yet arrived and the violent storm was driving
the enemy's ships on the shore. At that time, if we
had all attacked on land, the only outcomes left the
enemy would have been, either to be captured with

---

¹ So Reiske : παραλελειμμένα.   ² ἂν added by Reiske.

ἀποβαίνοντες ἁλίσκεσθαι ῥᾳδίως ἢ πρὸς τὰ κύματα βιαζόμενοι τὸν αἰγιαλὸν πληρῶσαι ναυαγίων.

69. Ἀλλὰ τὸ μὲν Διονυσίου κατηγορεῖν ἐν Συρακοσίοις ἐπὶ πλεῖον οὐκ ἀναγκαῖον εἶναι νομίζω. εἰ γὰρ οἱ δι᾿ αὐτῶν τῶν ἔργων ἀνήκεστα παθόντες οὐκ ἐγείρονται τοῖς θυμοῖς, ἦπου τοῖς λόγοις προαχθήσονται πρὸς τὴν κατὰ τούτου τιμωρίαν, καὶ ταῦτ᾿ ἰδόντες αὐτὸν πολίτην μὲν γεγονότα πονηρότατον, τύραννον δὲ πικρότατον, στρατηγὸν δὲ
2 πάντων ἀγενέστατον; ὁσάκις μὲν γὰρ σὺν τούτῳ παρεταξάμεθα, τοσαυτάκις ἡττήθημεν· νυνὶ δὲ καθ᾿ αὑτοὺς ὀλίγαις ναυσὶ τὴν πᾶσαν τῶν πολεμίων δύναμιν κατεναυμαχήσαμεν. διόπερ ἕτερον ἡγεμόνα ζητητέον, ὅπως μὴ τὸν σεσυληκότα τοὺς τῶν θεῶν ναοὺς στρατηγὸν ἔχοντες ἐν τῷ πολέμῳ θεο-
3 μαχῶμεν. φανερῶς γὰρ τὸ δαιμόνιον ἀντιπράττει τοῖς τὸν ἀσεβέστατον προχειρισαμένοις ἐπὶ τὴν ἡγεμονίαν. τὸ γὰρ μετὰ μὲν τούτου πάσας τὰς δυνάμεις ἡττῆσθαι, χωρὶς δὲ τούτου καὶ βραχὺ μέρος ἱκανὸν εἶναι καταπολεμῆσαι Καρχηδονίους, πῶς οὐ πᾶσιν ὁρατὴν ἔχει τὴν τῶν θεῶν ἐπιφά-
4 νειαν; διόπερ, ὦ ἄνδρες, ἐὰν μὲν ἑκὼν ἀποτίθηται τὴν ἀρχήν, ἐάσωμεν αὐτὸν ἀπαλλάττεσθαι μετὰ τῶν ἰδίων ἐκ τῆς πόλεως· ἐὰν δὲ μὴ βούληται, καιρὸν ἔχομεν κάλλιστον τὸν παρόντα πρὸς τὸ τῆς ἐλευθερίας ἀντιλαμβάνεσθαι. πάντες συνεληλύθαμεν, κύριοι τῶν ὅπλων ἐσμέν, συμμάχους ἔχομεν παρόντας οὐ μόνον τοὺς ἀπὸ τῆς Ἰταλίας Ἕλ-
5 ληνας, ἀλλὰ καὶ τοὺς ἀπὸ Πελοποννήσου. τὴν δὲ

ease, if they left their ships, or to strew the coast with wreckage, if they matched their strength against the waves.

69. " But to lodge accusations against Dionysius at greater length among Syracusans is, I should judge, not necessary. For if men who have suffered in very deed such irretrievable ruin are not roused to rage, will they, forsooth, be moved by words to wreak vengeance upon him—men too who have seen his behaviour as the worst of citizens, the harshest of tyrants, the most ignoble of all generals ? For as often as we have stood in line of battle under his command, so often have we been defeated, whereas but just now, when we fought independently, we defeated with a few ships the enemy's entire force. We should, therefore, seek out another leader, to avoid fighting under a general who has pillaged the shrines of the gods and so finding ourselves engaged in a war against the gods ; for it is manifest that heaven opposes those who have selected the worst enemy of religion to be their commander. Noting that when he is present our armies in full force suffer defeat, whereas, when he is absent, even a small detachment is sufficient to defeat the Carthaginians, should not all men see in this the visible presence of the gods ? Therefore, fellow citizens, if he is willing to lay down his office of his own accord, let us allow him to leave the city with his possessions ; but if he does not choose to do so, we have at the present moment the fairest opportunity to assert our freedom. We are all gathered together ; we have weapons in our hands ; we have allies about us, not only the Greeks from Italy but also those from the Peloponnesus. The chief command must be

ἡγεμονίαν δοτέον κατὰ τοὺς νόμους πολίταις ἢ τοῖς
κατὰ τὴν μητρόπολιν οἰκοῦσι Κορινθίοις ἢ τοῖς
ἀφηγουμένοις τῆς Ἑλλάδος Σπαρτιάταις.

70. Τοιούτοις τοῦ Θεοδώρου χρησαμένου λόγοις,
οἱ μὲν Συρακόσιοι μετέωροι ταῖς ψυχαῖς ἐγένοντο
καὶ πρὸς τοὺς συμμάχους ἀπέβλεπον, Φαρακίδου
δὲ τοῦ Λακεδαιμονίου ναυαρχοῦντος τῶν συμμά-
χων[1] παρελθόντος ἐπὶ τὸ βῆμα, πάντες προσεδόκων
2 ἀρχηγὸν ἔσεσθαι τῆς ἐλευθερίας. ὁ δὲ τὰ πρὸς
τὸν τύραννον ἔχων οἰκείως ἔφησεν αὐτὸν ὑπὸ Λακε-
δαιμονίων ἀπεστάλθαι Συρακοσίοις καὶ Διονυσίῳ
συμμαχεῖν πρὸς Καρχηδονίους, ἀλλ' οὐ Διονυσίου
τὴν ἀρχὴν καταλύειν. παρὰ δὲ τὴν προσδοκίαν
γενομένης τῆς ἀποφάσεως, οἱ μὲν μισθοφόροι συν-
έδραμον πρὸς τὸν Διονύσιον, οἱ δὲ Συρακόσιοι
καταπλαγέντες τὴν ἡσυχίαν εἶχον, πολλὰ τοῖς
3 Σπαρτιάταις καταρώμενοι· καὶ γὰρ τὸ πρότερον
Ἀρέτης ὁ Λακεδαιμόνιος ἀντιλαμβανόμενος[2] αὐτῶν
τῆς ἐλευθερίας ἐγένετο προδότης, καὶ τότε Φαρα-
κίδας ἐνέστη ταῖς ὁρμαῖς τῶν Συρακοσίων. ὁ δὲ
Διονύσιος τότε μὲν ἐγένετο περίφοβος καὶ διέλυσε
τὴν ἐκκλησίαν, μετὰ δὲ ταῦτα φιλανθρώποις λόγοις
χρησάμενος καθωμίλει τῷ πλήθει,[3] καὶ τινὰς μὲν
δωρεαῖς ἐτίμα, τινὰς δ' ἐπὶ τὰ συσσίτια παρελάμ-
βανε.

4 Καρχηδονίοις δὲ μετὰ τὴν κατάληψιν[4] τοῦ προ-
αστείου καὶ τὴν σύλησιν τοῦ τε τῆς Δήμητρος καὶ
Κόρης ἱεροῦ ἐνέπεσεν εἰς τὸ στράτευμα νόσος· συν-
επελάβετο δὲ καὶ τῇ τοῦ δαιμονίου συμφορᾷ τὸ[5]

---

[1] καὶ after συμμάχων deleted by Hertlein.

given, according to the laws, either to citizens, or to 396 b.c.
the Corinthians who dwell in our mother-city, or to
the Spartans who are the first power in Greece."

70. After this speech by Theodorus the Syracusans
were in high spirits and kept their eyes fixed on their
allies ; and when Pharacidas the Lacedaemonian, the
admiral of the allies, stepped up to the platform, all
expected that he would take the lead for liberty. But
he was on friendly terms with the tyrant and declared
that the Lacedaemonians had dispatched him to aid
the Syracusans and Dionysius against the Cartha-
ginians, not to overthrow the rule of Dionysius. At
this statement so contrary to expectation the mer-
cenaries flocked about Dionysius, and the Syracusans
in dismay made no move, although they called down
many curses on the Spartans. For on a previous
occasion Aretes [1] the Lacedaemonian, at the time
that he was asserting the right of the Syracusans to
freedom, had betrayed them, and now at this time
Pharacidas vetoed the movement of the Syracusans.
For the moment Dionysius was in great fear and
dissolved the assembly, but later he won the favour
of the multitude by kindly words, honouring some
of them with gifts and inviting some to general ban-
quets.

After the Carthaginians had seized the suburb and
pillaged the temple of Demeter and Corê, a plague
struck the army. Over and above the disaster sent
by influence of the deity, there were contributing

---

[1] Cp. chap. 10 above, where he is called Aristus.

---

[2] ἀντιλαμβανόμενος] ἀντιλαμβανομένων Reiske, Vogel.
[3] τῷ πλήθει] τὰ πλήθη Reiske, Vogel.
[4] So Wesseling : κατάλυσιν.
[5] τὸ added by Eichstädt.

μυριάδας εἰς ταὐτὸ συναθροισθῆναι καὶ τὸ τῆς ὥρας
εἶναι πρὸς τὰς νόσους ἐνεργότατον, ἔτι δὲ τὸ ἔχειν
5 ἐκεῖνο τὸ θέρος καύματα παρηλλαγμένα. ἔοικε δὲ
καὶ ὁ τόπος αἴτιος γεγονέναι πρὸς τὴν ὑπερβολὴν
τῆς συμφορᾶς· καὶ γὰρ Ἀθηναῖοι πρότερον τὴν
αὐτὴν ἔχοντες παρεμβολὴν πολλοὶ διεφθάρησαν ὑπὸ
τῆς νόσου, ἑλώδους ὄντος τοῦ τόπου καὶ κοίλου.
6 πρῶτον μὲν πρὶν ἥλιον ἀνατεῖλαι διὰ τὴν ψυχρό-
τητα τὴν ἐκ τῆς αὔρας τῶν ὑδάτων φρίκη κατεῖχε
τὰ σώματα· κατὰ δὲ τὴν μεσημβρίαν ἡ[1] θερμότης
ἔπνιγεν, ὡς ἂν τοσούτου πλήθους ἐν στενῷ τόπῳ
συνηθροισμένου.

71. Ἥψατο μὲν οὖν ἡ νόσος πρῶτον τῶν Λιβύων,
ἐξ ὧν πολλῶν ἀποθνησκόντων τὸ μὲν πρῶτον
ἔθαπτον τοὺς τετελευτηκότας, μετὰ δὲ ταῦτα διά
τε τὸ πλῆθος τῶν νεκρῶν καὶ διὰ τὸ τοὺς νοσοκο-
μοῦντας ὑπὸ τῆς νόσου διαρπάζεσθαι, οὐδεὶς ἐτόλμα
προσιέναι τοῖς κάμνουσιν. παραιρεθείσης οὖν καὶ
2 τῆς θεραπείας ἀβοήθητος ἦν ἡ συμφορά. διὰ γὰρ
τὴν τῶν ἀθάπτων δυσωδίαν καὶ τὴν ἀπὸ τῶν ἑλῶν
σηπεδόνα πρῶτον μὲν ἤρχετο τῆς νόσου κατάρρους,
μετὰ δὲ ταῦτ' ἐγίνετο περὶ τὸν τράχηλον οἰδήματα·
ἐκ δὲ τοῦ[2] κατ' ὀλίγον ἠκολούθουν πυρετοὶ καὶ
περὶ τὴν ῥάχιν νεύρων πόνοι καὶ τῶν σκελῶν βαρύ-
τητες· εἶτ' ἐπεγίνοντο δυσεντερία καὶ φλύκταιναι
3 περὶ τὴν ἐπιφάνειαν ὅλην τοῦ σώματος. τοῖς μὲν
οὖν πλείστοις τοιοῦτον ἦν τὸ πάθος, τινὲς δ' εἰς
μανίαν καὶ λήθην τῶν ἁπάντων ἔπιπτον, οἳ περι-
πορευόμενοι τὴν παρεμβολὴν ἐξεστῶτες τοῦ φρο-
νεῖν ἔτυπτον τοὺς ἀπαντῶντας. καθόλου δὲ συνέβη
καὶ τὴν ἀπὸ τῶν ἰατρῶν βοήθειαν ἄπρακτον εἶναι

---

[1] ἡ] omitted P, Vogel.　　　　[2] So Eichstädt : τούτου.

causes: that myriads of people were gathered to- gether, that it was the time of the year which is most productive of plagues, and that the particular summer had brought unusually hot weather. It also seems likely that the place itself was responsible for the excessive extent of the disaster ; for on a former occasion the Athenians too, who occupied the same camp, had perished in great numbers from the plague,[1] since the terrain was marshy and in a hollow. First, before sunrise, because of the cold from the breeze over the waters, their bodies were struck with chills, but in the middle of the day the heat was stifling, as must be the case when so great a multitude is gathered together in a narrow place.

71. Now the plague first attacked the Libyans, and, as many of them perished, at first they buried the dead, but later, both because of the multitude of corpses and because those who tended the sick were seized by the plague, no one dared approach the suffering.[2] When even nursing was thus omitted, there was no remedy for the disaster. For by reason of the stench of the unburied and the miasma from the marshes, the plague began with a catarrh ; then came a swelling in the throat ; gradually burning sensations ensued, pains in the sinews of the back, and a heavy feeling in the limbs ; then dysentery supervened and pustules upon the whole surface of the body. In most cases this was the course of the disease ; but some became mad and totally lost their memory ; they circulated through the camp, out of their mind, and struck at anyone they met. In general, as it turned out, even help by physicians was

---

[1] Cp. Book 13. 12.
[2] Perhaps the text added : " or the dead."

καὶ[1] διὰ τὸ μέγεθος τοῦ πάθους καὶ τὴν ὀξύτητα τοῦ
θανάτου· πεμπταῖοι γὰρ ἢ τὸ πλεῖστον ἑκταῖοι
μετήλλαττον, δεινὰς ὑπομένοντες τιμωρίας, ὥσθ᾽
ὑπὸ πάντων μακαρίζεσθαι τοὺς ἐν τῷ πολέμῳ
4 τετελευτηκότας. καὶ γὰρ οἱ τοῖς κάμνουσι παρ-
εδρεύοντες ἐνέπιπτον εἰς τὴν νόσον ἅπαντες, ὥστε
δεινὴν εἶναι τὴν συμφορὰν τῶν ἀρρωστούντων, μη-
δενὸς θέλοντος ὑπηρετεῖν τοῖς ἀτυχοῦσιν. οὐ γὰρ
μόνον οἱ μηδὲν προσήκοντες ἀλλήλους ἐγκατέλει-
πον, ἀλλ᾽ ἀδελφοὶ μὲν ἀδελφούς, φίλοι δὲ τοὺς
συνήθεις ἠναγκάζοντο προΐεσθαι διὰ τὸν ὑπὲρ
αὑτῶν φόβον.

72. Διονύσιος δ᾽ ἐπειδὴ τὴν περὶ Καρχηδονίους
συμφορὰν ἤκουσεν, ὀγδοήκοντα μὲν ναῦς πληρώσας
Φαρακίδᾳ καὶ Λεπτίνῃ τοῖς ναυάρχοις ἐπέταξεν
ἅμ᾽ ἡμέρᾳ τὸν ἐπίπλουν ταῖς πολεμίαις ναυσὶ
ποιήσασθαι, αὐτὸς δ᾽ ἀσελήνου τῆς νυκτὸς οὔσης
περιήγαγε τὴν δύναμιν, καὶ περιελθὼν ἐπὶ τὸ τῆς
Κυάνης ἱερὸν ἔλαθε τοὺς πολεμίους ἅμ᾽ ἡμέρᾳ
2 προσιὼν τῇ παρεμβολῇ. τοὺς μὲν οὖν ἱππεῖς καὶ
μισθοφόρων πεζοὺς χιλίους προαπέστειλεν εἰς τὸ
πρὸς τὴν μεσόγειον ἀνατεῖνον μέρος τῆς τῶν Καρ-
χηδονίων στρατοπεδείας. οὗτοι δ᾽ ἦσαν οἱ μισθο-
φόροι τῷ Διονυσίῳ παρὰ πάντας ἀλλοτριώτατοι
καὶ πλεονάκις στάσεις[2] καὶ ταραχὰς ποιοῦντες.
3 διόπερ ὁ μὲν Διονύσιος τοῖς ἱππεῦσιν ἦν παρηγ-
γελκώς, ὅταν ἐξάπτωνται τῶν πολεμίων, φεύγειν

---

[1] καὶ deleted by Dindorf, Vogel.
[2] So Dindorf : ἀποστάσεις.

of no avail both because of the severity of the disease 396 b.c.
and the swiftness of the death ; for death came on
the fifth day or on the sixth at the latest, amidst such
terrible tortures that all looked upon those who had
fallen in the war as blessed. In fact all who watched
beside the sick were struck by the plague, and thus
the lot of the ill was miserable, since no one was
willing to minister to the unfortunate. For not only
did any not akin abandon one another, but even
brothers were forced to desert brothers, friends to
sacrifice friends out of fear for their own lives.[1]

72. When Dionysius heard of the disaster that had
struck the Carthaginians, he manned eighty ships
and ordered Pharacidas and Leptines the admirals
to attack the enemy's ships at daybreak, while he
himself, profiting by a moonless night, made a circuit
with his army and, passing by the temple of Cyanê,[2]
arrived near the camp of the enemy at daybreak
before they were aware of it. The cavalry and a
thousand infantry from the mercenaries were dis-
patched in advance against that part of the Cartha-
ginian encampment which extended toward the
interior. These mercenaries were the most hostile,
beyond all others, to Dionysius and had engaged
time and again in factional quarrels and uproars.
Consequently Dionysius had issued orders to the
cavalry that as soon as they came to blows with the
enemy they should flee and leave the mercenaries

---

[1] Hans Zinsser (*Rats, Lice and History*, pp. 124-127)
thinks that this plague was " the severe, confluent type of
smallpox in which death on the fifth or sixth day is not ex-
ceptional," despite the fact that there is almost general
agreement among scholars that smallpox was not known
in the Greek and Roman classical period.

[2] Cp. Book 5. 4.

καὶ τοὺς μισθοφόρους ἐγκαταλιπεῖν· ὧν ποιησάν-
των τὸ προσταχθὲν οὗτοι μὲν ἅπαντες κατεκό-
πησαν, ὁ δὲ Διονύσιος ἅμα τήν τε παρεμβολὴν καὶ
τὰ φρούρια πολιορκεῖν ἐπεχείρησε· καὶ τῶν βαρ-
βάρων διὰ τὸ παράδοξον καταπεπληγμένων καὶ
παραβοηθούντων τεταραγμένως, αὐτὸς μὲν φρού-
ριον τὴν καλουμένην Πολίχναν εἷλε κατὰ κράτος,
ἐκ δὲ θατέρου μέρους οἱ ἱππεῖς καί τινες τῶν
τριήρων προσπλεύσασαι τὸ πρὸς τῷ Δάσκωνι χω-
4 ρίον ἐξεπολιόρκησαν. εὐθὺ δ' αἵ τε ναῦς ἅπασαι
τὸν ἐπίπλουν ἐποιήσαντο, καὶ κατὰ τὰς τῶν φρου-
ρίων ἁλώσεις ἐπαλαλάξαντος τοῦ στρατοπέδου
περιδεεῖς οἱ βάρβαροι καθεστήκεισαν. ἐξ ἀρχῆς
μὲν γὰρ ἐπὶ τὸ πεζὸν στράτευμα πάντες συνέδρα-
μον, ἀμυνόμενοι[1] τοὺς τὴν παρεμβολὴν πολιορ-
κοῦντας· ὡς δὲ καὶ τὸν τῶν νεῶν ἐπίπλουν εἶδον,
πάλιν ἐξεβοήθουν ἐπὶ τὸν ναύσταθμον· καταπα-
χούμενοι δ' ὑπὸ τῆς ὀξύτητος τοῦ καιροῦ τὴν ἑαυ-
5 τῶν σπουδὴν εἶχον ἄπρακτον. ἔτι γὰρ αὐτῶν
ἀναβαινόντων ἐπὶ τὰ καταστρώματα καὶ πληρούν-
των τὰς τριήρεις, αἱ πολέμιαι ναῦς ταῖς εἰρεσίαις
ἐλαυνόμεναι πλαγίαις ἐνέσειον πολλάκις.[2] ἐκ μὲν
οὖν μιᾶς ἐπικαίρου πληγῆς κατέδυον τὰς τιτρω-
σκομένας ναῦς· αἱ δὲ πλείοσιν ἐμβολαῖς ἀναρ-
ρήττουσαι τὰς συγγεγομφωμένας σανίδας δεινὴν
6 ἔκπληξιν τοῖς ἀντιταττομένοις παρείχοντο. πάντη
δὲ τῶν ἐξοχωτάτων νεῶν θραυομένων, αἱ μὲν
ἐκ τῶν ἐμβόλων ἀναρρηττόμεναι λακίδες ἐξαίσιον
ἐποιοῦντο ψόφον, ὁ δὲ παρὰ τὴν μάχην παρήκων
αἰγιαλὸς ἔγεμε νεκρῶν.

73. Οἱ δὲ Συρακόσιοι τῷ προτερήματι συμφιλο-
τιμούμενοι κατὰ πολλὴν σπουδὴν ἀλλήλους ἔφθανον

in the lurch ; when this order had been carried out 396 B.C.
and the mercenaries had been slain to a man, Diony-
sius set about laying siege to both the camp and the
forts. While the barbarians were still dismayed at
the unexpected attack and bringing up reinforce-
ments in disorderly fashion, he on his part took by
storm the fort known as Polichna ; and on the
opposite side the cavalry, aided in an attack by some
of the triremes, stormed the area around Dascon. At
once all the warships joined in the attack, and when
the army raised the war-cry at the taking of the forts,
the barbarians were in a state of panic. For at the
outset they had rushed in a body against the land
troops in order to ward off the assailants of the camp ;
but when they saw the fleet also coming up to attack,
they turned back to give help to the naval station.
The swift course of events, however, outstripped
them and their haste was without result. For even
as they were mounting the decks and manning the
triremes, the enemy's vessels, driven on by rowers,
struck the ships athwart in many cases. Now one
well-delivered blow would sink a damaged ship ; but
blows in repeated rammings, which broke through
the nailed timbers, struck terrible dismay into the
opponents. Since all about the mightiest ships were
being shattered, the rending of the vessels by the
crushing blows raised a great noise and the shore
extending along the scene of the battle was strewn
with corpses.

73. The Syracusans, eagerly co-operating in their
success, rivalled one another in great zeal to be the

---

¹ ἐπὶ after ἀμυνόμενοι deleted by Wesseling.
² πολλάκις Post : μόγις.

ἐπιπηδῶντες ταῖς πολεμίαις ναυσί, καὶ τοὺς βαρ-
βάρους καταπεπληγμένους τὸ μέγεθος τῆς περι-
2 στάσεως περιχυθέντες ἐφόνευον. οὐ μὴν οὐδ' οἱ
πεζῇ τῷ ναυστάθμῳ προσβάλλοντες ἐλείποντο τῆς
τούτων σπουδῆς· ἐν οἷς συνέβαινεν εἶναι καὶ αὐτὸν
τὸν Διονύσιον, παριππευκότα πρὸς τὸ κατὰ Δά-
σκωνα μέρος. εὑρόντες γὰρ πεντηκοντόρους τετ-
ταράκοντα νενεωλκημένας, καὶ κατὰ τὸ συνεχὲς
ναῦς παρορμούσας ὁλκάδας καί τινας τῶν τριήρων,
3 πῦρ εἰς αὐτὰς ἐνῆκαν. ταχὺ δὲ τῆς φλογὸς εἰς
ὕψος ἀρθείσης καὶ χεομένης ἐπὶ πολὺν τόπον
ἐφλέγετο τὰ σκάφη, καὶ τῶν ἐμπόρων τε καὶ
ναυκλήρων οὐδεὶς ἐδύνατο παραβοηθῆσαι διὰ τὸ
πλῆθος τοῦ πυρός. ἐπιγενομένου δὲ[1] μεγάλου
πνεύματος ἐκ τῶν νενεωλκημένων σκαφῶν ἐφέρετο
4 τὸ πῦρ ἐπὶ τὰς ὁρμούσας ὁλκάδας. τῶν δ' ἀνδρῶν
ἐκκολυμβώντων διὰ τὸν ἀπὸ τῆς πνιγὸς[2] φόβον,
καὶ τῶν ἀγκυρίων ἀποκαιομένων, διὰ τὸν κλύδωνα
συνέκρουον αἱ ναῦς, καὶ τινὲς μὲν ὑπ' ἀλλήλων
συντριβόμεναι διεφθείροντο, τινὲς δὲ ὑπὸ τοῦ πνεύ-
ματος ὠθούμεναι, αἱ[3] πλεῖσται[4] δ' ὑπὸ τοῦ πυρὸς
5 ἀπώλλυντο. ἔνθα δὴ τῶν φορτηγῶν πλοίων ἀνα-
φερομένης τῆς φλογὸς διὰ τῶν ἱστίων[5] καὶ τὰς
κεραίας καταφλεγούσης, τοῖς ἐκ τῆς πόλεως
θεατρικὴν συνέβαινε γίνεσθαι τὴν θέαν καὶ τοῖς
δι' ἀσέβειαν κεραυνωθεῖσι φαίνεσθαι παραπλησίαν
τὴν ἀπώλειαν τῶν βαρβάρων.

74. Διόπερ τοῖς εὐτυχήμασι μετεωριζόμενοι τὰ
πορθμεῖα συνεπλήρουν οἵ τε πρεσβύτατοι τῶν παί-

first to board the enemy's ships, and surrounding the 396 B.C.
barbarians, who were terror-stricken at the magnitude
of the peril they faced, put them to death. Nor did
the infantry who were attacking the naval station
show less zeal than the others, and among them, it
so happened, was Dionysius himself, who had ridden
on horseback to the section about Dascon. Finding
there forty ships of fifty oars, which had been drawn
up on the beach, and beside them merchant ships
and some triremes at anchor, they set fire to them.
Quickly the flame leaped up into the sky and, spread-
ing over a large area, caught the shipping, and none
of the merchants or owners was able to bring any
help because of the violence of the blaze. Since a
strong wind arose, the fire was carried from the ships
drawn up on land to the merchantmen lying at anchor.
When the crews dived into the water from fear of
suffocation and the anchor cables were burnt off, the
ships came into collision because of the rough seas,
some of them being destroyed as they struck one
another, and others as the wind drove them about,
but the majority of them were victims of the fire.
Thereupon, as the flames swept up through the sails
of the merchant-ships and consumed the yard-arms,
the sight was like a scene from the theatre to the
inhabitants of the city and the destruction of the
barbarians resembled that of men struck by lightning
from heaven for their impiety.

74. Forthwith, elated by the Syracusan successes,
both the oldest youths and such aged men as were

---

¹ δὲ added by Stephanus.
² πνιγὸς Eichstädt, πνιγῆς Reiske, Vogel, φλογὸς Wesseling :
πληγῆς.   ³ αἱ added by Reiske.
⁴ So Wesseling : πλεῖστον.   ⁵ So Wurm : ἱστῶν.

δων καὶ τῶν παρηκμακότων ταῖς ἡλικίαις οἱ μὴ
τελείως ὑπὸ τοῦ γήρως καταπονούμενοι· πρὸς δὲ
τὰς κατὰ τὸν λιμένα ναῦς ὡς ἔτυχε προσπλέοντες
ἀθρόοι τὰς μὲν προδιεφθαρμένας ὑπὸ τοῦ πυρὸς
διήρπαζον, ἐκλέγοντες τῶν χρησίμων τὰ δυνάμενα
βοηθείας τυχεῖν, τὰς δ᾽ ἀκεραίους ἐξαπτόμενοι
2 κατῆγον εἰς τὴν πόλιν. οὕτως οὐδὲ οἱ τῶν κατὰ
πόλεμον ἀφιέμενοι[1] διὰ τὰς ἡλικίας καρτερεῖν ἐδύ-
ναντο, διὰ δὲ τὴν ὑπερβολὴν τῆς χαρᾶς ἡ φιλοτιμία
τῆς ψυχῆς κατίσχυε[2] τὴν ἡλικίαν. τοῦ δὲ περὶ τὴν
νίκην λόγου διαρρυέντος κατὰ τὴν πόλιν, τὰς οἰκίας
ἐξέλειπον ὁμοῦ τοῖς οἰκέταις παῖδες καὶ γυναῖκες,
καὶ πάντων σπευδόντων ἐπὶ τὰ τείχη πᾶς τόπος
3 ἔγεμε τῶν θεωμένων. τούτων δ᾽ οἱ μὲν εἰς τὸν
οὐρανὸν τὰς χεῖρας ἐκτείναντες εὐχαρίστουν τοῖς
θεοῖς, οἱ δὲ τῆς τῶν ἱερῶν συλήσεως ἔφασαν εἰλη-
φέναι τοὺς βαρβάρους τὴν παρὰ τοῦ δαιμονίου
4 τιμωρίαν. ἐφαίνετο γὰρ διὰ μακροῦ θεομαχία
παραπλήσιος ἡ θέα, τοσούτων μὲν νεῶν πυρπολου-
μένων, τῆς δὲ φλογὸς διὰ τῶν ἱστίων εἰς ὕψος
ἀναφερομένης, καὶ τῶν μὲν Ἑλλήνων καθ᾽ ἕκαστον
τῶν προτερημάτων ἐπισημαινομένων ἐξαισίῳ βοῇ,
τῶν δὲ βαρβάρων διὰ τὴν ἔκπληξιν τοῦ δεινοῦ
πολὺν θόρυβον καὶ κραυγὴν σύμμικτον ποιούντων.
5 οὐ μὴν ἀλλὰ τότε μὲν τῆς νυκτὸς ἐπιγενομένης ἡ
μάχη διελύθη, καὶ Διονύσιος ἐπεστρατοπέδευσε τοῖς
βαρβάροις πρὸς τὸ τοῦ Διὸς ἱερὸν παρεμβολὴν
ποιησάμενος.

75. Οἱ δὲ Καρχηδόνιοι κατὰ γῆν ἅμα καὶ κατὰ
θάλατταν ἡττημένοι διεπρεσβεύσαντο πρὸς Διονύ-
σιον λάθρα τῶν Συρακοσίων· ἠξίουν δὲ αὐτὸν
ἀφιέναι τοὺς περιλειπομένους εἰς Λιβύην δια-

not yet entirely incapacitated by years manned
lighters, and approaching without order all together
made for the ships in the harbour. Those which the
fire had ruined they plundered, stripping them of
anything that could be saved, and such as were un-
damaged they took in tow and brought to the city.
Thus even those who by age were exempt from war
duties were unable to restrain themselves, but in
their excessive joy their ardent spirit prevailed over
their age. When the news of the victory ran through
the city, children and women, together with their
households, left their homes, everyone hurrying to
the walls, and the whole extent was crowded with
spectators. Of these some raised their hands to
heaven and returned thanks to the gods, and others
declared that the barbarians had suffered the punish-
ment of heaven for their plundering of the temples.
For from a distance the sight resembled a battle with
the gods, such a number of ships going up in fire,
the flames leaping aloft among the sails, the Greeks
applauding every success with great shouting, and
the barbarians in their consternation at the disaster
keeping up a great uproar and confused crying. But
as night came the battle ceased for the time, and
Dionysius kept to the field against the barbarians,
pitching a camp near the temple of Zeus.

75. Now that the Carthaginians had suffered defeat
on land as well as on sea, they entered into negotia-
tions with Dionysius without the knowledge of the
Syracusans. They asked him to allow their remaining
troops to cross back to Libya and promised to give

---

¹ ἀφιέμενοι] ἀφειμένοι Dindorf.
² So Wurm : κατῆρχε.

κομισθῆναι, καὶ τὰ κατὰ τὴν παρεμβολὴν αὐτοῖς
2 ὄντα τριακόσια τάλαντα δώσειν ἐπηγγέλλοντο. ὁ
δὲ Διονύσιος ἅπαντας μὲν ἀδύνατον εἶναι φυγεῖν
ἀπεφαίνετο, τοὺς δὲ¹ πολιτικοὺς συνεχώρησε μόνους
νυκτὸς ἀπελθεῖν λάθρᾳ κατὰ θάλατταν· ἤδει γὰρ
τοὺς Συρακοσίους καὶ τοὺς συμμάχους οὐκ ἐπι-
τρέψοντας αὐτῷ περὶ τούτων συγχωρεῖν τοῖς
3 πολεμίοις. ταῦτα δ' ἔπραττεν ὁ Διονύσιος οὐ βου-
λόμενος τελείως ἀπολέσθαι τὴν τῶν Καρχηδονίων
δύναμιν, ὅπως οἱ Συρακόσιοι διὰ τὸν ἀπὸ τούτων
φόβον μηδέποτε σχολὴν λάβωσιν ἀντέχεσθαι τῆς
ἐλευθερίας. ὁ μὲν οὖν Διονύσιος συνθέμενος εἰς
ἡμέραν τετάρτην ὑπὸ² νύκτα τὴν φυγὴν τοῖς Καρ-
χηδονίοις, τὸ στρατόπεδον ἀπήγαγεν εἰς τὴν πόλιν.
4 Ὁ δ' Ἰμίλκων νυκτὸς παρακομίσας εἰς τὴν ἀκρό-
πολιν τὰ τριακόσια τάλαντα παρέδωκε τοῖς ἐν τῇ
Νήσῳ τεταγμένοις ὑπὸ τοῦ τυράννου, αὐτὸς δ',
ἐπεὶ παρῆν ὁ συγκείμενος χρόνος, νυκτὸς ἐπλήρωσε
τετταράκοντα τριήρεις τῶν πολιτικῶν καὶ καταλι-
πὼν τὸ λοιπὸν ἅπαν στρατόπεδον ὥρμησε φεύγειν.
5 ἤδη δ' αὐτοῦ τὸν λιμένα διεκπεπλευκότος ᾔσθοντό
τινες τῶν Κορινθίων τὸν δρασμόν, καὶ ταχέως
ἀπήγγειλαν τῷ Διονυσίῳ. τοῦ δὲ τοὺς στρατιώτας
τε³ καλοῦντος εἰς τὰ ὅπλα καὶ κατὰ σχολὴν τοὺς
ἡγεμόνας ἀθροίζοντος, οὐκ ἀνέμειναν αὐτὸν οἱ
Κορίνθιοι, ταχὺ δ' ἀναχθέντες ἐπὶ τοὺς Καρχηδο-
νίους καὶ πρὸς ἀλλήλους ἐν ταῖς εἰρεσίαις φιλοτι-
μούμενοι τὰς ἐσχάτας Φοινίσσας ναῦς κατέλαβον,
6 ἃς τοῖς ἐμβόλοις συντρίψαντες κατέδυσαν. μετὰ δὲ
ταῦτα Διονύσιος μὲν ἐξήγαγε τὴν δύναμιν, οἱ δὲ

him the three hundred talents which they had there in their camp. Dionysius replied that he would not be able to allow the whole army to escape, but he consented to their citizen troops alone withdrawing secretly at night by sea ; for he knew that the Syracusans and their allies would not allow him to make any such terms with the enemy. Dionysius acted as he did to avoid the total destruction of the Carthaginian army, in order that the Syracusans, by reason of their fear of the Carthaginians, should never find a time of ease to assert their freedom. Accordingly Dionysius agreed that the flight of the Carthaginians should take place by night on the fourth day hence and led his army back into the city.

Himilcon during the night conveyed the three hundred talents to the acropolis and delivered them to the persons stationed on the island by the tyrant, and then himself, when the time agreed upon had arrived, manned forty triremes during the night with the citizens of Carthage and began his flight, abandoning all the rest of his army. He had already made his way across the harbour, when some of the Corinthians observed his flight and speedily reported it to Dionysius. Since Dionysius took his time in calling the soldiers to arms and gathering the commanders, the Corinthians did not wait for him but speedily put out to sea against the Carthaginians, and vying with each other in their rowing they caught up with the last Phoenician ships, which they shattered with their rams and sent to the bottom. After this Dionysius led out the army, but the Siceli, who were serving

---

¹ Καρχηδονίους after δὲ deleted by Eichstädt.
² So Reiske : ἐπί.
³ τε Dindorf : τότε.

συμμαχοῦντες τοῖς Καρχηδονίοις Σικελοὶ φθάσαν-
τες τοὺς Συρακοσίους ἔφυγον διὰ τῆς μεσογείου
καὶ σχεδὸν πάντες διεσώθησαν εἰς τὰς πατρίδας.
7 καὶ Διονύσιος μὲν τὰς ὁδοὺς διαλαβὼν φυλακαῖς
ἀπήγαγε τὴν δύναμιν ἐπὶ τὴν τῶν πολεμίων
στρατοπεδείαν ἔτι νυκτὸς οὔσης· οἱ δὲ βάρβαροι
καταλειφθέντες ὑπό τε τοῦ στρατηγοῦ καὶ τῶν
Καρχηδονίων, ἔτι δὲ τῶν Σικελῶν, ἠθύμησαν καὶ
8 καταπλαγέντες ἔφευγον. οἱ μὲν ἐν ταῖς ὁδοῖς ταῖς
προφυλακαῖς ἐμπίπτοντες συνελαμβάνοντο, οἱ δὲ
πλεῖστοι τὰ ὅπλα ῥιπτοῦντες συνήντων, δεόμενοι
φείσασθαι τοῦ βίου· μόνοι δὲ Ἴβηρες ἠθροισμένοι
μετὰ τῶν ὅπλων ἐπεκηρυκεύοντο περὶ συμμαχίας.
9 Διονύσιος δὲ πρὸς μὲν τούτους σπεισάμενος κατ-
έταξε τοὺς Ἴβηρας εἰς τοὺς μισθοφόρους, τὸ δὲ
λοιπὸν πλῆθος ἐζώγρησε καὶ τὴν λοιπὴν[1] ἀπο-
σκευὴν ἐφῆκε τοῖς στρατιώταις διαρπάσαι.

76. Οὕτως μὲν οὖν τοῖς Καρχηδονίοις ἡ τύχη
ταχεῖαν[2] τὴν μεταβολὴν ἐποίησε, καὶ πᾶσιν ἀνθρώ-
ποις ἔδειξεν, ὡς οἱ μεῖζον τοῦ καθήκοντος ἐπαιρό-
μενοι ταχέως ἐξελέγχουσι τὴν ἰδίαν ἀσθένειαν.
2 ἐκεῖνοι γὰρ τῶν κατὰ Σικελίαν πόλεων[3] σχεδὸν
ἁπασῶν πλὴν Συρακουσῶν κρατοῦντες, καὶ ταύ-
την ἁλώσεσθαι προσδοκῶντες, ἐξαίφνης ὑπὲρ τῆς
ἰδίας πατρίδος ἀγωνιᾶν ἠναγκάσθησαν, καὶ τοὺς
τάφους τῶν Συρακοσίων ἀνατρέψαντες πεντεκαί-
δεκα μυριάδας ἐπεῖδον ἀτάφους διὰ τὸν λοιμὸν
σεσωρευμένους, πυρπολήσαντες δὲ τὴν χώραν τῶν
Συρακοσίων ἐκ μεταβολῆς εὐθὺς εἶδον τὸν ἴδιον

---

[1] λοιπὴν deleted by Dindorf, Vogel.
[2] So Dindorf : τάχιον.
[3] πόλεων added by Dindorf.

in the army of the Carthaginians, forestalling the 396 B.C.
Syracusans, fled through the interior and, almost to
a man, made their way in safety to their native homes.
Dionysius stationed guards at intervals along the
roads and then led his army against the enemy's
camp, while it was still night. The barbarians, aban-
doned as they were by their general, by the Cartha-
ginians, and by the Siceli as well, were dispirited and
fled in dismay. Some were taken captive as they fell
in with the guards on the roads, but the majority
threw down their arms, surrendered themselves, and
asked only that their lives be spared. Some Iberians
alone massed together with their arms and dispatched
a herald to treat about taking service with him.
Dionysius made peace with the Iberians and enrolled
them in his mercenaries,[1] but the rest of the multitude
he made captive and whatever remained of the bag-
gage he turned over to the soldiers to plunder.

76. With such swiftness did Fortune work a change
in the affairs of the Carthaginians, and point out to
all mankind that those who become elated above due
measure quickly give proof of their own weakness.
For they who had in their hands practically all the
cities of Sicily with the exception of Syracuse and
expected its capture, of a sudden were forced to
be anxious for their own fatherland ; they who over-
threw the tombs of the Syracusans gazed upon one
hundred and fifty thousand dead lying in heaps and
unburied because of the plague ; they who wasted
with fire the territory of the Syracusans now in their
turn saw their own fleet of a sudden go up in flames ;

---

[1] These Iberians turn up later among the troops sent by
Dionysius to aid the Lacedaemonians in 369 B.C. (Book 15.
70 ; Xenophon, *Hell.* 7. 1. 20).

στόλον ἐμπυρισθέντα, εἰς δὲ τὸν λιμένα πάσῃ τῇ
δυνάμει καταπλέοντες ὑπερηφάνως, καὶ τοῖς Συρα-
κοσίοις ἐπιδεικνύμενοι τὰς ἑαυτῶν εὐτυχίας, ἠγνό-
ουν ἑαυτοὺς μέλλοντας νυκτὸς ἀποδράσεσθαι καὶ
τοὺς συμμάχους ἐκδότους καταλιπεῖν τοῖς πολεμίοις.
3 αὐτὸς δὲ ὁ στρατηγὸς ὁ ποιησάμενος σκηνὴν μὲν
τὸ τοῦ Διὸς ἱερόν,[1] πρόσοδον δὲ τὸν ἐκ τῶν ἱερῶν
συληθέντα πλοῦτον, αἰσχρῶς μετ᾽ ὀλίγων εἰς Καρ-
χηδόνα διέφυγεν, ὅπως μὴ τὸν ὀφειλόμενον τῇ
φύσει θάνατον ἀποδοὺς ἀθῷος γένηται τῶν ἀσεβη-
μάτων, ἀλλ᾽ ἐν τῇ πατρίδι περιβόητον ἔχῃ τὸν βίον
4 ὑπὸ πάντων ὀνειδιζόμενος. εἰς τοσοῦτο δ᾽ ἦλθεν
ἀτυχίας, ὥστε μετὰ τῆς εὐτελεστάτης ἐσθῆτος
περιῄει τοὺς κατὰ τὴν πόλιν ναοὺς κατηγορῶν τῆς
ἰδίας ἀσεβείας καὶ περὶ τῶν εἰς θεοὺς ἁμαρτημάτων
ὁμολογουμένην διδοὺς τιμωρίαν τῷ δαιμονίῳ. τὸ
δὲ τέλος ἑαυτοῦ καταγνοὺς θάνατον ἀπεκαρτέρησε,
πολλὴν τοῖς πολίταις ἀπολιπὼν δεισιδαιμονίαν·
εὐθὺ γὰρ καὶ τἆλλα τὰ πρὸς τὸν πόλεμον αὐτοῖς
ἡ τύχη συνήθροισεν.

77. Τῆς γὰρ συμφορᾶς διακηρυχθείσης κατὰ τὴν
Λιβύην, οἱ σύμμαχοι καὶ πάλαι μὲν[2] μισοῦντες τὸ
βάρος τῆς τῶν Καρχηδονίων ἡγεμονίας, τότε δὲ
διὰ τὴν τῶν στρατιωτῶν ἐν Συρακούσαις προδοσίαν
πολὺ μᾶλλον, ἐξέκαυσαν τὸ κατ᾽ αὐτῶν μῖσος.
2 διόπερ ἅμα μὲν ὑπὸ τῆς ὀργῆς προαχθέντες,[3] ἅμα
δὲ καταφρονήσαντες αὐτῶν διὰ τὴν ἀτυχίαν, ἀντεί-
χοντο τῆς ἐλευθερίας. διαπρεσβευσάμενοι δὲ πρὸς
ἀλλήλους ἤθροισαν δύναμιν, καὶ προελθόντες ἐν ὑπ-
218

they who so arrogantly sailed with their whole armada 396 B.C.
into the harbour and flaunted their successes before
the Syracusans had little thought that they were to
steal away by night and leave their allies at the mercy
of their enemy. The general himself, who had taken
the temple of Zeus for his headquarters and the
pillaged wealth of the sanctuaries for his own posses-
sion, slipped away in disgrace to Carthage with a few
survivors, in order that he might not by dying and
paying a debt to nature go unscathed for his acts of
impiety, but should in his native land lead a life that
was notorious, while reproaches were heaped on him
on every hand. Indeed, so calamitous was his lot that
he went about the temples of the city in the cheapest
clothing, charging himself with impiety and offering
acknowledged retribution to heaven for his sins
against the gods. In the end he passed sentence of
death upon himself and starved himself to death.
And he bequeathed to his fellow citizens a deep
respect for religion, for straightway Fortune heaped
upon them the other calamities of war as well.

77. When the news of the Carthaginian disaster
had spread throughout Libya, their allies, who had
long hated the oppressive rule of the Carthaginians
and even more at this time because of the betrayal
of the soldiers at Syracuse, were inflamed against
them. Consequently, being led on partly by anger
and partly by contempt for them because of the dis-
aster they had suffered, they endeavoured to assert
their independence. After exchanging messages
with one another they collected an army, moved

---

¹ μὲν τὸ τ. Δ. ἱερὸν Dindorf : ἐν τῷ τ. Δ. ἱερῷ.
² μὲν and δὲ below deleted by Vogel.
³ So Wesseling : προσαχθέντες.

3 αἴθρῳ κατεστρατοπέδευσαν. ταχὺ δ' οὐ μόνον ἐλευ-
θέρων, ἀλλὰ καὶ δούλων συντρεχόντων, ἐν ὀλίγῳ
χρόνῳ μυριάδες εἴκοσι συνηθροίσθησαν. καταλαβό-
μενοι δὲ Τύνητα, πόλιν οὐ μακρὰν τῆς Καρχηδόνος
κειμένην, ἐκ ταύτης παρετάττοντο, καὶ πλεονεκ-
τοῦντες ἐν ταῖς μάχαις τειχήρεις τοὺς Φοίνικας
4 συνεῖχον. οἱ δὲ Καρχηδόνιοι φανερῶς ὑπὸ τῶν
θεῶν πολεμούμενοι τὸ μὲν πρῶτον κατ' ὀλίγους[1]
ξυνιόντες ἐξεταράττοντο καὶ τὸ δαιμόνιον ἱκέτευον
λῆξαι τῆς ὀργῆς· μετὰ δὲ ταῦτα πᾶσαν τὴν
πόλιν δεισιδαιμονία κατέσχε καὶ δέος, ἑκάστου
τὸν τῆς πόλεως ἀνδραποδισμὸν τῇ διανοίᾳ προ-
λαμβάνοντος. διόπερ ἐψηφίσαντο παντὶ τρόπῳ
5 τοὺς ἀσεβηθέντας θεοὺς ἐξιλάσασθαι. οὐ παρειλη-
φότες δ' ἐν τοῖς ἱεροῖς οὔτε Κόρην οὔτε Δήμητρα,
τούτων ἱερεῖς τοὺς ἐπισημοτάτους τῶν πολιτῶν
κατέστησαν, καὶ μετὰ πάσης σεμνότητος τὰς θεὰς
ἱδρυσάμενοι τὰς θυσίας τοῖς τῶν Ἑλλήνων ἤθεσιν
ἐποίουν, καὶ τῶν παρ' αὐτοῖς ὄντων Ἑλλήνων
τοὺς χαριεστάτους ἐπιλέξαντες ἐπὶ τὴν τῶν θεῶν
θεραπείαν ἔταξαν. μετὰ δὲ ταῦτα ναῦς τε κατ-
εσκεύαζον καὶ τὰ πρὸς τὸν πόλεμον ἐπιμελῶς
ἡτοίμαζον.
6 Οἱ δ' ἀποστάται μιγάδες ὄντες οὐδ' ἡγεμόνας
ἀξιοχρέους εἶχον, τὸ δὲ μέγιστον, αὐτοῖς μὲν διὰ
τὸ πλῆθος ἐξέλειπον αἱ τροφαί, τοῖς δὲ Καρχη-
δονίοις κατὰ θάλατταν ἐκ Σαρδοῦς παρεκομίζοντο,
καὶ πρὸς ἀλλήλους ἐστασίαζον περὶ τῆς ἡγεμονίας,
καί τινες αὐτῶν χρήμασιν ὑπὸ Καρχηδονίων δια-
φθαρέντες ἐγκατέλειπον τὰς κοινὰς ἐλπίδας. ὅθεν
διά τε τὴν σπάνιν τῆς τροφῆς καί τινων προδοσίαν,

[1] So Reiske : ὀλίγον.

forward, and pitched camp in the open. Since they
were speedily joined not only by freemen but also
by slaves, there was gathered in a short time a body
of two hundred thousand men. Seizing Tynes, a city
situated not far from Carthage, they based their line
of battle on it, and since they had the better of the
fighting, they confined the Phoenicians within their
walls. The Carthaginians, against whom the gods
were clearly fighting, at first gathered in small groups
and in great confusion and besought the deity to put
an end to its wrath ; thereupon the entire city was
seized by superstitious fear and dread, as every man
anticipated in imagination the enslavement of the
city. Consequently they voted by every means to pro-
pitiate the gods who had been sinned against. Since
they had included neither Corê nor Demeter in their
rites, they appointed their most renowned citizens
to be priests of these goddesses, and consecrating
statues of them with all solemnity, they conducted
their rites, following the ritual used by the Greeks.
They also chose out the most prominent Greeks who
lived among them and assigned them to the service
of the goddesses. After this they constructed ships
and made careful provision of supplies for the war.

Meanwhile the revolters, who were a motley mass,
possessed no capable commanders, and what was of
first importance, they were short of provisions because
they were so numerous, while the Carthaginians
brought supplies by sea from Sardinia. Furthermore,
they quarrelled among themselves over the supreme
command and some of them were bought off with
Carthaginian money and deserted the common cause.
As a result, both because of the lack of provisions
and because of treachery on the part of some, they

οὗτοι μὲν διαλυθέντες εἰς τὰς πατρίδας ἀπήλλαξαν
τοῦ μεγίστου φόβου Καρχηδονίους.

Καὶ τὰ μὲν κατὰ Λιβύην ἐν τούτοις ἦν.

78. Διονύσιος δὲ θεωρῶν τοὺς μισθοφόρους ἀλλο-
τριώτατα πρὸς αὐτὸν ἔχοντας, καὶ φοβούμενος μὴ
διὰ τούτων καταλυθῇ, τὸ μὲν πρῶτον Ἀριστοτέλην
2 τὸν ἀφηγούμενον αὐτῶν συνέλαβε, μετὰ δὲ ταῦτα
τοῦ πλήθους συντρέχοντος μετὰ τῶν ὅπλων καὶ
τοὺς μισθοὺς πικρότερον ἀπαιτούντων, τὸν μὲν
Ἀριστοτέλην ἔφησεν ἀποστέλλειν εἰς Λακεδαίμονα
κρίσιν ἐν τοῖς ἰδίοις πολίταις ὑφέξοντα, τοῖς δὲ
μισθοφόροις ὡς μυρίοις οὖσι τὸν ἀριθμὸν ἔδωκεν
ἐν τοῖς μισθοῖς τὴν τῶν Λεοντίνων πόλιν τε καὶ
3 χώραν. ἀσμένως[1] δ᾽ αὐτῶν ὑπακουσάντων διὰ τὸ
κάλλος τῆς χώρας, οὗτοι μὲν κατακληρουχήσαντες
ᾤκουν ἐν Λεοντίνοις, ὁ δὲ Διονύσιος ἄλλους μισθο-
φόρους ξενολογήσας, τούτοις τε καὶ τοῖς ἠλευθε-
ρωμένοις οἰκέταις ἐνεπίστευσε τὴν ἀρχήν.

4 Μετὰ δὲ τὴν τῶν Καρχηδονίων συμφορὰν οἱ
διασῳζόμενοι τῶν ἐξηνδραποδισμένων κατὰ Σικε-
λίαν πόλεων ἠθροίζοντο, καὶ τὰς ἰδίας κομιζόμενοι
5 πατρίδας ἑαυτοὺς ἀνελάμβανον. Διονύσιος δ᾽ εἰς
Μεσσήνην κατῴκισε χιλίους μὲν Λοκρούς, τετρα-
κισχιλίους δὲ Μεδμαίους, ἑξακοσίους δὲ τῶν ἐκ
Πελοποννήσου Μεσσηνίων, ἔκ τε Ζακύνθου καὶ
Ναυπάκτου φευγόντων. θεωρῶν δὲ τοὺς Λακεδαι-
μονίους προσκόπτοντας ἐπὶ τῷ τοὺς ὑφ᾽ ἑαυτῶν
ἐκβεβλημένους Μεσσηνίους ἐν ἐπισήμῳ πόλει κατ-
οικίζεσθαι, μετήγαγεν ἐκ Μεσσήνης αὐτούς, καὶ
χωρίον τι παρὰ θάλατταν δοὺς τῆς Ἀβακαινίνης
χώρας ἀπετέμετο καὶ προσώρισεν ὅσον αὐτὸς μέ-

---

[1] ἀσμένως Vogel : ὡς.

broke up and scattered to their native lands, thus relieving the Carthaginians of the greatest fear.

Such was the state of affairs in Libya at this time.

78. Dionysius, seeing that the mercenaries were most hostile to him and fearing that they might depose him, first of all arrested Aristotle, their commander. At this, when the body of them ran together under arms and demanded their pay with some sharpness, Dionysius declared that he was sending Aristotle to Lacedaemon to face trial among his fellow citizens, and offered to the mercenaries, who numbered about ten thousand, in lieu of their pay the city and territory of the Leontines. To this they gladly agreed because the territory was good land, and after portioning it out in allotments they made their home in Leontini. Dionysius then recruited other mercenaries and trusted in them and his freedmen to maintain the government.

After the disaster which the Carthaginians had suffered, the survivors from the cities of Sicily that had been enslaved gathered together, gained back their native lands, and revived their strength. Dionysius settled in Messenê a thousand Locrians, four thousand Medmaeans,[1] and six hundred Messenians from the Peloponnesus who were exiles from Zacynthus and Naupactus. But when he observed that the Lacedaemonians were offended that the Messenians whom they had driven out were settled in a renowned city, he removed them from Messenê, and giving them a place on the sea, he cut off some of the area of Abacaenê and annexed it to their territory.

[1] From Medma, a city of Bruttium, founded by the Locrians (Strabo, 6. 1. 5).

6 ρος ἀπετέμετο. οἱ δὲ Μεσσήνιοι τὴν μὲν πόλιν
ὠνόμασαν Τυνδαρίδα, πολιτευόμενοι δὲ πρὸς αὑτοὺς
εὐνοϊκῶς καὶ[1] πολλοὺς πολιτογραφοῦντες ταχὺ
πλείους πεντακισχιλίων ἐγένοντο.

7 Μετὰ δὲ ταῦτα εἰς τὴν τῶν Σικελῶν χώραν
πλεονάκις στρατεύσας Μέναινον[2] μὲν καὶ Μοργαν-
τῖνον εἷλε, πρὸς Ἄγυριν δὲ τὸν Ἀγυριναίων τύραν-
νον καὶ Δάμωνα τὸν δυναστεύοντα Κεντοριπίνων,
ἔτι δ' Ἐρβιταίους τε καὶ Ἀσσωρίνους συνθήκας
ἐποιήσατο· παρέλαβε δὲ διὰ προδοσίας Κεφα-
λοίδιον καὶ Σολοῦντα καὶ τὴν Ἔνναν· πρὸς δὲ
τούτοις πρὸς Ἐρβησσίνους εἰρήνην ἐποιήσατο.[3]
Καὶ τὰ μὲν κατὰ Σικελίαν ἐν τούτοις ἦν.

79. Κατὰ δὲ τὴν Ἑλλάδα Λακεδαιμόνιοι προορώ-
μενοι τὸ μέγεθος τοῦ πρὸς Πέρσας πολέμου, τὸν
ἕτερον τῶν βασιλέων Ἀγησίλαον ἐπέστησαν τοῖς
πράγμασιν. οὗτος δ' ἑξακισχιλίους στρατιώτας
ἐπιλέξας, τριάκοντα δὲ τῶν πολιτῶν εἰς τὸ συν-
έδριον τοὺς ἀρίστους κατατάξας, διεβίβασε τὴν[4]

2 δύναμιν ἐκ[5] τῆς Αὐλίδος[6] εἰς Ἔφεσον. ἐκεῖ δὲ
στρατολογήσας τετρακισχιλίους, προήγαγε τὴν δύ-
ναμιν εἰς ὕπαιθρον, οὖσαν πεζῶν μὲν μυρίων,
ἱππέων δὲ τετρακοσίων· ἠκολούθει δ' ἀγοραῖος
αὐτοῖς ὄχλος καὶ τῆς ἁρπαγῆς χάριν οὐκ ἐλάττων

3 τοῦ προειρημένου. διεξιὼν δὲ τὸ Καΰστριον πεδίον,
διέφθειρε τὴν χώραν τὴν ὑπὸ τοὺς Πέρσας οὖσαν,

---

[1] καὶ added by Dindorf.
[2] στρατεύσας Μέναινον Wesseling : ἐστράτευσαν σμένεον.
[3] So Wesseling : εἷλον . . . ἐποιήσαντο . . . παρέλαβον . . .
ἐποιήσαντο.   [4] τὴν added by Eichstädt.
[5] ἐκ deleted by Dindorf, Vogel.
[6] Αὐλίδος suggested by Vogel (Xen. *Hell.* 3. 4. 3), Ἀσίας
PAH, Εὐρώπης cet.

The Messenians named their city Tyndaris, and by 396 B.C. living in concord together and admitting many to citizenship, they speedily came to number more than five thousand citizens.

After this Dionysius waged a number of campaigns against the territory of the Siceli, in the course of which he took Menaenum and Morgantinum and struck a treaty with Agyris, the tyrant of the Agyrinaeans, and Damon, the lord of the Centoripans, as well as with the Herbitaeans and the Assorini. He also gained by treachery Cephaloedium, Solûs, and Enna, and made peace besides with the Herbessini.

Such was the state of affairs in Sicily at this time.

79.[1] In Greece the Lacedaemonians, foreseeing how great their war with the Persians would be, put one of the two kings, Agesilaüs, in command. After he had levied six thousand soldiers and constituted a council of thirty of his foremost fellow citizens,[2] he transported the armament from Aulis [3] to Ephesus. Here he enlisted four thousand soldiers and took the field with his army, which numbered ten thousand infantry and four hundred cavalry. They were also accompanied by a throng of no less number which provided a market and was intent upon plunder. He traversed the Plain of Caÿster and laid waste the territory held by the Persians until he arrived at

---

[1] The narrative is resumed from chapter 39.

[2] Obviously a staff of administrators for him to use in important posts in the conduct of the war, as is clear, *e.g.*, from Xenophon, *Hell.* 3. 4. 20.

[3] Agesilaüs fancies himself a second Agamemnon, leading the Greeks in a new Trojan War, and would repeat Agamemnon's farewell sacrifices at Aulis. See Plutarch, *Agesilaüs*, 6. 4-6 ; Xenophon, *Hell.* 3. 4. 3 ; 5. 5.

μέχρι ὅτου κατήντησεν εἰς Κύμην. ἐκεῖθεν δ᾽
ὁρμηθεὶς τὸ πλεῖστον τοῦ θέρους τήν τε Φρυγίαν
καὶ τὰ συνεχῆ διετέλεσε πορθῶν, καὶ τὴν δύναμιν
ἐμπλήσας ὠφελείας ὑπὸ τὸ φθινόπωρον ἀνέκαμψεν
εἰς Ἔφεσον.

4 Τούτων δὲ πραττομένων Λακεδαιμόνιοι μὲν
πρέσβεις ἀπέστειλαν πρὸς Νεφερέα τὸν Αἰγύπτου
βασιλέα περὶ συμμαχίας, ὃς ἀντὶ τῆς βοηθείας ἐδω-
ρήσατο σκευὴν τοῖς Σπαρτιάταις ἑκατὸν τριήρεσι
σίτου δὲ μυριάδας πεντήκοντα. Φάραξ δὲ ὁ τῶν
Λακεδαιμονίων ναύαρχος ἀναχθεὶς ἐκ Ῥόδου ναυσὶν
ἑκατὸν εἴκοσι κατέπλευσε τῆς Καρίας πρὸς Σά-
σανδα, φρούριον ἀπέχον τῆς Καύνου σταδίους
5 ἑκατὸν πεντήκοντα. ἐκεῖθεν δὲ ὁρμώμενος ἐπο-
λιόρκει τὴν Καῦνον καὶ Κόνωνα μὲν τὸν τοῦ βασι-
λικοῦ στόλου τὴν ἡγεμονίαν ἔχοντα, διατρίβοντα
δ᾽ ἐν Καύνῳ μετὰ νεῶν τεσσαράκοντα. Ἀρτα-
φέρνους δὲ καὶ Φαρναβάζου μετὰ πολλῆς δυνάμεως
παραβοηθησάντων τοῖς Καυνίοις ὁ Φάραξ ἔλυσε
τὴν πολιορκίαν καὶ μετὰ τοῦ στόλου παντὸς
6 ἀπῆρεν[1] εἰς Ῥόδον. μετὰ δὲ ταῦτα Κόνων μὲν
ἀθροίσας ὀγδοήκοντα τριήρεις ἔπλευσεν εἰς Χερ-
ρόνησον, Ῥόδιοι δ᾽ ἐκβαλόντες τὸν τῶν Πελοπον-
νησίων στόλον ἀπέστησαν ἀπὸ Λακεδαιμονίων καὶ
τὸν Κόνωνα προσεδέξαντο μετὰ τοῦ στόλου παντὸς
7 εἰς τὴν πόλιν. οἱ δ᾽ ἐκ τῆς Αἰγύπτου τὸν δωρη-
θέντα σῖτον κατακομίζοντες Λακεδαιμόνιοι τὴν
ἀπόστασιν τῶν Ῥοδίων ἀγνοοῦντες τεθαρρηκότες
προσέπλεον τῇ νήσῳ· Ῥόδιοι δὲ καὶ Κόνων ὁ τῶν
Περσῶν ναύαρχος καταγαγόντες τὰς ναῦς εἰς τοὺς
8 λιμένας ἐπλήρωσαν σίτου τὴν πόλιν. παρεγενή-
θησαν δὲ τῷ Κόνωνι τριήρεις ἐνενήκοντα, δέκα μὲν

Cymê. From this as his base he spent the larger part 396 B.C.
of the summer ravaging Phrygia and neighbouring
territory ; and after sating his army with pillage he
returned toward the beginning of autumn to Ephesus.

While these events were taking place, the Lace-
daemonians dispatched ambassadors to Nephereus,[1]
the king of Egypt, to conclude an alliance ; he, in
place of the aid requested, made the Spartans a gift
of equipment for one hundred triremes and five
hundred thousand measures of grain. Pharax, the
Lacedaemonian admiral, sailing from Rhodes with
one hundred and twenty ships, put in at Sasanda in
Caria, a fortress one hundred and fifty stades from
Caunus. From this as his base he laid siege to Caunus
and blockaded Conon, who was commander of the
King's fleet and lay at Caunus with forty ships. But
when Artaphernes and Pharnabazus came with strong
forces to the aid of the Caunians, Pharax lifted the
siege and sailed off to Rhodes with the entire fleet.
After this Conon gathered eighty triremes and sailed
to the Chersonesus, and the Rhodians, having expelled
the Peloponnesian fleet, revolted from the Lacedae-
monians [2] and received Conon, together with his entire
fleet, into their city. Now the Lacedaemonians, who
were bringing the gift of grain from Egypt, being
unaware of the defection of the Rhodians, approached
the island in full confidence ; but the Rhodians and
Conon, the Persian admiral, brought the ships into
the harbours and stored the city with grain. There
also came to Conon ninety triremes, ten of them from

[1] Manetho calls him Nepherites.
[2] Pausanias (6. 7. 6) states that they were persuaded to do
so by Conon.

---

[1] So Dindorf, ἀπῆγγεν P, ἀπῆγεν cet.

ἀπὸ Κιλικίας, ὀγδοήκοντα δ᾽ ἀπὸ Φοινίκης, ὧν ὁ
Σιδωνίων δυνάστης εἶχε τὴν ἡγεμονίαν.

80. Μετὰ δὲ ταῦτα Ἀγησίλαος μὲν ἐξαγαγὼν
τὴν δύναμιν εἰς τὸ Καΰστρου πεδίον καὶ τὴν περὶ
Σίπυλον χώραν, ἐδήωσε τὰς τῶν ἐγχωρίων κτήσεις·
Τισσαφέρνης δὲ μυρίους μὲν ἱππεῖς πεντακισμυ-
ρίους δὲ πεζοὺς ἀθροίσας ἐπηκολούθει τοῖς Λακε-
δαιμονίοις καὶ τοὺς ἀποσπωμένους τῆς τάξεως ἐν
ταῖς προνομαῖς ἀνῄρει. Ἀγησίλαος δὲ εἰς πλινθίον
συντάξας τοὺς στρατιώτας ἀντείχετο τῆς παρὰ τὸν
Σίπυλον παρωρείας,[1] ἐπιτηρῶν καιρὸν εὔθετον εἰς
2 τὴν τῶν πολεμίων ἐπίθεσιν. ἐπελθὼν δὲ τὴν
χώραν μέχρι Σάρδεων ἔφθειρε τούς τε κήπους καὶ
τὸν παράδεισον τὸν Τισσαφέρνους, φυτοῖς καὶ τοῖς
ἄλλοις πολυτελῶς πεφιλοτεχνημένον εἰς τρυφὴν καὶ
τὴν ἐν εἰρήνῃ τῶν ἀγαθῶν ἀπόλαυσιν. μετὰ δὲ
ταῦτ᾽ ἐπιστρέψας, ὡς ἀνὰ μέσον ἐγενήθη τῶν τε
Σάρδεων καὶ Θυβάρνων, ἀπέστειλε Ξενοκλέα τὸν
Σπαρτιάτην μετὰ χιλίων καὶ τετρακοσίων στρατιω-
τῶν νυκτὸς εἴς τινα δασὺν τόπον, ὅπως ἐνεδρεύσῃ
3 τοὺς βαρβάρους. αὐτὸς δ᾽ ἅμ᾽ ἡμέρᾳ πορευόμενος
μετὰ τῆς δυνάμεως, ἐπειδὴ τὴν μὲν ἐνέδραν παρήλ-
λαξεν, οἱ δὲ βάρβαροι προσπίπτοντες ἀτάκτως τοῖς
ἐπὶ τῆς οὐραγίας ἐξήπτοντο, παραδόξως ἐξαίφνης
ἐπέστρεψεν ἐπὶ τοὺς Πέρσας. γενομένης δὲ καρ-
τερᾶς μάχης, καὶ τοῦ συσσήμου τοῖς κατὰ τὴν
ἐνέδραν οὖσιν ἀρθέντος, ἐκεῖνοι μὲν παιανίσαντες
ἐπεφέροντο τοῖς πολεμίοις, οἱ δὲ Πέρσαι θεωροῦν-
τες αὐτοὺς ἀπολαμβανομένους εἰς μέσον κατεπλά-
4 γησαν καὶ παραχρῆμα ἔφευγον. οἱ δὲ περὶ τὸν
Ἀγησίλαον μέχρι μέν τινος ἐπιδιώξαντες ἀνεῖλαν
μὲν ὑπὲρ τοὺς ἑξακισχιλίους, αἰχμαλώτων δὲ πολὺ

Cilicia and eighty from Phoenicia, under the command 396 b.c. of the lord of the Sidonians.

80. After this Agesilaüs led forth his army into the Plain of Caÿster and the country around Sipylus and ravaged the possessions of the inhabitants. Tissaphernes, gathering ten thousand cavalry and fifty thousand infantry, followed close on the Lacedaemonians and cut down any who became separated from the main body while plundering. Agesilaüs formed his soldiers in a square and clung to the foothills of Mt. Sipylus, awaiting a favourable opportunity to attack the enemy. He overran the countryside as far as Sardis and ravaged the orchards and the pleasure-park belonging to Tissaphernes, which had been artistically laid out at great expense with plants and all other things that contribute to luxury and the enjoyment in peace of the good things of life. He then turned back, and when he was midway between Sardis and Thybarnae, he dispatched by night the Spartan Xenocles with fourteen hundred soldiers to a thickly wooded place to set an ambush for the barbarians. Then Agesilaüs himself moved at daybreak along the way with his army. And when he had passed the place of ambush and the barbarians were advancing upon him without battle order and harassing his rearguard, to their surprise he suddenly turned about on the Persians. When a sharp battle followed, he raised the signal to the soldiers in ambush and they, chanting the battle song, charged the enemy. The Persians, seeing that they were caught between the forces, were struck with dismay and turned at once in flight. Pursuing them for some distance, Agesilaüs slew over six thousand of them,

---

¹ So Wesseling : παρωρίας.

πλῆθος ἤθροισαν, τὴν δὲ παρεμβολὴν διήρπασαν,
5 γέμουσαν πολλῶν ἀγαθῶν. ἀπὸ δὲ τῆς μάχης
Τισσαφέρνης μὲν εἰς Σάρδεις ἀπεχώρησε κατα-
πεπληγμένος τὴν τόλμαν τῶν Λακεδαιμονίων,
Ἀγησίλαος δ' ἐπεχείρησε μὲν εἰς τὰς ἄνω σατρα-
πείας, ἐν δὲ τοῖς ἱεροῖς οὐ δυνάμενος καλλιερῆσαι
πάλιν ἀπήγαγε τὴν δύναμιν ἐπὶ θάλατταν.
6   Ἀρταξέρξης δὲ ὁ τῆς Ἀσίας βασιλεὺς τά τε
ἐλαττώματα πυθόμενος καὶ κατορρωδῶν τὸν πρὸς
τοὺς Ἕλληνας πόλεμον, δι' ὀργῆς εἶχε τὸν Τισ-
σαφέρνην. τοῦτον γὰρ αἴτιον τοῦ πολέμου γε-
γονέναι ὑπελάμβανε· καὶ ὑπὸ τῆς μητρὸς δὲ
Παρυσάτιδος ἦν ἠξιωμένος τιμωρήσασθαι τὸν
Τισσαφέρνην· εἶχε γὰρ αὕτη διαφόρως πρὸς αὐτὸν
ἐκ τοῦ διαβεβληκέναι τὸν υἱὸν αὐτῆς Κῦρον, ὅτε
7 τὴν ἐπὶ τὸν ἀδελφὸν στρατείαν ἐποιεῖτο. καταστή-
σας οὖν Τιθραύστην ἡγεμόνα, τούτῳ μὲν παρήγγειλε
συλλαμβάνειν Τισσαφέρνην, πρὸς δὲ τὰς πόλεις
καὶ τοὺς σατράπας ἔπεμψεν ἐπιστολὰς ὅπως[1] πάν-
8 τες τούτῳ ποιῶσι τὸ προσταττόμενον. ὁ δὲ
Τιθραύστης παραγενόμενος εἰς Κολοσσὰς τῆς Φρυ-
γίας συνέλαβε τὸν Τισσαφέρνην διά τινος Ἀριαίου[2]
σατράπου λουόμενον, καὶ τὴν κεφαλὴν ἀποκόψας
ἀπέστειλε πρὸς τὸν βασιλέα· αὐτὸς δὲ τὸν Ἀγησί-
λαον πείσας εἰς λόγους ἐλθεῖν ἑξαμηνιαίους ἀνοχὰς
ἐποιήσατο.
    81. Τῶν δὲ κατὰ τὴν Ἀσίαν τοῦτον τὸν τρόπον
διῳκημένων, Φωκεῖς πρὸς Βοιωτοὺς ἔκ τινων ἐγ-
κλημάτων εἰς πόλεμον καταστάντες ἔπεισαν τοὺς
Λακεδαιμονίους συμμαχεῖν κατὰ τῶν Βοιωτῶν.
καὶ τὸ μὲν πρῶτον αὐτοῖς ἀπέστειλαν Λύσανδρον
μετὰ στρατιωτῶν ὀλίγων, ὃς εἰσελθὼν εἰς τὴν

gathered a great multitude of prisoners, and pillaged 396 B.C.
their camp which was stored with goods of many sorts.
Tissaphernes, thunderstruck at the daring of the La-
cedaemonians, withdrew from the battle to Sardis, and ✓
Agesilaüs was about to attack the satrapies farther
inland, but led his army back to the sea when he
could not obtain favourable omens from the sacrifices.

When Artaxerxes, the King of Asia, learned of the
defeats, being alarmed by the war with the Greeks,
he was angry at Tissaphernes, since he considered
him to be responsible for the war. He had also been
asked by his mother, Parysatis, to grant her revenge
upon Tissaphernes, for she hated him for denouncing
her son Cyrus, when he made his attack upon his
brother.[1] Accordingly Artaxerxes appointed Ti-
thraustes commander with orders to arrest Tissa-
phernes and sent letters to the cities and the satraps
that all should perform whatever he commanded.
Tithraustes, on arriving at Colossae in Phrygia, with
the aid of Ariaeus, a satrap, arrested Tissaphernes
while he was in the bath, cut off his head, and sent
it to the King. Then he persuaded Agesilaüs to enter
into negotiations and concluded with him a truce of
six months.

81. While affairs in Asia were handled as we have
described, the Phocians went to war with the Boeotians
because of certain grievances and persuaded the
Lacedaemonians to join them against the Boeotians.
At first they sent Lysander to them with a few

[1] Cp. chaps. 19 ff.

---

[1] ἄν after ὅπως deleted by Dindorf.
[2] Ἀριαίου Palmer : Λαρισσαίου.

Φωκίδα συνήγαγε δύναμιν· μετὰ δὲ ταῦτα καὶ Παυσανίας ὁ βασιλεὺς ἐξεπέμφθη μετὰ στρατιω-
2 τῶν ἑξακισχιλίων. Βοιωτοὶ δὲ πείσαντες Ἀθη-ναίους συνεπιλαβέσθαι τοῦ πολέμου, τότε μὲν καθ' αὑτοὺς ὥρμησαν καὶ κατέλαβον Ἁλίαρτον ὑπὸ Λυσάνδρου καὶ Φωκέων πολιορκουμένην. γενο-μένης δὲ μάχης ὅ τε Λύσανδρος ἔπεσε καὶ τῶν Λακεδαιμονίων καὶ τῶν συμμάχων πολλοί, τῶν δὲ Βοιωτῶν ἡ μὲν ὅλη φάλαγξ ταχέως ἐπέστρεψεν ἀπὸ τοῦ διωγμοῦ, τῶν δὲ Θηβαίων ὡς διακόσιοι προχειρότερον εἰς τόπους τραχεῖς ἑαυτοὺς δόντες
3 ἀνῃρέθησαν. ὁ μὲν οὖν πόλεμος οὗτος ἐκλήθη Βοιωτικός, Παυσανίας δὲ ὁ τῶν Λακεδαιμονίων βασιλεὺς πυθόμενος τὴν ἧτταν ἀνοχὰς ἐποιήσατο πρὸς Βοιωτοὺς καὶ τὴν δύναμιν ἀπήγαγε πρὸς Πελοπόννησον.
4 Κόνων δ' ὁ τῶν Περσῶν ναύαρχος ἐπὶ μὲν τοῦ στόλου κατέστησεν Ἱερώνυμον καὶ Νικόδημον Ἀθηναίους ὄντας, αὐτὸς δὲ σπεύδων ἐντυχεῖν τῷ βασιλεῖ παρέπλευσεν εἰς Κιλικίαν, κἀκεῖθεν εἰς Θάψακον τῆς Συρίας πορευθεὶς ἀνὰ[1] τὸν Εὐφράτην
5 ποταμὸν ἔπλευσεν εἰς Βαβυλῶνα. ἐκεῖ δ' ἐντυχὼν τῷ βασιλεῖ καταναυμαχήσειν ἐπηγγείλατο τοὺς Λακεδαιμονίους, ἂν αὐτῷ χρήματα καὶ τὴν ἄλλην παρασκευὴν ἑτοιμάσῃ κατὰ τὴν ἑαυτοῦ προαίρεσιν.
6 ὁ δ' Ἀρταξέρξης ἐπαινέσας αὐτὸν καὶ δωρεαῖς μεγάλαις τιμήσας, συνέστησε ταμίαν τὸν χορηγή-σοντα χρημάτων πλῆθος ὅσον ἂν προστάττῃ Κόνων, καὶ τὴν ἐξουσίαν ἔδωκεν αὐτῷ λαβεῖν εἰς τὸν πό-λεμον συνηγησόμενον ὃν ἂν προαιρῆται Περσῶν. Κόνων μὲν οὖν Φαρνάβαζον ἑλόμενος τὸν σατράπην

[1] ἀνὰ] κατὰ Hertlein.

soldiers, who, on entering Phocis, gathered an army ; 396 B.C.
but later the king, Pausanias, was dispatched there
with six thousand soldiers. The Boeotians persuaded
the Athenians to take part with them in the war, but
at the time they took the field alone and found
Haliartus under siege by Lysander and the Phocians.
In the battle which followed Lysander fell together
with many Lacedaemonians and their allies. The
entire body of other Boeotians speedily turned back
from the pursuit, but some two hundred Thebans
advanced rather rashly into rugged terrain and were
slain. This was called the Boeotian War. Pausanias,
the king of the Lacedaemonians, on learning of the
defeat, concluded a truce [1] with the Boeotians and
led his army back to the Peloponnesus.

Conon, the admiral of the Persians, put the
Athenians Hieronymus and Nicodemus in charge of
the fleet and himself set forth with intent to interview
the King. He sailed along the coast of Cilicia, and
when he had gone on to Thapsacus in Syria, he then
took boat by the Euphrates river to Babylon. Here
he met the King and promised that he would destroy
the Lacedaemonians' naval power if the King would
furnish him with such money and other supplies as
his plan required. Artaxerxes approved Conon,
honoured him with rich gifts, and appointed a pay-
master who should supply funds in abundance as
Conon might assign them. He also gave him author-
ity to take as his associate leader for the war any
Persian he might choose. Conon selected the satrap

[1] In order to recover the body of Lysander (Plutarch,
Lysander, 29).

κατέβαινεν εἰς τὴν θάλατταν, ἅπαντα διωκηκὼς κατὰ τὴν ἑαυτοῦ διάνοιαν.[1]

82. Τοῦ δ' ἔτους τούτου διεληλυθότος Ἀθήνησι μὲν τὴν ἀρχὴν ἔλαβε Διόφαντος, ἐν Ῥώμῃ δ' ἀντὶ τῶν ὑπάτων ἓξ χιλίαρχοι τὴν ὑπατικὴν ἀρχὴν διώκουν, Λεύκιος Οὐαλέριος, Μάρκος Φούριος, Κόιντος Σερουίλιος, Κόιντος Σουλπίκιος. τούτων δὲ τὴν ἀρχὴν παρειληφότων Βοιωτοὶ καὶ Ἀθηναῖοι, πρὸς δὲ τούτοις Κορίνθιοι καὶ Ἀργεῖοι, συμμαχίαν 2 πρὸς ἀλλήλους ἐποιήσαντο. μισουμένων γὰρ τῶν Λακεδαιμονίων ὑπὸ τῶν συμμάχων διὰ τὸ βάρος τῆς ἐπιστασίας,[2] ᾤοντο ῥᾳδίως καταλύσειν αὐτῶν τὴν ἡγεμονίαν, τὰς μεγίστας πόλεις συμφρονούσας ἔχοντες. καὶ πρῶτον μὲν συνέδριον κοινὸν ἐν τῇ Κορίνθῳ συστησάμενοι τοὺς βουλευσομένους[3] ἔπεμπον καὶ κοινῶς διῴκουν τὰ κατὰ τὸν πόλεμον, μετὰ δὲ ταῦτα πρέσβεις εἰς τὰς πόλεις ἀποστέλλοντες πολλοὺς συμμάχους ἀπὸ Λακεδαιμονίων ἀπέστησαν· 3 εὐθὺ γὰρ αὐτοῖς ἥ τε Εὔβοια ἅπασα προσέθετο καὶ Λευκάδιοι, πρὸς δὲ τούτοις Ἀκαρνᾶνές τε καὶ Ἀμβρακιῶται καὶ Χαλκιδεῖς οἱ πρὸς τῇ Θρᾴκῃ. 4 ἐπεβάλοντο δὲ καὶ τοὺς ἐν Πελοποννήσῳ κατοικοῦντας πείθειν ἀποστῆναι Λακεδαιμονίων, οὐδεὶς δ' αὐτοῖς ὑπήκουσεν· ἡ γὰρ Σπάρτη κατὰ τὰ πλευρὰ[4] κειμένη καθαπερεί τις ἀκρόπολις ἦν καὶ φρουρὰ πάσης Πελοποννήσου. 5 Μηδίου δὲ τοῦ τῆς Λαρίσσης τῆς ἐν Θετταλίᾳ δυναστεύοντος διαπολεμοῦντος πρὸς Λυκόφρονα τὸν Φερῶν τύραννον, καὶ δεομένου πέμψαι βοήθειαν,

[1] So Reiske : δύναμιν.
[2] So Dindorf : ἐπιστάσεως.
[3] So Wesseling : βουλομένους.

Pharnabazus and then returned to the sea, having 396 B.C. arranged everything to suit his purpose.

82. At the close of this year, in Athens Diophantus 395 B.C. entered upon the archonship, and in Rome, in place of consuls, the consular magistracy was exercised by six military tribunes, Lucius Valerius, Marcus Furius, Quintus Servilius, and Quintus Sulpicius.[1] After these men had assumed their magistracies the Boeotians and Athenians, together with the Corinthians and the Argives, concluded an alliance with each other. It was their thought that, since the Lacedaemonians were hated by their allies because of their harsh rule, it would be an easy matter to overthrow their supremacy, given that the strongest states were of one mind. First of all, they set up a common Council in Corinth to which they sent representatives to form plans, and worked out in common the arrangements for the war. Then they dispatched ambassadors to the cities and caused many allies of the Lacedaemonians to withdraw from them ; for at once all of Euboea and the Leucadians joined them, as well as the Acarnanians, Ambraciots, and the Chalcidians of Thrace. They also attempted to persuade the inhabitants of the Peloponnesus to revolt from the Lacedaemonians, but no one listened to them ; for Sparta, lying as it does along the side of it, was a kind of citadel and fortress of the entire Peloponnesus.

Medius, the lord of Larissa in Thessaly, was at war with Lycophron, the tyrant of Pherae, and when he asked for aid to be sent him, the Council dispatched

---

[1] Livy (5. 14. 5) adds M. Valerius and L. Furius.

[4] κατὰ τὰ πλευρὰ Dindorf, Bekker, κατάπλευρ P, κατὰ πλευρὰν Vogel.

ἀπέστειλεν αὐτῷ τὸ συνέδριον στρατιώτας δισχι-
6 λίους· ὁ δὲ Μήδιος τῆς συμμαχίας αὐτῷ παρα-
γενομένης Φάρσαλον εἷλεν ὑπὸ Λακεδαιμονίων
φρουρουμένην καὶ τοὺς ἐν αὐτῇ κατοικοῦντας
ἐλαφυροπώλησεν. μετὰ δὲ ταῦθ' οἱ Βοιωτοὶ μετ'
Ἀργείων Ἡράκλειαν τὴν ἐν Τραχῖνι κατελάβοντο,
χωρισθέντες ἀπὸ Μηδίου· καὶ νυκτὸς ἐντὸς τῶν
τειχῶν ὑπό τινων εἰσαχθέντες Λακεδαιμονίους μὲν
τοὺς καταληφθέντας ἀπέσφαξαν, τοὺς δ' ἀπὸ Πε-
7 λοποννήσου τὰ σφῶν ἔχοντας εἴασαν ἀπελθεῖν. εἰς
δὲ τὴν πόλιν τοὺς Τραχινίους φεύγοντας ἐκ τῶν
πατρίδων ὑπὸ Λακεδαιμονίων μεταπεμπόμενοι,
τούτοις ἔδωκαν τὴν πόλιν οἰκεῖν, οἳ καὶ παλαιότατοι
τῆς χώρας ταύτης ἦσαν οἰκήτορες. μετὰ δὲ ταῦθ'
ὁ τῶν Βοιωτῶν ἀφηγούμενος Ἰσμηνίας τοὺς μὲν
Ἀργείους ἐν τῇ πόλει κατέλιπε φυλακῆς ἕνεκα,
αὐτὸς δὲ πείσας ἀποστῆναι ἀπὸ Λακεδαιμονίων
Αἰνιᾶνας καὶ Ἀθαμᾶνας ἤθροισε παρά τε τούτων
καὶ τῶν συμμάχων στρατιώτας· τοὺς πάντας δ'
ἔχων μικρὸν ἀπολείποντας τῶν ἑξακισχιλίων ἐστρά-
8 τευσεν εἰς Φωκεῖς. καταστρατοπεδεύοντος δ' αὐ-
τοῦ εἰς Νάρυκα τῆς Λοκρίδος, ἐξ ἧς φασι τὸν
Αἴαντα γεγενῆσθαι, τὸ πλῆθος τῶν Φωκέων ἀπήν-
τησε μετὰ τῶν ὅπλων, τὴν ἡγεμονίαν ἔχοντος
9 Ἀλκισθένους τοῦ Λάκωνος. γενομένης δὲ μάχης
ἐπὶ πολὺν χρόνον ἰσχυρᾶς ἐκράτησαν οἱ Βοιωτοί,
καὶ μέχρι νυκτὸς διώξαντες τοὺς φεύγοντας ἀνεῖλον
οὐ πολὺ λείποντας τῶν χιλίων, τῶν δ' ἰδίων ἀπέβα-
10 λον ἐν τῇ μάχῃ περὶ πεντακοσίους. μετὰ δὲ τὴν
παράταξιν ἀμφότεροι μὲν διέλυσαν[1] τὸ στρατό-

to him two thousand soldiers.   After the troops
had arrived Medius seized Pharsalus, in which there
was a garrison of Lacedaemonians, and sold the
inhabitants as booty.   After this the Boeotians and
Argives, parting company with Medius, seized Hera-
cleia in Trachis ; and on being admitted at night
within the walls by certain persons, they put to the
sword the Lacedaemonians whom they seized but
allowed the other Peloponnesians to leave with their
possessions.   They then summoned to the city the
Trachinians whom the Lacedaemonians had banished
from their homes,[1] and gave them the city as their
dwelling place ; and indeed they were the most
ancient settlers of this territory.   After this Ismenias,
the leader of the Boeotians, left the Argives in the
city to serve as its garrison and himself persuaded
the Aenianians and the Athamanians to revolt from
the Lacedaemonians and gathered soldiers from
among them and their allies.   After he had recruited
a little less than six thousand men, he took the field
against the Phocians.   While he was taking up
quarters in Naryx in Locris, which men say was the
birthplace of Ajax, the people of the Phocians came
against him in arms under the command of Alcis-
thenes the Laconian.   A sharp and protracted battle
followed, in which the Boeotians were the victors.
Pursuing the fugitives until nightfall, they slew not
many less than a thousand, but lost of their own
troops in the battle about five hundred.   After the
pitched battle both sides dismissed their armies to

[1] See chap. 38. 4-5.

---

[1] ἀμφότεροι μὲν διέλυσαν τ. σ. εἰς Vogel: ἀμφότεροι διαλύσαν-
τες τ. σ. οἱ μὲν εἰς.

πεδον¹ εἰς τὰς ἰδίας πατρίδας· οἱ δ᾽ εἰς Κόρινθον τὸ συνέδριον ἀγαγόντες, ἐπεὶ κατὰ νοῦν αὐτοῖς προεχώρει τὰ πράγματα, συνήγαγον ἐξ ἁπασῶν τῶν πόλεων στρατιώτας εἰς Κόρινθον, πεζοὺς μὲν πλείους μυρίων πεντακισχιλίων, ἱππεῖς δὲ περὶ πεντακοσίους.

83. Λακεδαιμόνιοι δ᾽ ὁρῶντες τὰς μεγίστας τῶν κατὰ τὴν Ἑλλάδα πόλεων ἐφ᾽ ἑαυτοὺς συνισταμένας, ἐψηφίσαντο τόν τε Ἀγησίλαον ἐκ τῆς Ἀσίας μεταπέμψασθαι καὶ τὴν μετ᾽ αὐτοῦ δύναμιν, αὐτοὶ δὲ ἐν τοσούτῳ παρά τε σφῶν καὶ τῶν συμμάχων ἀθροίσαντες πεζοὺς μὲν δισμυρίους τρισχιλίους, ἱππεῖς δὲ πεντακοσίους, ἀπήντησαν τοῖς
2 πολεμίοις. γενομένης δὲ παρατάξεως παρὰ τὸν Νεμέαν ποταμὸν μέχρι νυκτός, ἑκατέρων προετέρησε τὰ μέρη τοῦ στρατεύματος· καὶ τῶν μὲν Λακεδαιμονίων καὶ τῶν συμμάχων ἔπεσον ἑκατὸν πρὸς τοῖς χιλίοις, Βοιωτῶν δὲ καὶ τῶν ἄλλων συμμάχων περὶ δισχιλίους ὀκτακοσίους.
3 Ἀγησίλαος δὲ τὴν δύναμιν ἐκ τῆς Ἀσίας διαβιβάσας εἰς τὴν Εὐρώπην, τὸ μὲν πρῶτον Θρᾳκῶν τινων ἀπαντησάντων αὐτῷ πολλῇ στρατιᾷ,² μάχῃ τε ἐνίκησε καὶ τοὺς πλείστους τῶν βαρβάρων ἀνεῖλε· μετὰ δὲ ταῦτα διὰ Μακεδονίας τὴν πορείαν ἐποιεῖτο, τὴν αὐτὴν διεξιὼν χώραν ἦν καὶ Ξέρξης ἐπορεύθη, καθ᾽ ὃν καιρὸν ἐστράτευσεν ἐπὶ τοὺς
4 Ἕλληνας. Ἀγησίλαος μὲν οὖν διὰ Μακεδονίας καὶ Θετταλίας πορευθείς, ὡς διῆλθε τὰ περὶ Θερμοπύλας στενά,³ . . . τὴν πορείαν ἐποιεῖτο.
Κόνων δὲ ὁ Ἀθηναῖος καὶ Φαρνάβαζος ἀφηγοῦντο

So Rhodoman : συνέδριον.
² πολλῇ στρατιᾷ Vogel, πολλῆς στρατιᾶς PA, μετὰ πολλῆς στρατιᾶς cet.

their native lands, and the members of the Council 395 B.C.
in Corinth, since affairs were progressing as they
desired, gathered to Corinth soldiers from all the
cities, more than fifteen thousand infantry and about
five hundred cavalry.

83. When the Lacedaemonians saw that the
greatest cities of Greece were uniting against them,
they voted to summon Agesilaüs and his army from
Asia.   In the meantime they gathered from their
own levy and their allies twenty-three thousand
infantry and five hundred cavalry and advanced to
meet the enemy.   The battle took place along the
river Nemea,[1] lasting until nightfall, and parts of
both armies had the advantage, but of the Lacedae-
monians and their allies eleven hundred men fell,
while of the Boeotians and their allies about twenty-
eight hundred.

After Agesilaüs had conveyed his army across from
Asia to Europe, at first he was opposed by certain
Thracians [2] with a large force ; these he defeated in
battle, slaying the larger number of the barbarians.
Then he made his way through Macedonia, passing
through the same country as Xerxes did when he
made his campaign against the Greeks.   When
Agesilaüs had traversed Macedonia and Thessaly
and made his way through the pass of Thermopylae,
he continued. . . .[3]

Conon the Athenian and Pharnabazus were in

[1] The river formed the boundary between Sicyonia and
Corinthia (Strabo, 8. 6. 25).
[2] The Trallians (Plutarch, *Agesilaüs*, 16. 1).
[3] The Greek is defective ; " through Phocis," " at top
speed," and other suggestions have been made.

_____

[3] στενά Reiske : στενήν.

μὲν τοῦ βασιλικοῦ στόλου, διέτριβον δὲ περὶ Λώ-
ρυμα τῆς Χερρονήσου, τριήρεις ἔχοντες πλείους
5 τῶν ἐνενήκοντα. πυθόμενοι δὲ ἐν Κνίδῳ τὸ ναυ-
τικὸν τῶν πολεμίων εἶναι, τὰ πρὸς τὴν ναυμαχίαν
παρεσκευάζοντο. Πείσανδρος δ' ὁ τῶν Λακεδαιμο-
νίων ναύαρχος ἐξέπλευσεν ἐκ τῆς Κνίδου τριήρεσιν
ὀγδοήκοντα πέντε καὶ κατηνέχθη πρὸς Φύσκον τῆς
6 Χερρονήσου. ἐκεῖθεν δ' ἐκπλεύσας περιέπεσε τῷ
στόλῳ τοῦ βασιλέως, καὶ ταῖς μὲν προπλεούσαις[1]
ναυσὶ συμβαλὼν προετέρει, τῶν δὲ Περσῶν[2] ἅμα
ταῖς τριήρεσιν ἀθρόαις παραβοηθησάντων, ἐπειδὴ
πάντες οἱ σύμμαχοι πρὸς τὴν γῆν ἔφυγον, τὴν ἰδίαν
ναῦν ἐπέστρεψεν, αἰσχρὸν εἶναι νομίσας καὶ τῆς
7 Σπάρτης ἀνάξιον τὸ φυγεῖν ἀγεννῶς. ἀγωνισάμε-
νος δὲ λαμπρῶς καὶ πολλοὺς τῶν πολεμίων ἀνελών,
τὸ τελευταῖον ἀξίως τῆς πατρίδος ἀνῃρέθη μαχόμε-
νος. οἱ δὲ περὶ τὸν Κόνωνα μέχρι τῆς γῆς κατα-
διώξαντες τοὺς Λακεδαιμονίους πεντήκοντα μὲν
τριήρων ἐκυρίευσαν, τῶν δ' ἀνδρῶν οἱ πλεῖστοι
μὲν ἐκκολυμβήσαντες κατὰ γῆν ἔφυγον, ἑάλωσαν
δὲ περὶ πεντακοσίους· αἱ δὲ λοιπαὶ τριήρεις εἰς
Κνίδον διεσώθησαν.

84. Ἀγησίλαος δὲ προσλαβόμενος ἐκ Πελοπον-
νήσου στρατιώτας, ἐπειδὴ μετὰ τῆς δυνάμεως ἐπ-
έβαινεν εἰς Βοιωτίαν, εὐθὺς οἱ Βοιωτοὶ μετὰ τῶν
συμμάχων ἀπήντησαν εἰς Κορώνειαν. γενομένης
δὲ παρατάξεως Θηβαῖοι μὲν τὸ καθ' αὑτοὺς μέρος
τρεψάμενοι μέχρι τῆς παρεμβολῆς κατεδίωξαν, οἱ
δ' ἄλλοι μικρὸν ἀντισχόντες χρόνον ὑπ' Ἀγησιλάου
2 καὶ τῶν ἄλλων φυγεῖν ἠναγκάσθησαν. διὸ καὶ

---

[1] So Reiske : προσπλεούσαις.
[2] So Stephanus : Περσικῶν.

command of the King's fleet [1] and were tarrying in 395 B.C.
Loryma of the Chersonesus [2] with more than ninety
triremes. When they learned that the enemy's naval
forces were at Cnidus, they made preparations for
battle. Peisander, the Lacedaemonian admiral, set
out from Cnidus with eighty-five triremes and put
in at Physcus of the Chersonesus. On sailing from
there he fell in with the King's fleet, and engaging
the leading ships, he won the advantage over them ;
but when the Persians [3] came to give aid with their
triremes in close formation, all his allies fled to the
land. But Peisander turned his own ship against
them, believing ignoble flight to be disgraceful and
unworthy of Sparta. After fighting brilliantly and
slaying many of the enemy, in the end he was over-
come, battling in a manner worthy of his native land.
Conon pursued the Lacedaemonians as far as the land
and captured fifty of their triremes. As for the
crews, most of them leaped overboard and escaped
by land, but about five hundred were captured. The
rest of the triremes found safety at Cnidus.

84. Agesilaüs enlisted more soldiers from the
Peloponnesus and then advanced with his army
against Boeotia, whereupon the Boeotians, together
with their allies, at once set out to Coroneia to meet
him. In the battle which followed the Thebans de-
feated the forces opposed to them and pursued them
as far as their camp, but the others held out only a
short time and then were forced by Agesilaüs and
his troops to take to flight. Therefore the Lacedae-

[1] Cp. chap. 81. 4 f.
[2] At the south-west tip of Asia Minor.
[3] The part of the fleet under the command of Pharnabazus
(Xenophon, *Hell.* 4. 3. 11).

νενικηκέναι τῇ μάχῃ Λακεδαιμόνιοι διαλαβόντες
ἔστησαν τρόπαιον καὶ τοὺς νεκροὺς τοῖς πολεμίοις
ὑποσπόνδους ἀπέδωκαν.[1] ἀπέθανον δὲ τῶν Βοιω-
τῶν καὶ τῶν συμμάχων πλείους τῶν ἑξακοσίων,
Λακεδαιμονίων δὲ καὶ τῶν συναγωνισαμένων τρια-
κόσιοι πεντήκοντα· καὶ αὐτὸς Ἀγησίλαος πολλοῖς
περιπεπτωκὼς τραύμασιν εἰς Δελφοὺς ἐκομίσθη,
κἀκεῖ τὴν ἐπιμέλειαν τοῦ σώματος ἐποιεῖτο.

3 Φαρνάβαζος δὲ καὶ Κόνων μετὰ τὴν ναυμαχίαν
ἀνήχθησαν ἁπάσαις ταῖς ναυσὶν ἐπὶ τοὺς τῶν Λακε-
δαιμονίων συμμάχους. καὶ πρῶτον μὲν Κῴους
ἀπέστησαν, εἶτα Νισυρίους καὶ Τηίους. μετὰ δὲ
ταῦτα Χῖοι τὴν φρουρὰν ἐκβαλόντες προσέθεντο
τοῖς περὶ Κόνωνα· παραπλησίως δὲ μετέβαλον καὶ
4 Μιτυληναῖοι καὶ Ἐφέσιοι καὶ Ἐρυθραῖοι. τοιαύτη
δὲ τῆς μεταστάσεως σπουδή[2] τις εἰς τὰς πόλεις
ἐνέπεσεν, ὧν αἱ μὲν ἐκβάλλουσαι τὰς φρουρὰς τῶν
Λακεδαιμονίων τὴν ἐλευθερίαν διεφύλαττον, αἱ δὲ
τοῖς περὶ Κόνωνα προσετίθεντο. καὶ Λακεδαι-
μόνιοι μὲν ἀπὸ τούτου τοῦ χρόνου τὴν κατὰ θάλατ-
ταν ἀρχὴν ἀπέβαλον, οἱ δὲ περὶ Κόνωνα κρίναντες
παντὶ τῷ στόλῳ πλεῖν ἐπὶ τὴν Ἀττικὴν ἀνέζευξαν,
καὶ τὰς Κυκλάδας νήσους προσαγόμενοι κατ-
5 έπλευσαν ἐπὶ Κύθηρα τὴν νῆσον. εὐθὺ δὲ ταύτης
ἐξ ἐφόδου κυριεύσαντες τοὺς μὲν Κυθηρίους ὑπο-
σπόνδους ἐξέπεμψαν εἰς τὴν Λακωνικήν, αὐτοὶ δὲ
καταλιπόντες τῆς πόλεως τὴν ἱκανὴν φρουρὰν
ἔπλεον ἐπὶ Κορίνθου.[3] ἐκεῖ δὲ καταπλεύσαντες
τοῖς συνέδροις διελέχθησαν ὑπὲρ ὧν ἤθελον, καὶ

---

[1] So Dindorf: ἔδωκαν.
[2] τοιαύτη δὲ τῆς μεταστάσεως σπουδή Reiske: τοιαύτης δὲ τῆς
καταστάσεως οὔσης σπουδή.   [3] So Dindorf: Κορινθίους.

monians, looking upon themselves as conquerors, set
up a trophy and gave back the dead to the enemy
under a truce. There fell of the Boeotians and their
allies more than six hundred, but of the Lacedae-
monians and their associates three hundred and
fifty. Agesilaüs, who had suffered many wounds,
was taken to Delphi, where he looked after his
physical needs.[1]

After the sea-fight Pharnabazus and Conon put
out to sea with all their ships against the allies of the
Lacedaemonians. First of all they induced the people
of Cos to secede, and then those of Nisyros and of
Teos. After this the Chians expelled their garrison
and joined Conon, and similarly the Mitylenaeans
and Ephesians and Erythraeans changed sides.
Something like the same eagerness for change in-
fected all the cities, of which some expelled their
Lacedaemonian garrisons and maintained their free-
dom, while others attached themselves to Conon.
As for the Lacedaemonians, from this time they lost
the sovereignty of the sea. Conon, having decided
to sail with the entire fleet to Attica, put out to sea,
and after bringing over to his cause the islands of
the Cyclades, he sailed against the island of Cythera.
Mastering it at once on the first assault, he sent the
Cytherians under a truce to Laconia, left an adequate
garrison for the city, and sailed for Corinth. After
putting in there he discussed with the members of
the Council such points as they wished, made an

[1] A more adequate account of the battle of Coroneia is
given in Xenophon, *Hell.* 4. 3. 15-20; Plutarch, *Agesilaüs*, 18.

συμμαχίαν ποιησάμενοι τούτοις μὲν χρήματα κατ-
έλιπον, αὐτοὶ δ᾽ εἰς τὴν ᾽Ασίαν ἐξέπλευσαν.

6 Περὶ δὲ τὸν αὐτὸν χρόνον ᾽Αέροπος ὁ τῶν Μακε-
δόνων βασιλεὺς ἐτελεύτησε νόσῳ, βασιλεύσας ἔτη
ἕξ· τὴν δ᾽ ἡγεμονίαν διαδεξάμενος Παυσανίας υἱὸς
7 ἦρξεν ἐνιαυτόν. Θεόπομπος δ᾽ ὁ Χῖος τὴν τῶν
῾Ελληνικῶν σύνταξιν κατέστροφεν εἰς τοῦτον τὸν
ἐνιαυτὸν καὶ εἰς τὴν περὶ Κνίδον ναυμαχίαν, γρά-
ψας βύβλους δώδεκα. ὁ δὲ συγγραφεὺς οὗτος
ἦρκται μὲν ἀπὸ τῆς περὶ Κυνὸς σῆμα ναυμαχίας,
εἰς ἣν Θουκυδίδης κατέληξε τὴν¹ πραγματείαν,
ἔγραψε δὲ χρόνον ἐτῶν δεκαεπτά.

85. ᾽Επεὶ δὲ ὁ ἐνιαυσιαῖος χρόνος διεληλύθει,
᾽Αθήνησι μὲν Εὐβουλίδης ἦρξεν, ἐν ῾Ρώμῃ δὲ
τὴν ὑπατικὴν ἀρχὴν διῴκουν χιλίαρχοι ἕξ, Λεύκιος
Σέργιος, Αὖλος Ποστούμιος, Πόπλιος Κορνήλιος,
2 Κόιντος Μάνλιος. περὶ δὲ τούτους τοὺς χρόνους
Κόνων τοῦ βασιλικοῦ στόλου τὴν ἡγεμονίαν ἔχων,
ὀγδοήκοντα τριήρεσι καταπλεύσας εἰς τὸν Πειραιέα
τοῖς πολίταις ὑπέσχετο τὸν περίβολον τῆς πόλεως
ἀνοικοδομήσειν· τοῦ γὰρ Πειραιέως τὰ τείχη καὶ
τὰ μακρὰ σκέλη καθῄρητο κατὰ τὰς Λακεδαιμονίων
συνθήκας, ὅτε κατεπονήθησαν ἐν τῷ Πελοπον-
3 νησιακῷ πολέμῳ. ὁ δ᾽ οὖν Κόνων μισθωσάμενος
πλῆθος τεχνιτῶν, καὶ τὸν ἐκ τῶν πληρωμάτων
ὄχλον εἰς ὑπηρεσίαν παραδούς, ταχέως τὸ πλεῖστον
μέρος τοῦ τείχους ἀνῳκοδόμησε· καὶ γὰρ Θηβαῖοι
πεντακοσίους τεχνίτας καὶ λιθοτόμους ἀπέστειλαν,
4 καί τινες ἄλλαι τῶν πόλεων παρεβοήθησαν. Τιρί-

alliance with them, left them money, and then sailed 395 B.C. off to Asia.[1]

At this time Aëropus, the king of the Macedonians, died of illness after a reign of six years, and was succeeded in the sovereignty by his son Pausanias, who ruled for one year. Theopompus of Chios ended with this year and the battle of Cnidus his *Hellenic History*, which he wrote in twelve books. This historian began with the battle of Cynossema,[2] with which Thucydides ended his work, and covered in his account a period of seventeen years.[3]

85. At the conclusion of the year, in Athens 394 B.C. Eubulides was archon and in Rome the consular magistracy was administered by six military tribunes, Lucius Sergius, Aulus Postumius, Publius Cornelius, and Quintus Manlius.[4] At this time Conon, who held the command of the King's fleet, put in at the Peiraeus with eighty triremes and promised the citizens to rebuild the fortifications of the city ; for the walls of the Peiraeus and the long walls had been destroyed in accordance with the terms the Athenians had concluded with the Lacedaemonians when they were reduced in the Peloponnesian War. Accordingly Conon hired a multitude of skilled workers, and putting at their service the general run of his crews, he speedily rebuilt the larger part of the wall. For the Thebans too sent five hundred skilled workers and masons, and some other cities also gave assistance.

---

[1] These negotiations were in fact the work of Pharnabazus, who was in supreme command of the fleet (Xenophon, *Hell.* 4. 8. 6 ff.) and who alone could speak for the King of Persia.
[2] See Book 13. 40. 5 f. and note.   [3] 410–394 B.C.
[4] The names differ greatly from those of Livy, 5. 16. 1.

---

[1] τὴν added by Reiske.

βαζος δ' ὁ τῶν κατὰ τὴν Ἀσίαν πεζῶν δυνάμεων
ἀφηγούμενος ἐφθόνει ταῖς τοῦ Κόνωνος εὐπραξίαις,
καὶ πρόφασιν μὲν λαβὼν ὅτι ταῖς βασιλικαῖς δυνά-
μεσι τὰς πόλεις Ἀθηναίοις κατακτᾶται, προαγα-
γόμενος¹ δ' αὐτὸν εἰς Σάρδεις συνέλαβε καὶ δήσας
εἰς φυλακὴν κατέθετο.

86. Ἐν δὲ τῇ Κορίνθῳ τινὲς τῶν ἐπιθυμούντων
δημοκρατίας² συστραφέντες ἀγώνων ὄντων ἐν τῷ
θεάτρῳ φόνον ἐποίησαν καὶ στάσεως ἐπλήρωσαν
τὴν πόλιν· συνεπιλαβομένων δὲ αὐτοῖς τῆς τόλμης
Ἀργείων, ἑκατὸν μὲν καὶ εἴκοσι τῶν πολιτῶν ἀπ-
2 έσφαξαν, πεντακοσίους δ' ἐφυγάδευσαν. Λακεδαι-
μονίων δὲ παρασκευαζομένων κατάγειν καὶ δύναμιν
ἀθροιζόντων, Ἀθηναῖοι καὶ Βοιωτοὶ παρεβοήθουν
τοῖς σφαγεῦσιν, ὅπως τὴν πόλιν ἐξιδιοποιήσωνται.
3 καὶ οἱ μὲν φυγάδες μετὰ Λακεδαιμονίων καὶ τῶν
συμμάχων ἐπὶ τὸ Λέχαιον καὶ τὸν ναύσταθμον
ἐπελθόντες νυκτὸς κατὰ κράτος εἷλαν· τῇ δ' ὑστε-
ραίᾳ τῶν ἐκ τῆς πόλεως ἐπεξελθόντων, ὧν Ἰφι-
κράτης ἡγεῖτο, συνέβη γενέσθαι μάχην, ἐν ᾗ
Λακεδαιμόνιοι νικήσαντες οὐκ ὀλίγους ἀπέκτειναν.
4 μετὰ δὲ ταῦτα οἵ τε Βοιωτοὶ καὶ Ἀθηναῖοι, πρὸς
δὲ τούτοις Ἀργεῖοι καὶ Κορίνθιοι πάσῃ τῇ δυνάμει
παρελθόντες εἰς τὸ Λέχαιον, τὸ μὲν πρῶτον πολιορ-
κήσαντες τὸ χωρίον τὸ³ ἐντὸς τοῦ διατειχίσματος
εἰσεβιάζοντο· μετὰ δὲ ταῦτα τῶν Λακεδαιμονίων

¹ So Eichstädt: προαγόμενος.
² ἐπιθυμούντων δημοκρατίας Wurm: ἐπιθυμίᾳ κρατούντων.

But Tiribazus, who commanded the land forces in 394 B.C. Asia, was envious of Conon's successes,[1] and on the plea that Conon was using the King's armaments to win the cities for the Athenians, he lured him to Sardis, where he arrested him, threw him in chains, and remanded him to custody.

86. In Corinth certain men who favoured a democracy, banding together while contests were being held in the theatre, instituted a slaughter and filled the city with civil strife ; and when the Argives gave them their support in their venture, they put to the sword one hundred and twenty of the citizens and drove five hundred into exile. While the Lacedaemonians were making preparations to restore the exiles and gathering an army, the Athenians and Boeotians came to the aid of the murderers, in order that they might secure the adhesion of the city. The exiles, together with the Lacedaemonians and their allies, attacked Lechaeum [2] and the dock-yard by night and seized them by storm ; and on the next day, when the troops of the city, which Iphicrates commanded, came out against them, a battle followed in which the Lacedaemonians were victorious and slew no small number of their opponents. After this the Boeotians and Athenians, and with them the Argives and Corinthians, came with all their forces to Lechaeum, and at the outset they laid siege to the place and forced their way into the corridor between the walls ; but afterward the Lacedaemonians

[1] He was aroused against Conon by the Lacedaemonians (Xenophon, *Hell*. 4. 8. 12 f.).
[2] The harbour of Corinth on the Corinthian Gulf, connected with Corinth by long walls.

---

[3] τὸ deleted by Eichstädt, Vogel.

DIODORUS OF SICILY

καὶ τῶν φυγάδων λαμπρῶς ἀγωνισαμένων ἐξεώσθη-
σαν οἱ Βοιωτοὶ καὶ οἱ μετ' αὐτῶν ἅπαντες. οὗτοι
μὲν οὖν περὶ χιλίους τῶν στρατιωτῶν ἀποβαλόντες
5 εἰς τὴν πόλιν ἀπεχώρησαν. εὐθὺ δὲ τῶν Ἰσθμίων
ἐπελθόντων διεφέροντο περὶ τῆς θέσεως τοῦ ἀγῶ-
νος· καὶ πολλὰ φιλονεικησάντων ἐκράτησαν οἱ
Λακεδαιμόνιοι καὶ τοὺς φυγάδας ἐποίησαν θεῖναι
6 τὸν ἀγῶνα. τῶν δὲ κατὰ τὸν πόλεμον δεινῶν
σχεδόν τι περὶ τὴν Κόρινθον γενομένων ὁ πόλεμος
οὗτος ἐκλήθη Κορινθιακός, καὶ διέμεινεν ἔτη ὀκτώ.
87. Κατὰ δὲ τὴν Σικελίαν Ῥηγῖνοι κατηγοροῦν-
τες Διονυσίου ὅτι Μεσσήνην τειχίζων ἐπ' αὐτοὺς
κατασκευάζεται, πρῶτον μὲν τοὺς ὑπὸ Διονυσίου
φυγαδευομένους καὶ τἀναντία πράττοντας ὑπεδέ-
ξαντο, μετὰ δὲ ταῦτα τῶν Ναξίων καὶ Κατανσίων
τοὺς ὑπολειπομένους εἰς Μύλας κατοικίσαντες, δύ-
ναμιν παρεσκευάζοντο καὶ στρατηγὸν Ἕλωριν ἐξ-
2 έπεμψαν πολιορκήσοντα Μεσσήνην. τούτου δὲ τὴν
ἐπίθεσιν κατὰ τὴν ἀκρόπολιν ποιησαμένου παρα-
βόλως, οἱ κατέχοντες τὴν πόλιν Μεσσήνιοι καὶ
Διονυσίου μισθοφόροι συστραφέντες ἀπήντησαν.
γενομένης δὲ μάχης ἐνίκων οἱ Μεσσήνιοι καὶ
3 πλείους τῶν πεντακοσίων ἀπέκτειναν. εὐθὺ δ' ἐπὶ
τὰς Μύλας ἐπελθόντες εἷλον τὴν πόλιν, καὶ τοὺς
οἰκισθέντας ἐν αὐτῇ Ναξίους ὑποσπόνδους ἀφῆκαν.
οὗτοι[1] μὲν οὖν εἴς τε Σικελοὺς καὶ[2] τὰς Ἑλληνίδας
πόλεις ἀπελθόντες ἄλλοι κατ' ἄλλους τόπους κατ-
4 ῴκησαν· ὁ δὲ Διονύσιος, τῶν περὶ τὸν[3] πορθμὸν
αὐτῷ τόπων κατεσκευασμένων φιλίων, διενοεῖτο

[1] So Eichstädt : αὐτοί.
[2] τὰς ἄλλας after καὶ deleted by Wurm.
[3] τὸν added by Reiske.

248

and the exiles put up a brilliant fight and forced out _{394 B.C.} the Boeotians and all who were with them. They then, having lost about a thousand soldiers, returned to the city. And since the Isthmian Games were now at hand, there was a quarrel over who should conduct them. After much contention the Lacedaemonians had their way and saw to it that the exiles conducted the festival. Since the severe fighting in the war took place for the most part about Corinth, it was called the Corinthian War, and it continued for eight years.

87.[1] In Sicily the people of Rhegium, bringing the charge against Dionysius that in fortifying Messenê he was making preparations against them, first of all offered asylum to those who were expelled by Dionysius and were active against him, and then settled in Mylae the surviving Naxians and Catanians, prepared an army, and dispatched as its general Heloris[2] to lay siege to Messenê. When Heloris made a reckless attack upon the acropolis, the Messenians and the mercenaries of Dionysius, who were holding the city, closed ranks and advanced against him. In the battle that followed the Messenians were victorious and slew more than five hundred of their opponents. Marching straightway against Mylae, they seized the city and let the Naxians who had been settled there go free under a truce. These, accordingly, departed to the Siceli and the Greek cities and made their dwelling some in one place and others in another. Dionysius, now that the regions about the Straits had been brought to friendly terms with him, planned

---

[1] The narrative is resumed from chapter 78.
[2] Heloris had been exiled from Syracuse by Dionysius (chap. 103. 5 ; cp. chap. 8. 5).

μὲν ἐπὶ Ῥήγιον στρατιὰν ἄγειν, παρηνωχλεῖτο δ᾽
ὑπὸ τῶν τὸ Ταυρομένιον κατειληφότων Σικελῶν.
5 διόπερ κρίνας συμφέρειν τούτοις ἐπιθέσθαι πρώτοις,
ἐξήγαγεν ἐπ᾽ αὐτοὺς τὴν δύναμιν, καὶ στρατο-
πεδεύσας ἐκ τοῦ πρὸς τὴν Νάξον μέρους προσεκαρ-
τέρει τῇ πολιορκίᾳ τὸν χειμῶνα, νομίζων τοὺς
Σικελοὺς ἐκλείψειν τὸν λόφον διὰ τὸ μὴ πάλαι
κατῳκηκέναι.

88. Οἱ δὲ Σικελοὶ παρὰ τῶν πατέρων ἐκ παλαιοῦ
παρειληφότες ὅτι τὰ μέρη ταῦτα τῆς νήσου Σικε-
λῶν κατεχόντων Ἕλληνες πρώτως καταπλεύσαν-
τες ἔκτισαν μὲν Νάξον, ἐξέβαλον δ᾽ ἐκ τούτου τοῦ
λόφου τοὺς τότε κατοικοῦντας Σικελούς· διὸ δὴ
φάσκοντες πατρῴαν ἀνακτήσασθαι χώραν καὶ περὶ
ὧν εἰς τοὺς ἑαυτῶν προγόνους ἐξήμαρτον Ἕλληνες
ἀμύνασθαι δικαίως, ἐφιλοτιμοῦντο κατασχεῖν τὸν
2 λόφον. ὑπερβαλλούσης δὲ φιλονεικίας παρ᾽ ἀμφο-
τέροις οὔσης, ἔτυχον μὲν οὖσαι τροπαὶ χειμεριναί,
καὶ διὰ τοὺς ἐπιγινομένους χειμῶνας ὁ περὶ τὴν
ἀκρόπολιν τόπος πλήρης ἦν χιόνος. ἐνταῦθα δὴ
Διονύσιος τοὺς Σικελοὺς διὰ τὴν ὀχυρότητα καὶ
τὴν ὑπερβολὴν τοῦ τείχους ῥαθυμοῦντας περὶ τὴν
κατὰ τὴν ἀκρόπολιν φυλακὴν εὑρών, ὥρμησε νυ-
κτὸς ἀσελήνου καὶ χειμερίου πρὸς τοὺς ἀνωτάτω
3 τόπους. πολλὰ δὲ κακοπαθήσας διά τε τὴν τῶν
κρημνῶν δυσχέρειαν καὶ τὸ πλῆθος τῆς χιόνος,
μιᾶς μὲν ἀκροπόλεως ἐκυρίευσε, καὶ τὸ πρόσωπον
ἐξήλκωσε καὶ τὰς ὄψεις ἔβλαψε διὰ τὸ ψῦχος· μετὰ
δὲ ταῦτα εἰς τὸ ἕτερον μέρος παρεισπεσὼν εἰσή-
γαγε τὴν δύναμιν εἰς τὴν πόλιν. τῶν δὲ Σικελῶν
ἀθρόων[1] βοηθησάντων ἐξεώσθησαν οἱ μετὰ τοῦ

[1] So Dindorf: ἀθρόως.

to lead an army against Rhegium, but he had trouble 394 B.C.
with the Siceli who held Tauromenium. Deciding,
therefore, that it would be to his advantage to attack
them first, he led out his forces against them, pitched
a camp on the side toward Naxos, and persisted in
the siege during the winter, in the belief that the
Siceli would desert the hill since they had not been
dwelling there long.

88. The Siceli, however, had an ancient tradition,
handed down from their ancestors, that these parts
of the island had been the possession of the Siceli,
when Greeks first landed there and founded Naxos,
expelling from that very hill the Siceli who were then
dwelling on it. Maintaining, therefore, that they
had only recovered territory that belonged to their
fathers and were justly righting the wrongs which
the Greeks had committed against their ancestors,
they put forth every effort to hold the hill. While
extraordinary rivalry was being displayed on both
sides, the winter solstice occurred, and because of the
consequent winter storms the area about the acropolis
was filled with snow. Thereupon Dionysius, who
had discovered that the Siceli were careless in their
guard of the acropolis because of its strength and the
unusual height of the wall, advanced on a moonless
and stormy night against the loftiest sectors. After
many difficulties both because of the obstacles offered
by the crags and because of the great depth of the
snow he occupied one peak, although his face was
frosted and his vision impaired by the cold. After
this he broke through to the other side and led his
army into the city. But when the Siceli came up in
a body, the troops of Dionysius were thrust out and

Διονυσίου, καὶ αὐτὸς ἐν τῇ φυγῇ τυπτόμενος εἰς τὸν θώρακα περιεκυλίσθη, καὶ παρ' ὀλίγον συν-
4 ελήφθη ζῶν. τῶν δὲ Σικελῶν ἐπικειμένων ἐξ ὑπερδεξίων τόπων, ἀνῃρέθησαν μὲν τῶν μετὰ Διονυσίου πλείους τῶν ἑξακοσίων, ἀπέβαλον δὲ τὰς πανοπλίας οἱ πλεῖστοι· καὶ αὐτὸς δὲ ὁ Διονύσιος μόνον τὸν
5 θώρακα διέσωσεν. μετὰ δὲ τὴν ἀτυχίαν ταύτην Ἀκραγαντῖνοι καὶ Μεσσήνιοι τοὺς τὰ Διονυσίου φρονοῦντας μεταστησάμενοι τῆς ἐλευθερίας ἀντείχοντο καὶ τῆς τοῦ τυράννου συμμαχίας ἀπέστησαν.

89. Παυσανίας δὲ ὁ τῶν Λακεδαιμονίων βασιλεὺς ἐγκαλούμενος ὑπὸ τῶν πολιτῶν ἔφυγεν, ἄρξας ἔτη δεκατέτταρα· τὴν δὲ βασιλείαν διαδεξάμενος ὁ υἱὸς Ἀγησίπολις ἦρξε τὸν ἴσον τῷ πατρὶ χρόνον.
2 ἐτελεύτησε δὲ καὶ Παυσανίας ὁ τῶν Μακεδόνων βασιλεύς, ἀναιρεθεὶς ὑπὸ Ἀμύντου δόλῳ, ἄρξας ἐνιαυτόν· τὴν δὲ βασιλείαν κατέσχεν Ἀμύντας, καὶ ἦρξεν ἔτη εἴκοσι τέσσαρα.

90. Τοῦ δὲ ἔτους τούτου διεληλυθότος Ἀθήνησι μὲν παρέλαβε τὴν ἀρχὴν Δημόστρατος, ἐν Ῥώμῃ δὲ τὴν ὑπατικὴν ἀρχὴν διῴκουν χιλίαρχοι ἕξ, Λεύ-
2 κιος Τιτίνιος, Πόπλιος Λικίνιος, Πόπλιος Μελαῖος, Κόιντος Μάλλιος, Γναῖος Γενύκιος, Λεύκιος Ἀτίλιος. τούτων δὲ τὴν ἀρχὴν παρειληφότων Μάγων ὁ τῶν Καρχηδονίων στρατηγὸς διέτριβε μὲν ἐν Σικελίᾳ, τὰ δὲ πράγματα τῶν Καρχηδονίων
3 ἀπὸ τῆς γεγενημένης συμφορᾶς ἀνελάμβανε· ταῖς τε γὰρ ὑποτεταγμέναις πόλεσι φιλανθρώπως προσεφέρετο καὶ τοὺς ὑπὸ Διονυσίου πολεμουμένους ὑπεδέχετο. ἐποιήσατο δὲ καὶ πρὸς τοὺς πλείστους τῶν Σικελῶν συμμαχίας, καὶ δυνάμεις ἀθροίσας

Dionysius himself was struck on the corslet in the 394 B.C. flight, sent scrambling, and barely escaped being taken alive. Since the Siceli pressed upon them from superior ground, more than six hundred of Dionysius' troops were slain and most of them lost their complete armour, while Dionysius himself saved only his corslet. After this disaster the Acragantini and Messenians banished the partisans of Dionysius, asserted their freedom, and renounced their alliance with the tyrant.

89. Pausanias, the king of the Lacedaemonians, was accused by his fellow citizens and went into exile after a reign of fourteen years, and his son Agesipolis succeeded to the kingship and reigned for the same length of time as his father. Pausanias too, the king of the Macedonians, died after a reign of one year, being assassinated by Amyntas, who seized the kingship and reigned twenty-four years.

90. At the conclusion of this year, in Athens 393 B.C Demostratus took over the archonship, and in Rome the consular magistracy was administered by six military tribunes, Lucius Titinius, Publius Licinius, Publius Melaeus, Quintus Mallius, Gnaeus Genycius, and Lucius Atilius. After these magistrates had entered office, Magon, the Carthaginian general, was stationed in Sicily. He set about retrieving the Carthaginian cause after the disaster they had suffered, for he showed kindness to the subject cities and received the victims of Dionysius' wars. He also formed alliances with most of the Siceli and, after gathering armaments, launched an attack upon the

ἐστράτευσεν εἰς τὴν Μεσσηνίαν. λεηλατήσας δὲ
τὴν χώραν καὶ πολλῆς ὠφελείας ἐγκρατὴς γενό-
μενος ἀνέξευξε καὶ πρὸς ᾿Αβακαίνῃ πόλει συμμαχίδι
4 κατεστρατοπέδευσεν. Διονυσίου δὲ ἐπελθόντος
μετὰ τῆς δυνάμεως παρετάχθησαν, καὶ γενομένης
καρτερᾶς μάχης ἐνίκησαν οἱ περὶ Διονύσιον. καὶ
οἱ μὲν Καρχηδόνιοι πλείους ὀκτακοσίων ἀποβα-
λόντες ἔφυγον εἰς τὴν πόλιν, Διονύσιος δὲ τότε μὲν
εἰς Συρακούσας ἀνέζευξε, μετὰ δέ τινας ἡμέρας
ἑκατὸν τριήρεις πληρώσας ἐστράτευσεν ἐπὶ ῾Ρη-
5 γίνους. ἀπροσδοκήτως δὲ νυκτὸς ἐπιφανεὶς τῇ
πόλει τὰς πύλας ἐνέπρησε καὶ τοῖς τείχεσι προσ-
ήρεισε κλίμακας. οἱ δὲ ῾Ρηγῖνοι τὸ μὲν πρῶτον
ὀλίγοι προσβοηθήσαντες ἐπεχείρουν σβεννύναι τὴν
φλόγα, μετὰ δὲ ταῦτα Ἑλώριδος τοῦ στρατηγοῦ
παραγενομένου καὶ συμβουλεύσαντος τἀναντία πράτ-
6 τειν ἔσωσαν τὴν πόλιν. σβεννύντες μὲν γὰρ τὸ
πῦρ οὐκ ἂν ἴσχυσαν Διονύσιον κωλῦσαι εἰσελθεῖν,
ὀλίγοι παντελῶς ὄντες, ἐκ δὲ τῶν ἐγγὺς οἰκιῶν
ἐνέγκαντες φρύγανα καὶ ξύλα τὴν φλόγα κατ-
εσκεύαζον μείζονα, μέχρι ὅτου τὸ πλῆθος ἐν τοῖς
7 ὅπλοις ἀθροισθὲν παρεβοήθησεν. Διονύσιος δὲ τῆς
ἐπιβολῆς ἀποτυχὼν ἐπῆλθε τὴν χώραν ἐμπυρί-
ζων καὶ δενδροτομῶν, καὶ μετὰ ταῦτ᾽ ἐνιαυσίους[1]
ἀνοχὰς ποιησάμενος ἐξέπλευσεν ἐπὶ Συρακου-
σῶν.

91. Οἱ δὲ τὴν Ἰταλίαν κατοικοῦντες Ἕλληνες
ἑώρων μὲν μέχρι τῆς ἑαυτῶν χώρας προβαίνουσαν
τὴν Διονυσίου πλεονεξίαν, συμμαχίαν δὲ πρὸς ἀλ-
λήλους ἐποιήσαντο καὶ συνέδριον ἐγκατεσκεύαζον.
ἤλπιζον γὰρ τὸν Διονύσιον ῥαδίως ἀμυνεῖσθαι καὶ

---

[1] ἐνιαυσίους PL, ἐνιαυσιαίους cet.

territory of Messenê. After ravaging the countryside 393 B.C.
and seizing much booty he marched from that place
and went into camp near the city of Abacaenê, which
was his ally. When Dionysius came up with his army,
the forces drew up for battle, and after a sharp en-
gagement Dionysius was the victor. The Cartha-
ginians fled into the city after a loss of more than
eight hundred men, while Dionysius withdrew for
the time being to Syracuse ; but after a few days he
manned one hundred triremes and set out against the
Rhegians. Arriving unexpectedly by night before the
city, he put fire to the gates and set ladders against
the walls. The Rhegians, coming up in defence as
they did at first in small numbers, endeavoured to
put out the flames, but later, when their general
Heloris arrived and advised them to do just the
opposite, they saved the city. For if they had put
out the fire, they would not have been strong enough
to prevent Dionysius from entering, being far too
small a number ; but by bringing firewood and
timbers from the neighbouring houses they made the
flames higher, until the main body of their troops
could assemble in arms and come to the defence.
Dionysius, who had failed of his design, traversed the
countryside, wasting it in flames and cutting down
orchards, and then concluded a truce for a year and
sailed off to Syracuse.

91. The Greek inhabitants of Italy, when they saw
the encroachments of Dionysius advancing as far as
their own lands, formed an alliance among them-
selves and established a Council. It was their hope
to defend themselves with ease against Dionysius

τοῖς παροικοῦσι Λευκανῶν ἀντιτάξεσθαι· καὶ γὰρ
οὗτοι τότε διεπολέμουν πρὸς αὐτούς.

2 Οἱ δὲ τὸ Λέχαιον τῆς Κορινθίας κατέχοντες
φυγάδες νυκτὸς ὑπό τινων εἰσαχθέντες ἐνεχείρησαν
μὲν καταλαμβάνειν τὰ τείχη, τῶν δὲ μετ᾽ Ἰφικρά-
τους ἐκβοηθησάντων τριακοσίους ἐξ αὐτῶν ἀπο-
βαλόντες ἔφυγον ἐπὶ τὸν ναύσταθμον. μετὰ δέ
τινας ἡμέρας τῶν Λακεδαιμονίων μέρος τῆς στρα-
τιᾶς διῄει διὰ τῆς Κορινθίας χώρας, οἷς Ἰφικράτης
καί τινες τῶν ἐν Κορίνθῳ συμμάχων ἐπιπεσόντες
3 τοὺς πλείστους ἀνεῖλον. Ἰφικράτης δὲ μετὰ τῶν
πελταστῶν ἐπὶ Φλιασίαν στρατεύσας, καὶ μάχην
τοῖς ἐκ τῆς πόλεως συνάψας, τούτων μὲν πλείους
τριακοσίων ἀπέκτεινε· μετὰ δὲ ταῦτα ἐπὶ Σικυῶνα
αὐτοῦ πορευθέντος, οἱ Σικυώνιοι παραταξάμενοι
πρὸ τῶν τειχῶν ἀπέβαλον περὶ πεντακοσίους καὶ
συνέφυγον εἰς τὴν πόλιν.

92. Τούτων δὲ πραχθέντων Ἀργεῖοι μετὰ τῶν
ὅπλων πανδημεὶ στρατεύσαντες εἰς Κόρινθον τήν
τ᾽ ἀκρόπολιν κατελάβοντο καὶ τὴν πόλιν ἐξιδιο-
ποιησάμενοι τὴν Κορινθίων χώραν Ἀργείαν ἐποίη-
2 σαν. ἐπεβάλετο δὲ καὶ Ἰφικράτης ὁ Ἀθηναῖος
καταλαβέσθαι τὴν πόλιν,[1] ἐπιτήδειον οὖσαν εἰς τὴν
τῆς Ἑλλάδος ἡγεμονίαν· τοῦ δὲ δήμου κωλύσαντος
οὗτος μὲν ἀπέθετο τὴν ἀρχήν, οἱ δ᾽ Ἀθηναῖοι
Χαβρίαν ἀντ᾽ αὐτοῦ στρατηγὸν εἰς τὴν Κόρινθον
ἐξέπεμψαν.

3 Κατὰ δὲ τὴν Μακεδονίαν Ἀμύντας ὁ Φιλίππου
πατὴρ Ἰλλυριῶν ἐμβαλόντων εἰς Μακεδονίαν ἐξέπι-
πτεν ἐκ τῆς χώρας[2]· ἀπογνοὺς δὲ τὴν ἀρχὴν Ὀλυν-

---

[1] So Dindorf : χώραν.
[2] χώρας Dindorf : πόλεως.

and to resist the neighbouring Leucani ; for these 393 B.C. last were also at war with them at this time.

The exiles who held Lechaeum in Corinthian territory, being admitted into the city [1] in the night, endeavoured to get possession of the walls, but when the troops of Iphicrates came up against them, they lost three hundred of their number and fled back to the ship station. Some days later a contingent of the Lacedaemonian army was passing through Corinthian territory, when Iphicrates and some of the allies in Corinth fell on them and slew the larger number. Iphicrates with his peltasts advanced against the territory of Phlius,[2] and joining battle with the men of the city, he slew more than three hundred of them. Then, when he advanced against Sicyon, the Sicyonians offered battle before their walls but lost about five hundred men and found refuge within their city.

92. After these events had taken place, the Argives took up arms in full force and marched against Corinth, and after seizing the acropolis and securing the city for themselves, they made the Corinthian territory Argive. The Athenian Iphicrates also had the design to seize the city, since it was advantageous for the control of Greece ; but when the Athenian people opposed it, he resigned his position. The Athenians appointed Chabrias general in his place and sent him to Corinth.

In Macedonia Amyntas, the father of Philip, was driven from his country by Illyrians who invaded Macedonia, and giving up hope for his crown, he made a present to the Olynthians of his territory

[1] Corinth.
[2] Some ten miles south-west of Corinth.

θίοις μὲν τὴν σύνεγγυς χώραν ἐδωρήσατο, αὐτὸς
δὲ τότε μὲν ἀπέβαλε τὴν βασιλείαν, μετ' ὀλίγον δὲ
χρόνον ὑπὸ Θετταλῶν καταχθεὶς ἀνεκτήσατο τὴν
4 ἀρχήν, καὶ ἐβασίλευσεν ἔτη εἴκοσι τέτταρα. ἔνιοι
δέ φασι μετὰ τὴν ἔκπτωσιν τὴν Ἀμύντου διετῆ
χρόνον Ἀργαῖον βασιλεῦσαι τῶν[1] Μακεδόνων, καὶ
τότε τὸν Ἀμύνταν ἀνακτήσασθαι τὴν βασιλείαν.

93. Περὶ δὲ τὸν αὐτὸν χρόνον καὶ Σάτυρος ὁ
Σπαρτάκου μὲν υἱός, βασιλεὺς δὲ Βοσπόρου, ἐτε-
λεύτησεν, ἄρξας ἔτη τετταράκοντα[2]· τὴν ἡγεμονίαν
δὲ διεδέξατο ὁ υἱὸς Λεύκων ἐπ' ἔτη τετταράκοντα.

2 Κατὰ δὲ τὴν Ἰταλίαν Ῥωμαῖοι πολιορκοῦντες
ἐνδέκατον ἔτος Βηίους κατέστησαν αὐτοκράτορα
μὲν Μάρκον Φούριον, ἵππαρχον δὲ Πόπλιον Κορ-
νήλιον. οὗτοι δὲ ἀναλαβόντες τὰς δυνάμεις Βηίους
ἐξεπολιόρκησαν διώρυγα κατασκευάσαντες, καὶ τὴν
πόλιν ἐξανδραποδισάμενοι τούς τε ἄνδρας καὶ τὴν
3 ἄλλην λείαν ἐλαφυροπώλησαν. ὁ μὲν οὖν αὐτο-
κράτωρ θρίαμβον ἤγαγεν, ὁ δὲ τῶν Ῥωμαίων
δῆμος ἐκ τῶν λαφύρων δεκάτην ἐξελόμενος χρυσοῦν
κατεσκεύασε κρατῆρα καὶ εἰς Δελφοὺς ἀνέθηκεν.
4 οἱ δὲ κομίζοντες αὐτὸν πρεσβευταὶ λῃσταῖς Λιπα-
ραίοις περιέπεσον, καὶ πάντες αἰχμαλωτισθέντες
κατήχθησαν εἰς Λιπάραν. Τιμασίθεος δ' ὁ τῶν
Λιπαραίων στρατηγὸς γνοὺς τὸ γεγενημένον, τούς
τε πρεσβευτὰς ἀνέσωσε καὶ τὸ χρυσίον ἀποδοὺς
εἰς Δελφοὺς τοὺς πρέσβεις ἀποκατέστησεν. οἱ δὲ
τὸν κρατῆρα κομίζοντες, ἀναθέντες αὐτὸν εἰς τὸν
τῶν Μασσαλιητῶν θησαυρόν, εἰς Ῥώμην ἀνέστρε-
5 ψαν. διόπερ ὁ δῆμος τῶν Ῥωμαίων πυθόμενος

---

[1] βασιλεῦσαι τῶν Reiske : βασιλεύσαντα.
[2] τέτταρα after τετταράκοντα deleted by Vogel (cp. 12. 36. 1).

which bordered on theirs. For the time being he lost 393 B.C.
his kingdom, but shortly he was restored by the
Thessalians, recovered his crown, and ruled for twenty-
four years. Some say, however, that after the expul-
sion of Amyntas the Macedonians were ruled by
Argaeus for a period of two years, and that it was after
that time that Amyntas recovered the kingship.

93. The same year Satyrus, the son of Spartacus
and king of Bosporus, died after a reign of forty years,
and his son Leucon succeeded him in the rulership
for a period of forty years.

In Italy the Romans, who were in the eleventh
year of their siege of the Veians, appointed Marcus
Furius to be dictator and Publius Cornelius to be
master of the horse. These restored the spirit of the
troops and captured Veii [1] by constructing an under-
ground passage ; the city they reduced to slavery,
selling the inhabitants with the other booty. The
dictator then celebrated a triumph, and the Roman
people, taking a tenth of the spoil, made a gold bowl
and dedicated it to the oracle at Delphi. The am-
bassadors who were taking it fell in with pirates from
the Lipari islands, were all taken prisoners, and
brought to Lipara. But Timasitheüs, the general of
the Liparaeans, on learning what had taken place,
rescued the ambassadors, gave them back the vessel
of gold, and sent them on their way to Delphi. The
men who were conveying the bowl dedicated it in
the Treasury [2] of the Massalians and returned to
Rome. Consequently the Roman people, when they

[1] The fullest account of the capture of this city after a
ten-year siege is in Livy, 5. 19 ff.
[2] Delphi was filled with such small buildings erected by
individual Greek cities to house their dedications to the
oracle.

τὴν τοῦ Τιμασιθέου καλοκἀγαθίαν, παραχρῆμα αὐ-
τὸν ἐτίμησε δημόσιον δοὺς κατάλυμα, καὶ μετὰ
ταῦτ' ἔτεσιν ἑκατὸν τριάκοντα ἑπτὰ τὴν Λιπάραν
ἀφελόμενος τῶν Καρχηδονίων τοὺς ἐγγόνους τοῦ
Τιμασιθέου τῶν τε εἰσφορῶν ἀτελεῖς ἀφῆκε καὶ
ἐλευθέρους ἐποίησεν.

94. Ἐπεὶ δ' ὁ ἐνιαύσιος διεληλύθει χρόνος, Ἀθή-
νησι μὲν ἦρχε Φιλοκλῆς, ἐν Ῥώμῃ δὲ τὴν ὑπατικὴν
ἀρχὴν μετέλαβον ἓξ χιλίαρχοι, Πόπλιος καὶ Κορ-
νήλιος, Καίσων Φάβιος, Λεύκιος Φούριος, Κόιντος
Σερουίλιος, Μάρκος Οὐαλέριος· ἤχθη δὲ καὶ Ὀλυμ-
πιὰς κατὰ τοῦτον τὸν ἐνιαυτὸν ἑβδόμη πρὸς ταῖς
2 ἐνενήκοντα, καθ'[1] ἣν ἐνίκα Τερίρης. κατὰ δὲ τού-
τους τοὺς χρόνους Ἀθηναῖοι στρατηγὸν ἑλόμενοι
Θρασύβουλον ἐξέπεμψαν μετὰ τριήρων τετταρά-
κοντα. οὗτος δὲ πλεύσας εἰς Ἰωνίαν καὶ χρήματα
λαβὼν παρὰ τῶν συμμάχων ἀνέζευξε, καὶ δια-
τρίβων περὶ Χερρόνησον Μήδοκον καὶ Σεύθην τοὺς
3 τῶν Θρακῶν βασιλεῖς συμμάχους ἐποιήσατο. μετὰ
δέ τινα χρόνον ἐξ Ἑλλησπόντου πλεύσας εἰς Λέσ-
βον ἐν τῷ παρὰ τὴν Ἔρεσον αἰγιαλῷ καθώρμει.
ἐπιγενομένων δὲ πνευμάτων μεγάλων εἴκοσι μὲν
καὶ τρεῖς τριήρεις διεφθάρησαν· μετὰ δὲ τῶν λοιπῶν
διασωθεὶς ἐπῄει τὰς κατὰ τὴν Λέσβον πόλεις
προσαγόμενος· ἀφειστήκεισαν γὰρ πᾶσαι πλὴν
4 Μιτυλήνης. καὶ πρῶτον μὲν ἐπὶ Μέθυμναν παρα-
γενόμενος ἐπισυνῆψε μάχην τοῖς ἐκ τῆς πόλεως,
ὧν ἦρχε Θηρίμαχος ὁ Σπαρτιάτης. ἀγωνισάμενος
δὲ λαμπρῶς αὐτόν τε τὸν Θηρίμαχον ἀνεῖλε καὶ
τῶν Μεθυμναίων οὐκ ὀλίγους, τοὺς δὲ λοιποὺς
συνέκλεισεν ἐντὸς τῶν τειχῶν, καὶ τὴν μὲν τῶν

[1] καθ' added by Dindorf.

learned of this generous act of Timasitheüs, honoured 393 B.C.
him at once by conferring the right to public hos-
pitality, and one hundred and thirty-seven years
later, when they took Lipara from the Carthaginians,
they relieved the descendants of Timasitheüs of the
payment of taxes and gave them freedom.

94. When the year had ended, in Athens Philocles 392 B.C.
became archon, and in Rome the consular magistracy
was assumed by six military tribunes, Publius and
Cornelius, Caeso Fabius, Lucius Furius, Quintus
Servilius, and Marcus Valerius [1]; and this year the
Ninety-seventh Olympiad was celebrated, that in
which Terires was victor.[2] In this year the Athenians
chose Thrasybulus general and sent him to sea with
forty triremes. He sailed to Ionia, collected funds
from the allies, and proceeded on his way ; and while
tarrying at the Chersonesus he made allies of Medocus
and Seuthes, the kings of the Thracians. After some
time he sailed from the Hellespont to Lesbos and
anchored off the coast at Eresus. But strong winds
arose and twenty-three triremes were lost. Getting
off safe with the other ships he advanced against the
cities of Lesbos, with the intention of winning them
over ; for they had all revolted with the exception
of Mitylenê. First he appeared before Methymna
and joined battle with the men of the city, who were
commanded by the Spartan Therimachus. In a
brilliant fight he slew not only Therimachus himself
but no small number of the Methymnaeans and
shut up the rest of them within their walls ; he also

[1] This list is hopelessly defective. Livy (5. 24. 1) gives the
names as Publius Cornelius Cossus, Publius Cornelius Scipio,
Marcus Valerius Maximus, Caeso Fabius Ambustus, Lucius
Furius Medullinus, and Quintus Servilius.

[2] In the " stadion."

Μεθυμναίων χώραν ἔφθειρε, τὴν δ' Ἔρεσον καὶ
τὴν Ἄντισσαν καθ' ὁμολογίαν παρέλαβεν. μετὰ δὲ
ταῦτα παρά τε Χίων καὶ Μιτυληναίων συμμάχων
ἀθροίσας ναῦς ἔπλευσεν ἐπὶ Ῥόδον.

95. Καρχηδόνιοι δὲ βραδέως ἑαυτοὺς ἐκ τῆς περὶ
Συρακούσας συμφορᾶς ἀναλαβόντες, ἔγνωσαν ἀντ-
έχεσθαι τῶν κατὰ Σικελίαν πραγμάτων. κρίναντες
δὲ διαγωνίζεσθαι, ναυσὶ μὲν μακραῖς ὀλίγαις διέβη-
σαν, δύναμιν δὲ συνήγαγον ἀπό τε Λιβύης καὶ
Σαρδοῦς, ἔτι δὲ τῶν ἐξ Ἰταλίας βαρβάρων. πάντας
δ' ἐπιμελῶς καθοπλίσαντες μετὰ τῆς οἰκείας χορη-
γίας ἐπεραιώθησαν εἰς τὴν Σικελίαν, οὐκ ἐλάττους
ὄντες τῶν ὀκτὼ μυριάδων, ὧν ἡγεῖτο Μάγων.
2 οὗτος μὲν οὖν διὰ Σικελῶν πορευθείς, καὶ τὰς
πλείστας πόλεις ἀποστήσας τοῦ Διονυσίου, κατ-
εστρατοπέδευσεν ἐν τῇ τῶν Ἀγυριναίων χώρᾳ παρὰ
τὸν Χρύσαν ποταμὸν ἐγγὺς τῆς ὁδοῦ τῆς φερούσης
εἰς Μοργαντῖναν· τοὺς γὰρ Ἀγυριναίους οὐ δυνά-
μενος εἰς συμμαχίαν προσλαβέσθαι, τῆς εἰς τοὔμ-
προσθεν ἀπέστη[1] πορείας, ἀκούων τοὺς πολεμίους
ἐκ Συρακουσῶν ὡρμηκέναι.

3 Διονύσιος δὲ πυθόμενος τοὺς Καρχηδονίους διὰ
τῆς μεσογείου τὴν πορείαν ποιουμένους, ταχὺ συλ-
λέξας οὓς ἠδύνατο τῶν Συρακοσίων καὶ τῶν μισθο-
φόρων ὥρμησε, τοὺς πάντας ἔχων οὐκ ἐλάττους
4 δισμυρίων. παραγενόμενος δ' ἐγγὺς τῶν πολεμίων
διεπρεσβεύσατο πρὸς Ἄγυριν τὸν δυναστεύοντα
τῶν Ἀγυριναίων. οὗτος δὲ τῶν τότε τυράννων
τῶν ἐν Σικελίᾳ μεγίστην εἶχε δύναμιν μετὰ Διο-
νύσιον· τῶν τε[2] γὰρ περικειμένων ἐρυμάτων σχεδὸν

ravaged the territory of the Methymnaeans and re- 392 B.C.
ceived the surrender of Eresus and Antissa. After
this he gathered ships from the Chian and Mity-
lenaean allies and sailed to Rhodes.

95. The Carthaginians, after a slow recovery from
the disaster they had suffered at Syracuse,[1] resolved
to keep their hand in Sicilian affairs. Having decided
upon war, they crossed over with only a few warships,
but brought together troops from Libya and Sardinia
as well as from the barbarians of Italy. The soldiers
were all carefully supplied with equipment to which
they were accustomed and brought over to Sicily,
being no less than eighty thousand in number and
under the command of Magon. This commander
accordingly made his way through the Siceli, detach-
ing most of the cities from Dionysius, and went into
camp in the territory of the Agyrinaeans [2] on the
banks of the Chrysas River near the road that leads
to Morgantina. For since he was unable to bring
the Agyrinaeans to enter an alliance with him, he
refrained from marching farther, since he had news
that the enemy had set out from Syracuse.

Dionysius, on learning that the Carthaginians were
making their way through the interior, speedily
collected as many Syracusans and mercenaries as
he could and set forth, having in all not less than
twenty thousand soldiers. When he came near the
enemy he sent an embassy to Agyris, the lord of the
Agyrinaeans. This man possessed the strongest
armament of any of the tyrants of Sicily at that time
after Dionysius, since he was lord of practically all

[1] Cp. chap. 75.
[2] Agyrium was the birthplace of Diodorus.

---

[1] So Hertlein : ἐπέστη.   [2] τε Eichstädt : τότε.

ἁπάντων ἐκυρίευε[1] καὶ τῆς πόλεως τῶν Ἀγυριναίων
ἦρχε πολυοχλουμένης κατ᾽ ἐκείνους τοὺς καιρούς·
5 εἶχε γὰρ πολίτας οὐκ ἐλάττους δισμυρίων. ἦν δὲ
καὶ εἰς τοῦτο τὸ πλῆθος ἐν τῇ πόλει συνηθροισ-
μένον[2] χρημάτων πολλῶν κατὰ τὴν ἀκρόπολιν
παράθεσις, ἣν Ἄγυρις ἠθροίκει πεφονευκὼς τοὺς
6 εὐπορωτάτους τῶν πολιτῶν. ἀλλ᾽ ὁ Διονύσιος
μετ᾽ ὀλίγων[3] εἰσελθὼν ἐντὸς τοῦ τείχους ἔπεισε
τὸν Ἄγυριν συμμαχῆσαι γνησίως, καὶ πολλὴν
ἐπηγγείλατο χώραν τῆς ὁμόρου δωρήσεσθαι[4] κατ-
7 ορθωθέντος τοῦ πολέμου. ὁ δ᾽ Ἄγυρις πρῶτον
μὲν πάσῃ τῇ Διονυσίου δυνάμει σῖτον καὶ τἆλλα
ὅσα ἦν χρεία προθύμως ἐδωρήσατο, καὶ πανδημεὶ
τὴν δύναμιν ἐξαγαγὼν ἐστράτευσε μετὰ Διονυσίου
καὶ κοινῇ πρὸς Καρχηδονίους διεπολέμει.

96. Μάγων δ᾽ ἐν πολεμίᾳ χώρᾳ στρατοπεδεύων,
καὶ τῶν ἀναγκαίων ἐνδεὴς ἀεὶ μᾶλλον γινόμενος, οὐ
μετρίως ἠλαττοῦτο· καὶ γὰρ οἱ περὶ τὸν Ἄγυριν
τῆς χώρας ἔμπειροι καθεστῶτες ἐν ταῖς ἐνέδραις
ἐπλεονέκτουν καὶ τὰς ἀγορὰς τῶν πολεμίων ἀφῃ-
2 ροῦντο. λεγόντων δὲ τῶν Συρακοσίων διὰ μάχης
κρίνειν ὡς τάχιστα τὰ πράγματα, Διονύσιος ἠναν-
τιοῦτο λέγων χωρὶς κινδύνων τῷ χρόνῳ καὶ τῇ
σπάνει καταφθαρήσεσθαι τοὺς βαρβάρους· ἐφ᾽ οἷς
παροργισθέντες οἱ Συρακόσιοι κατέλιπον τὸν Διο-
3 νύσιον. ὁ δὲ τὸ μὲν πρῶτον εὐλαβούμενος ἐπ᾽
ἐλευθερίαν ἐκάλει τοὺς οἰκέτας, μετὰ δὲ ταῦτα δια-
πρεσβευσαμένων τῶν Καρχηδονίων ὑπὲρ εἰρήνης
ὑπακούσας ἀναπομπίμους τοῖς κυρίοις ἐποίησε,
πρὸς δὲ τοὺς Καρχηδονίους εἰρήνην ἐποιήσατο.

---

[1] So Eichstädt : ἐκυρίευσε.
[2] So Rhodoman : συνηθροισμένων.

the neighbouring fortified communities and ruled the city of the Agyrinaeans which was well peopled at that time, for it had no less than twenty thousand citizens. There was also laid up on the acropolis for this multitude which had been gathered together in the city a large store of money which Agyris had collected after he had murdered the wealthiest citizens. But Dionysius, after entering the city with a small company,³ persuaded Agyris to join him as a genuine ally and promised to make him a present⁴ of a large portion of neighbouring territory if the war ended successfully. At the outset, then, Agyris readily provided the entire army of Dionysius with food and whatever else it needed, led forth his troops in a body, joined with Dionysius in the campaign, and fought together with him in the war against the Carthaginians.

96. Magon, since he was encamped in hostile territory and was ever more and more in want of supplies, was at no little disadvantage ; for the troops of Agyris, being familiar with the territory, held the advantage in laying ambushes and were continually cutting off the enemy's supplies. The Syracusans were for deciding the issue by battle as soon as possible, but Dionysius opposed them, saying that time and want would ruin the barbarians without fighting. Provoked to anger at this the Syracusans deserted him. In his first concern Dionysius proclaimed freedom for the slaves, but later, when the Carthaginians sent embassies to discuss peace, he negotiated with them, sent back the slaves to their masters, and made peace with the Carthaginians. The conditions

---

³ So Rhodoman : ὀλίγον.
⁴ So Dindorf : δωρήσασθαι.

4 ἦσαν δ' αἱ¹ συνθῆκαι τὰ μὲν ἄλλα παραπλήσιαι ταῖς
πρότερον, Σικελοὺς δὲ δεῖν ὑπὸ Διονύσιον τετάχθαι
καὶ παραλαβεῖν αὐτὸν τὸ Ταυρομένιον. μετὰ δὲ
τὰς συνθήκας Μάγων μὲν ἀπέπλευσε, Διονύσιος
δὲ παραλαβὼν τὸ Ταυρομένιον τοὺς μὲν πλείστους
τῶν ἐκεῖ Σικελῶν ἐξέβαλεν, τῶν δ' ἰδίων μισθο-
φόρων τοὺς ἐπιτηδειοτάτους ἐπιλέξας κατῴκισεν.

5 Καὶ τὰ μὲν κατὰ Σικελίαν ἐν τούτοις ἦν, κατὰ
δὲ τὴν Ἰταλίαν Ῥωμαῖοι Φαλίσκον πόλιν ἐκ τοῦ
Φαλίσκων ἔθνους ἐξεπόρθησαν.

97. Τοῦ δ' ἔτους τούτου διεληλυθότος Ἀθήνησι
μὲν ἦν ἄρχων Νικοτέλης, ἐν Ῥώμῃ δὲ τὴν ὑπατικὴν
ἀρχὴν διῴκουν χιλίαρχοι τρεῖς, Μάρκος Φούριος,
Γάιος Αἰμίλιος. τούτων δὲ τὴν ἀρχὴν παρειλη-
φότων οἱ λακωνίζοντες τῶν Ῥοδίων ἐπαναστάντες
τῷ δήμῳ τοὺς τὰ τῶν Ἀθηναίων φρονοῦντας
2 ἐξέβαλον ἐκ τῆς πόλεως. συνδραμόντων δ' αὐτῶν
ἐν τοῖς ὅπλοις καὶ πειρωμένων ἀντέχεσθαι τῶν
πραγμάτων, ἐπεκράτησαν οἱ Λακεδαιμονίοις² συμ-
μαχοῦντες, καὶ πολλοὺς μὲν ἐφόνευσαν, τοὺς δὲ
διαφυγόντας ἐξεκήρυξαν. εὐθὺς δὲ καὶ πρέσβεις
ἀπέστειλαν εἰς Λακεδαίμονα περὶ βοηθείας, εὐλα-
3 βούμενοι μή τινες τῶν πολιτῶν νεωτερίσωσιν. Λα-
κεδαιμόνιοι δ' αὐτοῖς ἀπέστειλαν ἑπτὰ τριήρεις
καὶ τοὺς ἀφηγησομένους τῶν πραγμάτων τρεῖς
ἄνδρας, Εὐδόκιμον καὶ Φιλόδοκον καὶ Διφίλαν.
οὗτοι δὲ πρῶτον εἰς Σάμον κομισθέντες ἀπέστησαν
τὴν πόλιν Ἀθηναίων, ἔπειτα καταπλεύσαντες εἰς
Ῥόδον τῶν ἐνταῦθα πραγμάτων εἶχον τὴν ἐπι-
4 μέλειαν. οἱ δὲ Λακεδαιμόνιοι, προχωρούντων αὐ-

were like the former [1] except that the Siceli were 392 B.C.
to be subject to Dionysius and that he was to receive
Tauromenium. After the conclusion of the treaty
Magon sailed off, and Dionysius, on taking possession
of Tauromenium, banished most of the Siceli who were
in it and selected and settled there the most suitable
members of his own mercenary troops.

Such was the state of affairs in Sicily ; and in Italy
the Romans pillaged the city of Faliscus of the tribe
of the Falisci.

97. At the close of this year, in Athens Nicoteles 391 B.C.
was archon, and in Rome the consular magistracy
was administered by three military tribunes, Marcus
Furius and Gaius Aemilius.[2] After these magistrates
had entered office, the philo-Lacedaemonians among
the Rhodians rose up against the party of the people
and expelled from the city the partisans of the
Athenians. When these banded together under arms
and endeavoured to maintain their interests, the
allies of the Lacedaemonians got the upper hand,
slaughtered many, and formally banished those who
escaped. They also at once sent ambassadors to
Lacedaemon to get aid, fearing that some of the
citizens would rise in revolt. The Lacedaemonians
dispatched to them seven triremes and three men
to take charge of affairs, Eudocimus,[3] Philodocus, and
Diphilas. They first reached Samos and brought that
city over from the Athenians, and then they put in
at Rhodes and assumed the oversight of affairs there.
The Lacedaemonians, now that their affairs were

---

[1] See Book 13. 114. 1.
[2] Livy (5. 26) gives six names including these two.
[3] Called Ecdicus in Xenophon, *Hell.* 4. 8. 20.

---

[1] δ' αἱ Eichstädt : δέ. [2] So Wesseling : Λακεδαιμόνιοι.

τοῖς τῶν πραγμάτων, ἔγνωσαν ἀντέχεσθαι τῆς
θαλάττης καὶ πάλιν ἐκ τοῦ κατ᾿ ὀλίγον ἐκράτουν
τῶν συμμάχων ἀθροίσαντες ναυτικόν. οὗτοι μὲν
οὖν εἴς τε Σάμον καὶ Κνίδον καὶ Ῥόδον κατέπλευ-
σαν, καὶ πανταχόθεν ναῦς τε καὶ τοὺς ἀρίστους
καταγράφοντες[1] ἐπιβάτας ἐξήρτυον πολυτελῶς τριή-
ρεις εἴκοσιν ἑπτά.

5 Ἀγησίλαος δ᾿ ὁ τῶν Λακεδαιμονίων βασιλεύς,
ἀκούων τοὺς Ἀργείους περὶ τὴν Κόρινθον διατρί-
βοντας, ἐξήγαγε τοὺς Λακεδαιμονίους πανδημεὶ
πλὴν μιᾶς μόρας. ἐπελθὼν δὲ τὴν Ἀργείαν πᾶσαν
τὰς μὲν κτήσεις διήρπασεν, τὴν δὲ χώραν δενδρο-
τομήσας εἰς τὴν Σπάρτην ἀπεχώρησεν.

98. Κατὰ δὲ τὴν Κύπρον Εὐαγόρας ὁ Σαλαμί-
νιος, ὃς ἦν μὲν εὐγενέστατος, τῶν γὰρ κτισάντων
τὴν πόλιν ἦν ἀπόγονος, πεφευγὼς δ᾿ ἐν τοῖς ἔμ-
προσθεν χρόνοις διά τινας στάσεις, καὶ μετὰ ταῦτα
κατελθὼν μετ᾿ ὀλίγων, τὸν μὲν δυναστεύοντα τῆς
πόλεως Ἀβδήμονα τὸν Τύρσιον[2] ἐξέβαλε, φίλον ὄντα
τοῦ Περσῶν βασιλέως, αὐτὸς δὲ τὴν πόλιν κατα-
σχὼν τὸ μὲν πρῶτον ἐβασίλευσε τῆς Σαλαμῖνος,
μεγίστης οὔσης καὶ δυνατωτάτης τῶν ἐν Κύπρῳ
πόλεων· ταχὺ δὲ χρημάτων[3] πολλῶν εὐπορήσας
καὶ δύναμιν προχειρισάμενος ἐπεχείρησεν ἅπασαν
2 τὴν νῆσον σφετερίσασθαι. τῶν δὲ πόλεων ἃς μὲν
βίᾳ χειρωσάμενος, ἃς δὲ πειθοῖ προσλαβόμενος,
τῶν μὲν ἄλλων πόλεων ταχὺ τὴν ἡγεμονίαν παρέ-
λαβεν, Ἀμαθούσιοι δὲ καὶ Σόλιοι καὶ Κιτιεῖς ἀντ-

---

[1] So Vogel : κατέγραφον.   [2] So Rhodoman : Τύριον.
[3] πλῆθος after χρημάτων deleted by Dindorf.

prospering, resolved to get control of the sea, and 391 B.C. after gathering a naval force they again little by little began to get the upper hand over their allies. So they put in at Samos and Cnidus and Rhodes ; and gathering ships from every place and enrolling the choicest marines, they equipped lavishly twenty-seven triremes.

Agesilaüs,[1] the king of the Lacedaemonians, on hearing that the Argives were engaged about Corinth, led forth the Lacedaemonians in full force with the exception of one regiment. He visited every part of Argolis, pillaged the homesteads, cut down the trees over the countryside, and then returned to Sparta.

98. In Cyprus Evagoras of Salamis, who was of most noble birth, since he was descended from the founders of the city,[2] but had previously been banished because of some factional quarrels and had later returned in company with a small group, drove out Abdemon of Tyre, who was lord of the city and a friend of the King of the Persians. When he took control of the city, Evagoras was at first king only of Salamis, the largest and strongest of the cities of Cyprus ; but when he soon acquired great resources and mobilized an army, he set out to make the whole island his own. Some of the cities he subdued by force and others he won over by persuasion. While he easily gained control of the other cities, the peoples of Amathus,

[1] This was more likely Agesipolis (Xenophon, *Hell*. 4. 7. 3).

[2] Evagoras traced his ancestry to Teucer, the founder of Salamis (Pausanias, 1. 3. 2 ; 8. 15. 7). In addition to the further facts of Evagoras' career given by Diodorus (chap. 110. 5 ; Book 15. 2-4, 8-9, 47), this distinguished king and faithful friend of Athens is well known from the panegyric bearing his name composed by Isocrates about 365 B.C.

ἔχοντες τῷ πολέμῳ πρέσβεις ἀπέστειλαν πρὸς
Ἀρταξέρξην τὸν τῶν Περσῶν βασιλέα περὶ βοη-
θείας· καὶ τοῦ μὲν Εὐαγόρου κατηγόρουν, ὅτι τὸν
Ἄγυριν βασιλέα σύμμαχον ὄντα Περσῶν ἀνεῖλε,
τὴν δὲ νῆσον ὡμολόγησαν αὐτῷ συγκατακτήσασθαι.
3 ὁ δὲ βασιλεύς, οὐ βουλόμενος ἅμα μὲν τὸν Εὐαγόραν
ἐπὶ πλεῖον προκόπτειν, ἅμα δὲ διανοούμενος τὴν
Κύπρον εὐφυῶς εἶναι κειμένην[1] καὶ ναυτικὴν δύ-
ναμιν[2] μεγάλην ἔχειν, ᾗ δυνήσεται προπολεμεῖν
τῆς Ἀσίας, ἔκρινε συμμαχεῖν, καὶ τούτους μὲν
ἐξέπεμψεν, αὐτὸς δὲ πρὸς μὲν τὰς ἐπιθαλαττίους
πόλεις καὶ τοὺς ἀφηγουμένους τῶν πόλεων σατρά-
πας ἔπεμψεν ἐπιστολὰς ναυπηγεῖσθαι τριήρεις καὶ
τὰ πρὸς τὸν στόλον χρήσιμα ὄντα κατὰ σπουδὴν
παρασκευάζεσθαι, Ἑκατόμνῳ δὲ τῷ Καρίας δυ-
4 νάστῃ προσέταξε πολεμεῖν τῷ Εὐαγόρᾳ. οὗτος[3]
δὲ τὰς ἐν ταῖς ἄνω σατραπείαις πόλεις ἐπιπορευό-
μενος μεγάλαις δυνάμεσι διαβαίνει εἰς τὴν Κύπρον.
5   Τὰ μὲν οὖν κατὰ τὴν Ἀσίαν ἐν τούτοις ἦν, κατὰ
δὲ τὴν Ἰταλίαν Ῥωμαῖοι πρὸς Φαλίσκους εἰρήνην
ποιησάμενοι, πρὸς δὲ Αἰκίκλους[4] πόλεμον τὸ τέταρ-
τον, καὶ Σούτριον μὲν ᾤκισαν,[5] ἐκ δὲ Οὐερρηγῖνος
πόλεως ὑπὸ τῶν πολεμίων ἐξεβλήθησαν.

99. Τοῦ δ' ἔτους τούτου διεληλυθότος Ἀθή-
νησι μὲν ἦρχε Δημόστρατος, ἐν Ῥώμῃ δ' ὕπατοι
τὴν ἀρχὴν παρειλήφεισαν Λεύκιος Λουκρήτιος καὶ
Σερουίλιος. κατὰ δὲ τούτους τοὺς χρόνους Ἀρτα-
ξέρξης μὲν Στρούθαν στρατηγὸν κατέπεμψεν[6] ἐπὶ
θάλατταν μετὰ δυνάμεως Λακεδαιμονίοις πολεμή-
σοντα, Σπαρτιᾶται δὲ τὴν παρουσίαν αὐτοῦ πυθό-

---

[1] εἶναι κειμένην Vogel, omitted A, διακειμένην cet.
[2] δύνασθαι after δύναμιν deleted by Reiske.

Soli, and Citium resisted him with arms and dispatched 391 B.C.
ambassadors to Artaxerxes the King of the Persians
to get his aid. They accused Evagoras of having
slain King Agyris, an ally of the Persians, and
promised to join the King in acquiring the island for
him. The King, not only because he did not wish
Evagoras to grow any stronger, but also because he
appreciated the strategic position of Cyprus and its
great naval strength whereby it would be able to
protect Asia in front, decided to accept the alliance.
He dismissed the ambassadors and for himself sent
letters to the cities situated on the sea and to their
commanding satraps to construct triremes and with
all speed to make ready everything the fleet might
need ; and he commanded Hecatomnus, the ruler
of Caria, to make war upon Evagoras. Hecatomnus
traversed the cities of the upper satrapies and crossed
over to Cyprus in strong force.

Such was the state of affairs in Asia. In Italy the
Romans concluded peace with the Falisci and waged
war for the fourth time on the Aequi ; they also sent
a colony to Sutrium but were expelled by the enemy
from the city of Verrugo.

99. At the close of this year Demostratus was 390 B.C.
archon in Athens, and in Rome the consuls Lucius
Lucretius and Servilius [1] took office. At this time
Artaxerxes sent Struthas as general to the coast with
an army to make war on the Lacedaemonians, and
the Spartans, when they learned of his arrival, dis-

---

[1] Servilius Sulpicius Camerinus (Livy, 5. 29).

[3] So Dindorf : αὐτός.
[4] So Cluver : Αἰτωλούς.
[5] So Wurm : ὥρμησαν.
[6] So Vogel : καταπέμψας ἔπεμψε.

271

μενοι Θίβρωνα στρατηγὸν εἰς τὴν Ἀσίαν ἐξέπεμψαν.
ὃς κατελάβετο χωρίον Ἴονδα καὶ Κόρνισσον[1] ὄρος
ὑψηλόν, τῆς Ἐφέσου ἀπέχον σταδίους τετταρά-
2 κοντα. οὗτος μὲν οὖν ὀκτακισχιλίους ἔχων στρα-
τιώτας σὺν τοῖς κατὰ τὴν Ἀσίαν ἀθροισθεῖσιν
ἐπῄει τὴν τοῦ βασιλέως χώραν φθείρων, Στρούθας
δὲ σὺν ἵππῳ τε βαρβαρικῇ πολλῇ καὶ στρατιώταις
ὁπλίταις μὲν πεντακισχιλίοις, ψιλοῖς δὲ πλείοσι
δισμυρίων, οὐ μακρὰν τῶν Λακεδαιμονίων κατ-
3 εστρατοπέδευσεν. τέλος δὲ τοῦ Θίβρωνος μετὰ
μέρους τῆς δυνάμεως ἐξελθόντος καὶ πολλὴν περι-
βαλομένου λείαν, ἐπελθὼν ὁ Στρούθας τόν τε
Θίβρωνα μαχόμενον ἀνεῖλε, καὶ τῶν στρατιωτῶν
τοὺς μὲν πλείστους ἀπέκτεινε, τοὺς δ᾽ ἐζώγρησεν,
ὀλίγοι δ᾽ εἰς τὸ Κνιδίνιον φρούριον διεσώθησαν.
4 Θρασύβουλος δ᾽ ὁ τῶν Ἀθηναίων στρατηγὸς
ἐκ τῆς Λέσβου κομιζόμενος μετὰ τοῦ στόλου πρὸς
Ἄσπενδον, ὥρμισε τὰς τριήρεις εἰς τὸν Εὐρυμέ-
δοντα ποταμόν. χρήματα δ᾽ εἰληφότος αὐτοῦ παρὰ
τῶν Ἀσπενδίων, ὅμως τινὲς τῶν στρατιωτῶν
ἐδῄωσαν τὴν χώραν. γενομένης δὲ νυκτὸς οἱ μὲν
Ἀσπένδιοι χαλεπῶς ἐνεγκόντες ἐπὶ τοῖς ἀδικήμασιν
ἐπέθεντο τοῖς Ἀθηναίοις καὶ τόν τε Θρασύβουλον
καί τινας τῶν ἄλλων ἀνεῖλαν· οἱ δὲ τῶν Ἀθηναίων
τριήραρχοι περιδεεῖς γενόμενοι καὶ ταχὺ πληρώ-
5 σαντες τὰς ναῦς, εἰς Ῥόδον ἐξέπλευσαν. ἀφεστη-
κυίας δὲ τῆς πόλεως, καὶ τῶν φυγάδων φρούριόν
τι κατειληφότων, μετὰ τούτων διεπολέμουν πρὸς
τοὺς κατὰ τὴν πόλιν. οἱ δ᾽ Ἀθηναῖοι πυθόμενοι
τὴν Θρασυβούλου τοῦ στρατηγοῦ τελευτήν, Ἀγύ-
ριον στρατηγὸν ἐξέπεμψαν.

Τὰ μὲν οὖν κατὰ τὴν Ἀσίαν ἐν τούτοις ἦν.

patched Thibron as general to Asia. Thibron seized 390 B.C.
the stronghold of Ionda and a high mountain, Cor-
nissus,[1] forty stades from Ephesus. He then advanced
with eight thousand soldiers together with the troops
gathered from Asia, pillaging the King's territory.
Struthas, with a strong force of barbarian cavalry, five
thousand hoplites, and more than twenty thousand
light-armed troops, pitched his camp not far from
the Lacedaemonians. Eventually, when Thibron once
set out with a detachment of his troops and had
seized much booty, Struthas attacked and slew him
in battle, killed the larger number of his troops, and
took captive others. A few found safety in Cnidinium,
an outpost.

Thrasybulus, the Athenian general, went with his
fleet from Lesbos to Aspendus and moored his tri-
remes in the Eurymedon River. Although he had
received contributions from the Aspendians, some of
the soldiers, nevertheless, pillaged the countryside.
When night came, the Aspendians, angered at such
unfairness, attacked the Athenians and slew both
Thrasybulus and a number of the others ; whereupon
the captains of the Athenian vessels, greatly alarmed,
speedily manned the ships and sailed off to Rhodes.
Since this city was in revolt, they joined the exiles
who had seized a certain outpost and waged war on
the men who held the city. When the Athenians
learned of the death of their general Thrasybulus,
they sent out Agyrius as general.

Such was the state of affairs in Asia.

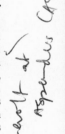

---

[1] Ionda should be Isinda, and Cornissus is more likely
Solmissus ; so B. D. Meritt, *Athenian Tribute Lists*, p. 493.

---

[1] Κόρνισσον P.

100. Κατὰ δὲ τὴν Σικελίαν ὁ τῶν Συρακοσίων τύραννος Διονύσιος σπεύδων τῇ κατὰ τὴν νῆσον δυναστείᾳ[1] καὶ τοὺς κατ' Ἰταλίαν Ἕλληνας προσλαβέσθαι, τὴν μὲν ἐπ' ἐκείνους κοινὴν στρατείαν εἰς ἕτερον καιρὸν ἀνεβάλετο, κρίνας δὲ συμφέρειν ἐπιχειρεῖν πρώτῃ τῇ τῶν Ῥηγίνων πόλει διὰ τὸ προπολεμητήριον αὐτὴν εἶναι τῆς Ἰταλίας, ὥρμησεν 2 ἐκ Συρακουσῶν μετὰ τῆς δυνάμεως. εἶχε δὲ πεζοὺς μὲν δισμυρίους, ἱππεῖς δὲ χιλίους, ναῦς δ' ἑκατὸν εἴκοσι. περαιώσας δὲ τὴν δύναμιν ἐπὶ τοὺς ὅρους τῆς Λοκρίδος, ἐκεῖθεν διὰ τῆς μεσογείου τὴν πορείαν ἐποιεῖτο, τέμνων καὶ πυρπολῶν τὴν τῶν Ῥηγίνων χώραν· συμπαρέπλευσε δὲ καὶ ὁ στόλος ἐπὶ θάτερα μέρη τῆς θαλάττης,[2] καὶ πάσῃ τῇ 3 δυνάμει περὶ τὸν πορθμὸν κατεστρατοπέδευσεν. οἱ δ' Ἰταλοὶ πυθόμενοι τὴν τοῦ Διονυσίου διάβασιν ἐπὶ τὸ Ῥήγιον, ἀπέστειλαν ἐκ Κρότωνος ναῦς ἑξήκοντα, σπεύδοντες παραδοῦναι τοῖς Ῥηγίνοις. μετεώρων δὲ πλεουσῶν αὐτῶν ὁ Διονύσιος πεντήκοντα ναῦς ἔχων ἐπέπλευσε,[3] καὶ φυγόντων αὐτῶν ἐπὶ τὴν γῆν οὐδὲν ἧττον ἐπέκειτο, καὶ συνδήσας 4 ἀπέσπα τὰς παρορμούσας[4] τῇ γῇ. κινδυνευουσῶν δὲ τῶν ἑξήκοντα τριήρων ἁλῶναι Ῥηγῖνοι πανδημεὶ παρεβοήθησαν, καὶ ἀπὸ τῆς γῆς τῷ πλήθει τῶν βελῶν ἀνεῖρξαν τὸν Διονύσιον. ἐπιγενομένων δὲ πνευμάτων μεγάλων οἱ μὲν Ῥηγῖνοι τὰς ναῦς ἀνείλκυσαν ἐπὶ τὴν γῆν, Διονύσιος δ' ἰσχυρῶς χει-

---

[1] So Eichstädt : τὴν . . . δυναστείαν.
[2] So Eichstädt : τῇ θαλάττῃ.

100. In Sicily Dionysius, the tyrant of the Syra- cusans, with intent to annex the Greeks of Italy as well to the overlordship that he held in the island, postponed the general war against them to another time. He judged rather that it was good policy to attack first the city of the Rhegians, because it was the advanced bastion of Italy, and so set out from Syracuse with his army. He had twenty thousand infantry, a thousand cavalry, and one hundred and twenty ships of war. He crossed with his troops to the borders of Locris and from there made his way through the interior, cutting down the trees and burning and destroying the territory of the Rhegians. His fleet sailed along to the other districts [1] upon the sea and he encamped with his entire army at the Strait. When the Italians learned that Dionysius had crossed the sea to attack Rhegium, they dispatched sixty ships from Croton, with intent to hand them over to the Rhegians. While this fleet was cruising on the high sea, Dionysius sailed against them with fifty ships, and when the fleet fled to land, he pressed his attack no less vigorously and began to make fast and haul off the ships that were lying off-shore. Since the sixty triremes were in danger of being captured, the Rhegians came to their aid in full force and held Dionysius off from the land by the multitude of their missiles. When a heavy storm arose, the Rhegians hauled up the ships high and dry on the land, but Dionysius lost seven ships in the

[1] *i.e.* of Rhegian territory not touched by Dionysius who was advancing through the interior. But the Greek is suspect.

---

[3] So Eichstädt : ἔπλευσε.

[4] ἐν after παρορμούσας deleted by Post.

μασθεὶς[1] ἑπτὰ ναῦς ἀπώλεσε καὶ σὺν αὐταῖς ἄνδρας
5 οὐκ ἐλάττους χιλίων πεντακοσίων. τούτων δ᾽ ἅμα
ταῖς ναυσὶν ἐκβρασθέντων ἐπὶ τὴν Ῥηγίνην, οἱ
Ῥηγῖνοι πολλοὺς τῶν ναυτῶν ἐζώγρησαν. Διονύ-
σιος δ᾽ ἐπὶ πεντήρους πλέων καὶ πολλάκις παρ᾽
ὀλίγον ἐλθὼν ὑποβρύχιος, μόγις περὶ μέσας νύκτας
εἰς τὸν ἐν Μεσσήνῃ λιμένα κατέφυγεν. ἤδη δὲ καὶ
τῆς χειμερινῆς ὥρας ἐνισταμένης οὗτος μὲν πρὸς
Λευκανοὺς συμμαχίαν ποιησάμενος ἀπήγαγε τὰς
δυνάμεις εἰς Συρακούσας.

101. Μετὰ δὲ ταῦτα Λευκανῶν τὴν Θουρίαν
καταδραμόντων οἱ Θούριοι παρήγγειλαν τοῖς συμ-
μάχοις κατὰ τάχος ἀπαντᾶν μετὰ τῶν ὅπλων· αἱ
γὰρ κατὰ τὴν Ἰταλίαν Ἑλληνίδες πόλεις ἐν[2] ταῖς
συνθήκαις εἶχον οὕτως, ἵν᾽ ἥτις ἂν ὑπὸ τῶν Λευ-
κανῶν λεηλατηθῇ χώρα, πρὸς ταύτην ἅπαντες
παραβοηθῶσιν· ἧς δ᾽ ἂν πόλεως μὴ καταστῇ τὸ
στρατόπεδον ἐπὶ τὴν βοήθειαν, τεθνάναι τοὺς ἐκεί-
2 νης τῆς πόλεως στρατηγούς. διόπερ τῶν Θουρίων
τοὺς βιβλιαφόρους ἀποστειλάντων ἐπὶ τὰς πόλεις
πρὸς τὴν τῶν πολεμίων παρουσίαν, ἅπαντες παρε-
σκευάζοντο πρὸς τὴν ἀνάζευξιν. αὐτοὶ δὲ προεξανα-
στάντες ταῖς ὁρμαῖς καὶ τὸ τῶν συμμάχων πλῆθος
οὐκ ἀναμείναντες, ἀνέζευξαν ἐπὶ τοὺς Λευκανούς,
ἔχοντες πεζοὺς μὲν πλείους τῶν μυρίων τετρα-
3 κισχιλίων, ἱππεῖς δὲ σχεδὸν χιλίους. καὶ Λευκανοὶ
μὲν ἀκούσαντες τὴν τῶν πολεμίων ἔφοδον ἀπ-
εχώρησαν εἰς τὴν ἰδίαν χώραν· οἱ δὲ Θούριοι κατὰ
σπουδὴν ἐμβαλόντες εἰς τὴν Λευκανίαν, τὸ μὲν
πρῶτον φρούριον ἐξεῖλον, καὶ πολλῆς ὠφελείας
κυριεύσαντες καθαπερεὶ δέλεαρ ἔλαβον τῆς ἑαυτῶν

[1] So Kuhn : μαχεσθείς.

heavy gale and together with them no fewer than 390 B.C.
fifteen hundred men. Since the sailors were cast
ashore together with their ships on Rhegian territory,
many of them were taken prisoner by the Rhegians.
Dionysius, who was on a quinquereme and many
times narrowly escaped foundering, about midnight
barely found safety in the harbour of Messenê. Since
the winter season had already come, he drew up terms
of alliance with the Leucani and led his forces back
to Syracuse.

101. After this, when the Leucanians overran the
territory of Thurii, the Thurians sent word to their
allies to gather to them speedily under arms. For
the Greek cities of Italy had an agreement among
themselves to the effect that if any city's territory
was being plundered by the Leucanians, they should
all come to its aid, and that if any city's army did not
take up a position to give aid, the generals of that city
should be put to death. Consequently, when the
Thurians dispatched messengers to the cities to tell
of the approach of the enemy, they all made ready to
march. But the Thurians, who were first off the mark
in their actions, did not wait for the troops of their
allies, but set forth against the Leucanians with above
fourteen thousand infantry and about one thousand
cavalry. The Leucanians, on hearing of the approach
of the enemy, withdrew to their own territory, and
the Thurians, falling in haste upon Leucania, cap-
tured the first outpost and gathered much booty,
thus taking the bait, as it were, for their own de-

---

² τε after ἐν deleted by Reiske.

ἀπωλείας. φρονηματισθέντες γὰρ ἐπὶ τῷ προτερή-
ματι καταπεφρονηκότως διά τινων στενῶν καὶ
ἀποκρήμνων ὁδῶν ἐπορεύθησαν, βουλόμενοι Λᾶον
4 πόλιν εὐδαίμονα πολιορκῆσαι. ἐπειδὴ δὲ παρ-
εγενήθησαν εἴς τι πεδίον κύκλῳ λόφοις ὑψηλοῖς
καὶ κρημνοῖς περιειλημμένον, ἐνταῦθα οἱ Λευκανοὶ
πάσῃ τῇ δυνάμει διέκλεισαν αὐτοὺς τῆς ἐπὶ τὰς
πατρίδας ἐπανόδου.¹ παράδοξον δ' ἐπὶ τῷ λόφῳ
καὶ φανερὰν² ποιήσαντες τὴν ἑαυτῶν ἐπιφάνειαν
ἐξέπληξαν τοὺς Ἕλληνας διά τε τὸ μέγεθος τοῦ
στρατοπέδου καὶ τὴν τῶν τόπων δυσχωρίαν· εἶχον
γὰρ Λευκανοὶ τότε πεζοὺς μὲν τρισμυρίους, ἱππεῖς
δ' οὐκ ἐλάττους τετρακισχιλίων.

102. Τῶν δ' Ἑλλήνων ἀνελπίστως τηλικούτῳ
περιεχομένων κινδύνῳ, κατέβαινον εἰς τὸ πεδίον
οἱ βάρβαροι. γενομένης δὲ παρατάξεως, καὶ τῶν
Ἰταλιωτῶν καταπολεμηθέντων ὑπὸ τοῦ πλήθους
τῶν Λευκανῶν, ἔπεσον μὲν πλείους τῶν μυρίων·
παρήγγελλον γὰρ οἱ Λευκανοὶ μηθένα ζωγρεῖν· τῶν
δὲ λοιπῶν οἱ μὲν ἐπί τινα πρὸς τῇ θαλάσσῃ λόφον
ἔφυγον, οἱ δὲ θεωροῦντες ναῦς μακρὰς προσπλεού-
σας καὶ νομίζοντες τὰς τῶν Ῥηγίνων εἶναι, συν-
έφυγον εἰς τὴν θάλασσαν καὶ διενήχοντο ἐπὶ τὰς
2 τριήρεις. ἦν δὲ ὁ στόλος ὁ³ προσπλέων Διονυσίου
τοῦ τυράννου, καὶ ναύαρχος ὑπῆρχεν αὐτῷ Λεπτί-
νης ὁ ἀδελφός, ἀπεσταλμένος τοῖς Λευκανοῖς ἐπὶ
βοήθειαν. ὁ μὲν οὖν Λεπτίνης δεξάμενος φιλαν-
θρώπως τοὺς νηχομένους ὡς ἐπὶ τὴν γῆν ἀπεβίβασε
καὶ ἔπεισε τοὺς Λευκανοὺς ὑπὲρ ἑκάστου τῶν

---

¹ ἐπανόδου Wesseling : ἐλπίδα A, ἐλπίδος cet.
² καὶ φανερὰν deleted by Vogel ; καὶ φοβερὰν Reiske.
³ ὁ στόλος ὁ Dindorf : ὁ στόλος.

struction. For having become puffed with pride at _{390 B C.}
their success, they advanced with light concern
through some narrow and sheer paths, in order to
lay siege to the prosperous city of Laüs. When they
had arrived at a certain plain surrounded by lofty
hills and precipitous cliffs, thereupon the Leucanians
with their entire army cut them off from retreat to
their native soil. Making their appearance, which
was quite unexpected and unconcealed, on the
height, they filled the Greeks with dismay, both
because of the great size of the army and because
of the difficulty of the terrain ; for the Leucanians
had at the time thirty thousand infantry and no less
than four thousand cavalry.

102. When the Greeks were to their surprise caught
in such hopeless peril as we have described, the bar-
barians descended into the plain. A battle took place
and there fell of the Italian Greeks, overwhelmed
as they were by the multitude of the Leucanians,
more than ten thousand men, since the Leucanians
gave orders to save no one alive. Of the survivors
some fled to a height on the sea, and others, seeing
warships sailing toward them and thinking they
belonged to the Rhegians, fled in a body to the sea
and swam out to the triremes. The approaching fleet
belonged to Dionysius the tyrant, under command
of his brother Leptines, and had been sent to
the aid of the Leucanians. Leptines received the
swimmers kindly, set them on land, and persuaded
the Leucanians to accept a mina [1] of silver for each

[1] c. $18.00.

αἰχμαλώτων λαβεῖν ἀργυρίου μνᾶν· οὗτοι δ' ἦσαν
3 τὸν ἀριθμὸν ὑπὲρ τοὺς χιλίους. γενόμενος δὲ τῶν
χρημάτων ἐγγυητὴς καὶ διαλλάξας τοὺς Ἰταλιώτας
τοῖς Λευκανοῖς ἔπεισεν εἰρήνην ποιήσασθαι, καὶ
μεγάλης ἀποδοχῆς ἔτυχε παρὰ τοῖς Ἰταλιώταις,
συμφερόντως αὐτῷ,[1] οὐ λυσιτελῶς δὲ Διονυσίῳ
συντεθεικὼς τὸν πόλεμον. ἤλπιζε γὰρ ὁ Διονύσιος
τῶν Ἰταλιωτῶν πολεμούντων πρὸς Λευκανοὺς
ἐπελθὼν ῥᾳδίως ἂν κρατῆσαι τῶν κατ' Ἰταλίαν
πραγμάτων, ἀπολελυμένων δὲ τηλικούτου πολέμου
δυσχερῶς ἂν περιγενέσθαι.[2] διόπερ τοῦτον μὲν
ἀπήλλαξε τῆς ναυαρχίας, Θεαρίδην δὲ τὸν ἕτερον
ἀδελφὸν ἡγεμόνα τοῦ στόλου κατέστησεν.
4 Τούτων δὲ πραχθέντων Ῥωμαῖοι τὴν τῶν Οὐε-
ξίων χώραν κατεκληρούχησαν, κατ' ἄνδρα δόντες
πλέθρα τέτταρα, ὡς δέ τινες, εἴκοσι ὀκτώ· καὶ πρὸς
μὲν Αἰκούσους διαπολεμοῦντες Λίφλον πόλιν κατὰ
κράτος εἷλον, Οὐελιτρίνων δ' ἀποστάντων πόλεμον
πρὸς αὐτοὺς ἐνεστήσαντο. ἀπέστη δὲ καὶ Σάτρικον
ἀπὸ Ῥωμαίων, καὶ εἰς Κερκίους ἀποικίαν ἀπέστει-
λαν.

103. Τοῦ δ' ἐνιαυσίου χρόνου διεληλυθότος Ἀθή-
νησι μὲν ἦρχεν Ἀντίπατρος, ἐν δὲ τῇ Ῥώμῃ τὴν
ὑπατικὴν ἀρχὴν διῴκουν Λεύκιος Οὐαλέριος καὶ
Αὖλος Μάλλιος. περὶ δὲ τούτους τοὺς χρόνους
Διονύσιος ὁ τῶν Συρακοσίων δυνάστης φανερῶς
ἑαυτὸν ἀναδείξας ἐπὶ τὴν Ἰταλίαν στρατευσόμενον,
μετὰ πλείστης δυνάμεως ὥρμησεν ἀπὸ[3] Συρακου-
2 σῶν. εἶχε δὲ πεζοὺς μὲν πλείους τῶν δισμυρίων,

---

[1] Post suggests αὐτοῖς, " to their advantage."

captive, the number of whom was over a thousand. 390 B.C.
Leptines went surety for the ransom money, recon-
ciled the Italian Greeks with the Leucanians, and
persuaded them to conclude peace. He won great
acclaim among the Italian Greeks, having settled
the war, as he had, to his own advantage, but without
any profit to Dionysius. For Dionysius hoped that,
if the Italian Greeks were embroiled in war with the
Leucanians, he might appear and easily make himself
master of affairs in Italy, but if they were rid of such
a dangerous war, his success would be difficult. Con-
sequently he relieved Leptines of his command [1] and
appointed Thearides, his other brother, commander
of the fleet.

Subsequent to these events the Romans portioned
out in allotments the territory of the Veians, giving
each holder four plethra, but according to other
accounts, twenty-eight.[2] The Romans were at war
with the Aequi and took by storm the city of Liphlus[3];
and they began war upon the people of Velitrae,
who had revolted. Satricum also revolted from the
Romans ; and they dispatched a colony to Cercii.

103. When the year had ended, in Athens Anti- 38) B.C.
pater was archon, and in Rome Lucius Valerius and
Aulus Mallius administered the consular magistracy.
This year Dionysius, the lord of the Syracusans,
openly indicated his design of an attack on Italy and
set forth from Syracuse with a most formidable force.
He had more than twenty thousand infantry, some

---

[1] Leptines later went into exile for a time with the Thurians,
who naturally showed him every courtesy (Book 15. 7. 3-4).
[2] A plethrum is 10,000 sq. ft., slightly less than one-quarter
of an acre. [3] Otherwise unknown.

[2] So Wesseling : παραγενέσθαι.   [3] So Rhodoman : ἐπί.

ἱππεῖς δὲ περὶ τρισχιλίους, ναῦς δὲ μακρὰς μὲν
τεσσαράκοντα, τὰς δὲ τὸν σῖτον κομιζούσας οὐκ
ἐλάττους τριακοσίων. πεμπταῖος δὲ κατανύσας εἰς
τὴν Μεσσήνην αὐτὸς μὲν ἐν τῇ πόλει τὴν δύναμιν
ἀνελάμβανε, Θεαρίδην δὲ τὸν ἀδελφὸν ἐπὶ τὰς
Λιπαραίων νήσους ἀπέστειλε μετὰ νεῶν τριάκοντα·
πεπυσμένος γὰρ ἦν δέκα ναῦς τῶν Ῥηγίνων περὶ
3 ἐκείνους τοὺς τόπους οὔσας. ὁ δὲ Θεαρίδης ἐκ-
πλεύσας καὶ καταλαβὼν τὴν Ῥηγίνων δεκαναΐαν ἔν
τισιν εὐθέτοις τόποις, αὐτάνδρων τῶν σκαφῶν ἐκυ-
ρίευσε καὶ ταχέως εἰς Μεσσήνην πρὸς Διονύσιον
ἐπέστρεψε. Διονύσιος δὲ τοὺς αἰχμαλώτους εἰς
δεσμὰ καταθέμενος τοῖς Μεσσηνίοις ἔδωκε φυλάτ-
τειν, αὐτὸς δὲ περαιώσας τὴν δύναμιν εἰς Καυ-
λωνίαν περιεστρατοπέδευσε τὴν πόλιν, καὶ τὰς
μηχανὰς προσερείσας πυκνὰς προσβολὰς ἐποιεῖτο.
4   Οἱ δὲ κατὰ τὴν Ἰταλίαν Ἕλληνες ὡς ἐπύθοντο
τὰς τοῦ Διονυσίου δυνάμεις περαιουμένας τὸν διείρ-
γοντα πορθμόν, καὶ αὐτοὶ στρατόπεδα συνήθροιζον.
τῆς δὲ τῶν Κροτωνιατῶν πόλεως μάλιστα πολυ-
οχλουμένης καὶ πλείστους ἐχούσης Συρακοσίους
φυγάδας, τούτοις τὴν ἡγεμονίαν τοῦ πολέμου παρέ-
5 δωκαν· οἱ δὲ Κροτωνιᾶται τὰς πανταχόθεν δυνάμεις
ἀθροίσαντες στρατηγὸν Ἕλωριν τὸν Συρακόσιον
εἵλοντο. οὗτος δὲ πεφευγὼς Διονύσιον καὶ δοκῶν
τόλμαν ἔχειν ἔμπρακτον, πιστότατα πρὸς τὸν τύ-
ραννον πολεμήσειν διὰ τὸ μῖσος ὑπείληπτο. ὡς
δὲ πάντες οἱ σύμμαχοι παρεγενήθησαν εἰς Κρότονα,[1]
κατὰ τὴν ἑαυτοῦ προαίρεσιν Ἕλωρις διατάξας
ὥρμησε μετὰ πάσης τῆς δυνάμεως ἐπὶ Καυλωνίας·
6 ἅμα γὰρ ἐνόμιζεν ἐπιφανεὶς λύσειν τὴν πολιορκίαν,

---

[1] καὶ after Κρότωνα deleted by Reiske.

three thousand cavalry, forty ships of war, and not 389 B.C.
less than three hundred vessels transporting food
supplies. On arriving at Messenê on the fifth day
he rested his troops in the city, while he dispatched
his brother Thearides with thirty ships to the islands
of the Liparaeans, since he had learned that ten ships
of the Rhegians were in those waters. Thearides,
sailing forth and coming upon the ten Rhegian ships
in a place favourable to his purpose, seized the ships
together with their crews and speedily returned to
Dionysius at Messenê. Dionysius threw the prisoners
in chains and turned them over to the custody of
the Messenians ; then he transported his army to
Caulonia, laid siege to the city, advanced his siege-
engines, and launched frequent assaults.

When the Greeks of Italy learned that the arma-
ments of Dionysius were starting to move across the
strait which separated them, they in turn mustered
their forces. Since the city of the Crotoniates was
the most heavily populated and had the largest
number of exiles from Syracuse, they gave over to
them the command of the war, and the people of
Croton gathered troops from every quarter and chose
as general Heloris the Syracusan. Since this man
had been banished by Dionysius and was considered
by all to possess action and enterprise, it was believed
that he could be best trusted, because of his hatred,
to lead a war against the tyrant. When all the allies
had gathered in Croton, Heloris disposed them to his
liking and advanced with the entire army toward
Caulonia. He calculated that he would by his appear-
ance at the same time both relieve the siege and also

ἅμα δὲ καταπεπονημένους[1] τοὺς πολεμίους ὑπὸ τῶν
καθ' ἡμέραν προσβολῶν διαγωνιεῖσθαι. εἶχε δὲ
τοὺς ἅπαντας πεζοὺς μὲν περὶ δισμυρίους πεντα-
κισχιλίους, ἱππεῖς δὲ περὶ δισχιλίους.

104. Διανυσάντων δ' αὐτῶν τὸ πλεῖστον τῆς
ὁδοῦ καὶ στρατοπεδευσάντων πρὸς τὸν Ἐλέπορον[2]
ποταμόν, ἀνέζευξεν ὁ Διονύσιος ἀπὸ τῆς πόλεως
καὶ συνῄντα τοῖς Ἰταλιώταις. ὁ μὲν οὖν Ἕλωρις
μετὰ τῶν ἀρίστων πεντακοσίων προηγεῖτο τῆς
δυνάμεως, ὁ δὲ Διονύσιος ἔτυχε μὲν ἀπὸ τεσ-
σαράκοντα σταδίων ἐστρατοπεδευκὼς τῶν ἐναν-
τίων, διὰ δὲ τῶν κατασκόπων μαθὼν ἐγγὺς ὄντας
τοὺς πολεμίους, ὄρθρου τὴν δύναμιν ἐγείρας προ-
2 ήγαγεν εἰς τοὔμπροσθεν. ἅμα δ' ἡμέρα τοῖς περὶ
τὸν Ἕλωριν ὀλίγοις οὖσιν ἀπαντήσας ἄφνω προσ-
εμάχετο, καὶ διεσκευασμένην ἔχων τὴν δύναμιν
3 ἀνοχὴν οὐδ' ἡντινοῦν ἐδίδου τοῖς πολεμίοις. ὁ δ'
Ἕλωρις εἰς πολλὴν ἐμπεσὼν ἀπορίαν, αὐτὸς μὲν
μεθ' ὧν εἶχεν ὑπέστη τοὺς ἐπιφερομένους, τῶν δὲ
φίλων τινὰς ἀπέστειλεν ἐπὶ τὸ στρατόπεδον, ἐπι-
σπεῦσαι τὰ πλήθη παρακελευόμενος. ὧν ταχέως
ποιησάντων τὸ προσταχθέν, οἱ μὲν Ἰταλιῶται πυ-
θόμενοι τὸν στρατηγὸν καὶ τοὺς μετ' αὐτοῦ κινδυ-
νεύοντας δρομαῖοι παρῆσαν ἐπὶ τὴν βοήθειαν, ὁ
δὲ Διονύσιος ἀθρόᾳ τῇ δυνάμει περιχυθεὶς τόν θ'
Ἕλωριν καὶ τοὺς μετ' αὐτοῦ γενναίως ἀγωνισα-
4 μένους σχεδὸν ἅπαντας ἀνεῖλε. τῶν δ' Ἰταλιωτῶν
σποράδην διὰ τὴν σπουδὴν ἐκβοηθούντων, οἱ Σικε-
λιῶται τὰς τάξεις διαφυλάττοντες ῥᾳδίως τῶν
πολεμίων περιεγίνοντο. οὐ μὴν ἀλλ' ἐπὶ μέν τινα
χρόνον οἱ κατὰ τὴν Ἰταλίαν Ἕλληνες ὑπέμενον τὸν
κίνδυνον, καίπερ ἑαυτῶν πολλοὺς ὁρῶντες ἀναιρου-

be in combat with the enemy worn out by their daily 389 B.C.
assaults. In all he had about twenty-five thousand
infantry and two thousand cavalry.

104. The Italian Greeks had accomplished the
major part of their march and were encamped on
the Eleporus River, when Dionysius drew off from the
city and advanced to meet them. Now Heloris was
in the van of his army with five hundred of his choicest
troops and Dionysius, as it happened, was encamped
forty stades from the enemy. On learning from his
scouts that the enemy was near, he roused his army
at early light and led it forward. Meeting at day-
break the troops of Heloris, who were few in number,
he engaged them in unexpected battle, and since
he had his army ready for combat, he gave the enemy
not a moment to recover themselves. Though Heloris
found himself in desperate straits, he withstood the
attackers with what troops he had, while he sent some
of his friends to the camp, urging them to rush up
the main body of soldiers. These speedily carried
out their orders, and when the Italian Greeks learned
of the danger facing their general and his troops,
they came to their aid on the run. Meanwhile Diony-
sius, with his troops in close order, surrounded Heloris
and his men and slew them almost to a man, though
they offered a gallant resistance. Since the Italian
Greeks in their haste entered the fighting in scattered
groups, the Sicilian Greeks, who kept their lines
intact, experienced no difficulty in overcoming the
enemy. Nevertheless, the Greeks of Italy main-
tained the fight for some time, although they saw
their comrades falling in great numbers. But when

---

[1] So Rhodoman : καταπεπολεμημένους.
[2] So Vogel : Ἕλωριν.

μένους· ὡς δὲ τὴν τοῦ στρατηγοῦ τελευτὴν ἐπύθοντο
καὶ διὰ τὸν θόρυβον ἀλλήλοις ἐμπίπτοντες ἠλατ-
τοῦντο μεγάλως, τότε δὴ[1] τελέως ἀθυμήσαντες
ἐτράπησαν.

105. Πολλῶν δ' ἀναιρουμένων ἐν τῇ κατὰ τὸ
πεδίον τροπῇ, κατέφυγε τὸ πλῆθος ἐπί τινα λόφον,
ἐρυμνὸν μὲν[2] ὄντα πρὸς τὴν πολιορκίαν, ἄνυδρον δὲ
καὶ δυνάμενον ῥᾳδίως ὑπὸ τῶν πολεμίων φυλάτ-
τεσθαι. ὃν ὁ Διονύσιος περιστρατοπεδεύσας τήν
τε ἡμέραν ἐκείνην καὶ τὴν νύκτα διηγρύπνησεν ἐν
τοῖς ὅπλοις, ἐπιμελῶς ταῖς φυλακαῖς χρησάμενος.
τῇ δ' ὑστεραίᾳ διὰ τὸ καῦμα καὶ τὴν ἀνυδρίαν οἱ
2 συμπεφευγότες κακῶς ἀπήλλαττον.[3] ἐπικηρυκευ-
σαμένων δ' αὐτῶν πρὸς τὸν Διονύσιον καὶ παρα-
καλούντων λύτρα πράξασθαι, οὐ μέτριος[4] ἐν τοῖς
εὐημερήμασι γενόμενος προσέταττεν ἀποθέσθαι τὰ
ὅπλα καὶ σφᾶς αὐτοὺς ἐγχειρίσαι τῷ κρατοῦντι.
σκληροῦ δὲ τοῦ προστάγματος[5] ὄντος, μέχρι μέν
τινος διεκαρτέρουν, ὡς δ' ὑπὸ τῆς φυσικῆς ἀνάγκης
κατεβαροῦντο, παρέδωκαν αὐτοὺς περὶ ὀγδόην
3 ὥραν, ἤδη τὰ σώματα παρειμένοι. Διονύσιος δὲ
λαβὼν ῥάβδον καὶ πατάξας ἐπὶ τοῦ ἐδάφους[6] ἠρίθ-
μει τοὺς καταβαίνοντας αἰχμαλώτους, ὄντας πλείους
τῶν μυρίων. καὶ πάντων αὐτοῦ ὑποπτευόντων τὸ
θηριῶδες, τοὐναντίον ἐφάνη πάντων ἐπιεικέστατος·
4 τούς τε γὰρ αἰχμαλώτους ἀφῆκεν αὐτεξουσίους
χωρὶς λύτρων καὶ πρὸς τὰς πλείστας τῶν πόλεων
εἰρήνην συνθέμενος ἀφῆκεν αὐτονόμους. ἐπὶ δὲ
τούτοις ἐπαίνου τυχὼν ὑπὸ τῶν εὖ παθόντων χρυ-

---

[1] So Eichstädt : δέ.   [2] μὲν suggested by Vogel.

they learned of the death of their general, while 389 B.C. being greatly hampered as they fell foul of one another in their confusion, then at last they completely lost spirit and turned in flight.

105. Many were killed in their rout across the plain ; but the main body made a safe retreat to a hill, which was strong enough to withstand a siege but had no water and could be easily contained by the enemy. Dionysius invested the hill and bivouacked under arms that day and through the night, giving careful attention to the watches. The next day the beleagured suffered severely from the heat and lack of water. They then sent a herald to Dionysius inviting him to accept ransom ; he, however, did not preserve moderation in his success but ordered them to lay down their arms and put themselves at the disposal of their conqueror. This was a harsh order and they held out for some time ; but when they were overborne by physical necessity, they surrendered about the eighth hour, their bodies being now weakened. Dionysius took a staff and struck it on the ground while numbering the prisoners as they descended, and they amounted to more than ten thousand. All men were apprehensive of his brutality, but on the contrary he showed himself most kindly ; for he let the prisoners go subject to no authority without ransom, concluded peace with most of the cities, and left them independent. In return for this he received the approval of those he had favoured and was honoured with gold crowns ; and

---

³ So Dindorf : ἀπηλλάττοντο.
⁴ οὐ μέτριος Vogel : οὐ μετρίως.
⁵ So Wesseling : πράγματος.
⁶ So Reiske : λόφου.

287

σοῖς στεφάνοις ἐτιμήθη, καὶ σχεδὸν τοῦτ' ἔδοξε
πράξειν[1] ἐν τῷ ζῆν κάλλιστον.

106. Ἐπὶ δὲ Ῥήγιον ἀναζεύξαντος αὐτοῦ, καὶ
μετὰ τῆς δυνάμεως παρεσκευασμένου πολιορκεῖν
διὰ τὴν περὶ τῆς ἐπιγαμίας ὕβριν, ἀγωνία πολλὴ
κατεῖχε τοὺς Ῥηγίνους· οὔτε γὰρ συμμάχους οὔτε
δύναμιν ἀξιόμαχον εἶχον, πρὸς δὲ τούτοις ᾔδεισαν
ὅτι τῆς πόλεως ἁλούσης οὔτ' ἔλεος οὔτε δέησις
2 αὐτοῖς ἀπελείπετο. διόπερ ἔκριναν ἀποστεῖλαι
πρέσβεις τοὺς δεησομένους μετρίως αὐτοῖς χρή-
σασθαι καὶ παρακαλέσαι μηδὲν περὶ αὐτῶν ὑπὲρ
3 ἄνθρωπον βουλεύσασθαι. ὁ δὲ Διονύσιος τριακόσια
τάλαντα πραξάμενος καὶ τὰς ναῦς ἁπάσας παρα-
λαβὼν οὔσας ἑβδομήκοντα, προσέταξεν ἑκατὸν
ὁμήρους δοῦναι. δοθέντων δὲ πάντων ἀνέζευξεν
ἐπὶ Καυλωνίαν. ταύτης δὲ τοὺς μὲν ἐνοικοῦντας
εἰς Συρακούσας μετῴκισε καὶ πολιτείαν δοὺς πέντε
ἔτη συνεχώρησεν ἀτελεῖς εἶναι, τὴν δὲ πόλιν κατα-
σκάψας[2] τοῖς Λοκροῖς τὴν χώραν τῶν Καυλωνιατῶν
ἐδωρήσατο.

4 Ῥωμαῖοι δὲ Λιφοίκουαν πόλιν ἐκ τοῦ τῶν Αἴκων
ἔθνους ἑλόντες, κατὰ τὰς τῶν ὑπάτων εὐχὰς μέγαν
ἀγῶνα τῷ Διὶ συνετέλεσαν.

107. Τοῦ δ' ἔτους τούτου διεληλυθότος Ἀθή-
νησι μὲν ἦρχε Πυργίων, ἐν δὲ τῇ Ῥώμῃ τὴν ὕπα-
τον ἀρχὴν μετέλαβον χιλίαρχοι τέσσαρες, Λεύκιος
Λουκρήτιος, Σερούιος Σουλπίκιος, Γάιος Αἰμίλιος

---

[1] πράξειν A Peir., πράττειν cet., πρᾶξαι Dindorf, Vogel.
[2] So Eichstädt : καταστρέψας.

men believed that this would probably be the finest 389 B.C.
act of his life.

106. Dionysius now advanced against Rhegium
and prepared to lay siege to the city with his army
because of the slight he had received in connection
with his offer of marriage.[1] Deep distress gripped
the Rhegians, since they had neither allies nor an
army that was a match for him in battle, and they
knew, furthermore, that if the city were taken,
neither pity nor entreaty would be left them. There-
fore they decided to dispatch ambassadors to entreat
him to deal moderately with them and to urge him
to make no decision against them beyond what be-
came a human being. Dionysius required three
hundred talents of them, took all their ships, which
amounted to seventy, and ordered the delivery of
one hundred hostages. When all these had been
turned over, he set out against Caulonia. The in-
habitants of this city he transplanted to Syracuse,
gave them citizenship, and allowed them exemption
from taxes for five years ; he then levelled the city
to the ground and gave the territory of the Cauloniates
to the Locrians.

The Romans, after taking the city of Liphoecua
from the people of the Aequi, held, in accordance
with the vows of the consuls, great games in honour
of Zeus.

107. At the close of this year, in Athens Pyrgion 388 B.C.
was archon and in Rome four military tribunes took
over the consular magistracy, Lucius Lucretius,
Servius Sulpicius, Gaius Aemilius, and Gaius Rufus,[2]

---

[1] See chaps. 44. 4-5 ; 107. 3-4.
[2] Gaius Rufus is deleted by most editors and is probably
a mistake.

καὶ Γάιος Ῥοῦφος, Ὀλυμπιὰς δ' ἤχθη ὀγδόη πρὸς
ταῖς ἐνενήκοντα, καθ' ἣν ἐνίκα Σώσιππος Ἀθη-
2 ναῖος. τούτων δὲ τὴν ἀρχὴν παρειληφότων Διονύ-
σιος ὁ τῶν Συρακοσίων δυνάστης πορευθεὶς εἰς
Ἱππώνιον μετὰ τῆς δυνάμεως, τοὺς μὲν κατοικοῦν-
τας ἐν αὐτῇ μετῴκισεν εἰς τὰς Συρακούσας, τὴν
δὲ πόλιν κατασκάψας τοῖς Λοκροῖς[1] προσεμέρισε
3 τὴν χώραν. κατὰ τὸ συνεχὲς γὰρ ἐφιλοτιμεῖτο τοὺς
Λοκροὺς εὖ ποιεῖν διὰ τὴν συγχωρηθεῖσαν ἐπι-
γαμίαν· τοὺς δὲ Ῥηγίνους ἐπεθύμει τιμωρήσασθαι
διὰ τὴν περὶ τῆς οἰκειότητος ἀδικίαν.[2] καθ' ὃν
γὰρ καιρὸν ἀπέστειλε πρὸς αὐτοὺς πρέσβεις ἀξιῶν
αὐτῷ συγχωρηθῆναι τῶν πολιτικῶν παρθένων γα-
μῆσαι, φασὶ τοὺς Ῥηγίνους ἀποκριθῆναι δημοσίᾳ
τοῖς πρέσβεσιν, ὡς μόνην αὐτῷ συγχωρῆσαι γαμεῖν
4 τὴν τοῦ δημίου θυγατέρα. διὰ τοῦτο βαρέως φέρων
καὶ δοκῶν ὑπερβαλλόντως ὑβρίσθαι, πολὺς ἦν ἐπὶ
τῇ κατ' αὐτῶν τιμωρίᾳ. καὶ γὰρ ἐν τῷ πρότερον
ἐνιαυτῷ τὴν εἰρήνην συνέθετο πρὸς αὐτοὺς οὐ τῆς
φιλίας ὀρεγόμενος, ἀλλὰ τὴν ναυτικὴν δύναμιν παρ-
ελέσθαι βουλόμενος, οὖσαν τριήρων ἑβδομήκοντα·
διελάμβανε γὰρ τῆς κατὰ θάλατταν βοηθείας ἀπο-
κλεισθείσης ῥᾳδίως ἐκπολιορκήσειν[3] τὴν πόλιν.
5 διόπερ κατὰ τὴν Ἰταλίαν ἐνδιατρίβων ἐζήτει πρό-
φασιν εὔλογον, δι' ἧς οὐ παρὰ τὴν ἀξίαν τὴν ἰδίαν
δόξει λελυκέναι τὰς συνθήκας.

108. Ἀγαγὼν οὖν πρὸς τὸν πορθμὸν τὰς δυνά-
μεις τὰ πρὸς τὴν διάβασιν παρεσκευάζετο. καὶ
πρῶτον μὲν ᾔτει τοὺς Ῥηγίνους ἀγοράς, ἐπαγ-

---

[1] τοῖς Λοκροῖς added by Rhodoman.

and the Ninety-eighth Olympiad was celebrated, 388 B.C. that in which Sosippus of Athens was the victor.[1] When these men had entered office, Dionysius, the lord of the Syracusans, advanced with his army to Hipponium, removed its inhabitants to Syracuse, razed the city to the ground, and apportioned its territory to the Locrians. For he was continuously set upon doing the Locrians favours for the marriage they had agreed to, whereas he studied revenge upon the Rhegians for their affront with respect to the offer of kinship. For on the occasion when he sent ambassadors to them to ask them to grant him in marriage a maiden of their city, the Rhegians replied to the ambassadors by action of the people, we are told, that the only maiden they would agree to his marrying would be the daughter of their public executioner. Angered because of this and believing that he had been grossly insulted, he was bent on getting revenge upon them. Indeed the peace he had concluded with them in the preceding year had come from no hankering on his part for friendly relations, but was designed to strip them of their naval power, which consisted of seventy triremes. For he believed that if the city were cut off from aid by sea he could easily reduce it by siege. Consequently, while loitering in Italy, he kept seeking a plausible excuse whereby he might seem to have broken the truce without prejudice to his own standing.

108. Dionysius now led his forces to the Strait and made preparations to cross over. And first he asked the Rhegians to provide him with supplies for sale,

[1] In the " stadion."

---

[2] So Bezzel : δίκην. Post suggests αἰτίαν.
[3] So Dindorf : πολιορκήσειν.

γελλόμενος ταχέως τὰς δοθείσας ἀποστέλλειν ἐκ
Συρακουσῶν. τοῦτο δ' ἔπραττεν, ὅπως μὴ διδόν-
των μὲν αὐτῶν δικαίως δόξῃ τὴν πόλιν ἑλεῖν,
δόντων δ' ἐνόμιζεν¹ ἐξαναλώσειν αὐτῶν τὸν σῖτον
καὶ προσκαθίσας τὴν πόλιν διὰ τὴν σπάνιν ταχὺ
2 κυριεύσειν αὐτῆς. οἱ δὲ Ῥηγῖνοι τούτων μὲν οὐδὲν
ὑπονοοῦντες τὸ μὲν πρῶτον ἐφ' ἡμέρας τινὰς ἐχορή-
γουν τὰς τροφὰς λαμπρῶς· ὡς δὲ πλείονα χρόνον
ἐνδιέτριβε, ποτὲ μὲν ἀρρωστίαν, ποτὲ δὲ ἄλλας
προφάσεις ποριζόμενος, ὑπονοήσαντες αὐτοῦ τὴν
ἐπιβολὴν οὐκέτι παρεῖχον τὰς τροφὰς τῷ στρα-
3 τοπέδῳ. ὁ δὲ Διονύσιος ἐπὶ τούτῳ προσποιηθεὶς
ἀγανακτεῖν, τοὺς μὲν ὁμήρους τοῖς Ῥηγίνοις ἀπ-
έδωκε, τὴν δὲ πόλιν περιστρατοπεδεύσας καθ' ἡμέραν
προσβολὰς ἐποιεῖτο. κατεσκεύασε δὲ καὶ μηχανη-
μάτων πολὺ πλῆθος ἀπίστων² τοῖς μεγέθεσι, δι'
ὧν τὰ τείχη σαλεύων ἐφιλοτιμεῖτο κατὰ κράτος
4 ἑλεῖν τὴν πόλιν. οἱ δὲ Ῥηγῖνοι στρατηγὸν ἑλόμενοι
Φύτωνα καὶ πάντας τοὺς ἐν ἡλικίᾳ καθοπλίσαντες,
ταῖς τε φυλακαῖς ἐπιμελῶς ἐχρῶντο καὶ κατὰ τὰς
εὐκαιρίας ἐξιόντες ἐνεπύριζον τὰς τῶν πολεμίων
5 μηχανάς. οὗτοι μὲν οὖν πολλάκις ὑπὲρ τῆς πατρί-
δος λαμπρῶς ἀγωνιζόμενοι πρὸ τῶν τειχῶν, τήν τε
τῶν πολεμίων ὀργὴν ἐξέκαυσαν καὶ πολλοὺς μὲν
ἑαυτῶν ἀπέβαλον, οὐκ ὀλίγους δὲ καὶ τῶν Σικελιω-
6 τῶν ἀνεῖλον. καὶ αὐτὸν δὲ τὸν Διονύσιον συνέβη
λόγχῃ πληγέντα παρὰ τὸν βουβῶνα παρ' ὀλίγον
μὲν τελευτῆσαι, μόγις δὲ αὐτὸν ἀναλαβεῖν ἐκ τοῦ
τραύματος. χρονιζούσης δὲ τῆς πολιορκίας διὰ τὸ
τοὺς Ῥηγίνους ἀνυπέρβλητον εἰσφέρεσθαι σπουδὴν

¹ So Stephanus : δὲ νομίζειν.
² So Wesseling : ἄπιστον.

promising that he would promptly return from Syra-
cuse what they had given. He made this request
in order that men should think that, if they did not
provide the food, he would be justified in seizing the
city, whereas if they did, he believed their food would
run out and by sitting down before the city he would
speedily master it by starvation. The Rhegians,
suspecting nothing of this, at first supplied them
lavishly with food for several days ; but when he
kept extending his stay, at one time claiming illness
and at another offering other excuses, they suspected
what he had in mind and no longer furnished his
army with supplies. Dionysius, pretending now to
be angered at this, returned the hostages to the
Rhegians, laid siege to the city, and launched daily
assaults upon it. He also constructed a great multi-
tude of siege weapons of unbelievable size by which
he rocked the walls in his determination to take the
city by storm. The Rhegians chose Phyton as general,
armed all who could bear arms, gave close concern
to their watches, and, as opportunity arose, sallied
out and burned the enemy's siege engines. Fighting
brilliantly as they did for their fatherland on many
occasions before the walls, they roused the anger of
the enemy, and although they lost many of their own
troops, they also slew no small number of the Sicilian
Greeks. And it happened that Dionysius himself
was struck by a lance in the groin and barely escaped
death, recovering with difficulty from the wound.
The siege wore on because of the unsurpassable zeal
the Rhegians displayed to maintain their freedom ;

ὑπὲρ τῆς ἐλευθερίας, Διονύσιος τὰς μὲν δυνάμεις
συνεῖχεν ἐν ταῖς καθ' ἡμέραν προσβολαῖς καὶ τὴν
ἐξ ἀρχῆς πρόθεσιν οὐκ ἐγκατέλειπεν.

109. Τῶν δ' Ὀλυμπίων ἐγγὺς ὄντων ἀπέστειλεν
εἰς τὸν ἀγῶνα τέθριππα πλείω, διαφέροντα πολὺ
τῶν ἄλλων τοῖς τάχεσι, καὶ σκηνὰς εἰς τὴν πανή-
γυριν διαχρύσους καὶ πολυτελέσι ποικίλοις ἱματίοις
κεκοσμημένας. ἔπεμψε δὲ καὶ ῥαψῳδοὺς τοὺς
κρατίστους, ὅπως ἐν τῇ πανηγύρει τὰ ποιήματα
αὐτοῦ προφερόμενοι ποιήσωσιν ἔνδοξον τὸν Διονύ-
σιον· σφόδρα γὰρ εἰς τὴν ποιητικὴν ὑπῆρχε μεμη-
2 νώς. τούτων δ' ἐπιμελητὴν συνεξέπεμψε Θεαρίδην
τὸν ἀδελφόν· ὃς ἐπεὶ παρεγένετο εἰς τὴν πανήγυριν,
ἐπὶ μὲν τῷ κάλλει τῶν σκηνῶν καὶ τῷ πλήθει τῶν
τεθρίππων ἦν περίβλεπτος· ὡς δ' ἐπεβάλονθ'[1] οἱ
ῥαψῳδοὶ προφέρεσθαι τοῦ Διονυσίου τὰ ποιήματα,
κατ' ἀρχὰς μὲν διὰ τὴν εὐφωνίαν τῶν ὑποκριτῶν
συνέδραμε τὰ πλήθη καὶ πάντες ἐθαύμαζον· μετὰ
δὲ ταῦτα ἀναθεωροῦντες τὴν κακίαν τῶν ποιημά-
των, διεγέλων τὸν Διονύσιον καὶ κατεγίνωσκον ἐπὶ
τοσοῦτον, ὥστε τινὰς τολμῆσαι διαρπάζειν τὰς
3 σκηνάς. καὶ γὰρ Λυσίας ὁ ῥήτωρ τότε διατρίβων
ἐν Ὀλυμπίᾳ προετρέπετο τὰ πλήθη μὴ προσδέ-
χεσθαι τοῖς ἱεροῖς ἀγῶσι τοὺς ἐξ ἀσεβεστάτης
τυραννίδος ἀπεσταλμένους θεωρούς· ὅτε καὶ τὸν
4 Ὀλυμπιακὸν λόγον ἐπιγραφόμενον ἀνέγνω. τοῦ
δ' ἀγῶνος συντελουμένου συνέβη κατὰ τύχην τῶν

----

[1] So Dindorf : ἐπέβαλον.

----

[1] Of Athens.

[2] Enough of the oration is preserved (Lysias, *Orat.* 33) to
show that Lysias urged the Greeks to unite against their two
great enemies, the Persian King and Dionysius. Plutarch

but Dionysius held his armaments to the daily assaults 388 B.C.
and would not give up the task he had originally
proposed to himself.

109. The Olympic Games were at hand and Diony-
sius dispatched to the contest several four-horse
teams, which far surpassed all others in swiftness,
and also pavilions for the festive occasion, which were
interwoven with gold and embellished with expensive
cloth of gay and varied colours. He also sent the best
professional reciters that they might present his
poems in the gathering and thus win glory for the
name of Dionysius, for he was madly addicted to
poetry. In charge of all this he sent along his brother
Thearides. When Thearides arrived at the gathering,
he was a centre of attraction for the beauty of the
pavilions and the large number of four-horse teams ;
and when the reciters began to present the poems
of Dionysius, at first the multitude thronged together
because of the pleasing voices of the actors and all
were filled with wonder. But on second considera-
tion, when they observed how poor his verses were,
they laughed Dionysius to scorn and went so far in
their rejection that some of them even ventured to
rifle the tents. Indeed the orator Lysias,[1] who was
at that time in Olympia, urged the multitude not to
admit to the sacred festival the representatives from
a most impious tyranny ; and at this time he delivered
his *Olympiacus*.[2] In the course of the contest chance

(*Themistocles*, 25), on the authority of Theophrastus, tells
a similar story of *c.* 470 B.C. when Hiero of Syracuse is re-
presented as sending chariot horses and a costly pavilion to
Olympia and Themistocles as urging that the pavilion be
torn down and the horses prevented from competing. The
story is clearly a pure fabrication based on this account of
Diodorus (see Walker in *Camb. Anc. Hist.* 5, p. 36).

Διονυσίου τεθρίππων τὰ μὲν ἐκπεσεῖν ἐκ τοῦ δρό-
μου, τὰ δ' ἀλλήλοις ἐμπεσόντα συντριβῆναι, παρα-
πλησίως δὲ καὶ τὴν παρακομίζουσαν ναῦν τοὺς
θεωροὺς ἀπὸ τῶν ἀγώνων ἀναχθεῖσαν εἰς τὴν
Σικελίαν ἐκπεσεῖν τῆς Ἰταλίας εἰς Τάραντα διά
5 τινας[1] χειμῶνας. διὸ καί φασι σωθέντας τοὺς
ναύτας εἰς Συρακούσας διαγγέλλειν κατὰ τὴν πόλιν
ὅτι διὰ τὴν κακίαν τῶν ποιημάτων οὐ μόνον οἱ
ῥαψῳδοῦντες, ἀλλὰ σὺν τούτοις τά τε[2] τέθριππα
6 καὶ ἡ ναῦς ἐξέπεσον. ὁ δὲ Διονύσιος πυθόμενος
τὸν τῶν ποιημάτων διασυρμόν, καὶ τῶν κολάκων
λεγόντων ὅτι πᾶσι τοῖς καλῶς πραττομένοις φθο-
νοῦντες ἐξ ὑστέρου θαυμάζουσιν, οὐκ ἀφίστατο τῆς
περὶ τὴν ποίησιν σπουδῆς.

7 Ῥωμαῖοι δὲ πρὸς Οὐολσινίτας περὶ Γουράσιον
παραταξάμενοι πολλοὺς τῶν πολεμίων ἀνεῖλον.

110. Τούτων δὲ πραχθέντων ὁ μὲν ἐνιαύσιος
χρόνος παρεληλύθει, παρὰ δὲ τοῖς Ἀθηναίοις ἦρχε
Θεόδοτος, ἐν δὲ τῇ Ῥώμῃ τὴν ὑπατικὴν ἀρχὴν
εἶχον χιλίαρχοι ἕξ, Κόιντος Καίσων[3] Σουλπίκιος,
Αἶνος Καίσων Φάβιος, Κόιντος Σερουίλιος, Πό-
2 πλιος Κορνήλιος. τούτων δὲ τὴν ἀρχὴν παρειλη-
φότων Λακεδαιμόνιοι κακοπαθοῦντες τῷ πολέμῳ
τῷ τε πρὸς τοὺς Ἕλληνας καὶ τῷ πρὸς τοὺς Πέρ-
σας, Ἀνταλκίδαν τὸν ναύαρχον ἐξαπέστειλαν πρὸς
3 Ἀρταξέρξην ὑπὲρ εἰρήνης. διαλεχθέντος δ' αὐτοῦ
περὶ ὧν ἦν ἀπεσταλμένος ἐνδεχομένως, ὁ βασιλεὺς
ἔφησεν ἐπὶ τοῖσδε ποιήσασθαι τὴν εἰρήνην· τὰς μὲν
κατὰ τὴν Ἀσίαν Ἑλληνίδας πόλεις ὑπὸ βασιλέα
τετάχθαι, τοὺς δ' ἄλλους Ἕλληνας ἅπαντας αὐτο-

---

[1] τινας] δεινοὺς Reiske.   [2] τά τε added by Reiske.
[3] Καίσων omitted by A, Vogel.

brought it about that some of Dionysius' chariots left 388 B.C. the course and others collided among themselves and were wrecked. Likewise the ship which was on its way to Sicily carrying the representatives from the games was wrecked by strong winds near Taras [1] in Italy. Consequently the sailors who got safe to Syracuse spread the story throughout the city, we are told, that the badness of the verses caused the ill-success, not only of the reciters, but of the teams and of the ship with them. When Dionysius learned of the ridicule that had been heaped upon his verses, his flatterers told him that every fair accomplishment is first an object of envy and then of admiration. He therefore did not give up his devotion to writing.

The Romans fought a battle at Gurasium with the Volscians and slew great numbers of the enemy.

110. At the conclusion of these events the year 387 B.C. came to an end, and among the Athenians Theodotus was archon and in Rome the consular magistracy was held by six military tribunes, Quintus Caeso Sulpicius, Aenus Caeso Fabius, Quintus Servilius, and Publius Cornelius.[2] After these men had entered office, the Lacedaemonians, who were hard put to it by their double war, that against the Greeks and that against the Persians, dispatched their admiral Antalcidas to Artaxerxes to treat for peace. Antalcidas discussed as well as he could the circumstances of his mission and the King agreed to make peace on the following terms : " The Greek cities of Asia are subject to the King, but all the other Greeks shall be

---

[1] Tarentum.
[2] As so often, the names are most uncertain and at variance with those of the *fasti* and of Livy.

νόμους εἶναι· τοῖς δὲ ἀπειθοῦσι καὶ μὴ προσ-
δεχομένοις τὰς συνθήκας διὰ τῶν εὐδοκούντων
4 πολεμήσειν. οἱ μὲν οὖν Λακεδαιμόνιοι τούτοις
εὐδοκήσαντες ἡσυχίαν ἦγον, Ἀθηναῖοι δὲ καὶ Θη-
βαῖοι καί τινες ἕτεροι τῶν Ἑλλήνων¹ βαρέως
ἔφερον ἐπὶ τῷ τὰς κατὰ τὴν Ἀσίαν πόλεις ἐγκατα-
λελεῖφθαι· καθ᾽ αὑτοὺς δὲ οὐκ ὄντες ἀξιόμαχοι,
κατ᾽ ἀνάγκην συνεχώρησαν καὶ προσεδέξαντο τὴν
εἰρήνην.

5   Καὶ ὁ μὲν βασιλεὺς διαλυθείσης² τῆς πρὸς τοὺς
Ἕλληνας διαφορᾶς παρεσκευάζετο τὰς δυνάμεις εἰς
τὸν Κυπριακὸν πόλεμον· ὁ γὰρ Εὐαγόρας σχεδὸν
ὅλην τὴν Κύπρον ἦν κεκτημένος³ καὶ δυνάμεις
ἁδρὰς συνηθροίκει διὰ τὸ τὸν Ἀρταξέρξην⁴ τῷ
πρὸς τοὺς Ἕλληνας πολέμῳ διεσπάσθαι.

111. Διονυσίου δὲ σχεδὸν ἑνδέκατον μῆνα Ῥή-
γιον πολιορκοῦντος καὶ τὰς πανταχόθεν βοηθείας
ἀποκεκλεικότος, εἰς δεινὴν σπάνιν τῶν ἀναγκαίων
οἱ κατὰ τὴν πόλιν παρεγενήθησαν· φασὶ γὰρ παρὰ
τοῖς Ῥηγίνοις κατ᾽ ἐκεῖνον τὸν καιρὸν πέντε μνῶν
2 γενέσθαι τὸν μέδιμνον τοῦ σίτου. καταπονούμενοι
δὲ τῇ σιτοδείᾳ τὸ μὲν πρῶτον τούς τε ἵππους καὶ
τἆλλα ὑποζύγια κατέφαγον, μετὰ δὲ ταῦτα δέρματα
καθέψοντες⁵ ἐσιτοῦντο, τὸ δὲ τελευταῖον ἐκ τῆς
πόλεως ἐξιόντες τὴν πρὸς τοῖς τείχεσι βοτάνην
ἤσθιον καθαπερεί τινα θρέμματα· οὕτως ἡ τῆς φύ-
σεως ἀνάγκη τὴν ἀνθρωπίνην δίαιταν εἰς ἀλόγων
3 ζώων τροφὰς καταφυγεῖν ἐβιάζετο. ὁ δὲ Διονύσιος
πυθόμενος τὸ γινόμενον οὐχ ὅπως ἠλέησε τοὺς

---

¹ So Dindorf : ἄλλων.
² So Sintenis : διαλυθείς.
³ So Wesseling, ἐκβεβλημένος A, ἐκκεκλημένος cet.

independent ; and upon those who refuse compliance 387 B.C.
and do not accept these terms I shall make war through
the aid of those who consent to them." [1]   Now the
Lacedaemonians consented to the terms and offered
no opposition, but the Athenians and Thebans and
some of the other Greeks were deeply concerned
that the cities of Asia should be left in the lurch.   But
since they were not by themselves a match in war, they
consented of necessity and accepted the peace.

The King, now that his difference with the Greeks
was settled, made ready his armaments for the war
against Cyprus.   For Evagoras had got possession
of almost the whole of Cyprus and gathered strong
armaments, because Artaxerxes was distracted by
the war against the Greeks.

111. It was about the eleventh month of Diony-
sius' siege of Rhegium, and since he had cut off relief
from every direction, the inhabitants of the city were
faced by a terrible dearth of the necessities of life.
We are told, indeed, that at the time a medimnus
of wheat among the Rhegians cost five minas. [2]   So
reduced were they by lack of food that at first they
ate their horses and other beasts of burden, then fed
upon boiled skins and leather, and finally they would
go out from the city and eat the grass near the walls
like so many cattle.   To such an extent did the
demand of nature compel the wants of man to turn
for their satisfaction to the food of dumb animals.
When Dionysius learned what was taking place, far

---

[1] This famous Peace of Antalcidas is given in a little fuller
form in Xenophon, *Hell.* 5. 1. 31.
[2] About $60 a bushel.

---

[4] ἐν after Ἀρταξέρξην deleted by Hertlein.
[5] So Reiske : καθεψῶντες.

ὑπὲρ ἄνθρωπον πάσχειν ἀναγκαζομένους, ἀλλὰ πᾶν
τοὐναντίον ἐπαγαγὼν ζεύγη εἷλε τὴν πόαν τοῦ
4 τόπου, ὥστε τὴν ὕλην ἅπασαν ἀφανισθῆναι. διόπερ
ταῖς ὑπερβολαῖς τῶν κακῶν νικώμενοι παρέδωκαν
τὴν πόλιν οἱ Ῥηγῖνοι τῷ τυράννῳ, τὴν πᾶσαν καθ᾽
αὑτῶν¹ ἐπιτρέψαντες ἐξουσίαν. ὁ δὲ Διονύσιος κατὰ
μὲν τὴν πόλιν εὗρε σωροὺς νεκρῶν οἳ διὰ τὴν ἔν-
δειαν τῆς τροφῆς ἐτετελευτήκεισαν²· καὶ τοὺς ζῶν-
τας δὲ νεκρῶν ἔχοντας διάθεσιν καὶ παρειμένους
τὰ σώματα καταλαβών, ἤθροισεν αἰχμαλώτους
πλείους τῶν ἑξακισχιλίων. τὸ μὲν οὖν πλῆθος
ἀποστείλας εἰς Συρακούσας ἐκέλευσε τοὺς δόντας
ἀργυρίου μνᾶν ἀπολυτροῦσθαι, τοὺς δ᾽ εὐπορῆσαι
μὴ δυνηθέντας ἐλαφυροπώλησε.

112. Φύτωνα δὲ τὸν τῶν Ῥηγίνων στρατηγὸν
συλλαβών, τὸν μὲν υἱὸν αὐτοῦ κατεπόντισεν, αὐτὸν
δὲ τὸ μὲν πρῶτον ἔδησε πρὸς τὰς ὑψηλοτάτας
μηχανάς, οἱονεὶ τραγικήν τινα τιμωρίαν λαμβάνων,
προσέπεμψε δέ τινα τῶν ὑπηρετῶν ἐροῦντα πρὸς
αὐτόν, ὡς ἐχθὲς αὐτοῦ τὸν υἱὸν Διονύσιος κατ-
επόντισε· πρὸς ὃν εἶπε Φύτων, διότι γέγονεν εὐτυ-
2 χέστερος τοῦ πατρὸς ἡμέρᾳ μιᾷ. μετὰ δὲ ταῦτα
περιῆγεν αὐτὸν Διονύσιος τὴν πόλιν μαστίζων καὶ
κατὰ πάντα τρόπον αἰκιζόμενος, ἅμα κήρυκος συν-
ακολουθοῦντος ὅτι τὸν ἄνδρα Διονύσιος τιμωρεῖται
παρηλλαγμένως, ὅτι τὴν πόλιν ἔπεισεν ἑλέσθαι τὸν
3 πόλεμον. ὁ δὲ Φύτων κατὰ τὴν πολιορκίαν στρα-
τηγὸς ἀγαθὸς γεγενημένος καὶ κατὰ τὸν ἄλλον βίον
ἐπαινούμενος, οὐκ ἀγεννῶς ὑπέμενε τὴν ἐπὶ τῆς
τελευτῆς τιμωρίαν, ἀλλ᾽ ἀκατάπληκτον τὴν ψυχὴν

¹ καθ᾽ αὑτῶν Dindorf : κατ᾽ αὐτῶν.
² So Eichstädt : τετελευτήκασι.

from showing mercy to those who were perforce **387 B.C.**
suffering beyond man's endurance, on the contrary
he brought in cattle to clear the place of the green-
stuff, with the result that it was completely stripped.
Consequently the Rhegians, overcome by their ex-
cessive hardships, surrendered their city to the tyrant,
giving him complete power over their lives. Within
the city Dionysius found heaps of dead who had
perished from lack of food, and the living too whom
he captured were like dead men and weakened in
body. He got together more than six thousand
captives and the multitude he sent off to Syracuse
with orders that those who could pay as ransom a
mina of silver should be freed, but to sell as slaves
those who were unable to raise that sum.

112. Dionysius seized Phyton, the general of the
Rhegians, and drowned his son in the sea, but Phyton
himself he at first bound on his loftiest siege engines,
wreaking a vengeance upon him such as is to be seen
upon the stage of tragedy. He also sent one of his
servants to him to tell him that Dionysius had drowned
his son in the sea the day before ; to whom Phyton
replied, " He has been more fortunate than his father
by one day." After this Dionysius had him led about
the city under flogging and subjected to every in-
dignity, a herald accompanying him and announcing
that Dionysius was inflicting this unusual vengeance
upon the man because he had persuaded the city to
undertake the war. But Phyton, who had shown
himself a brave general during the siege and had
won approval for all his other qualities, endured his
mortal punishment with no low-born spirit. Rather

φυλάξας καὶ βοῶν ὅτι τὴν πόλιν οὐ βουληθεὶς προ-
δοῦναι Διονυσίῳ τυγχάνει τῆς τιμωρίας, ἣν αὐτῷ
τὸ δαιμόνιον ἐκείνῳ συντόμως ἐπιστήσει· ὥστε τὴν
ἀρετὴν τἀνδρὸς καὶ παρὰ τοῖς στρατιώταις τοῦ
4 Διονυσίου κατελεεῖσθαι καί τινας ἤδη θορυβεῖν. ὁ
δὲ Διονύσιος εὐλαβηθείς, μή τινες τῶν στρατιωτῶν
ἀποτολμήσωσιν ἐξαρπάζειν τὸν Φύτωνα, παυσάμε-
νος τῆς τιμωρίας κατεπόντισε τὸν ἀτυχῆ μετὰ τῆς
5 συγγενείας. οὗτος μὲν οὖν ἀναξίως τῆς ἀρετῆς
ἐκνόμοις περιέπεσε τιμωρίαις, καὶ πολλοὺς ἔσχε
καὶ τότε τῶν Ἑλλήνων τοὺς ἀλγήσαντας τὴν συμ-
φορὰν καὶ μετὰ ταῦτα ποιητὰς τοὺς θρηνήσαντας
τὸ τῆς περιπετείας ἐλεεινόν.

113. Καθ᾽ ὃν δὲ καιρὸν μάλιστα Ῥήγιον ἐπο-
λιόρκει Διονύσιος, οἱ κατοικοῦντες τὰ πέραν τῶν
Ἄλπεων Κελτοὶ τὰ στενὰ διελθόντες μεγάλαις
δυνάμεσι κατελάβοντο τὴν μεταξὺ χώραν τοῦ τε
Ἀπεννίνου καὶ τῶν Ἄλπεων ὀρῶν, ἐκβάλλοντες
2 τοὺς κατοικοῦντας Τυρρηνούς.[1] τούτους δ᾽ ἔνιοί
φασιν ἀπὸ τῶν ἐν Τυρρηνίᾳ δώδεκα πόλεων ἀπ-
οικισθῆναι· τινὲς δέ φασι Πελασγοὺς πρὸ τῶν
Τρωικῶν ἐκ Θετταλίας φυγόντας τὸν ἐπὶ Δευκα-
λίωνος γενόμενον κατακλυσμὸν ἐν τούτῳ τῷ τόπῳ
3 κατοικῆσαι. τῶν οὖν Κελτῶν κατ᾽ ἔθνη διελο-
μένων τὴν χώραν, οἱ καλούμενοι Σέννωνες ἔτυχον
λαβόντες τὸν πορρωτάτω κείμενον τόπον[2] τῶν ὀρῶν
παρὰ θάλατταν. ὄντος δ᾽ αὐτοῦ καυματώδους,
δυσθετοῦντες ἔσπευδον μετοικῆσαι, καὶ τοὺς νεω-

Τυρρηνοὺς deleted by Vogel.
[2] τόπον Cluver : λόφον.

he preserved his spirit undaunted and cried out that 387 b.c.
he was punished because he would not betray the city
to Dionysius, and that heaven would soon visit such
punishment upon Dionysius himself. The courage
of the man aroused sympathy even among the soldiers
of Dionysius, and some of them began to protest.
Dionysius, fearing that some of the soldiers might
make bold to snatch Phyton out of his hands, ceased
to punish him and drowned the unfortunate man at
sea together with his near of kin. So this man
suffered monstrous tortures unworthy of his merits.
He won many of the Greeks to grieve for him at the
time and many poets to lament the sad story of his
reversal of fortune thereafter.

113. At the time that Dionysius was besieging
Rhegium, the Celts [1] who had their homes in the
regions beyond the Alps streamed through the passes
in great strength and seized the territory that lay
between the Apennine mountains and the Alps, ex-
pelling the Tyrrhenians who dwelt there. These,
according to some, were colonists from the twelve
cities of Tyrrhenia ; but others state that before the
Trojan War Pelasgians fled from Thessaly to escape
the flood of Deucalion's time and settled in this
region. Now it happened, when the Celts divided up
the territory by tribes, that those known as the Sen-
nones received the area which lay farthest from the
mountains and along the sea. But since this region
was scorching hot, they were distressed and eager
to move ; hence they armed their younger men and

[1] There are two other extended descriptions of the Gallic
invasion of Rome, in Livy, 5. 34-49 and in Plutarch, *Camillus*,
16-29. The account by Diodorus is by far the most reliable
(cp. Beloch, *Römische Geschichte*, pp. 311 ff. ; Schwegler-
Baur, 3, pp. 234 ff.).

DIODORUS OF SICILY

τέρους καθοπλίσαντες ἀπέστειλαν ζητεῖν χώραν, ἐν
ᾗ κατοικήσουσιν. εἰσβαλόντες οὖν εἰς Τυρρηνίαν
καὶ τὸν ἀριθμὸν ὄντες περὶ τρισμυρίους τὴν τῶν
Κλουσίνων χώραν ἐπόρθουν.

4 Καθ' ὃν δὴ χρόνον ὁ δῆμος ὁ τῶν Ῥωμαίων
πρέσβεις ἀπέστειλεν εἰς Τυρρηνίαν τοὺς κατασκε-
ψομένους τὴν στρατιὰν τῶν Κελτῶν. παραγενό-
μενοι δὲ οἱ πρέσβεις εἰς Κλούσιον καὶ θεωρήσαντες
παράταξιν γενομένην, ἀνδρειότεροι μᾶλλον ἢ φρο-
νιμώτεροι γενηθέντες παρετάξαντο τοῖς Κλουσίνοις
5 πρὸς τοὺς πολιορκοῦντας. εὐημερήσαντος δὲ θα-
τέρου τῶν πρεσβευτῶν καί τινα τῶν ἐνδοξοτέρων
ἐπάρχων ἀποκτείναντος, γνόντες οἱ Κελτοὶ τὸ
γεγονὸς εἰς Ῥώμην πρέσβεις ἀπέστειλαν τοὺς
ἐξαιτήσοντας τὸν πρεσβευτὴν τὸν ἀδίκου πολέμου
6 προκαταρξάμενον. ἡ δὲ γερουσία τὸ μὲν πρῶτον
ἔπειθε τοὺς πρεσβευτὰς τῶν Κελτῶν χρήματα λα-
βεῖν περὶ τῶν ἠδικημένων· ὡς δ' οὐ προσεῖχον,
ἐψηφίσαντο παραδοῦναι τὸν κατηγορούμενον. ὁ
δὲ πατὴρ τοῦ μέλλοντος παραδίδοσθαι, τῶν χιλι-
άρχων εἷς ὢν τῶν τὴν ὑπατικὴν ἐξουσίαν ἐχόντων,
προεκαλέσατο τὴν δίκην ἐπὶ τὸν δῆμον, καὶ δυνατὸς
ὢν ἐπὶ τοῖς πλήθεσιν ἔπεισεν ἄκυρον ποιῆσαι τὴν
7 κρίσιν τῆς συγκλήτου. ὁ μὲν οὖν δῆμος ἐν[1] τοῖς
ἔμπροσθεν χρόνοις πάντα πειθόμενος τῇ γερουσίᾳ,
τότε πρῶτον ἤρξατο διαλύειν τὸ κριθὲν ὑπὸ τῆς
συγκλήτου.

114. Οἱ δὲ τῶν Κελτῶν πρέσβεις παραγενη-
θέντες εἰς τὸ σφέτερον στρατόπεδον ἀπήγγειλαν
τὴν τῶν Ῥωμαίων ἀπόκρισιν. ἐφ' ᾗ μεγάλως
ἀγανακτήσαντες, καὶ προσλαβόμενοι παρὰ τῶν
ὁμοεθνῶν δύναμιν, ἐπ' αὐτὴν ἠπείγοντο τὴν Ῥώμην,

sent them out to seek a territory where they might 387 B.C. settle. Now they invaded Tyrrhenia, and being in number some thirty thousand they sacked the territory of the Clusini.

At this very time the Roman people sent ambassadors [1] into Tyrrhenia to spy out the army of the Celts. The ambassadors arrived at Clusium, and when they saw that a battle had been joined, with more valour than wisdom they joined the men of Clusium against their besiegers, and one [2] of the ambassadors was successful in killing a rather important commander. When the Celts learned of this, they dispatched ambassadors to Rome to demand the person of the envoy who had thus commenced an unjust war. The senate at first sought to persuade the envoys of the Celts to accept money in satisfaction of the injury, but when they would not consider this, it voted to surrender the accused. But the father of the man to be surrendered, who was also one of the military tribunes with consular power, appealed the judgement to the people,[3] and since he was a man of influence among the masses, he persuaded them to void the decision of the senate. Now in the times previous to this the people had followed the senate in all matters ; with this occasion they first began to rescind decisions of that body.

114. The ambassadors of the Celts returned to their camp and reported the reply of the Romans. At this they were greatly angered and, adding an army from their fellow tribesmen, they marched swiftly upon

[1] Three, all of the Fabian gens.
[2] Quintus Fabius Ambustus.
[3] An instance of the famous *provocatio ad populum*.

---

[1] ἐν added by Hertlein.

ὄντες πλείους τῶν ἑπτακισμυρίων. οἱ δὲ χιλίαρχοι
τῶν Ῥωμαίων ἐπὶ τῆς ἰδίας ἐξουσίας ὄντες, καὶ
τὴν τῶν Κελτῶν ἔφοδον ἀκούοντες, ἅπαντας τοὺς
2 ἐν ἡλικίᾳ καθώπλισαν. ἐξελθόντες δὲ πανδημεὶ
καὶ διαβάντες τὸν Τίβεριν παρὰ τὸν ποταμὸν ἤγα-
γον τὴν δύναμιν σταδίους ὀγδοήκοντα, καὶ τῶν
Γαλατῶν ἀπαγγελλομένων προσιέναι διέταττον τὸ
3 στρατόπεδον. τοὺς μὲν οὖν ἀνδρειοτάτους δισμυ-
ρίους καὶ τετρακισχιλίους ἀπὸ τοῦ ποταμοῦ μέχρι
τῶν λόφων διέταξαν, ἐπὶ δὲ τῶν ὑψηλοτάτων
λόφων τοὺς ἀσθενεστάτους ἔστησαν. οἱ δὲ Κελτοί,
μακρὰν τὴν φάλαγγα παρεκτείνοντες, εἴτε κατὰ
τύχην εἴτε κατὰ πρόνοιαν τοὺς ἀρίστους ἔστησαν
4 ἐπὶ τῶν λόφων. ἅμα δ' αἱ[1] σάλπιγγες παρ' ἀμφο-
τέροις ἐσήμαινον καὶ τὰ στρατόπεδα συνῄεσαν εἰς
μάχην μετὰ πολλῆς κραυγῆς. οἱ δ' ἐπίλεκτοι τῶν
Κελτῶν ἀντιτεταγμένοι τοῖς ἀσθενεστάτοις τῶν
Ῥωμαίων ῥᾳδίως αὐτοὺς ἀπὸ τῶν λόφων ἐτρέ-
5 ψαντο. διόπερ τούτων ἀθρόων[2] φευγόντων πρὸς
τοὺς ἐν τῷ πεδίῳ Ῥωμαίους, αἵ τε τάξεις ἐπετα-
ράττοντο καὶ τῶν Κελτῶν ἐπικειμένων καταπλα-
γέντες ἔφευγον. τῶν δὲ πλείστων παρὰ τὸν
ποταμὸν ὁρμησάντων καὶ διὰ τὴν ταραχὴν ἀλλήλοις
ἐμπιπτόντων, οὐχ ὑστέρουν[3] οἱ Κελτοὶ τοὺς ἐσχά-
τους ἀεὶ φονεύοντες· διὸ καὶ τὸ πεδίον ἅπαν νεκρῶν
6 κατεστρώθη. τῶν δὲ φευγόντων ἐπὶ τὸν ποταμὸν
οἱ μὲν ἀνδρειότατοι μετὰ τῶν ὅπλων διενήχοντο,
τὴν πανοπλίαν ἐν ἴσῳ καὶ τὴν ψυχὴν προτιμῶντες·
σφοδροῦ δὲ τοῦ ῥεύματος ὄντος, τινὲς μὲν ὑπὸ τοῦ

Rome itself, numbering more than seventy thousand
men. The military tribunes of the Romans, exercising
their special power, when they heard of the advance
of the Celts, armed all the men of military age. They
then marched out in full force and, crossing the Tiber,[1]
led their troops for eighty stades along the river;
and at news of the approach of the Galatians they
drew up the army for battle. Their best troops, to
the number of twenty-four thousand, they set in a
line from the river as far as the hills and on the highest
hills they stationed the weakest. The Celts deployed
their troops in a long line and, whether by fortune
or design, stationed their choicest troops on the hills.
The trumpets on both sides sounded the charge at the
same time and the armies joined in battle with great
clamour. The élite troops of the Celts, who were
opposed to the weakest soldiers of the Romans, easily
drove them from the hills. Consequently, as these
fled in masses to the Romans on the plain, the ranks
were thrown into confusion and fled in dismay before
the attack of the Celts. Since the bulk of the Romans
fled along the river and impeded one another by
reason of their disorder, the Celts were not behind-
hand in slaying again and again those who were last
in line. Hence the entire plain was strewn with dead.
Of the men who fled to the river the bravest attempted
to swim across with their arms, prizing their armour
as highly as their lives; but since the stream ran
strong, some of them were borne down to their death

---

[1] Diodorus is the only ancient writer who places this battle
of the Allia on the right, and not the left, bank of the
Tiber.

---

[1] δ' αἱ Dindorf: δέ.   [2] So Dindorf: ἀθρόως.
          [3] ὑστέρουν Reiske: ὑπηρέτουν.

βάρους τῶν ὅπλων καταδυόμενοι διεφθείροντο,
τινὲς δὲ μετὰ πολλῆς κακοπαθείας ἐφ' ἱκανὸν διά-
7 στημα παρενεχθέντες μόγις ἐσώθησαν. ἐπικει-
μένων δὲ τῶν πολεμίων καὶ παρὰ τὸν ποταμὸν
πολλοὺς ἀναιρούντων, οἱ πλεῖστοι τῶν ὑπολειπο-
μένων ῥιπτοῦντες τὰ ὅπλα διενήχοντο τὸν Τίβεριν.
115. Οἱ δὲ Κελτοί, πολλοὺς καὶ παρ' αὐτὸν τὸν
ποταμὸν ἀνηρηκότες, οὐδ' οὕτως ἀφίσταντο τῆς
φιλοτιμίας, ἀλλ' ἐπὶ τοὺς διανηχομένους ἠκόντιζον.
καὶ πολλῶν βελῶν ἀφιεμένων εἰς ἀθρόους τοὺς ἐν
τῷ ποταμῷ, συνέβαινε μὴ διαμαρτάνειν τοὺς βάλ-
λοντας. ὅθεν οἱ μὲν καιρίαις περιπεσόντες πληγαῖς
εὐθέως ἐτελεύτων, οἱ δὲ κατατραυματιζόμενοι καὶ
διὰ τὴν περὶ τὸ αἷμα ῥύσιν καὶ σφοδρότητα τοῦ
2 ῥεύματος ἐκλυόμενοι παρεφέροντο. τοιαύτης δὲ
συμφορᾶς γενομένης περὶ τοὺς Ῥωμαίους, οἱ μὲν
πλεῖστοι τῶν διασωθέντων πόλιν Βηίους κατελά-
βοντο, προσφάτως ὑφ' ἑαυτῶν κατεσκαμμένην,[1]
καὶ τόν τε τόπον ὠχύρουν κατὰ τὸ δυνατὸν καὶ
τοὺς ἐκ τῆς φυγῆς σωζομένους ἀνελάμβανον· ὀλίγοι
δὲ τῶν διανηξαμένων ἄνοπλοι φυγόντες εἰς Ῥώμην
ἀπήγγειλαν πάντας ἀπολωλέναι. τηλικούτων δ'
ἀτυχημάτων ἠγγελμένων[2] τοῖς ἐν τῇ πόλει κατα-
3 λελειμμένοις εἰς ἀπορίαν ἅπαντες ἐνέπιπτον· ἀνθ-
ίστασθαι μὲν γὰρ ἀδύνατον εἶναι διελάμβανον,
ἁπάντων τῶν νέων ἀπολωλότων, φεύγειν δὲ μετὰ
τέκνων καὶ γυναικῶν ἐπικίνδυνον ἦν λίαν, τῶν
πολεμίων ἐγγὺς ὑπαρχόντων. πολλοὶ μὲν οὖν τῶν
ἰδιωτῶν πανοίκιοι πρὸς τὰς ἀστυγείτονας πόλεις
ἔφευγον, οἱ δ' ἄρχοντες τῆς πόλεως παραθαρσύ-
νοντες τὰ πλήθη προσέταττον ταχέως ἐπὶ τὸ Κα-
πετώλιον τόν τε σῖτον καὶ τὰ λοιπὰ τῶν ἀναγκαίων

by the weight of the arms, and some, after being 387 B.C.
carried along for some distance, finally and after great
effort got off safe. But since the enemy pressed them
hard and was making a great slaughter along the
river, most of the survivors threw away their arms and
swam across the Tiber.

115. The Celts, though they had slain great
numbers on the bank of the river, nevertheless did
not desist from the zest for glory but showered
javelins upon the swimmers ; and since many missiles
were hurled and men were massed in the river, those
who threw did not miss their mark. So it was that
some died at once from mortal blows, and others,
who were wounded only, were carried off unconscious
because of loss of blood and the swift current. When
such disaster befell, the greater part of the Romans
who escaped occupied the city of Veii, which had
lately been razed by them, fortified the place as well
as they could, and received the survivors of the rout.
A few of those who had swum the river fled without
their arms to Rome and reported that the whole army
had perished. When word of such misfortunes as
we have described was brought to those who had been
left behind in the city, everyone fell into despair ;
for they saw no possibility of resistance, now that all
their youth had perished, and to flee with their chil-
dren and wives was fraught with the greatest danger
since the enemy were close at hand. Now many
private citizens fled with their households to neigh-
bouring cities, but the city magistrates, encouraging
the populace, issued orders for them to bring speedily
to the Capitoline grain and every other necessity.

---

[1] So Rhodoman : κατεσκευασμένην.
[2] So Dindorf, γενομένων P, γεγενημένων cet.

4 ἀποκομίζειν. οὗ γενηθέντος ἔγεμεν ἥ τ' ἀκρόπολις
καὶ τὸ Καπετώλιον[1] χωρὶς τῶν εἰς τροφὴν ἀν-
ηκόντων ἀργυρίου τε καὶ χρυσίου καὶ τῆς πολυ-
τελεστάτης ἐσθῆτος, ὡς ἂν ἐξ ὅλης τῆς πόλεως εἰς
ἕνα τόπον τῶν ἀγαθῶν συνηθροισμένων. οὗτοι
μὲν οὖν τὰ δυνατὰ τῶν χρημάτων μετεκόμιζον καὶ
τὸν προειρημένον τόπον ὠχύρουν, ἀναστροφὴν ἔχον-
5 τες τρεῖς ἡμέρας. οἱ γὰρ Κελτοὶ τὴν μὲν πρώτην
ἡμέραν διετέλεσαν ἀποκόπτοντες[2] τὰς κεφαλὰς τῶν
τετελευτηκότων κατὰ τὸ πάτριον ἔθος· τὰς δὲ δύο
παρὰ τὴν πόλιν στρατοπεδεύοντες, καὶ τὰ μὲν τείχη
θεωροῦντες ἔρημα, κραυγὴν δὲ αἰσθόμενοι γινο-
μένην, ἣν ἐποίουν οἱ τὰ χρησιμώτατα μεταφέροντες
εἰς τὴν ἀκρόπολιν, ὑπελάμβανον ἐνεδρεύειν ἑαυτοῖς
6 τοὺς Ῥωμαίους. τῇ τετάρτῃ δ' ἡμέρᾳ γνόντες τὴν
ἀλήθειαν, τάς τε πύλας ἐξέκοψαν καὶ τὴν πόλιν
ἐλυμαίνοντο, χωρὶς ὀλίγων οἰκιῶν ἐν τῷ Παλατίῳ.
μετὰ δὲ ταῦτα προσβολὰς ποιούμενοι καθ' ἡμέραν
πρὸς ὀχυροὺς τόπους, οὐθὲν μὲν ἀξιόλογον ἔβλαπτον
τοὺς ὑπεναντίους, ἑαυτῶν δὲ πολλοὺς ἀπέβαλλον·
ὅμως δ'[3] οὐκ ἀφίσταντο τῆς φιλοτιμίας, ἐλπίζοντες,
ἐὰν μὴ βίᾳ κρατήσωσι, τῷ γε χρόνῳ πάντως τῶν
ἀναγκαίων ἐκλιπόντων καταπονήσειν.

116. Τῶν δὲ Ῥωμαίων ἐν τοιαύταις ταραχαῖς
ὄντων, οἱ παροικοῦντες Τυρρηνοὶ μετὰ δυνάμεως
ἁδρᾶς ἐπεπορεύοντο τὴν τῶν Ῥωμαίων χώραν
λεηλατοῦντες, καὶ πολλῶν μὲν σωμάτων, οὐκ ὀλίγης
δ' ὠφελείας ἐγκρατεῖς ἐγένοντο. οἱ δ' εἰς τοὺς
Βηίους τῶν Ῥωμαίων πεφευγότες ἀπροσδοκήτως
τοῖς Τυρρηνοῖς ἐπιπεσόντες ἔτρεψαντο, καὶ τὴν τε

---

[1] τ' and καὶ τὸ Καπετώλιον deleted by Vogel.
[2] So Reiske : ἀνακόπτοντες.

When this had been done, both the acropolis and 387 B.C.
the Capitoline were stored not only with supplies
of food but with silver and gold and the costliest
raiment, since the precious possessions had been
gathered from over the whole city into one place.
They gathered such valuables as they could and forti-
fied the place we have mentioned during a respite
of three days. For the Celts spent the first day
cutting off, according to their custom, the heads of
the dead.[1] And for two days they lay encamped
before the city, for when they saw the walls deserted
and yet heard the noise made by those who were
transferring their most useful possessions to the acro-
polis, they suspected that the Romans were planning
a trap for them. But on the fourth day, after they
had learned the true state of affairs, they broke down
the gates and pillaged the city except for a few
dwellings on the Palatine. After this they delivered
daily assaults on strong positions, without, however,
inflicting any serious hurt upon their opponents and
with the loss of many of their own troops. Neverthe-
less, they did not relax their ardour, expecting that,
even if they did not conquer by force, they would
wear down the enemy in the course of time, when
the necessities of life had entirely given out.

116. While the Romans were in such throes, the
neighbouring Tyrrhenians advanced and made a raid
with a strong army on the territory of the Romans,
capturing many prisoners and not a small amount
of booty. But the Romans who had fled to Veii,
falling unexpectedly upon the Tyrrhenians, put them

[1] Cp. Book 5. 29. 4-5.

---

[3] οὖν after δ' deleted by Dindorf.

λείαν ἀφείλαντο καὶ τῆς παρεμβολῆς ἐκυρίευσαν.
2 ἐγκρατεῖς δὲ γενόμενοι πολλῶν ὅπλων τοῖς τε ἀν-
όπλοις οὖσι διέδωκαν καὶ τοὺς ἀπὸ τῆς χώρας
ἀθροίζοντες καθώπλιζον· ἐβούλοντο γὰρ τοὺς εἰς τὸ
Καπετώλιον συμπεφευγότας ἐκ τῆς πολιορκίας
3 ἐξελέσθαι. ἀπορούντων δ' αὐτῶν ᾧ τρόπῳ δηλώ-
σειαν τοῖς συγκεκλειμένοις διὰ τὸ τοὺς Κελτοὺς
μεγάλαις δυνάμεσι περιστρατοπεδεύειν, Κομίνιός
τις Πόντιος ὑπέσχετο παραθαρρύνειν τοὺς ἐν τῷ
4 Καπετωλίῳ. ὁρμήσας οὖν μόνος καὶ διανηξάμενος
νυκτὸς τὸν ποταμόν, ἔλαθε προσελθών τινα πέτραν
τοῦ Καπετωλίου δύσβατον, καὶ ταύτῃ μόγις ἑαυτὸν
ἑλκύσας ἐδήλωσε τοῖς ἐν τῷ Καπετωλίῳ περὶ τῶν
συνηθροισμένων εἰς Βηίους καὶ διότι καιρὸν τηρή-
σαντες ἐπιθήσονται τοῖς Κελτοῖς. οὗτος μὲν οὖν
καταβὰς ᾗπερ ἀνέβη καὶ διακολυμβήσας τὸν Τί-
5 βεριν, εἰς Βηίους ἀνέστρεψεν· οἱ δὲ Κελτοὶ κατα-
νοήσαντες τὰ ἴχνη τοῦ προσφάτως ἀναβεβηκότος,
συνετάξαντο κατὰ τῆς αὐτῆς πέτρας ἀναβῆναι
νυκτός. διὸ καὶ περὶ μέσας νύκτας οἱ μὲν φύλακες
παρερραθυμηκότες ἦσαν τῆς φυλακῆς διὰ τὴν
ὀχυρότητα τοῦ τόπου, τῶν δὲ Κελτῶν τινες κατὰ
6 τῆς πέτρας προσανέβησαν. τοὺς μὲν οὖν φύλακας
ἔλαθον, χῆνες δ' ἱεροὶ τῆς Ἥρας τρεφόμενοι καὶ
θεωρήσαντες ἀναβαίνοντας κραυγὴν ἐποίουν. συν-
δραμόντων δὲ τῶν φυλάκων ἐπὶ τὸν τόπον, οὗτοι
μὲν καταπλαγέντες οὐκ ἐτόλμων προσελθεῖν, Μάρ-
κος δέ τις Μάλλιος, ἔνδοξος ἀνήρ, ἐκβοηθήσας[1]
ἐπὶ τὸν τόπον τῷ μὲν ξίφει τὴν χεῖρα τοῦ προσανα-
βαίνοντος ἀπέκοψε, τῷ δὲ θυρεῷ πατάξας εἰς τὸ
7 στῆθος ἀπεκύλισεν αὐτὸν ἀπὸ τῆς πέτρας. παρα-
πλησίως δὲ καὶ τοῦ δευτέρου προσαναβαίνοντος

to flight, took back the booty, and captured their 387 B.C.
camp. Having got possession of arms in abundance,
they distributed them among the unarmed, and they
also gathered men from the countryside and armed
them, since they intended to relieve the siege of the
soldiers who had taken refuge on the Capitoline.
While they were at a loss how they might reveal their
plans to the besieged, since the Celts had surrounded
them with strong forces, a certain Cominius Pontius
undertook to get the cheerful news to the men on the
Capitoline. Starting out alone and swimming the
river by night, he got unseen to a cliff of the Capitoline
that was hard to climb and, hauling himself up it with
difficulty, told the soldiers on the Capitoline about
the troops that had been collected in Veii and how
they were watching for an opportunity and would
attack the Celts. Then, descending by the way he
had mounted and swimming the Tiber, he returned
to Veii. The Celts, when they observed the tracks
of one who had recently climbed up, made plans to
ascend at night by the same cliff. Consequently
about the middle of the night, while the guards were
neglectful of their watch because of the strength of
the place, some Celts started an ascent of the cliff.
They escaped detection by the guards, but the sacred
geese of Hera, which were kept there, noticed the
climbers and set up a cackling. The guards rushed
to the place and the Celts deterred did not dare
proceed farther. A certain Marcus Mallius, a man
held in high esteem, rushing to the defence of the
place, cut off the hand of the climber with his sword
and, striking him on the breast with his shield, rolled
him from the cliff. In like manner the second climber

---

[1] So Stephanus : ἐκβοήσας.

ἀπολομένου, οἱ λοιποὶ ταχέως πάντες ἔφυγον·
ἀπορρῶγος δὲ τῆς πέτρας οὔσης ἅπαντες κατα-
κρημνισθέντες ἐτελεύτησαν. διόπερ πρεσβευο-
μένων τῶν Ῥωμαίων περὶ διαλύσεως, ἐπείσθησαν
χιλίας λαβόντες λίτρας χρυσίου τὴν πόλιν ἐκλιπεῖν
καὶ ἐκ τῆς Ῥωμαίων χώρας ἀπαλλαγῆναι.

8 Ῥωμαῖοι δέ, τῶν μὲν οἰκιῶν κατεσκαμμένων, τῶν
δὲ πλείστων πολιτῶν ἀπολωλότων, ἔδωκαν ἐξου-
σίαν τῷ βουλομένῳ καθ᾽ ὃν προῄρηται τόπον
οἰκίαν οἰκοδομεῖν, καὶ δημοσίας κεραμῖδας ἐχορή-
9 γουν, αἳ μέχρι τοῦ νῦν πολιτικαὶ καλοῦνται. ἁπάν-
των οὖν πρὸς τὴν ἰδίαν προαίρεσιν οἰκοδομούντων,
συνέβη τὰς κατὰ πόλιν ὁδοὺς στενὰς γενέσθαι καὶ
καμπὰς ἐχούσας· διόπερ ὕστερον αὐξηθέντες οὐκ
ἠδυνήθησαν εὐθείας ποιῆσαι τὰς ὁδούς. λέγουσι
δέ τινες καὶ διότι τὸν χρυσοῦν κόσμον αἱ γυναῖκες
εἰς τὴν κοινὴν σωτηρίαν εἰσενέγκασαι ταύτης
ἔτυχον παρὰ τοῦ δήμου τιμῆς, ὥστ᾽ ἐξουσίαν ἔχειν
ἐφ᾽ ἁρμάτων ὀχεῖσθαι κατὰ τὴν πόλιν.

117. Ταπεινῶν δ᾽ ὄντων τῶν Ῥωμαίων διὰ τὴν
προειρημένην συμφοράν, οἱ Οὐόλσκοι πρὸς αὐτοὺς
πόλεμον ἐξήνεγκαν. οἱ μὲν οὖν χιλίαρχοι τῶν
Ῥωμαίων καταγράψαντες στρατιώτας, καὶ προαγα-
γόντες τὴν δύναμιν εἰς ὕπαιθρον, ἐν τῷ καλου-
μένῳ Μαρκίῳ κατεστρατοπέδευσαν, ἀπέχοντες ἀπὸ
2 Ῥώμης σταδίους διακοσίους. τῶν δὲ Οὐόλσκων
μετὰ μείζονος στρατιᾶς ἀντικαθημένων καὶ τῇ
παρεμβολῇ προσβαλλόντων, οἱ κατὰ τὴν Ῥώμην
φοβηθέντες ὑπὲρ τῶν ἐν τῷ στρατοπέδῳ, κατέστη-
3 σαν αὐτοκράτορα μὲν Μάρκον Φούριον . . . οὗτοι

---

[1] The famous Marcus Furius Camillus. The name of his

met his death, whereupon the rest all quickly turned _{387 B.C.} in flight. But since the cliff was precipitous they were all hurled headlong and perished. As a result of this, when the Romans sent ambassadors to negotiate a peace, they were persuaded, upon receipt of one thousand pounds of gold, to leave the city and to withdraw from Roman territory.

The Romans, now that their houses had been razed to the ground and the majority of their citizens slain, gave permission to anyone who wished to build a home in any place he chose, and supplied him at state expense with roof-tiles ; and up to the present time these are known as " public tiles." Since every man naturally built his home where it suited his fancy, the result was that the streets of the city were narrow and crooked ; consequently, when the population increased in later days, it was impossible to straighten the streets. Some also say that the Roman matrons, because they contributed their gold ornaments to the common safety, received from the people as a reward the right to ride through the city in chariots.

117. While the Romans were in a weakened condition because of the misfortune we have described, the Volscians went to war against them. Accordingly the Roman military tribunes enrolled soldiers, took the field with their army, and pitched camp on the Campus Martius, as it is called, two hundred stades distant from Rome. Since the Volscians lay over against them with a larger force and were assaulting the camp, the citizens in Rome, fearing for the safety of those in the encampment, appointed Marcus Furius dictator.[1] . . . These armed all the men of military

master of horse, C. Servilius Ahala (Livy, 6. 2. 5-6), has slipped from the text.

δὲ πάντας τοὺς ἐν ἡλικίᾳ καθοπλίσαντες νυκτὸς
ἐξῆλθον, καὶ καταλαβόντες ἅμ' ἡμέρᾳ τοὺς Οὐόλ-
σκους τῇ παρεμβολῇ προσμαχομένους, ἐπιφανέντες
κατὰ νώτου ῥᾳδίως ἐτρέψαντο. ἐξελθόντων δὲ καὶ
τῶν ἐκ τῆς παρεμβολῆς, εἰς μέσον ἀποληφθέντες
οἱ Οὐόλσκοι σχεδὸν ἅπαντες κατεκόπησαν. διόπερ
τὸν ἔμπροσθεν χρόνον ἰσχυροὶ δοκοῦντες εἶναι διὰ
τὴν συμφορὰν ταύτην ἀσθενέστατοι τῶν περι-
οικούντων ἐθνῶν ἐγενήθησαν.

4 Μετὰ δὲ τὴν μάχην ἀκούσας ὁ αὐτοκράτωρ πορ-
θεῖσθαι Βώλας[1] ὑπὸ Αἰκουλανῶν, τῶν νῦν Αἰκίκλων
καλουμένων, ἀγαγὼν τὴν δύναμιν τοὺς πλείστους
τῶν πολιορκούντων ἀνεῖλεν. ἐκεῖθεν δ' ἀνέζευξεν
εἰς Σουτριανήν, οὖσαν ἀποικίαν, ἣν οἱ Τυρρηνοὶ
βίᾳ κατειλήφεισαν. προσπεσὼν οὖν ἄφνω τοῖς
Τυρρηνοῖς πολλοὺς μὲν αὐτῶν ἀνεῖλε, τὴν δὲ πόλιν
ἀνέσωσε τοῖς Σουτριαίοις.

5 Τῶν δ' ἀπεληλυθότων Γαλατῶν ἀπὸ Ῥώμης
Οὐεάσκιον τὴν πόλιν σύμμαχον οὖσαν Ῥωμαίων
πορθούντων, ἐπιθέμενος αὐτοῖς ὁ αὐτοκράτωρ καὶ
τοὺς πλείστους ἀποκτείνας τῆς ἀποσκευῆς πάσης
ἐκυρίευσεν, ἐν ᾗ καὶ τὸ χρυσίον ἦν ὃ εἰλήφεισαν
εἰς Ῥώμην[2] καὶ σχεδὸν ἅπαντα τὰ διηρπασμένα
6 κατὰ τὴν τῆς πόλεως ἅλωσιν. τοσαῦτα δὲ διαπρα-
ξάμενος διὰ τὸν φθόνον τῶν δημάρχων ἐκωλύθη
θρίαμβον καταγαγεῖν. ἔνιοι δέ φασιν αὐτὸν ἀπὸ
Τούσκων θρίαμβον ἀγαγεῖν ἐπὶ λευκοῦ τεθρίππου,
καὶ διὰ τοῦτο δυσὶν ὕστερον ἔτεσιν ὑπὸ τοῦ δήμου

---

[1] πόλιν after Βώλας deleted by Vogel.

age and marched out during the night. At day-break 387 B.C.
they caught the Volscians as they were assaulting
the camp, and appearing on their rear easily put
them to flight. When the troops in the camp then
sallied forth, the Volscians were caught in the middle
and cut down almost to a man. Thus a people that
passed for powerful in former days was by this
disaster reduced to the weakest among the neigh-
bouring tribes.

After the battle the dictator, on hearing that Bola
was being besieged by the Aeculani,[1] who are now
called the Aequicoli, led forth his troops and slew
most of the besieging army. From here he marched
to the territory of Sutrium, a Roman colony, which
the Tyrrhenians had forcibly occupied. Falling unex-
pectedly upon the Tyrrhenians, he slew many of them
and recovered the city for the people of Sutrium.

The Gauls on their way from Rome laid siege to
the city of Veascium which was an ally of the Romans.
The dictator attacked them, slew the larger number
of them, and got possession of all their baggage,
included in which was the gold which they had re-
ceived for Rome and practically all the booty which
they had gathered in the seizure of the city. Despite
the accomplishment of such great deeds, envy on
the part of the tribunes prevented his celebrating a
triumph. There are some, however, who state that
he celebrated a triumph for his victory over the
Tuscans in a chariot drawn by four white horses, for
which the people two years later fined him a large

---

[1] Otherwise the Aequi.

[2] ὃ εἰλήφεισαν εἰς ῾Ρώμην deleted by Vogel; Dindorf
deletes εἰς ῾Ρώμην; Post suggests εἰς ῾Ρώμης λύτρωσιν.

πολλοῖς χρήμασι καταδικασθῆναι· περὶ οὗ κατὰ
7 τοὺς οἰκείους χρόνους ἐπιμνησθησόμεθα. οἱ δ᾽ εἰς
τὴν Ἰαπυγίαν τῶν Κελτῶν ἐληλυθότες ἀνέστρεψαν
διὰ τῆς τῶν Ῥωμαίων χώρας· καὶ μετ᾽ ὀλίγον ὑπὸ
Κερίων ἐπιβουλευθέντες νυκτὸς ἅπαντες κατεκό-
πησαν ἐν τῷ Τραυσίῳ πεδίῳ.
8   Καλλισθένης δ᾽ ὁ ἱστοριογράφος[1] ἀπὸ τῆς κατὰ
τοῦτον τὸν ἐνιαυτὸν γενομένης εἰρήνης τοῖς Ἕλλησι
πρὸς Ἀρταξέρξην τὸν τῶν Περσῶν βασιλέα τὴν
ἱστορίαν ἦρκται γράφειν· διελθὼν δὲ τριακονταετῆ
χρόνον ἔγραψε μὲν βύβλους δέκα, τὴν δὲ τελευταίαν
κατέπαυσε τῆς συντάξεως εἰς τὴν ὑπὸ τοῦ Φιλο-
μήλου[2] τοῦ Φωκέως κατάληψιν τοῦ ἐν Δελφοῖς
9 ἱεροῦ. ἡμεῖς δ᾽ ἐπεὶ πάρεσμεν ἐπὶ τὴν γενομένην
τοῖς Ἕλλησιν εἰρήνην πρὸς Ἀρταξέρξην καὶ τὸν
τῆς Ῥώμης ὑπὸ Γαλατῶν κίνδυνον, κατὰ τὴν ἐν
ἀρχῇ πρόθεσιν τοῦτο[3] τέλος ποιησόμεθα τῆσδε τῆς
βίβλου.

---

[1] τὴν τῶν Ἑλλήνων σύνταξιν after ἱστοριογράφος deleted by
Dindorf.
[2] So Scaliger : μήλου.   [3] τοῦτο Hertlein : τοῦτο τό.

sum of money.   But we shall recur to this in the 387 B.C.
appropriate period of time.[1]   Those Celts who had
passed into Iapygia turned back through the terri-
tory of the Romans ; but soon thereafter the Cerii
made a crafty attack on them by night and cut all
of them to pieces in the Trausian Plain.

The historian Callisthenes [2] began his history with
the peace of this year between the Greeks and
Artaxerxes, the King of the Persians.   His account
embraced a period of thirty years in ten Books and
he closed the last Book of his history with the seizure
of the Temple of Delphi by Philomelus the Phocian.
But for our part, since we have arrived at the peace
between the Greeks and Artaxerxes, and at the
threat to Rome offered by the Gauls, we shall make
this the end of this Book, as we proposed at the
beginning.[3]

[1] There is no later mention of this story.

[2] Callisthenes of Olynthus was better known for his history
of Alexander the Great, whom he accompanied on his cam-
paign until he lost the king's favour and was executed shortly
after 327 B.C.   [3] Cp. chap. 2. 4.

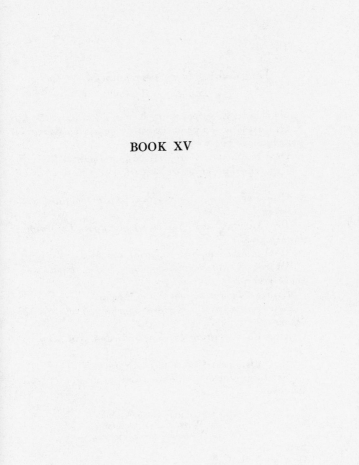

BOOK XV

Τάδε ἔνεστιν ἐν τῇ πεντεκαιδεκάτῃ τῶν
Διοδώρου βίβλων

Ὡς Πέρσαι Εὐαγόραν ἐν τῇ Κύπρῳ διεπολέμησαν.

Ὡς Λακεδαιμόνιοι παρὰ τὰς κοινὰς ὁμολογίας Μαντινεῖς
μετῴκισαν ἐκ τῆς πατρίδος.

Περὶ τῶν Διονυσίου τοῦ τυράννου ποιημάτων.

Περὶ τῆς Τιριβάζου συλλήψεως καὶ τῆς ἀπολύσεως
αὐτοῦ.

Περὶ τοῦ Γλῶ[1] θανάτου καὶ τῆς Ὀρόντου κατα-
γνώσεως.

Ὡς Ἀμύντας καὶ Λακεδαιμόνιοι πρὸς Ὀλυνθίους[2]
ἐπολέμησαν.

Ὡς Λακεδαιμόνιοι τὴν Καδμείαν κατελάβοντο.

Ὡς τὰς Ἑλληνίδας πόλεις παρὰ τὰς συνθήκας κατ-
εδουλώσαντο.

Κτίσις Φάρου νήσου κατὰ τὸν Ἀδρίαν.

Διονυσίου στρατεία εἰς τὴν Τυρρηνίαν καὶ σύλησις τοῦ
ἱεροῦ.

Στρατεία Διονυσίου ἐπὶ Καρχηδονίους, καὶ νίκη καὶ
ἧττα.

Ὡς Θηβαῖοι τὴν Καδμείαν ἀνεκτήσαντο.[3]

Ὡς Καρχηδόνιοι λοιμικῇ νόσῳ περιπεσόντες ἐκιν-
δύνευσαν.

---

[1] So Wesseling : Γαῶ P, Γαὼ cet.
[2] So Wesseling : Ἀθηναίους.
[3] So Wesseling : ἀπεκτήσαντο.

CONTENTS OF THE FIFTEENTH BOOK
OF DIODORUS

323

Περὶ τοῦ Βοιωτικοῦ πολέμου καὶ τῶν πραχθέντων ἐν αὐτῷ.

Τριβαλλῶν στρατεία ἐπὶ Ἄβδηρα.

Στρατεία Περσῶν ἐπ᾽ Αἴγυπτον.

Ὡς Θηβαῖοι Λακεδαιμονίους ἐπιφανεστάτῃ μάχῃ νικήσαντες ἐν Λεύκτροις ἀντεποιήσαντο τῆς τῶν Ἑλλήνων ἡγεμονίας.

Τὰ πραχθέντα Θηβαίοις κατὰ τὰς εἰς Πελοπόννησον εἰσβολάς.

Περὶ τῆς Ἰφικράτους ἀγωγῆς καὶ τῶν εὑρημένων ὑπ᾽ αὐτοῦ κατὰ τὰς στρατείας.

Στρατεία Λακεδαιμονίων ἐπὶ Κόρκυραν.

Περὶ τοῦ γενομένου σεισμοῦ καὶ κατακλυσμοῦ περὶ τὴν Πελοπόννησον καὶ τῆς φανείσης ἐν οὐρανῷ λαμπάδος.

Ὡς παρὰ τοῖς Ἀργείοις ἐγένετο πολὺς φόνος ὁ κληθεὶς σκυταλισμός.

Περὶ Ἰάσονος τοῦ Φερῶν τυράννου καὶ τῶν διαδόχων αὐτοῦ.

Μεσσήνης συνοικισμὸς ὑπὸ Θηβαίων.

Στρατεία Βοιωτῶν εἰς Θετταλίαν.

BOOK XV

On the Boeotian War and the events connected with it (chaps. 28-35).

The campaign of the Triballi against Abdera (chap. 36).

The campaign of the Persians against Egypt (chaps. 41-43).

How the Thebans defeated the Lacedaemonians in the most famous battle of Leuctra and laid claim to the supremacy of Greece (chaps. 50-56).

The accomplishments of the Thebans during their invasions of the Peloponnesus (chaps, 62-66, 69, 75, 82-88 *passim*).

On the system of training of Iphicrates and his discoveries in the art of war (chap. 44).

The campaign of the Lacedaemonians against Corcyra (chaps. 46-47).

On the earthquake and inundation that took place in the Peloponnesus and the torch that appeared in the heavens (chaps. 48-50).

How there took place among the Argives a great slaughter which was called the reign of club-law (chaps. 57-58).

On Jason, the tyrant of Pherae, and his successors (chaps. 57, 60, 80, 95).

The *synoecismos* of Messenê by the Thebans (chaps. 66-67).

The campaign of the Boeotians against Thessaly (chap. 67).

ΒΙΒΛΟΣ ΠΕΝΤΕΚΑΙΔΕΚΑΤΗ

1. Παρ' ὅλην τὴν πραγματείαν εἰωθότες χρῆσθαι
τῇ συνήθει τῆς ἱστορίας παρρησίᾳ, καὶ τοῖς μὲν
ἀγαθοῖς ἀνδράσιν ἐπὶ τῶν καλῶν ἔργων τὸν δίκαιον
ἐπιλέγειν ἔπαινον, τοὺς δὲ φαύλους, ὅταν ἐξαμαρ-
τάνωσιν, ἀξιοῦν δικαίας ἐπιτιμήσεως, διὰ τοῦ τοιού-
του τρόπου νομίζομεν τοὺς μὲν εὖ πεφυκότας πρὸς
ἀρετὴν τῷ διὰ τῆς δόξης ἀθανατισμῷ προτρέψεσθαι
ταῖς καλλίσταις ἐγχειρεῖν πράξεσι, τοὺς δὲ τὴν
ἐναντίαν ἔχοντας διάθεσιν ταῖς ἁρμοττούσαις βλασ-
φημίαις ἀποτρέψειν τῆς ἐπὶ τὴν κακίαν ὁρμῆς.
2 διὸ καὶ τῇ γραφῇ παρόντες ἐπ' ἐκείνους τοὺς χρό-
νους, ἐν οἷς Λακεδαιμόνιοι περὶ Λεῦκτρα παραδόξως
ἡττηθέντες μεγάλῃ περιέπεσον συμφορᾷ, καὶ πάλιν
περὶ Μαντίνειαν πταίσαντες ἀνελπίστως ἀπέβαλον
τὴν τῶν Ἑλλήνων ἡγεμονίαν, ἡγούμεθα δεῖν τὴν
ὑπόστασιν τῆς γραφῆς διαφυλάττειν καὶ τὴν ἁρμότ-
τουσαν ἐπιτίμησιν τοῖς Λακεδαιμονίοις ποιήσασθαι.
3   Τίς γὰρ ἂν οὐχ ἡγήσαιτο κατηγορίας αὐτοὺς
ἀξίους ὑπάρχειν, οἵτινες παρὰ τῶν προγόνων παρα-
λαβόντες ἡγεμονίαν κάλλιστα τεθεμελιωμένην, καὶ
ταύτην διὰ τὴν ἀρετὴν τῶν προγόνων διαφυλαχ-
θεῖσαν ἔτη πλείω τῶν πεντακοσίων, οἱ τότε Λακε-
δαιμόνιοι διὰ τὴν ἑαυτῶν ἀβουλίαν καταλυθεῖσαν
ἐπεῖδον; οὐκ ἀλόγως· οἱ μὲν γὰρ πρὸ αὐτῶν βε-

BOOK XV

1. Throughout our entire treatise our practice has been to employ the customary freedom of speech enjoyed by history, and we have added just praise of good men for their fair deeds and meted out just censure upon bad men whenever they did wrong. By this means, as we believe, we shall lead men whose nature fortunately inclines them to virtue to undertake, because of the immortality fame accords them, the fairest deeds, whereas by appropriate obloquies we shall turn men of the opposite character from their impulse to evil. Consequently, since we have come in our writing to the period when the Lacedaemonians fell upon deep distress in their unexpected defeat at Leuctra, and again in their unlooked-for repulse at Mantineia lost the supremacy over the Greeks, we believe that we should maintain the principle we have set for our writing and set forth the appropriate censure of the Lacedaemonians.

For who would not judge men to be deserving of accusation who had received from their ancestors a supremacy with such firm foundations and that too preserved by the high spirit of their ancestors for over five hundred years, and now beheld it, as the Lacedaemonians of that time did, overthrown by their own folly? And this is easy to understand. For the men who had lived before them won the glory

βιωκότες πολλοῖς πόνοις[1] καὶ μεγάλοις κινδύνοις
τὴν τηλικαύτην κατεκτήσαντο δόξαν, ἐπιεικῶς καὶ
φιλανθρώπως προσφερόμενοι τοῖς ὑποτεταγμένοις·
οἱ δὲ μεταγενέστεροι βιαίως καὶ χαλεπῶς χρώ-
μενοι τοῖς συμμάχοις, ἔτι δὲ πολέμους ἀδίκους καὶ
ὑπερηφάνους ἐνιστάμενοι πρὸς τοὺς Ἕλληνας, οὐκ
ἀλόγως ἀπέβαλον τὴν ἀρχὴν διὰ τὰς ἰδίας ἀβουλίας.
4 ἐν γὰρ ταῖς συμφοραῖς αὐτῶν τὸ μῖσος τῶν ἀδικου-
μένων ἔλαβε καιρὸν ἀμύνασθαι τοὺς προηδικηκότας,
καὶ τοῖς ἐκ προγόνων ἀνικήτοις γεγονόσι τοσαύτη
καταφρόνησις ἐπηκολούθησεν ὅσην εἰκός ἐστι γε-
νέσθαι κατὰ τῶν ἀναιρούντων τὰς τῶν προγόνων
5 ἀρετάς. τοιγαροῦν Θηβαῖοι μὲν οἱ πρότερον ἐπὶ
πολλὰς γενεὰς τοῖς κρείττοσιν ὑποτεταγμένοι, τότε
τούτους[2] ἀνελπίστως νικήσαντες ἡγεμόνες κατέστη-
σαν τῶν Ἑλλήνων, Λακεδαιμόνιοι δὲ μετὰ τὴν
ἀφαίρεσιν τῆς ἡγεμονίας οὐδέποτ' ἐδυνήθησαν ἀνα-
λαβεῖν τὸ τῶν προγόνων ἀξίωμα.
6 Ἡμεῖς δὲ τούτοις ἀρκούντως ἐπιτετιμηκότες
ἐπὶ τὸ συνεχὲς[3] τῆς ἱστορίας μεταβησόμεθα προ-
διορίσαντες τοὺς οἰκείους[4] τῇ γραφῇ χρόνους. ἡ
μὲν οὖν πρὸ ταύτης βύβλος, οὖσα τῆς ὅλης συν-
τάξεως τεσσαρεσκαιδεκάτη, τὸ τέλος ἔσχε τῶν
πράξεων εἰς τὸν Ῥηγίνων ἀνδραποδισμὸν ὑπὸ Διονυ-
σίου καὶ τὴν ἅλωσιν τῆς Ῥώμης ὑπὸ Γαλατῶν, ἥτις
ἐγένετο κατὰ τὸν προηγούμενον ἐνιαυτὸν τῆς Περ-
σῶν στρατείας εἰς Κύπρον ἐπ' Εὐαγόραν τὸν βασιλέα·
ἐν ταύτῃ δὲ τὴν ἀρχὴν ἀπὸ τούτου τοῦ πολέμου
ποιησάμενοι καταλήξομεν ἐπὶ τὸν προηγούμενον
ἐνιαυτὸν τῆς Φιλίππου τοῦ Ἀμύντου βασιλείας.

---

[1] So Reiske : φόνοις.
[2] τούτους Vogel, τοὺς P Peir., τοὺς Λακεδαιμονίους cet.

they had by many labours and great struggles, treating their subjects the while fairly and humanely ; but their successors used their allies roughly and harshly, stirring up, besides, unjust and insolent wars against the Greeks, and so it is quite to be understood that they lost their rule because of their own acts of folly. For the hatred of those they had wronged found in their disasters an opportunity to retaliate upon their aggressors, and they who had been unconquered from their ancestors' time were now attended by such contempt as, it stands to reason, must befall those who obliterate the virtues that characterized their ancestors. This explains why the Thebans, who for many generations had been subjects of their superiors, when they defeated them to everyone's surprise, became supreme among the Greeks, but the Lacedaemonians, when once they had lost the supremacy, were never at any time able to recover the high position enjoyed by their ancestors.

Now that we have sufficiently censured the Lacedaemonians, we shall in turn pass on to the further course of our history, after we have first set the time-limits of this section. The preceding Book, which is the fourteenth of our narrative, closed with the events concerned with the enslaving of the Rhegians by Dionysius and the capture of Rome by the Gauls, which took place in the year preceding the campaign of the Persians in Cyprus against Evagoras the king. In this Book we shall begin with this war and close with the year preceding the reign of Philip the son of Amyntas.[1]

[1] The book covers the years 386–361 B.C.

---

[3] So Wesseling : τοὺς συνεχεῖς.
[4] προδιορίσαντες τοὺς οἰκείους Wesseling (12. 2. 2) : πρός.

2. Ἐπ᾽ ἄρχοντος γὰρ Ἀθήνησι Μυστιχίδου Ῥωμαῖοι μὲν ἀντὶ τῶν ὑπάτων χιλιάρχους τρεῖς κατέστησαν, Μάρκον Φούριον, ἔτι δὲ Γάιον καὶ Αἰμίλιον. ἐπὶ δὲ τούτων Ἀρταξέρξης ὁ τῶν Περσῶν βασιλεὺς ἐστράτευσεν ἐπ᾽ Εὐαγόραν τὸν Κύπρου βασιλέα. πολὺν δὲ χρόνον ἀσχοληθεὶς περὶ τὰς εἰς τὸν πόλεμον παρασκευὰς συνεστήσατο δύναμιν ναυτικήν τε καὶ πεζὴν[1] μεγάλην· τὸ μὲν γὰρ πεζὸν στράτευμα μυριάδων ἦν τριάκοντα σὺν ἱππεῦσι, τριήρεις δὲ κατεσκεύασε πλείους τῶν τριακοσίων. 2 στρατηγοὺς δ᾽ ἀπέδειξε τῆς πεζῆς δυνάμεως Ὀρόντην κηδεστήν, τῆς δὲ ναυτικῆς Τιρίβαζον, ἄνδρα μεγάλης ἀποδοχῆς τυγχάνοντα παρὰ τοῖς Πέρσαις. οὗτοι δὲ παραλαβόντες τὰς δυνάμεις ἐν Φωκαίᾳ καὶ Κύμῃ κατήντησαν εἰς Κιλικίαν, καὶ περαιωθέντες εἰς Κύπρον ἐνεργῶς διώκουν τὸν πόλεμον. 3 Ὁ δ᾽ Εὐαγόρας πρὸς μὲν τὸν Ἄκοριν τὸν Αἰγυπτίων βασιλέα, πολέμιον ὄντα Περσῶν, συμμαχίαν ἐποιήσατο καὶ δύναμιν ἀξιόλογον παρ᾽ αὐτοῦ προσελάβετο, παρ᾽ Ἑκατόμνου δὲ τοῦ Καρίας δυνάστου, λάθρα συμπράττοντος αὐτῷ, χρημάτων ἔλαβε πλῆθος εἰς διατροφὴν ξενικῶν δυνάμεων· ὁμοίως δὲ καὶ[2] τοὺς ἄλλους τοὺς ἀλλοτρίως ἔχοντας πρὸς Πέρσας, τοὺς μὲν λαθραίως, τοὺς δὲ καὶ φανερῶς ἐπεσπάσατο κοινωνήσοντας τοῦ Περσικοῦ 4 πολέμου. ἐκυρίευε δὲ κατὰ μὲν τὴν Κύπρον τῶν πόλεων σχεδόν τι πασῶν,[3] κατὰ δὲ τὴν Φοινίκην Τύρου καί τινων ἑτέρων. εἶχε δὲ τριήρεις μὲν ἐνενήκοντα, καὶ τούτων ὑπῆρχον Τύριαι μὲν εἴκοσι, Κύπριαι δ᾽ ἑβδομήκοντα, στρατιώτας δ᾽ ἰδίους μὲν ἑξακισχιλίους, παρὰ δὲ τῶν συμμάχων πολλῷ τού-

---

[1] So Dindorf : πεζικήν.

2. When Mystichides was archon in Athens, the 386 B.C.
Romans elected in place of consuls three military
tribunes, Marcus Furius, Gaius, and Aemilius. <u>This
year Artaxerxes, the King of the Persians, made
war upon Evagoras, the king of Cyprus.</u> He busied
himself for a long time with the preparations for the
war and gathered a large armament, both naval and
land ; his land force consisted of three hundred thou-
sand men including cavalry, and he equipped more
than three hundred triremes. As commanders he
chose for the land force his brother-in-law Orontes,
and for the naval Tiribazus, a man who was held in
high favour among the Persians. These commanders
took over the armaments in Phocaea and Cymê,
repaired to Cilicia, and passed over to Cyprus, where
they prosecuted the war with vigour.

<u>Evagoras made an alliance with Acoris,[1] the king
of the Egyptians, who was an enemy of the Persians,</u>
and received a strong force from him, and from
Hecatomnus, the lord of Caria, who was secretly
co-operating with him, he got a large sum of money
to support his mercenary troops. Likewise he drew
on such others to join in the war with Persia as were
at odds with the Persians, either secretly or openly.
He was master of practically all the cities of Cyprus,
and of Tyre and some others in Phoenicia. He also
had ninety triremes, of which twenty were Tyrian
and seventy were Cyprian, six thousand soldiers of
his own subjects, and many more than this number

---

[1] The proper spelling is Hacori.

[2] πρὸς after καὶ deleted by Wesseling.
[3] So Dindorf ; πλέον PA, τὸ πλέον cet.

τῶν πλείους. πρὸς δὲ τούτοις μισθοφόρους πολλοὺς
ἐξενολόγει, ἔχων χρημάτων δαψίλειαν. ἔπεμψε δ᾽
αὐτῷ καὶ ὁ τῶν Ἀράβων¹ βασιλεὺς στρατιώτας οὐκ
ὀλίγους καὶ ἄλλοι τινὲς οἱ ἐν ὑποψίαις ὄντες τῷ
τῶν Περσῶν βασιλεῖ.

3. Οὗτος μὲν οὖν τοσαύτας ἀφορμὰς ἔχων τε-
θαρρηκότως συγκατέβαινεν εἰς τὸν πόλεμον. καὶ
πρῶτον μὲν ληστρικὰς ἔχων ναῦς οὐκ ὀλίγας ἐφή-
δρευσε ταῖς κομιζομέναις τῶν πολεμίων ἀγοραῖς,
καὶ τὰς μὲν αὐτῶν διέφθειρεν ἐν θαλάττῃ, τὰς δὲ
διεκώλυσεν, ἐνίας δὲ ἀφείλατο. διὸ καὶ τῶν ἐμπό-
ρων μὴ τολμώντων εἰς τὴν Κύπρον παρακομίζειν
σῖτον, μεγάλων δὲ δυνάμεων ἠθροισμένων εἰς τὴν
νῆσον, ταχὺ σιτοδεία κατέσχε τὸ τῶν Περσῶν
2 στρατόπεδον. τῆς δ᾽ ἀπορίας γενομένης εἰς
στάσιν, οἱ μισθοφόροι τῶν Περσῶν ἐπὶ τοὺς
ἡγεμόνας ὁρμήσαντες καί τινας ἀνελόντες ταραχῆς
καὶ στάσεως ἐνέπλησαν τὸ στρατόπεδον. μόγις δ᾽
οἱ στρατηγοὶ τῶν Περσῶν καὶ ὁ τῆς ναυτικῆς
δυνάμεως ἡγούμενος, ὀνομαζόμενος δὲ Γλῶς,² κατ-
3 έπαυσαν τὴν στάσιν. πλεύσαντες δὲ τῷ παντὶ
στόλῳ καὶ σίτου πλῆθος ἐκ τῆς Κιλικίας παρακομί-
σαντες, πολλὴν παρεῖχον τῆς τροφῆς δαψίλειαν.
τῷ δ᾽ Εὐαγόρᾳ σίτου πλῆθος ἱκανὸν ὁ βασιλεὺς
Ἄκορις ἐκ τῆς Αἰγύπτου παρεκόμισε καὶ χρήματα
4 καὶ τὴν ἄλλην παρασκευὴν ἱκανὴν ἐξέπεμψεν. ὁ
δ᾽ Εὐαγόρας ὁρῶν ἑαυτὸν πολὺ λειπόμενον τῇ ναυ-
τικῇ δυνάμει, ἑξήκοντα μὲν ναῦς ἄλλας προσεπλή-
ρωσε, πεντήκοντα δὲ παρὰ Ἀκόριδος ἐξ Αἰγύπτου
μετεπέμψατο, ὥστε τὰς πάσας ἔχειν τριήρεις
διακοσίας. ταύτας δὲ κοσμήσας πρὸς ναυμαχίαν
καταπληκτικῶς, καὶ συνεχεῖς διαπείρας καὶ γυ-

from his allies. In addition to these he enlisted many
mercenaries, since he had funds in abundance. And
not a few soldiers were sent him by the king of the
Arabs and by certain others of whom the King of
the Persians was suspicious.

3. Since Evagoras had such advantages, he entered
the war with confidence. First, since he had not a
few boats of the sort used for piracy, he lay in wait
for the supplies coming to the enemy, sank some of
their ships at sea, drove off others, and captured yet
others. Consequently the merchants did not dare to
convey food to Cyprus ; and since large armaments
had been gathered on the island, the army of the
Persians soon suffered from lack of food and the want
led to revolt, the mercenaries of the Persians attack-
ing their officers, slaying some of them, and filling
the camp with tumult and revolt. It was with diffi-
culty that the generals of the Persians and the leader
of the naval armament, known as Glōs, put an end
to the mutiny. Sailing off with their entire fleet, they
transported a large quantity of grain from Cilicia and
provided a great abundance of food. As for Eva-
goras, King Acoris transported an adequate supply of
grain from Egypt and sent him money and adequate
supplies for every other need. Evagoras, seeing that
he was much inferior in naval strength, fitted out
sixty additional ships and sent for fifty from Acoris
in Egypt, so that he had in all two hundred triremes.
These he fitted out for battle in a way to cause terror
and by continued trials and drill got ready for a sea

---

¹ So Rhodoman : βαρβάρων.
² So Wesseling : Γαῶ P, Γαώ cet.

μνασίας ποιούμενος, ἡτοιμάζετο πρὸς ναυμαχίαν.
διὸ καὶ τοῦ βασιλικοῦ στόλου παραπλέοντος εἰς
Κίτιον, ἀπροσδοκήτως ἐπιπλεύσας ταῖς ναυσὶ[1]
5 πολλὰ τῶν Περσῶν ἐπλεονέκτει. ἐπέβαλε γὰρ
συντεταγμέναις ναυσὶν ἐπὶ ἀσυντάκτους, καὶ προ-
βεβουλευμένοις ἀνδράσι πρὸς ἀπροσδοκήτους ἀγω-
νιζόμενος εὐθὺς ἐν τῇ πρώτῃ συστάσει τὴν νίκην
προκατεσκεύασεν· ἀθρόαις γὰρ ταῖς τριήρεσιν ἐπι-
πλεύσας ἐπὶ διεσπαρμένας καὶ τεταραγμένας, ἃς
6 μὲν διέφθειρεν, ἃς δ' ἐχειροῦτο. ὅμως δὲ τοῦ τε
ναυάρχου τῶν Περσῶν Γλῶ καὶ τῶν ἄλλων ἡγε-
μόνων γενναίως ὑποστάντων, ἐγένετο ναυμαχία
καρτερά, καθ' ἣν ὁ Εὐαγόρας τὸ μὲν πρῶτον
ὑπερεῖχεν, ὕστερον δὲ τοῦ Γλῶ μετὰ τοῦ βάρους
ἐπενεχθέντος καὶ γενναίως ἀγωνισαμένου συνέβη
φυγεῖν τοὺς περὶ τὸν Εὐαγόραν καὶ πολλὰς τῶν
τριήρων ἀποβαλεῖν.

4. Οἱ δὲ Πέρσαι τῇ ναυμαχίᾳ νικήσαντες εἰς
Κίτιον πόλιν ἀμφοτέρας τὰς δυνάμεις ἤθροισαν.
ἐκ ταύτης δ' ὁρμώμενοι πολιορκίαν συνεστήσαντο
πρὸς τῇ Σαλαμῖνι καὶ τὴν πόλιν ἐπόρθουν κατὰ
2 γῆν ἅμα καὶ κατὰ θάλατταν. καὶ Τιρίβαζος μὲν
μετὰ τὴν ναυμαχίαν διαβὰς εἰς Κιλικίαν, κἀκεῖθεν
πορευθεὶς πρὸς τὸν βασιλέα, τήν τε νίκην ἀπήγγειλε
καὶ δισχίλια τάλαντα πρὸς τὸν πόλεμον ἀπεκό-
μισεν· Εὐαγόρας δὲ πρὸ μὲν τῆς ναυμαχίας παρὰ
θάλατταν πεζῇ συμβαλὼν μέρει τῆς πεζῆς δυνά-
μεως προετέρησε καὶ πρὸς τὸ μέλλον εὐθαρσὴς
καθειστήκει, τῇ δὲ ναυμαχίᾳ πταίσας καὶ συγ-
3 κλεισθεὶς εἰς πολιορκίαν ἀθύμως εἶχεν. ὅμως δὲ
κρίνας ἔχεσθαι τοῦ πολέμου, Πνυταγόραν[2] μὲν τὸν
υἱὸν ἀπέλιπεν ἡγεμόνα τῶν ὅλων ποιήσας ἐν τῇ

engagement. Consequently, when the King's fleet sailed past toward Citium, he fell upon the ships unexpectedly and had a great advantage over the Persians. For he attacked with his ships in compact array ships in disorder, and since he fought with men whose plans were prepared against men unready, he at once at the first encounter won a prearranged victory. For, attacking as he did with his triremes in close order triremes that were scattered and in confusion, he sank some and captured others. Still the Persian admiral Glōs and the other commanders put up a gallant resistance, and a fierce struggle developed in which at first Evagoras held the upper hand. Later, however, when Glōs attacked in strong force and put up a gallant fight, the result was that Evagoras turned in flight and lost many of his triremes.

4. The Persians after their victory in the sea-fight gathered both their sea and land forces at the city of Citium. From this as their base they organized a siege of Salamis and beleaguered the city both by land and by sea. Meantime Tiribazus crossed over to Cilicia after the sea-fight and continued thence to the King, reported the victory, and brought back two thousand talents for the prosecution of the war. Before the sea-fight, Evagoras, who had fallen in with a body of the land force near the sea and defeated it, had been confident of success, but when he suffered defeat in the sea-fight and found himself besieged, he lost heart. Nevertheless, deciding to continue the war, he left his son Pnytagoras behind as supreme commander in Cyprus and himself took

---

[1] συντεταγμέναις after ναυσὶ deleted by Hertlein.
[2] So Wesseling : Πυθαγόραν.

Κύπρῳ, αὐτὸς δ' ἀναλαβὼν δέκα τριήρεις νυκτὸς
ἔλαθε τοὺς πολεμίους ἐκπλεύσας ἐκ τῆς Σαλαμῖνος.
κομισθεὶς δ' εἰς τὴν Αἴγυπτον καὶ συντυχὼν τῷ
βασιλεῖ, παρεκάλεσεν αὐτὸν ἐρρωμένως ἀντέχεσθαι
τοῦ πολέμου καὶ κοινὸν ἡγεῖσθαι τὸν πρὸς τοὺς
Πέρσας πόλεμον.

5. Ἅμα δὲ τούτοις πραττομένοις Λακεδαιμόνιοι
μὲν ἔγνωσαν στρατεύειν ἐπὶ τὴν Μαντίνειαν, οὐδὲν
φροντίσαντες τῶν γεγενημένων σπονδῶν, διὰ τοιαύ-
τας αἰτίας. προϋπαρχούσης τοῖς Ἕλλησι κοινῆς[1]
εἰρήνης τῆς ἐπὶ Ἀνταλκίδου, καθ' ἣν αἱ πόλεις
ἅπασαι τὰς μὲν φρουρὰς ἀπετρίψαντο, τὴν δ' αὐτο-
νομίαν καθ' ὁμολογίαν παρέλαβον, Λακεδαιμόνιοι
φύσει φιλαρχοῦντες καὶ πολεμικοὶ ταῖς αἱρέσεσιν
ὄντες, τὴν εἰρήνην ὥσπερ βαρὺ φορτίον οὐχ ὑπέ-
μενον, τὴν δὲ προγεγενημένην τῆς Ἑλλάδος δυνα-
στείαν ἐπιποθοῦντες μετέωροι ταῖς ὁρμαῖς ὑπῆρχον
2 πρὸς καινοτομίαν. εὐθὺς οὖν τὰς μὲν πόλεις συν-
ετάραττον καὶ διὰ τῶν ἰδίων φίλων στάσεις ἐγκατ-
εσκεύαζον ἐν αὐταῖς, ὧν ἔνιαι πιθανὰς ἀφορμὰς
αὐτοῖς παρέσχοντο τῆς ταραχῆς. ἀπολαβοῦσαι γὰρ
τὰς αὐτονομίας λόγον ἀπῄτουν παρὰ τῶν ἐπεστα-
τηκότων ἐπὶ τῆς Λακεδαιμονίων ἡγεμονίας· πικρῶν
δὲ τῶν ἐλέγχων γινομένων διὰ τὸ μνησικακεῖν τοὺς
δήμους, καὶ πολλῶν φυγαδευομένων, ἀπέδειξαν
3 ἑαυτοὺς βοηθοὺς τοῖς καταστασιαζομένοις. ὑπο-
δεχόμενοι δὲ τούτους καὶ μετὰ δυνάμεως ἐκπέμ-
ποντες ἐπὶ τὰς καθόδους, κατεδουλοῦντο τὸ μὲν πρῶ-
τον τὰς ἀσθενεστέρας πόλεις, μετὰ δὲ ταῦτα καὶ

ten triremes, eluded the enemy, and got away from 386 B.C.
Salamis.   On arriving in Egypt he met the king and
urged him to continue the war energetically and to
consider the war against the Persians a common
undertaking.

5. While these events were taking place, the Lace-
daemonians determined to make war upon Mantineia,
without regard to the standing treaty,[1] for the
following reasons.   The Greeks were enjoying the
general peace of Antalcidas, in accordance with
which all the cities had got rid of their garrisons and
recovered by agreement their autonomy.   (The Lace-
daemonians, however, who by their nature loved to
command and by policy preferred war) would not
tolerate the peace which they considered to be a
heavy burden, and longing for their past dominance
over Greece, they were poised and alert to begin a
new movement.   At once, then, they stirred up the
cities and formed partisan groups in them with
the aid of their friends, being provided in some of the
cities with plausible grounds for interference.   For
the cities, after having recovered their autonomy,
demanded an accounting of the men who had been
in control under the Lacedaemonian supremacy ; and
since the procedure was harsh, because the people
bore enmity for past injuries and many were sent
into exile, the Lacedaemonians took it upon them-
selves to give support to the defeated faction.   By
receiving these men and dispatching a force with
them to restore them to their homes, they at first
enslaved the weaker cities, but afterward made war

[1] Referring to the Peace of Antalcidas (Book 14. 110. 3).

---

[1] So Dindorf: τοῖς Ἑλληνικοῖς κοινῆς PALF ; τῆς Ἑλ-
ληνικῆς κοινῆς cet.

τὰς ἀξιολογωτέρας καταπολεμοῦντες ὑπηκόους ἐποίουν, οὐδὲ δύο ἔτη φυλάξαντες τὰς κοινὰς σπονδάς.

Πλησιόχωρον δ' ὁρῶντες¹ οὖσαν τὴν τῶν Μαντινέων πόλιν καὶ πλήθουσαν ἀνδρῶν ἀλκίμων, ὑπώπτευσαν αὐτῆς τὴν αὔξησιν τὴν γινομένην ἐκ τῆς εἰρήνης, καὶ τὰ φρονήματα τῶν ἀνδρῶν ἔσπευ-
4 δον ταπεινῶσαι. διὸ καὶ τὸ μὲν πρῶτον πρέσβεις ἀποστείλαντες πρὸς τὴν Μαντίνειαν προσέταττον τὰ μὲν τείχη καθελεῖν, αὐτοὺς δὲ μετοικῆσαι πάντας εἰς τὰς ἀρχαίας πέντε κώμας, ἐξ ὧν εἰς τὴν Μαντίνειαν τὸ παλαιὸν συνῴκησαν· οὐδενὸς δὲ αὐτοῖς προσέχοντος, δύναμιν ἐκπέμψαντες ἐπολιόρ-
5 κουν τὴν πόλιν. οἱ δὲ Μαντινεῖς εἰς τὰς Ἀθήνας πρέσβεις ἀποστείλαντες ἠξίουν ἑαυτοῖς βοηθῆσαι. οὐ προαιρουμένων δὲ τῶν Ἀθηναίων παραβαίνειν τὰς κοινὰς συνθήκας, ὅμως καθ' αὑτοὺς ὑποστάντες τὴν πολιορκίαν εὐρώστως ἠμύνοντο τοὺς πολεμίους. καὶ τὰ μὲν κατὰ τὴν Ἑλλάδα τοῦτον τὸν τρόπον καινῶν πολέμων ἀρχὴν ἐλάμβανεν.

6. Κατὰ δὲ τὴν Σικελίαν Διονύσιος ὁ τῶν Συρακοσίων τύραννος ἀπολελυμένος τῶν πρὸς Καρχηδονίους πολέμων πολλὴν εἰρήνην καὶ σχολὴν εἶχεν. διὸ καὶ ποιήματα γράφειν ὑπεστήσατο μετὰ πολλῆς σπουδῆς, καὶ τοὺς ἐν τούτοις δόξαν ἔχοντας μετεπέμπετο καὶ προτιμῶν αὐτοὺς συνδιέτριβε καὶ τῶν ποιημάτων ἐπιστάτας καὶ διορθωτὰς εἶχεν. ὑπὸ δὲ τούτων διὰ τὰς εὐεργεσίας τοῖς πρὸς χάριν λόγοις μετεωριζόμενος ἐκαυχᾶτο πολὺ μᾶλλον ἐπὶ τοῖς
2 ποιήμασιν ἢ τοῖς ἐν πολέμῳ κατορθωμένοις. τῶν δὲ συνόντων αὐτῷ ποιητῶν Φιλόξενος ὁ διθυραμ-

on and forced the more important cities to submit,
having preserved the general peace no longer than
two years.

Seeing that the city of the Mantineians lay upon
their borders and was full of valiant men, the Lace-
daemonians were jealous of its growth which had
resulted from the peace and were bent on humbling
the pride of its citizens. First of all, therefore, they
dispatched ambassadors to Mantineia, commanding
them to destroy their walls and all of them to remove
to the original five villages from which they had of
old united to form Mantineia. When no one paid
any attention to them, they sent out an army and
laid siege to the city. The Mantineians dispatched
ambassadors to Athens, asking for aid. When the
Athenians did not choose to make a breach of the
common peace, the Mantineians none the less with-
stood the siege on their own account and stoutly
resisted the enemy. In this way, then, fresh wars got
a start in Greece.

6. In Sicily Dionysius, the tyrant of the Syracusans,
now that he was relieved of wars with the Cartha-
ginians, enjoyed great peace and leisure. Conse-
quently he devoted himself with much seriousness
to the writing of poetry, and summoning men of
repute in this line, he accorded them special honours
and resorted to them, making use of them as in-
structors and revisers of his poems. Elated by the
flattering words with which these men repaid his
benefactions, Dionysius boasted far more of his poems
than of his successes in war. Among the poets in his
company was Philoxenus [1] the writer of dithyrambs,

---

[1] Of Cythera.

---

[1] ὁρῶντες added by Wurm.

βοποιός, μέγιστον ἔχων ἀξίωμα κατὰ τὴν κατα-
σκευὴν τοῦ ἰδίου ποιήματος, κατὰ τὸ συμπόσιον
ἀναγνωσθέντων τῶν τοῦ τυράννου ποιημάτων μο-
χθηρῶν ὄντων ἐπηρωτήθη περὶ τῶν ποιημάτων
τίνα κρίσιν ἔχοι. ἀποκριναμένου δ' αὐτοῦ παρρη-
σιωδέστερον, ὁ μὲν τύραννος προσκόψας τοῖς
ῥηθεῖσι, καὶ καταμεμψάμενος ὅτι διὰ φθόνον ἐβλασ-
φήμησε, προσέταξε τοῖς ὑπηρέταις παραχρῆμα
3 ἀπάγειν εἰς τὰς λατομίας. τῇ δ' ὑστεραίᾳ τῶν
φίλων παρακαλούντων συγγνώμην δοῦναι τῷ Φιλο-
ξένῳ, διαλλαγεὶς αὐτῷ πάλιν τοὺς αὐτοὺς παρέλαβεν
ἐπὶ τὸ συμπόσιον. προβαίνοντος δὲ τοῦ πότου,
καὶ πάλιν τοῦ Διονυσίου καυχωμένου περὶ τῶν
ἰδίων ποιημάτων, καί τινας στίχους τῶν δοκούντων
ἐπιτετεῦχθαι προενεγκαμένου, καὶ ἐπερωτῶντος
Ποῖά τινά σοι φαίνεται τὰ ποιήματα ὑπάρχειν;
ἄλλο μὲν οὐδὲν εἶπε, τοὺς δ' ὑπηρέτας τοῦ Διο-
νυσίου προσκαλεσάμενος ἐκέλευσεν αὐτὸν ἀπαγαγεῖν
4 εἰς τὰς λατομίας. τότε μὲν οὖν διὰ τὴν εὐτρα-
πελίαν τῶν λόγων μειδιάσας ὁ Διονύσιος ἤνεγκε
τὴν παρρησίαν, τοῦ γέλωτος τὴν μέμψιν ἀμβλύ-
νοντος· μετ' ὀλίγον δὲ τῶν γνωρίμων ἅμα[1]
καὶ τοῦ Διονυσίου παραιτουμένων τὴν ἄκαιρον
παρρησίαν, ὁ Φιλόξενος ἐπηγγείλατο παράδοξόν
τινα ἐπαγγελίαν. ἔφη γὰρ διὰ τῆς ἀποκρίσεως
τηρήσειν ἅμα καὶ τὴν ἀλήθειαν καὶ τὴν εὐδόκησιν
5 τοῦ Διονυσίου, καὶ οὐ διεψεύσθη. τοῦ γὰρ τυράννου
προενεγκαμένου τινὰς στίχους ἔχοντας ἐλεεινὰ
πάθη, καὶ ἐρωτήσαντος Ποῖά τινα φαίνεται τὰ
ποιήματα; εἶπεν Οἰκτρά, διὰ τῆς ἀμφιβολίας
ἀμφότερα τηρήσας. ὁ μὲν γὰρ Διονύσιος ἐδέξατο

[1] Vogel follows Madvig in reading ἅμ' ἐκείνου.

who enjoyed very high repute as a composer in his
own line. After dinner, when the compositions of
the tyrant, which were wretched, had been read, he
was asked what was his judgement of the poetry.
When he replied with a good deal of frankness, the
tyrant, offended at his words, found fault with him
that he had been moved by jealousy to use scurrilous
language and commanded his servants to drag him
off forthwith to the quarries. On the next day, how-
ever, when Philoxenus' friends made petition for a
grant of pardon, Dionysius made up with him and
again included the same men in his company after
dinner. As the drinking advanced, again Dionysius
boasted of the poetry he had written, recited some
lines which he considered to be happily composed,
and then asked, " What do you think of the verses ? "
To this Philoxenus said not a word, but called Diony-
sius' servants and ordered them to take him away
to the quarries. Now at the time Dionysius, smiling
at the ready wit of the words, tolerated the free-
dom of speech, since the joke took the edge off the
censure. But when some time later his acquaintances
and Dionysius as well asked him to desist from his
untimely frankness, Philoxenus made a paradoxical
offer. He would, he said, in his answer both respect
the truth and keep the favour of Dionysius. Nor did
he fail to make his word good. For when the tyrant
produced some lines that described harrowing events,
and asked, " How do the verses strike you ? ", he re-
plied, " Pitiful ! ", keeping his double promise by the
ambiguity. For Dionysius took the word " pitiful " as

τὰ οἰκτρὰ εἶναι ἐλεεινὰ καὶ συμπαθείας πλήρη,
τὰ δὲ τοιαῦτα εἶναι ποιητῶν ἀγαθῶν ἐπιτεύγματα,
ὅθεν ὡς ἐπῃνεκότα αὐτὸν ἀπεδέχετο· οἱ δ' ἄλλοι
τὴν ἀληθινὴν διάνοιαν ἐκδεξάμενοι πᾶν τὸ οἰκτρὸν
ἀποτεύγματος φύσιν[1] εἰρῆσθαι διελάμβανον.

7. Παραπλήσιον δὲ συνέβη καὶ περὶ Πλάτωνα
τὸν φιλόσοφον γενέσθαι. μεταπεμψάμενος γὰρ τὸν
ἄνδρα τοῦτον τὸ μὲν πρῶτον ἀποδοχῆς ἠξίου τῆς
μεγίστης, ὁρῶν αὐτὸν παρρησίαν ἔχοντα ἀξίαν τῆς
φιλοσοφίας· ὕστερον δ' ἔκ τινων λόγων προσκόψας
αὐτῷ παντελῶς ἀπηλλοτριώθη, καὶ προαγαγὼν εἰς
τὸ πρατήριον ὡς ἀνδράποδον ἀπέδοτο μνῶν εἴκοσι.
ἀλλὰ τοῦτον μὲν οἱ φιλόσοφοι[2] συνελθόντες ἐξηγόρα-
σαν καὶ ἐξαπέστειλαν εἰς τὴν Ἑλλάδα, φιλικὴν
νουθεσίαν ἐπιφθεγξάμενοι, διότι δεῖ τὸν σοφὸν
τοῖς τυράννοις ἢ ὡς ἥκιστα ἢ ὡς ἥδιστα ὁμιλεῖν.

2 Ὁ δὲ Διονύσιος τῆς εἰς τὰ ποιήματα σπουδῆς
οὐκ ἀφιστάμενος εἰς μὲν τὴν Ὀλυμπιακὴν πανή-
γυριν ἐξαπέστειλε τοὺς εὐφωνοτάτους τῶν ὑπο-
κριτῶν διαθησομένους ἐν τοῖς ὄχλοις μετ' ᾠδῆς
τὰ ποιήματα. οὗτοι δὲ τὸ μὲν πρῶτον διὰ τὴν
εὐφωνίαν ἐξέπληττον τοὺς ἀκούοντας, μετὰ δὲ
ταῦτα ἀναθεωρήσεως γενομένης κατεφρονήθησαν
3 καὶ πολὺν ἀπηνέγκαντο γέλωτα. ὁ δὲ Διονύσιος
ἀκούσας τὴν τῶν ποιημάτων καταφρόνησιν ἐνέπε-
σεν εἰς ὑπερβολὴν λύπης· αἰεὶ δὲ μᾶλλον τοῦ πάθους
ἐπίτασιν λαμβάνοντος, μανιώδης διάθεσις κατέσχε
τὴν ψυχὴν αὐτοῦ, καὶ φθονεῖν αὐτῷ φάσκων ἅπαν-
τας τοὺς φίλους ὑπώπτευεν ὡς ἐπιβουλεύοντας.

---

[1] πᾶν . . . φύσιν] Post suggests παρὰ τὸ οἰκτρὸν ἀποτεύγματος
ἔμφασιν. [2] φιλόσοφοι] φίλοι Reiske, Vogel.

signifying harrowing and deeply moving, which are 386 B.C.
successful effects of good poets, and therefore rated
him as having approved them ; the rest, however,
who caught the real meaning, conceived that the
word " pitiful " was only employed to suggest failure.

7. Much the same thing, as it happened, also
occurred in the case of Plato the philosopher. Diony-
sius summoned this man to his court and at first
deigned to show him the highest favour, since he saw
that he practised the freedom of speech that philo-
sophy is entitled to. But later, being offended at
some of his statements, he became altogether alien-
ated from him, exposed him in the market, and sold
him as a slave for twenty minas. Those who were
philosophers, however, joined together, purchased
his freedom, and sent him off to Greece with the
friendly admonition that a wise man should associate
with tyrants either as little as possible or with the
best grace possible.[1]

Dionysius did not renounce his zeal for poetry but
dispatched to the Olympic Games [2] actors with the
most pleasing voices who should present a musical
performance of his poems for the assembled throng.
At first their pleasing voices filled the hearers with
admiration, but later, on further reflection, the
reciters were despised and rewarded with laughter.
Dionysius, on learning of the slight that was cast
upon his poems, fell into a fit of melancholy.[3] His
condition grew constantly worse and a madness
seized his mind, so that he kept saying that he was
the victim of jealousy and suspected all his friends

[1] The saying is also attributed to Aesop (Book 9. 28).
[2] Cp. Book 14. 109.
[3] As a matter of fact Dionysius won the prize at the Lenaea
with a play, the *Ransom of Hector*.

καὶ πέρας ἐπὶ τοσοῦτο προῆλθε λύττης[1] καὶ παρα-
κοπῆς, ὥστε τῶν φίλων πολλοὺς μὲν ἐπὶ ψευδέσιν
αἰτίαις ἀνελεῖν, οὐκ ὀλίγους δὲ καὶ ἐφυγάδευσεν·
ἐν οἷς ἦν Φίλιστος καὶ Λεπτίνης ὁ ἀδελφός, ἄνδρες
διαφέροντες ἀνδρείᾳ καὶ πολλὰς καὶ μεγάλας
4 χρείας ἐν τοῖς πολέμοις αὐτῷ παρεσχημένοι. οὗτοι
μὲν οὖν φυγόντες εἰς Θουρίους τῆς Ἰταλίας, καὶ
παρὰ τοῖς Ἰταλιώταις μεγάλης ἀποδοχῆς τυγχά-
νοντες, ὕστερον δεηθέντος τοῦ Διονυσίου διηλλά-
γησαν, καὶ κατελθόντες εἰς τὰς Συρακούσας εἰς
τὴν προϋπάρξασαν εὔνοιαν ἀποκατεστάθησαν· ὁ δὲ
Λεπτίνης ἔγημε τὴν Διονυσίου θυγατέρα.
   Ταῦτα μὲν οὖν ἐπράχθη κατὰ τοῦτον τὸν ἐνι-
αυτόν.
   8. Ἐπ᾽ ἄρχοντος δ᾽ Ἀθήνησι Δεξιθέου Ῥω-
μαῖοι κατέστησαν ὑπάτους Λεύκιον Λουκρήτιον
καὶ Σερούιον Σουλπίκιον. ἐπὶ δὲ τούτων Εὐα-
γόρας μὲν ὁ τῶν Σαλαμινίων βασιλεὺς ἧκεν εἰς
Κύπρον ἐξ Αἰγύπτου, κομίζων χρήματα παρὰ
Ἀκόριδος τοῦ βασιλέως Αἰγύπτου ἐλάττονα τῶν
προσδοκηθέντων. καταλαβὼν δὲ τὴν Σαλαμῖνα
πολιορκουμένην ἐνεργῶς καὶ ὑπὸ τῶν συμμάχων
καταλειπόμενος, ἠναγκάσθη πρεσβεῦσαι περὶ συλ-
2 λύσεως. ὁ δὲ Τιρίβαζος τῶν ὅλων ἔχων τὴν
ἡγεμονίαν ἔφησε συγχωρῆσαι τὴν σύλλυσιν, ἐὰν
Εὐαγόρας ἐκχωρήσῃ πασῶν τῶν κατὰ τὴν Κύπρον
πόλεων, αὐτῆς[2] δὲ μόνης τῆς Σαλαμῖνος βασιλεύων
τελῇ τῷ Περσῶν βασιλεῖ κατ᾽ ἐνιαυτὸν φόρον
ὡρισμένον καὶ ποιῇ τὸ προσταττόμενον ὡς δοῦλος
3 δεσπότῃ. ὁ δ᾽ Εὐαγόρας, καίπερ βαρείας οὔσης
τῆς αἱρέσεως, τὰ μὲν ἄλλα πάντα συνεχώρει, τὸ
δ᾽ ὡς δοῦλον δεσπότῃ ποιεῖν τὸ προσταττόμενον

of plotting against him. At last his frenzy and mad-
ness went so far that he slew many of his friends on
false charges, and he drove not a few into exile,
among whom were Philistus and his own brother
Leptines, men of outstanding courage who had
rendered him many important services in his wars.
These men, then, passed their banishment in Thurii
in Italy where they were cordially welcomed by the
Italian Greeks. Later, at the request of Dionysius,
they were reconciled with him and returned to Syra-
cuse where they enjoyed his former goodwill, and
Leptines married Dionysius' daughter.

These, then, were the events of this year.

8. When Dexitheüs was archon in Athens, the
Romans elected as consuls Lucius Lucretius and
Servius Sulpicius. This year Evagoras, the king of
the Salaminians, arrived in Cyprus from Egypt,
bringing money from Acoris, the king of Egypt, but
less than he had expected. When he found that
Salamis was closely besieged and that he was deserted
by his allies, he was forced to discuss terms of settle-
ment. Tiribazus, who held the supreme command,
agreed to a settlement upon the conditions that
Evagoras should withdraw from all the cities of
Cyprus, that as king of Salamis alone he should pay
the Persian King a fixed annual tribute, and that he
should obey orders as slave to master. Although
these were hard terms, Evagoras agreed to them all
except that he refused to obey orders as slave to

---

[1] So Schäfer : λύπης.   [2] So Dindorf : αὐτός.

ἀντέλεγεν, ἔφη δὲ αὐτὸν¹ ὡς βασιλέα βασιλεῖ δεῖν
ὑποτετάχθαι. οὐ συγχωροῦντος δὲ τοῦ Τιριβάζου,
Ὀρόντης ὁ ἕτερος στρατηγός, φθονῶν τῇ δόξῃ τοῦ
Τιριβάζου, γράμματα λάθρᾳ πρὸς τὸν Ἀρταξέρξην
4 ἔπεμψε κατὰ τοῦ Τιριβάζου. κατηγόρει δ᾽ αὐτοῦ
πρῶτον μὲν ὅτι δυνάμενος ἑλεῖν τὴν Σαλαμῖνα
τοῦτο μὲν οὐ συντελεῖ, πρεσβείας δὲ προσδέχεται
παρ᾽ αὐτοῦ καὶ συλλαλεῖ περὶ κοινοπραγίας,
ὁμοίως δὲ καὶ πρὸς Λακεδαιμονίους συντίθεται
συμμαχίαν ἰδίᾳ,² φίλος ὢν αὐτῶν· ὡς καὶ Πυθώδε
τινὰς ἔπεμψεν ἐρησομένους τὸν θεὸν περὶ τῆς
ἐπαναστάσεως, τὸ δὲ μέγιστον, ὅτι τοὺς ἡγεμόνας
τῶν δυνάμεων ἰδίους εὐνοίαις κατασκευάζει, τιμαῖς
5 καὶ δωρεαῖς, ἔτι δ᾽ ἐπαγγελίαις προσαγόμενος. ὁ
δὲ βασιλεὺς ἀναγνοὺς τὴν ἐπιστολὴν καὶ πιστεύ-
σας ταῖς διαβολαῖς, ἔγραψε τῷ Ὀρόντῃ συλλαβεῖν
τὸν Τιρίβαζον καὶ πρὸς ἑαυτὸν ἀποστεῖλαι. οὗ
πράξαντος τὸ προσταχθέν, ὁ μὲν Τιρίβαζος ἀναχ-
θεὶς ὡς τὸν βασιλέα καὶ κρίσεως τυχεῖν ἀξιώσας
κατὰ μὲν τὸ παρὸν παρεδόθη εἰς φυλακήν, μετὰ
δὲ ταῦτα τοῦ βασιλέως ἔχοντος πόλεμον πρὸς
Καδουσίους καὶ τὴν κρίσιν ἀναβαλλομένου, διείλ-
κετο τὰ περὶ τοῦ δικαστηρίου.

9. Ὁ δ᾽ Ὀρόντης διαδεξάμενος τὴν ἡγεμονίαν
τῶν ἐν τῇ Κύπρῳ δυνάμεων, καὶ τὸν Εὐαγόραν
πάλιν τεθαρρηκότως ὁρῶν ὑπομένοντα τὴν πολιορ-
κίαν, πρὸς δὲ τούτοις τῶν στρατιωτῶν χαλεπῶς
ὑπομενόντων τὴν σύλληψιν τοῦ Τιριβάζου, καὶ διὰ
τοῦτο ἀπειθούντων καὶ τὴν πολιορκίαν ἐγκατα-
λειπόντων, δείσας Ὀρόντης τὸ τῆς περιστάσεως
παράλογον, ἐξέπεμψε πρὸς τὸν Εὐαγόραν τοὺς δια-

¹ So Dindorf : αὐτόν.　　　　² So Cobet : ἰδίαν.

master, saying that he should be subject as king to king. When Tiribazus would not agree to this, Orontes, who was the other general and envious of Tiribazus' high position, secretly sent letters to Artaxerxes against Tiribazus. The charges against him were first, that although he was able to take Salamis, he was not doing so, but was receiving embassies from Evagoras and conferring with him on the question of making common cause ; that he was likewise concluding a private alliance with the Lacedaemonians, being their friend ; that he had sent to Pytho [1] to inquire of the god regarding his plans for revolt ; and, most important of all, that he was winning for himself the commanders of the troops by acts of kindness, bringing them over by honours and gifts and promises. On reading the letter the King, believing the accusations, wrote to Orontes to arrest Tiribazus and dispatch him to him. When the order had been carried out, Tiribazus, on being brought to the King, asked for a trial and for the time being was put in prison. After this the King was engaged in a war with the Cadusians and postponed the trial, and so the legal action was deferred.

9. Orontes succeeded to the command of the forces in Cyprus. But when he saw that Evagoras was again putting up a bold resistance to the siege and, furthermore, that the soldiers were angered at the arrest of Tiribazus and so were insubordinate and listless in pressing the siege, Orontes became alarmed at the surprising change in the situation. He therefore sent men to Evagoras to discuss a settlement and to urge

[1] The oracle at Delphi.

347

λεξομένους περὶ τῆς συλλύσεως καὶ κελεύσοντας
συντίθεσθαι τὴν εἰρήνην, ἐφ' οἷς ἐκεῖνος ἠξίου
2 συντίθεσθαι πρὸς Τιρίβαζον. ὁ μὲν οὖν Εὐαγόρας
παραδόξως ἐξωσιοῦτο[1] τὴν ἅλωσιν, καὶ συνέθετο
τὴν εἰρήνην, ὥστε βασιλεύειν τῆς Σαλαμῖνος καὶ
τὸν ὡρισμένον διδόναι φόρον κατ' ἐνιαυτὸν καὶ
ὑπακούειν ὡς βασιλεὺς βασιλεῖ προστάττοντι. ὁ
μὲν οὖν Κυπριακὸς πόλεμος δεκαετὴς σχεδὸν γε-
γενημένος καὶ τὸ πλέον τοῦ χρόνου περὶ παρα-
σκευὰς ἀσχοληθείς, διετῆ χρόνον τὸν ἐπὶ πᾶσι
συνεχῶς πολεμηθεὶς τοῦτον τὸν τρόπον κατελύθη.
3 Ὁ δὲ τοῦ στόλου τὴν ναυαρχίαν ἔχων Γλῶς,
γεγαμηκὼς τοῦ Τιριβάζου τὴν θυγατέρα, περί-
φοβος ὢν[2] μήποτε συνεργεῖν δόξας τῷ Τιριβάζῳ
περὶ τῆς ὑποθέσεως τύχῃ τιμωρίας ὑπὸ τοῦ βασι-
γέως, ἔγνω καινῇ πραγμάτων ἐπιβολῇ τὰ καθ'
ἑαυτὸν ἀσφαλίζεσθαι. εὐπορῶν δὲ χρημάτων καὶ
στρατιωτῶν, ἔτι δὲ[3] τοὺς τριηράρχους ταῖς εὐνοίαις
ἰδίους πεποιημένος, διέγνω τοῦ βασιλέως ἀφίστα-
4 σθαι. εὐθὺς οὖν πρὸς μὲν Ἄκοριν τὸν βασιλέα
τῶν Αἰγυπτίων διαπρεσβευσάμενος συμμαχίαν
συνέθετο κατὰ τοῦ βασιλέως, πρὸς δὲ τοὺς Λακε-
δαιμονίους γράφων ἐπῆρε κατὰ τοῦ βασιλέως, καὶ
χρημάτων πλῆθος ἐπηγγέλλετο δώσειν καὶ τὰς ἄλ-
λας ἐπαγγελίας μεγάλας ἐποιεῖτο, ὑπισχνούμενος
συμπράξειν αὐτοῖς τὰ κατὰ τὴν Ἑλλάδα καὶ τὴν
ἡγεμονίαν αὐτοῖς τὴν πάτριον συγκατασκευάσειν
5 οἱ δὲ Σπαρτιᾶται καὶ πάλαι μὲν διεγνώκεισαν
ἀνακτᾶσθαι τὴν ἡγεμονίαν, τότε δὲ συνετάραττον

---

[1] So Post, ἐξιάσατο Vogel: ἐξοσιοῦται.

him to agree to a peace on the same terms Evagoras 385 B.C.
had agreed to with Tiribazus. Evagoras, then, was
surprisingly able to dispel the menace of capture, and
agreed to peace on the conditions that he should be
king of Salamis, pay the fixed tribute annually, and
obey as a king the orders of the King. So the Cyprian
war, which had lasted for approximately ten years,
although the larger part of the period was spent
in preparations and there were in all but two years
of continuous warfare, came to the end we have
described.[1]

Glōs, who had been in command of the fleet and
was married to the daughter of Tiribazus, fearful that
it might be thought that he had co-operated with
Tiribazus in his plan and that he would be punished
by the King, resolved to safeguard his position by
a new project of action. Since he was well supplied
with money and soldiers and had furthermore won
the commanders of the triremes to himself by acts
of kindness, he resolved to revolt from the King.
At once, then, he sent ambassadors to Acoris, the
king of the Egyptians, and concluded an alliance
with him against the King. He also wrote the Lace-
daemonians and incited them against the King,
promising to give them a large sum of money and
offering other great inducements. He pledged himself
to full co-operation with them in Greece and to work
with them in restoring the supremacy their fathers
had exercised. Even before this the Spartans had
made up their minds to recover their supremacy, and
at the time were already throwing the cities into

---

[1] The war ended in 380 B.C.

[2] ὤν Schäfer : ἦν.
[3] ἔτι δὲ Dindorf, ἐπὶ PAFK, ἐπεὶ cet.

ἤδη τὰς πόλεις καὶ πᾶσιν ὑπῆρχον φανεροὶ τὰς πόλεις καταδουλούμενοι. πρὸς δὲ τούτοις ἀδοξοῦντες ἐπὶ τῷ δοκεῖν ἐν τῇ πρὸς τὸν βασιλέα συνθέσει τοὺς κατὰ τὴν ᾿Ασίαν Ἕλληνας ἐκδότους πεποιηκέναι μετεμέλοντο τοῖς πεπραγμένοις καὶ πρόφασιν εὔλογον ἐζήτουν τοῦ πρὸς τὸν ᾿Αρταξέρξην πολέμου. διόπερ ἄσμενοι συνέθεντο πρὸς τὸν Γλῶ τὴν συμμαχίαν.

10. ᾿Αρταξέρξης δὲ καταλύσας τὸν πρὸς Καδουσίους πόλεμον προέθηκε κρίσιν Τιριβάζῳ, καὶ δικαστὰς τρεῖς ἀπέδωκε τῶν μάλιστα εὐδοκιμούντων[1] παρὰ τοῖς Πέρσαις. κατὰ τούτους δὲ τοὺς χρόνους ἕτεροι δικασταὶ δόξαντες κακῶς κρίνειν ζῶντες ἐξεδάρησαν, καὶ ὑπὲρ τῶν δικαστικῶν δίφρων περιταθέντων[2] τῶν δερμάτων ἐπὶ τούτων ἐδίκαζον οἱ δικασταί, παρ᾽ ὀφθαλμοὺς ἔχοντες παράδειγμα τῆς ἐν τῷ κακῶς κρίνειν τιμωρίας. 2 οἱ μὲν οὖν κατηγοροῦντες τὴν ἐπιστολὴν ἀναγνόντες τὴν πεμφθεῖσαν ὑπὸ τοῦ ᾿Ορόντου, ταύτην ἱκανῶς[3] ἔφασαν ἔχειν πρὸς κατηγορίαν· ὁ δὲ Τιρίβαζος πρὸς μὲν τὴν κατὰ τὸν Εὐαγόραν διαβολὴν[4] τὴν ὑπ᾽ ᾿Ορόντου γεγενημένην συνθήκην τὸν Εὐαγόραν[5] ὑπακούσειν ὡς βασιλέα βασιλεῖ προήνεγκεν· ἑαυτὸν δὲ τὴν εἰρήνην συντεθεῖσθαι, ὥστε ὑπακούειν Εὐαγόραν τῷ βασιλεῖ ὡς δοῦλον δεσπότῃ· περὶ δὲ τῶν χρησμῶν ἔφησε μὴ χρηματίζειν τὸν θεὸν καθόλου περὶ θανάτου, καὶ τούτου μάρτυρας παρείχετο πάντας τοὺς παρόντας Ἕλληνας. περὶ δὲ τῆς φιλίας τῆς πρὸς Λακεδαιμονίους ἀπελογεῖτο,

---

[1] So Vogel: εὐδοκουμένην.
[2] So Reiske: περιτεθέντων.   [3] So Hertlein: ἱκανήν.
[4] ἀνεγίνωσκε after διαβολὴν deleted by Dindorf.

confusion and enslaving them, as was clear to all men. 385 B.C.
Moreover, they were in bad repute because it was
generally believed that in the agreement [1] they had
made with the King they had betrayed the Greeks
of Asia, and so they repented of what they had done
and sought a plausible excuse for a war against
Artaxerxes. Consequently they were glad to enter
the alliance with Glōs.

10. After Artaxerxes had concluded the war with
the Cadusians, he brought up the trial of Tiribazus
and assigned three of the most highly esteemed
Persians as judges. At this time other judges who
were believed to have been corrupt were flayed alive
and their skins stretched tight on judicial benches.
The judges rendered their decisions seated on these,
having before their eyes an example of the punish-
ment meted out to corrupt decisions. Now the
accusers read the letter sent by Orontes and stated
that it constituted sufficient cause for accusation.
Tiribazus, with respect to the charge in connection
with Evagoras, presented the agreement made by
Orontes that Evagoras should obey the King as a
king, whereas he had himself agreed upon a peace
on the terms that Evagoras should obey the King as
a slave his master. With respect to the oracle he
stated that the god as a general thing gives no re-
sponse regarding death,[2] and to the truth of this he
invoked all the Greeks present as witnesses. As for
the friendship with the Lacedaemonians, he replied

[1] The Peace of Antalcidas (Book 14. 110. 3).

[2] Therefore he could not have inquired of the oracle about
a revolt, which, if successful, would necessarily have involved
the death of the King.

---

[5] συνθήκην τὸν Εὐαγόραν added by Rhodoman.

λέγων οὐκ ἐπὶ τῷ ἰδίῳ συμφέροντι, ἀλλ᾽ ἐπὶ τῷ
τοῦ βασιλέως λυσιτελεῖ πεποιῆσθαι τὴν φιλίαν·
καὶ διὰ ταύτης παρεδείκνυε τῶν μὲν Λακεδαι-
μονίων παρῃρῆσθαι τοὺς κατὰ τὴν ᾿Ασίαν ῞Ελληνας,
τῷ δὲ βασιλεῖ παραδεδόσθαι ἐκδότους. ἐπὶ τε-
λευτῆς δὲ τῆς ἀπολογίας ὑπέμνησε τοὺς δικαστὰς
ὧν τὸν βασιλέα πρότερον ἦν εὐεργετηκώς.

3 Λέγεται δὲ πολλὰς μὲν καὶ ἄλλας χρείας ἐνδε-
δεῖχθαι τῷ βασιλεῖ, μίαν δὲ μεγίστην, ἐξ ἧς αὐτὸν
θαυμασθῆναι συνέβη καὶ μέγιστον γενέσθαι φίλον·
κατὰ γάρ τινα κυνηγίαν ἐφ᾽ ἅρματος ὀχουμένου
τοῦ βασιλέως δύο λέοντας ἐπ᾽ αὐτὸν ὁρμῆσαι, καὶ
τῶν μὲν ἵππων τῶν ἐν τῷ τεθρίππῳ δύο διασπάσαι,
τὴν δ᾽ ὁρμὴν ἐπ᾽ αὐτὸν ποιεῖσθαι τὸν βασιλέα· καθ᾽
ὃν δὴ καιρὸν ἐπιφανέντα τὸν Τιρίβαζον τοὺς μὲν
λέοντας ἀποκτεῖναι, τὸν δὲ βασιλέα ἐκ τῶν κιν-
4 δύνων ἐξελέσθαι. ἔν τε τοῖς πολέμοις[1] ἀνδρείᾳ
διενεγκεῖν φασιν αὐτὸν καὶ κατὰ τὰς[2] συμβουλὰς
οὕτως εὐστοχεῖν, ὥστε τὸν βασιλέα χρώμενον ταῖς
ἐκείνου παραγγελίαις μηδέποτε διαμαρτεῖν. τοι-
αύτῃ δ᾽ ἀπολογίᾳ χρησάμενος ὁ Τιρίβαζος ἀπελύθη
τῶν ἐγκλημάτων ὡμολογημένως ὑπὸ πάντων τῶν
δικαστῶν.

11. ῾Ο δὲ βασιλεὺς καθ᾽ ἕνα τῶν δικαστῶν προσ-
καλούμενος ἐπηρώτησε, τίσι δικαίοις προσσχὼν
ἕκαστος ἀπέλυσε τὸν κατηγορούμενον. ὁ μὲν οὖν
πρῶτος ἔφησε, θεωρῶν τὰ μὲν ἐγκλήματα ἀμφισ-
βητούμενα, τὰς δ᾽ εὐεργεσίας ὁμολογουμένας οὔσας·
ὁ δὲ δεύτερος ἔφησε, καὶ τιθεμένων ἀληθινῶν τῶν
ἐγκλημάτων, ὅμως τὰς εὐεργεσίας μείζους εἶναι
τῆς ἁμαρτίας· ὁ δὲ τρίτος εἶπεν ὅτι τὰς μὲν εὐερ-

---

[1] So Rhodoman : πολεμίοις.

in defence that he had formed the friendship not 385 B.C.
for any advantage of his own but for the profit of the
King ; and he pointed out that the Greeks of Asia
were thereby detached from the Lacedaemonians
and delivered captive to the King. At the conclusion
of his defence he reminded the judges of the former
good services he had rendered the King.

It is related that Tiribazus pointed out many ser-
vices to the King, and one very great one, as a result
of which he was highly regarded and became a very
great friend.[1] Once during a hunt, while the King
was riding in a chariot, two lions came at him, tore
to pieces two of the four horses belonging to the
chariot, and then charged upon the King himself ;
but at that very moment Tiribazus appeared, slew
the lions, and rescued the King from the danger.
In wars also, men say, he excelled in valour, and
in council his judgement was so good that when
the King followed his advice he never made a mis-
take. By means of such a defence Tiribazus was
cleared of the charges by the unanimous vote of the
judges.

11. The King summoned the judges one by one
and asked each of them what principles of justice he
had followed in clearing the accused. The first said
that he observed the charges to be debatable, while
the benefactions were not contested. The second
said that, though it were granted that the charges
were true, nevertheless the benefactions exceeded the
offences. The third stated that he did not take

---

[1] Herodotus (8. 85) states that certain Persians who had
especially distinguished themselves were recorded among
" the king's benefactors," being called in Persian *orosangae*.

---

[2] τὰς added by Dindorf.

γεσίας οὐ τίθεται πρὸς λόγον διὰ τὸ τὰς περὶ αὐτῶν
χάριτας καὶ τιμὰς πολλαπλασίας ἀπειληφέναι παρὰ
τοῦ βασιλέως τὸν Τιρίβαζον, αὐτῶν δὲ τῶν ἐγ-
κλημάτων κατ' ἰδίαν θεωρουμένων μὴ φαίνεσθαι
2 τούτοις ἔνοχον εἶναι τὸν κατηγορούμενον. ὁ δὲ
βασιλεὺς τοὺς μὲν δικαστὰς ἐπήνεσεν, ὡς δικαίως
κεκρικότας, τὸν δὲ Τιρίβαζον ταῖς νομιζομέναις
μεγίσταις τιμαῖς ἐκόσμησεν. τοῦ δὲ Ὀρόντου
καταγνοὺς ὡς ψευδῆ κατηγορίαν πεπλακότος ἔκ
τε τῶν φίλων ἐξέκρινε καὶ ταῖς ἐσχάταις ἀτιμίαις
περιέβαλεν.

Καὶ τὰ μὲν κατὰ τὴν Ἀσίαν ἐν τούτοις ἦν.

12. Κατὰ δὲ τὴν Ἑλλάδα Λακεδαιμονίων πορ-
θούντων Μαντίνειαν, τὸ μὲν θέρος διετέλεσαν οἱ
Μαντινεῖς γενναίως ἀγωνιζόμενοι πρὸς τοὺς πο-
λεμίους· ἐδόκουν γὰρ ἀνδρείᾳ διαφέρειν τῶν
Ἀρκάδων, καὶ διὰ τοῦθ' οἱ Λακεδαιμόνιοι πρό-
τερον εἰώθεισαν ἐν ταῖς μάχαις τούτους παραστάτας
ἔχειν καὶ πιστοτάτους τῶν συμμάχων· τοῦ δὲ
χειμῶνος ἐνστάντος καὶ τοῦ παρὰ τὴν Μαντίνειαν
ποταμοῦ μεγάλην αὔξησιν ἐκ τῶν ὄμβρων λαβόντος,
οἱ Λακεδαιμόνιοι τὸ ῥεῦμα τοῦ ποταμοῦ διαλα-
βόντες μεγάλοις χώμασιν ἀπέστρεψαν τὸν ποταμὸν
εἰς τὴν πόλιν καὶ πάντα τὸν σύνεγγυς τόπον ἐποί-
2 ησαν λιμνάζειν. διὸ καὶ τῶν οἰκιῶν πιπτουσῶν
καταπλαγέντες οἱ Μαντινεῖς ἠναγκάσθησαν τὴν πό-
λιν παραδοῦναι τοῖς Λακεδαιμονίοις. οἱ δὲ παρα-
λαβόντες ἄλλο μὲν οὐθὲν κακὸν εἰργάσαντο τοὺς
Μαντινεῖς, προσέταξαν δὲ εἰς τὰς ἀρχαίας κώμας
μετοικισθῆναι. διόπερ ἠναγκάσθησαν τὴν μὲν ἰδίαν
πατρίδα κατασκάπτειν, εἰς δὲ τὰς κώμας μετ-
οικῆσαι.

into account the benefactions, because Tiribazus had 385 B.C.
received from the King in return for them favours
and honours many times as great, but that when
the charges were examined apart by themselves, the
accused did not appear to be guilty of them. The
King praised the judges for having rendered a just
decision and bestowed upon Tiribazus the highest
honours, such as were customary. Orontes, however,
he condemned as one who had fabricated a false
accusation, expelled him from his list of friends, and
subjected him to the utmost marks of degradation.

Such was the state of affairs in Asia.

12. In Greece the Lacedaemonians continued the
siege of Mantineia, and through the summer the
Mantineians maintained a gallant resistance against
the enemy. For they were considered to surpass the
other Arcadians in valour, and it was for this reason
that the Lacedaemonians had formerly made it their
practice in battle to place them, as their most trust-
worthy allies, on their flank. But with the coming
of winter the river which flows beside Mantineia
received a great increase from the rains and the
Lacedaemonians diverted the flow of the river with
great dikes, turned the river into the city, and made
a pool of all the region round about. Consequently,
as the houses began to fall, the Mantineians in despair
were compelled to surrender the city to the Lacedae-
monians. After they received the surrender, they
imposed no other hardship on the Mantineians than
the command that they should move back to their
former villages. Consequently they were compelled
to raze their own city and return to their villages.

13. Ἅμα δὲ τούτοις πραττομένοις κατὰ τὴν Σικελίαν Διονύσιος ὁ τῶν Συρακοσίων τύραννος ἔγνω κατὰ τὸν Ἀδρίαν πόλεις οἰκίζειν. τοῦτο δὲ ἔπραττε διανοούμενος τὸν Ἰόνιον καλούμενον πόρον ἰδιοποιεῖσθαι, ἵνα τὸν ἐπὶ τὴν Ἤπειρον πλοῦν ἀσφαλῆ κατασκευάσῃ καὶ πόλεις ἔχῃ ἰδίας εἰς τὸ δύνασθαι ναυσὶ καθορμισθῆναι. ἔσπευδε γὰρ ἄφνω μεγάλαις δυνάμεσιν ἐπιπλεῦσαι τοῖς κατὰ τὴν Ἤπειρον τόποις καὶ συλῆσαι[1] τὸ ἐν Δελφοῖς τέ-
2 μενος, γέμον πολλῶν χρημάτων. διὸ καὶ πρὸς Ἰλλυριοὺς ἐποιήσατο συμμαχίαν δι' Ἀλκέτου τοῦ Μολοττοῦ, ὃς ἐτύγχανε φυγὰς ὢν καὶ διατρίβων ἐν ταῖς Συρακούσαις. τῶν δ' Ἰλλυριῶν ἐχόντων πόλεμον, ἐξαπέστειλεν αὐτοῖς συμμάχους στρατιώτας δισχιλίους καὶ πανοπλίας Ἑλληνικὰς πεντακοσίας. οἱ δ' Ἰλλυριοὶ τὰς μὲν πανοπλίας ἀνέδωκαν τοῖς ἀρίστοις τῶν στρατιωτῶν, τοὺς δὲ στρατιώτας
3 κατέμιξαν τοῖς ἰδίοις στρατιώταις. πολλὴν δὲ δύναμιν ἀθροίσαντες ἐνέβαλον εἰς τὴν Ἤπειρον καὶ κατῆγον[2] τὸν Ἀλκέταν ἐπὶ τὴν τῶν Μολοττῶν βασιλείαν. οὐδενὸς δ' αὐτοῖς προσέχοντος, τὸ μὲν πρῶτον ἐπόρθησαν τὴν χώραν, μετὰ δὲ ταῦτα τῶν Μολοττῶν ἀντιταττομένων ἐγένετο μάχη καρτερά, καθ' ἣν νικήσαντες οἱ Ἰλλυριοὶ κατέκοψαν τῶν Μολοττῶν πλείους τῶν μυρίων πεντακισχιλίων. τοιαύτῃ δὲ συμφορᾷ τῶν Ἠπειρωτῶν περιπεσόντων, Λακεδαιμόνιοι πυθόμενοι τὰ συμβεβηκότα συμμαχίαν ἐξέπεμψαν τοῖς Μολοττοῖς, δι' ἧς τοῦ πολλοῦ θράσους ἔπαυσαν τοὺς βαρβάρους.

13. While these events were taking place, in Sicily _{385 B.C.} Dionysius, the tyrant of the Syracusans, resolved to plant cities on the Adriatic Sea. His idea in doing this was to get control of the Ionian Sea,[1] in order that he might make the route to Epeirus safe and have there his own cities which could give haven to ships. For it was his intent to descend unexpectedly with great armaments upon the regions about Epeirus and to sack the temple at Delphi, which was filled with great wealth. Consequently he made an alliance with the Illyrians with the help of Alcetas the Molossian, who was at the time an exile and spending his days in Syracuse. Since the Illyrians were at war, he dispatched to them an allied force of two thousand soldiers and five hundred suits of Greek armour. The Illyrians distributed the suits of armour among their choicest warriors and incorporated the soldiers among their own troops. Now that they had gathered a large army, they invaded Epeirus and would have restored Alcetas to the kingship over the Molossians. But when no one paid any attention to them, they first ravaged the country, and after that, when the Molossians drew up against them, there followed a sharp battle in which the Illyrians were victorious and slew more than fifteen thousand Molossians. After such a disaster befell the inhabitants of Epeirus, the Lacedaemonians, as soon as they had learned the facts, sent a force to give aid to the Molossians, by means of which they curbed the barbarians' great audacity.

[1] The Greek reads "the Ionian passage-way, as it is called," since, being the lower part of the Adriatic Sea, it was the direct route between Greece and Italy.

---

[1] So Stephanus : συλήσειν.　　　[2] So Dindorf : κατήγαγον.

4 "Αμα δὲ τούτοις πραττομένοις Πάριοι κατά τινα χρησμὸν ἀποικίαν ἐκπέμψαντες εἰς τὸν Ἀδρίαν ἔκτισαν ἐν αὐτῷ νῆσον τὴν ὀνομαζομένην Φάρον, συμπράξαντος αὐτοῖς Διονυσίου τοῦ τυράννου. οὗτος γὰρ ἀποικίαν ἀπεσταλκὼς εἰς τὸν Ἀδρίαν οὐ πολλοῖς πρότερον ἔτεσιν ἐκτικὼς ἦν τὴν πόλιν τὴν

5 ὀνομαζομένην Λίσσον. ἐκ ταύτης οὖν ὁρμώμενος Διονύσιος . . . σχολὴν ἄγων κατεσκεύασε νεώρια διακοσίαις τριήρεσι, καὶ τεῖχος περιέβαλε τῇ πόλει τηλικοῦτο τὸ μέγεθος, ὥστε τῇ πόλει γενέσθαι τὸν περίβολον μέγιστον τῶν Ἑλληνίδων πόλεων. κατεσκεύασε δὲ καὶ γυμνάσια μεγάλα παρὰ τὸν Ἄναπον ποταμόν, θεῶν τε ναοὺς κατεσκεύασε καὶ τἆλλα τὰ συντείνοντα πρὸς αὔξησιν πόλεως καὶ δόξαν.

14. Τοῦ δ' ἐνιαυσίου χρόνου διεληλυθότος Ἀθήνησι μὲν ἦρχε Διοτρέφης, ἐν Ῥώμῃ δ' ὕπατοι κατεστάθησαν Λεύκιος Οὐαλέριος καὶ Αὖλος Μάλλιος, παρὰ δ' Ἠλείοις Ὀλυμπιὰς ἤχθη ἐνενηκοστὴ ἐνάτη, καθ' ἣν ἐνίκα στάδιον Δίκων Συρακόσιος. ἐπὶ δὲ τούτων Πάριοι μὲν τὴν Φάρον οἰκίσαντες τούς τε[1] προενοικοῦντας βαρβάρους ἔν τινι χωρίῳ καθ' ὑπερβολὴν ὀχυρῷ ὄντι εἴασαν κατοικεῖν ἀσινεῖς, αὐτοὶ δὲ παρὰ θάλατταν κτίσαντες πόλιν

2 ἐτείχισαν. μετὰ δὲ ταῦτα τῶν προοικούντων ἐν τῇ νήσῳ βαρβάρων δυσχεραινόντων ἐπὶ τῇ παρουσίᾳ τῶν Ἑλλήνων, καὶ μεταπεμπομένων τοὺς πέραν κατοικοῦντας Ἰλλυριούς, μικροῖς πλοίοις πολλοῖς διέβησαν εἰς τὴν Φάρον, ὄντες ὑπὲρ τοὺς μυρίους, καὶ τοὺς Ἕλληνας πορθοῦντες πολλοὺς ἀνῄρουν. ὁ δ' ἐν τῇ Λίσσῳ καθεσταμένος ἔπαρχος ὑπὸ Διο-

[1] τε deleted by Vogel; Schäfer and Dindorf read μέν.

While these events were taking place, the Parians, 385 B.C. in accordance with an oracle, sent out a colony to the Adriatic, founding it on the island of Pharos, as it is called, with the co-operation of the tyrant Dionysius. He had already dispatched a colony to the Adriatic not many years previously and had founded the city known as Lissus. From this as his base Dionysius . . .[1] Since he had the leisure, he built dockyards with a capacity for two hundred triremes and threw about the city a wall of such size that its circuit was the greatest possessed by any Greek city. He also constructed large gymnasia along the Anapus River,[2] and likewise temples of the gods and whatever else would contribute to the growth and renown of the city.

14. At the conclusion of the year, in Athens 384 B.C. Diotrephes was archon and in Rome the consuls elected were Lucius Valerius and Aulus Mallius, and the Eleians celebrated the Ninety-ninth Olympiad, that in which Dicon of Syracuse won the " stadion." This year the Parians, who had settled Pharos, allowed the previous barbarian inhabitants to remain unharmed in an exceedingly well fortified place, while they themselves founded a city by the sea and built a wall about it. Later, however, the old barbarian inhabitants of the island took offence at the presence of the Greeks and called in the Illyrians of the opposite mainland. These, to the number of more than ten thousand, crossed over to Pharos in many small boats, wrought havoc, and slew many of the Greeks. But the governor of Lissus appointed

---

[1] There is a lacuna here that must be of some length, since the following statements apply, not to Lissus, but to Syracuse.
[2] This flowed into the Great Harbour of Syracuse.

νυσίου τριήρεις πλείους ἔχων ἐπέπλευσε τοῖς τῶν
Ἰλλυριῶν πλοιαρίοις, καὶ τὰ μὲν βυθίσας, τὰ δὲ
χειρωσάμενος, ἀπέκτεινε τῶν βαρβάρων πλείους
τῶν πεντακισχιλίων, ἐζώγρησε δὲ περὶ δισχιλίους.

3 Διονύσιος δὲ χρημάτων ἀπορούμενος ἐστράτευσεν
ἐπὶ Τυρρηνίαν, ἔχων τριήρεις ἑξήκοντα, πρόφασιν
μὲν φέρων τὴν τῶν λῃστῶν κατάλυσιν, τῇ δ' ἀλη-
θείᾳ συλήσων ἱερὸν ἅγιον, γέμον μὲν ἀναθημάτων
πολλῶν, καθιδρυμένον δ' ἐν ἐπινείῳ πόλεως Ἀγύλ-
λης Τυρρηνίδος· τὸ δ' ἐπίνειον ὠνομάζετο Πύργοι.

4 καταπλεύσας δὲ νυκτὸς καὶ τὴν δύναμιν ἐκβιβάσας,
ἅμ' ἡμέρᾳ προσπεσὼν ἐκράτησε τῆς ἐπιβολῆς·
ὀλίγων γὰρ ὄντων ἐν τῷ χωρίῳ φυλάκων βιασά-
μενος αὐτοὺς ἐσύλησε τὸ ἱερὸν καὶ συνήθροισεν
οὐκ ἔλαττον ταλάντων χιλίων. τῶν δὲ Ἀγυλλαίων
ἐκβοηθησάντων, μάχῃ τε ἐκράτησεν αὐτῶν καὶ
πολλοὺς αἰχμαλώτους λαβὼν καὶ τὴν χώραν πορ-
θήσας ἐπανῆλθεν εἰς τὰς Συρακούσας. ἀποδόμενος
δὲ τὰ λάφυρα συνήγαγεν οὐκ ἐλάττω ταλάντων
πεντακοσίων. εὐπορήσας δὲ χρημάτων ἐμισθοῦτο
στρατιωτῶν παντοδαπῶν πλῆθος, καὶ δύναμιν
ἀξιόλογον συστησάμενος φανερὸς ἦν πολεμήσων
Καρχηδονίοις.

Ταῦτα μὲν οὖν ἐπράχθη κατὰ τοῦτον τὸν ἐνι-
αυτόν.

15. Ἐπ' ἄρχοντος δ' Ἀθήνησι Φανοστράτου Ῥω-
μαῖοι κατέστησαν ἀντὶ τῶν ὑπάτων χιλιάρχους
τέτταρας, Λεύκιον Λοκρήτιον, Σέντιον Σολπίκιον,
Λεύκιον Αἰμίλιον, Λεύκιον Φούριον. ἐπὶ δὲ τού-
των Διονύσιος ὁ τῶν Συρακοσίων τύραννος παρα-

by Dionysius sailed with a good number of triremes 384 B.C. against the light craft of the Illyrians, sinking some and capturing others, and slew more than five thousand of the barbarians, while taking some two thousand captive.

Dionysius, in need of money, set out to make war against Tyrrhenia with sixty triremes. The excuse he offered was the suppression of the pirates, but in fact he was going to pillage a holy temple, richly provided with dedications, which was located in the seaport of the Tyrrhenian city of Agyllê, the name of the port being Pyrgi.[1] Putting in by night, he disembarked his men, attacked at daybreak, and achieved his design ; for he overpowered the small number of guards in the place, plundered the temple, and amassed no less than a thousand talents. When the men of Agyllê came out to bring help, he overpowered them in battle, took many prisoners, laid waste their territory, and then returned to Syracuse. From the booty which he sold he took in no less than five hundred talents. Now that Dionysius was well supplied with money, he hired a multitude of soldiers from every land, and after bringing together a very considerable army, was obviously preparing for a war against the Carthaginians.

These, then, were the events of this year.

15. When Phanostratus was archon in Athens, the 383 B.C. Romans elected instead of consuls four military tribunes, Lucius Lucretius, Sentius Sulpicius, Lucius Aemilius, and Lucius Furius. This year Dionysius, the tyrant of the Syracusans, after preparations for

---

[1] Some fifteen miles up the coast from Ostia. The temple was that of Eileithyia, the goddess of child-birth (Strabo, 5. 2. 8).

σκευασάμενος πολεμεῖν Καρχηδονίοις, ἐζήτει λαβεῖν
πρόφασιν εὔλογον τοῦ πολέμου. ὁρῶν οὖν τὰς ὑπὸ
Καρχηδονίους τεταγμένας πόλεις οἰκείως ἐχούσας
πρὸς ἀπόστασιν, προσεδέχετο τὰς βουλομένας ἀφ-
ίστασθαι, καὶ συμμαχίαν πρὸς αὐτὰς συντιθέμενος
2 ἐπιεικῶς προσεφέρετο ταύταις. οἱ δὲ Καρχηδόνιοι
τὸ μὲν πρῶτον πρέσβεις ἀποστέλλοντες πρὸς τὸν
δυνάστην ἀπῄτουν τὰς πόλεις, μὴ προσέχοντος δὲ
αὐτοῦ συνέβη ταύτην ἀρχὴν γενέσθαι τοῦ πολέμου.

Καρχηδόνιοι μὲν οὖν[1] πρὸς τοὺς Ἰταλιώτας[2] συμ-
μαχίαν ποιησάμενοι κοινῇ τὸν πόλεμον ἐπανείλαντο
πρὸς τὸν τύραννον· προορώμενοι δ' ἐμφρόνως τὸ
μέγεθος τοῦ πολέμου, τῶν τε πολιτῶν τοὺς εὐθέτους
κατέλεγον στρατιώτας καὶ χρημάτων προχειρισά-
μενοι πλῆθος ξενικὰς δυνάμεις μεγάλας ἐμισθοῦντο.
καταστήσαντες δὲ στρατηγὸν Μάγωνα τὸν βασιλέα,
πολλὰς μυριάδας στρατιωτῶν ἐπεραίωσαν εἰς τὴν
Σικελίαν καὶ τὴν Ἰταλίαν, διαπολεμεῖν ἐξ[3] ἀμφο-
3 τέρας βουλόμενοι. ὁ δὲ Διονύσιος καὶ αὐτὸς τὰς
δυνάμεις διελόμενος, τῷ μὲν ἑνὶ μέρει πρὸς τοὺς
Ἰταλιώτας διηγωνίζετο, τῷ δὲ ἑτέρῳ πρὸς τοὺς
Φοίνικας. πολλαὶ μὲν οὖν κατὰ μέρος ἐγίνοντο
μάχαι τοῖς στρατοπέδοις καὶ συμπλοκαὶ μικραὶ
καὶ συνεχεῖς, ἐν αἷς οὐδὲν ἀξιόλογον ἔργον συν-
ετελέσθη, δύο δὲ παρατάξεις ἐγένοντο μεγάλαι καὶ
περιβόητοι. καὶ τῇ μὲν πρώτῃ Διονύσιος θαυ-
μαστῶς ἀγωνισάμενος περὶ τὰ καλούμενα Κάβαλα
προετέρησε, καὶ πλείους μὲν τῶν μυρίων ἀνεῖλε

---

[1] οὖν added by Dindorf.
[2] Ἰταλιώτας Wesseling, Dindorf : παρόντας.

war upon the Carthaginians, looked about to find a 383 B.C. reasonable excuse for the conflict. Seeing, then, that the cities subject to the Carthaginians were favourable to a revolt, he received such as wished to do so, formed an alliance with them, and treated them with fairness. The Carthaginians at first dispatched ambassadors to the ruler and asked for the return of their cities, and when he paid no attention to them, this came to be the beginning of the war.

Now the Carthaginians formed an alliance with the Italian Greeks and together with them went to war against the tyrant ; and since they wisely recognized in advance that it would be a great war, they enrolled as soldiers the capable youth from their own citizens, and then, raising a great sum of money, hired large forces of mercenary troops. As general they chose their king [1] Magon and moved many tens of thousands of soldiers across to Sicily and Italy, planning to wage war on both fronts. Dionysius for his part also divided his forces, on the one front fighting the Italian Greeks and on the other the Phoenicians. Now there were many battles here and there between groups of soldiers and minor and continuous engagements, in which nothing of consequence was achieved. But there were two important and famous pitched battles. In the first, near Cabala,[2] as it is called, Dionysius, who put up an admirable fight, was victorious, slaying more than ten thousand of the bar-

---

[1] Magon was obviously one of the two annually elected suffetes, who corresponded roughly to the Roman consuls. Diodorus must have known that the Carthaginians had no " kings " ; but probably avoided for his readers the use of the unfamiliar term.   [2] The location is unknown.

---

[3] ἐξ added by Wesseling.

τῶν βαρβάρων, οὐκ ἐλάττους δὲ τῶν πεντακισ-
χιλίων ἐζώγρησε· τὸ δ' ἄλλο πλῆθος ἠνάγκασε
καταφυγεῖν ἐπί τινα λόφον ἐρυμνὸν καὶ ἄνυδρον
παντελῶς. ἔπεσε δὲ καὶ Μάγων ὁ βασιλεὺς αὐτῶν
4 ἀγωνισάμενος λαμπρῶς. οἱ δὲ Φοίνικες καταπλα-
γέντες τὸ μέγεθος τῆς συμφορᾶς εὐθὺς διεπρεσβεύ-
σαντο περὶ διαλύσεως. ὁ δὲ Διονύσιος ἀπεφήνατο
μίαν αὐτοῖς εἶναι σύλλυσιν, ἐὰν ἐκχωρήσωσι τῶν
κατὰ τὴν Σικελίαν πόλεων καὶ τὰ δαπανηθέντα
χρήματα κατὰ τὸν πόλεμον ἐκτίσωσιν.

16. Βαρείας δὲ καὶ ὑπερηφάνου τῆς ἀποκρίσεως
δοκούσης ὑπάρχειν, οἱ Καρχηδόνιοι τῇ συνήθει
πανουργίᾳ κατεστρατήγησαν τὸν Διονύσιον. προσ-
ποιηθέντες οὖν εὐδοκεῖσθαι[1] ταῖς ὁμολογίαις, ἔφη-
σαν αὐτοὺς μὲν μὴ ὑπάρχειν κυρίους τῆς τῶν
πόλεων παραδόσεως, ἵνα δὲ τοῖς ἄρχουσι διαλεχθῶσι
περὶ τούτων, ἠξίωσαν τὸν Διονύσιον ὀλίγας ἡμέρας
2 ἀνοχὰς ποιήσασθαι. συγχωρήσαντος δὲ τοῦ δυνά-
στου καὶ τῶν ἀνοχῶν γενομένων, ὁ μὲν Διονύσιος
περιχαρὴς ἦν, ὡς αὐτίκα μάλα τὴν Σικελίαν πᾶσαν
παραληψόμενος, οἱ δὲ Καρχηδόνιοι Μάγωνα μὲν
τὸν βασιλέα μεγαλοπρεπῶς ἔθαψαν, ἀντὶ δ' ἐκείνου
στρατηγὸν κατέστησαν τὸν υἱὸν αὐτοῦ, νέον μὲν
παντελῶς ὄντα, φρονήματος δὲ γέμοντα[2] καὶ διάφο-
ρον ἀνδρείᾳ. οὗτος δὲ πάντα τὸν τῶν ἀνοχῶν
χρόνον διετέλεσε διατάσσων καὶ γυμνάζων τὴν
δύναμιν, διὰ δὲ τῆς τῶν ἔργων ἀθλήσεως καὶ τῆς
τῶν λόγων παρακλήσεως καὶ γυμνασίας ἐν τοῖς
ὅπλοις εὐπειθῆ καὶ δυνατὴν ἐποίησε τὴν στρατιάν.
3 ὡς δ' ὁ τῆς ὁμολογίας διῆλθε χρόνος, ἀμφότεροι
τὰς δυνάμεις ἐκτάξαντες συγκατέβησαν προθύμως
ἐπὶ τὴν μάχην. γενομένης δὲ παρατάξεως ἰσχυρᾶς

barians and capturing not less than five thousand.
He also forced the rest of the army to take refuge
on a hill which was fortified but altogether without
water. There fell also Magon their king after a
splendid combat. The Phoenicians, dismayed at the
magnitude of the disaster, at once sent an embassy
to discuss terms of peace. But Dionysius declared
that his only terms were conditional upon their
retiring from the cities of Sicily and paying the cost
of the war.

16. This reply was considered by the Carthaginians
to be harsh and arrogant and they outgeneralled
Dionysius with their accustomed knavery. They
pretended that they were satisfied with the terms,
but stated that it was not in their power to hand over
the cities ; and in order that they might discuss the
question with their government, they asked Dionysius
to agree to a truce of a few days. When the monarch
agreed and the truce took effect, Dionysius was over-
joyed, supposing that he would forthwith take over
the whole of Sicily. The Carthaginians meanwhile
gave their king Magon a magnificent funeral and
replaced him as general with his son, who, though he
was young indeed, was full of ambition and distin-
guished for his courage. He spent the entire period
of the truce drilling and exercising his troops, and
what with laborious exercise, hortatory speeches,
and training in arms, he rendered the army obedient
and competent. At the expiration of the period
agreed upon both sides deployed their forces and en-
tered the battle with high spirit. There followed

---

¹ So the MSS. ; εὐδοκεῖν or εὐδοκῆσαι Vogel.
² δὲ γέμοντα Vogel : δ' εὐγενοῦς ὄντα.

περὶ τὸ καλούμενον Κρόνιον, τὸ δαιμόνιον ἐναλλὰξ
τῇ νίκῃ τὴν ἧτταν τῶν Καρχηδονίων διωρθώσατο·
οἱ μὲν γὰρ προνενικηκότες διὰ τὴν προγεγενημένην
εὐημερίαν μεγαλαυχοῦντες παραδόξως ἐσφάλησαν,
οἱ δὲ διὰ τὴν ἧτταν πεπτωκότες ταῖς ἐλπίσιν
ἀπροσδόκητον καὶ μεγάλην εὐημερίαν ἀπηνέγκαντο.

17. Λεπτίνης μὲν γὰρ ἐπὶ θατέρου κέρως τεταγ-
μένος καὶ διαφέρων ἀνδρείᾳ, μαχόμενος ἡρωικῶς
καὶ πολλοὺς ἀνελὼν τῶν Καρχηδονίων ἐπιφανῶς
κατέστρεψε τὸν βίον· τούτου δὲ πεσόντος οἱ Φοί-
νικες θαρρήσαντες καὶ βιασάμενοι τοὺς ἀντιτεταγ-
2 μένους ἐτρέψαντο. Διονύσιος δὲ τὸ μὲν πρῶτον
ἔχων ἐπιλέκτους τοὺς συντεταγμένους προετέρει
τῶν ἀντιτεταγμένων· ὡς δ' ὁ τοῦ Λεπτίνου θάνατος
ἐγνώσθη καὶ τὸ ἕτερον κέρας συνετέτριπτο,[1] κατε-
πλάγησαν οἱ τοῦ Διονυσίου καὶ πρὸς φυγὴν ὥρμη-
3 σαν. τροπῆς δὲ παντελοῦς γενομένης, οἱ μὲν
Καρχηδόνιοι φιλοτιμότερον καταδιώξαντες παρήγ-
γελλον ἀλλήλοις μηδένα ζωγρεῖν· διὸ καὶ πάντων
τῶν περικαταλαμβανομένων ἀναιρουμένων πᾶς ὁ
4 πλησίον τόπος νεκρῶν ἐπληρώθη. τοσοῦτος δ'
ἐγένετο φόνος, μνησικακούντων τῶν Φοινίκων,
ὥστε τοὺς ἀναιρεθέντας εὑρεθῆναι[2] τῶν Σικελιωτῶν
πλείους τῶν μυρίων καὶ τετρακισχιλίων. οἱ δὲ
περιλειφθέντες καταφυγόντες εἰς τὴν παρεμβολὴν
τῆς νυκτὸς ἐπιγενομένης διεσώθησαν. οἱ δὲ Καρ-
χηδόνιοι μεγάλῃ παρατάξει νικήσαντες ἀνεχώρησαν
εἰς Πάνορμον.

5 Ἀνθρωπίνως δὲ τὴν εὐημερίαν ἐνεγκόντες ἀπ-
έστειλαν πρεσβευτάς, δόντες ἐξουσίαν τῷ Διονυσίῳ

---

[1] So Reiske, συνετέτρεπτο P, συνετέτραπτο cet.
[2] ἀναιρεθέντας εὑρεθῆναι Wesseling : εὑρεθέντας ἀναιρεθῆναι.

a sharp pitched battle at Cronium, as it is called, and 383 B.C. the deity redressed by victory turn for turn the defeat of the Carthaginians. The former victors, who were loudly boasting because of their military success, were unexpectedly tripped up, and they who, because of their defeat, were crestfallen at the outlook, won an unexpected and important victory.

17. Leptines, who was stationed on one wing and excelled in courage, ended his life in a blaze of glory, fighting heroically and after slaying many Carthaginians. At his fall the Phoenicians were emboldened and pressed so hard upon their opponents that they put them to flight. Dionysius, whose troops were a select band, at first had the advantage over his opponents ; but when the death of Leptines became known and the other wing was crushed, his men were dismayed and took to flight. When the rout became general, the Carthaginians pursued the more eagerly and called out to one another to take no one captive ; and so all who were caught were put to death and the whole region close at hand was heaped with dead. So great was the slaughter, as the Phoenicians recalled past injuries, that the slain among the Sicilian Greeks were found to number more than fourteen thousand. The survivors, who found safety in the camp, were preserved by the coming of night. After their great victory in a pitched battle the Carthaginians retired to Panormus.[1]

The Carthaginians, bearing their victory as men should, dispatched ambassadors to Dionysius and

[1] Modern Palermo.

καταλύσασθαι τὸν πόλεμον. ἀσμένως δὲ τοῦ τυ-
ράννου προσδεξαμένου τοὺς λόγους ἐγένοντο διαλύ-
σεις, ὥστ' ἔχειν ἀμφοτέρους ὧν πρότερον ὑπῆρχον
κύριοι· ἐξαίρετον δ' ἔλαβον οἱ Καρχηδόνιοι τὴν
τῶν Σελινουντίων πόλιν τε καὶ χώραν καὶ τῆς
Ἀκραγαντίνης μέχρι τοῦ Ἁλύκου καλουμένου πο-
ταμοῦ. ἔτισε δὲ Διονύσιος τοῖς Καρχηδονίοις
τάλαντα χίλια.

Καὶ τὰ μὲν κατὰ Σικελίαν ἐν τούτοις ἦν.

18. Κατὰ δὲ τὴν Ἀσίαν Γλῶς ὁ ναυαρχήσας τῶν
Περσῶν ἐν τῷ Κυπριακῷ πολέμῳ, ἀποστάτης ὢν
τοῦ βασιλέως καὶ τούς τε Λακεδαιμονίους καὶ τὸν
Αἰγυπτίων βασιλέα παρακεκληκὼς εἰς τὸν πρὸς
Πέρσας πόλεμον, δολοφονηθεὶς ὑπό τινων οὐ
συνετέλεσε τὴν προαίρεσιν. μετὰ δὲ τὴν τούτου
τελευτὴν Ταχὼς διαδεξάμενος τὰς τούτου πράξεις
συνεστήσατο περὶ αὑτὸν δύναμιν, καὶ πόλιν ἔκτισε
πλησίον τῆς θαλάσσης ἐπί τινος κρημνοῦ τὴν ὀνομα-
ζομένην Λεύκην, ἔχουσαν ἱερὸν ἅγιον Ἀπόλλωνος.

2 μετ' ὀλίγον δὲ χρόνον αὐτοῦ τελευτήσαντος ἠμφισ-
βήτησαν τῆς πόλεως ταύτης Κλαζομένιοι καὶ
Κυμαῖοι. τὸ μὲν οὖν πρῶτον ἐπεχείρησαν αἱ
πόλεις πολέμῳ διακρίνεσθαι, μετὰ δὲ ταῦτα εἰπόν-
τος τινὸς ἐρωτῆσαι τὸν θεόν, ποτέραν τῶν πόλεων
κρίνει κυρίαν εἶναι δεῖν τῆς Λεύκης, ἔκρινεν ἡ
Πυθία ταύτην ὑπάρχειν, ἥτις ἂν πρώτη θύσῃ ἐν τῇ
Λεύκῃ· ὁρμηθῆναι δὲ ἐκ τῆς ἰδίας πόλεως ἅμ'
ἡλίῳ ἀνιόντι κατὰ τὴν ἡμέραν, ἣν ἀμφότεροι συμ-
3 φώνως ὑποστήσονται. ταχθείσης δὲ τῆς ἡμέρας,
οἱ μὲν Κυμαῖοι ὑπελάμβανον ἑαυτοὺς πλεονεκτεῖν[1]
διὰ τὸ τὴν αὐτῶν πόλιν ἐγγυτέρω κεῖσθαι, οἱ δὲ

---

[1] πλεονεκτεῖν Vogel, πολεμεῖν PA, προλέγειν cet.

gave him the opportunity to end the war. The tyrant 383 B.C.
gladly accepted the proposals, and peace was de-
clared on the terms that both parties should hold
what they previously possessed, the only exception
being that the Carthaginians received both the city
of the Selinuntians and its territory and that of
Acragas as far as the river called Halycus. And
Dionysius paid the Carthaginians one thousand
talents.

This was the state of affairs in Sicily.

18. In Asia Glōs, the Persian admiral in the Cyprian
War, who had deserted from the King and had called
upon both the Lacedaemonians and the king of the
Egyptians to make war upon the Persians,[1] was
assassinated by certain persons and so did not achieve
his purpose. After his death Tachōs took over his
operations. He gathered a force about him and
founded on a crag near the sea a city which bears
the name of Leucê and contains a sacred shrine
of Apollo. A short time after his death a dispute
over this city arose between the inhabitants of
Clazomenae and those of Cymae. Now at first the
cities undertook to settle the matter by recourse to
war, but later someone suggested that the god be
asked which one of the two cities should be master
of Leucê. The Pythia decided that it should be the
one which should first offer sacrifice in Leucê, and
that each side should start from his own city at the
rising of the sun on a day upon which both should
agree. When the day was set, the Cymaeans assumed
that they would have the advantage because their
city lay the nearer, but the Clazomenians, though

---

[1] Cp. chap. 9. 3-4.

Κλαζομένιοι, διάστημα πλέον ἀπέχοντες, τεχνά-
ζονταί τι τοιοῦτο πρὸς τὴν νίκην· κληρώσαντες ἐξ
ἑαυτῶν ἀποίκους ἔκτισαν πλησίον τῆς Λεύκης
πόλιν, ἐξ ἧς ὁρμηθέντες ἅμ' ἡλίῳ ἀνατέλλοντι
ἔφθασαν τοὺς Κυμαίους τὴν θυσίαν ἐπιτελέσαντες.
4 τούτῳ δὲ τῷ φιλοτεχνήματι γενόμενοι κύριοι τῆς
Λεύκης, ἐπώνυμον ἑορτὴν ἄγειν κατ' ἐνιαυτὸν
ἐνεστήσαντο,[1] τὴν πανήγυριν ὀνομάσαντες προφθά-
σειαν. τούτων δὲ πραχθέντων αἱ μὲν κατὰ τὴν
Ἀσίαν ἐπαναστάσεις αὐτομάτως κατελύθησαν.

19. Λακεδαιμόνιοι δὲ μετὰ τὸν τοῦ Γλῶ καὶ τοῦ
Ταχῶ θάνατον τὰς μὲν κατὰ τὴν Ἀσίαν πράξεις
ἀπέγνωσαν, τὰ δὲ κατὰ τὴν Ἑλλάδα συσκευαζόμε-
νοι,[2] καὶ τῶν πόλεων ἃς μὲν πειθοῖ προσαγόμενοι,
ἃς δὲ διὰ τῆς τῶν φυγάδων καθόδου βίᾳ χειρού-
μενοι, φανερῶς ἤδη τὴν ἡγεμονίαν τῆς Ἑλλάδος
εἰς ἑαυτοὺς μεθίστασαν παρὰ τὰς κοινὰς συνθήκας
τὰς ἐπ' Ἀνταλκίδου γενομένας συνεπιλαβομένου
2 τοῦ Περσῶν βασιλέως. κατὰ δὲ τὴν Μακεδονίαν
Ἀμύντου τοῦ βασιλέως ἡττηθέντος ὑπὸ Ἰλλυριῶν
καὶ τὰ κατὰ τὴν ἀρχὴν ἀπογνόντος, πρὸς δὲ τού-
τοις τῷ δήμῳ τῶν Ὀλυνθίων δωρησαμένου πολλὴν
τῆς ὁμόρου χώρας διὰ τὴν ἀπόγνωσιν τῆς ἑαυτοῦ
δυναστείας, τὸ μὲν πρῶτον ὁ δῆμος ὁ τῶν Ὀλυν-
θίων τὰς προσόδους ἐλάμβανε τὰς ἐκ τῆς δοθείσης
χώρας, μετὰ δὲ ταῦτ' ἀνελπίστως τοῦ βασιλέως
ἀναλαβόντος ἑαυτὸν καὶ τὴν ὅλην ἀρχὴν ἀνακτη-
σαμένου οἱ μὲν Ὀλύνθιοι τὴν χώραν ἀπαιτηθέντες
3 οὐχ οἷοι ἦσαν ἀποδιδόναι. διόπερ Ἀμύντας ἰδίαν
τε δύναμιν συνεστήσατο καὶ τοὺς Λακεδαιμονίους
ποιησάμενος συμμάχους ἔπεισεν ἐξαποστεῖλαι στρα-

[1] So Reiske : ἐπεστήσαντο.

they were a greater distance away, devised the _{383 B.C.} following scheme to get the victory. Choosing by lot colonists from their own citizens, they founded near Leucê a city from which they made their start at the rising of the sun and thus forestalled the Cymaeans in performing the sacrifice. Having become masters of Leucê by this scheme, they decided to hold an annual festival to bear its name which they called the Prophthaseia.[1] (After these events the rebellions in Asia came of themselves to an end.)

19. After the death of Glōs and Tachōs the Lacedaemonians renounced their undertakings in Asia, but they went on organizing affairs in Greece for their own interest, winning over some of the cities by persuasion and getting others into their hands by force through the return of the exiles. From this point they began openly to bring into their own hands the supremacy of Greece, contrary to the common agreements adopted in the time of Antalcidas after intervention by the King of the Persians. In Macedonia Amyntas the king had been defeated by the Illyrians and had relinquished his authority ; he had furthermore made a grant to the people of the Olynthians of a large part of the borderland because of his abandonment of political power. At first the people of the Olynthians enjoyed the revenues from the land given them, and when later the king unexpectedly recovered strength and got back his entire kingdom, the Olynthians were not inclined to return the land when he asked for it. Consequently Amyntas gathered an army from his own people, and forming an alliance with the Lacedaemonians persuaded them

------

[1] The Anticipation.

[2] So Unger : σκευασάμενοι.

τηγὸν καὶ δύναμιν ἀξιόλογον ἐπὶ τοὺς Ὀλυνθίους. οἱ δὲ Λακεδαιμόνιοι κρίναντες ἀντέχεσθαι τῶν ἐπὶ Θράκης τόπων, κατέλεξαν στρατιώτας ἔκ τε τῶν πολιτῶν καὶ παρὰ τῶν συμμάχων τοὺς ἅπαντας ὑπὲρ μυρίους· παραδόντες δὲ τὴν δύναμιν Φοιβίδᾳ τῷ Σπαρτιάτῃ προσέταξαν συμμαχεῖν τῷ Ἀμύντᾳ καὶ μετ' ἐκείνου πολεμῆσαι τοὺς Ὀλυνθίους. ἑτέραν δὲ δύναμιν ἐπὶ Φλιουντίους ἐκπέμψαντες καὶ μάχῃ νικήσαντες ἠνάγκασαν ὑποταγῆναι τοὺς Φλιουντίους τοῖς Λακεδαιμονίοις.

4 Κατὰ δὲ τοῦτον τὸν χρόνον οἱ βασιλεῖς τῶν Λακεδαιμονίων διεφέροντο πρὸς ἀλλήλους ταῖς αἱρέσεσιν· Ἀγησίπολις μὲν γάρ, εἰρηνικὸς ὢν καὶ δίκαιος, ἔτι δὲ καὶ συνέσει διαφέρων, ἔφη δεῖν ἐμμένειν τοῖς ὅρκοις καὶ παρὰ τὰς κοινὰς συνθήκας μὴ καταδουλοῦσθαι τοὺς Ἕλληνας· ἀδοξεῖν γὰρ ἀπεφήνατο τὴν Σπάρτην τοῖς μὲν Πέρσαις ἐκδότους πεποιημένην τοὺς κατὰ τὴν Ἀσίαν Ἕλληνας, αὐτὴν δὲ συσκευαζομένην τὰς κατὰ τὴν Ἑλλάδα πόλεις, ἐν ταῖς κοιναῖς συνθήκαις¹ ὀμόσασαν² τηρήσειν αὐτονόμους. ὁ δ' Ἀγησίλαος, ὢν φύσει δραστικός, φιλοπόλεμος ἦν καὶ τῆς τῶν Ἑλλήνων δυναστείας ἀντείχετο.

¹ μὴ καταδουλοῦσθαι after συνθήκαις deleted by Wesseling.
² So Scaliger, Reiske : ὤμοσαν.

to send out a general and a strong force against the 383 B.C.
Olynthians. The Lacedaemonians, having decided
to extend their control to the regions about Thrace,
enrolled soldiers both from their citizens and from
their allies, more than ten thousand in all ; the army
they turned over to Phoebidas the Spartan with
orders to join forces with Amyntas and to make war
together with him upon the Olynthians. They also
sent out another army against the people of Phlius,
defeated them in battle, and compelled them to
accept the rule of the Lacedaemonians.

At this time the kings of the Lacedaemonians were
at variance with each other on matters of policy.
Agesipolis, who was a peaceful and just man and,
furthermore, excelled in wisdom, declared that they
should abide by their oaths and not enslave the Greeks
contrary to the common agreements. He pointed
out that Sparta was in ill repute for having surrendered
the Greeks of Asia to the Persians and for organizing
the cities of Greece in her own interst, although she
had sworn in the common agreement that she would
preserve their autonomy. But Agesilaüs, who was
by nature a man of action, was fond of war and
yearned for dominance over the Greeks.

A PARTIAL INDEX OF
PROPER NAMES [1]

[1] In most cases references to a people are included with references to the city or state. A complete index will appear in the last volume.

A PARTIAL INDEX OF PROPER NAMES

A PARTIAL INDEX OF PROPER NAMES

377

A PARTIAL INDEX OF PROPER NAMES

A PARTIAL INDEX OF PROPER NAMES

MAP

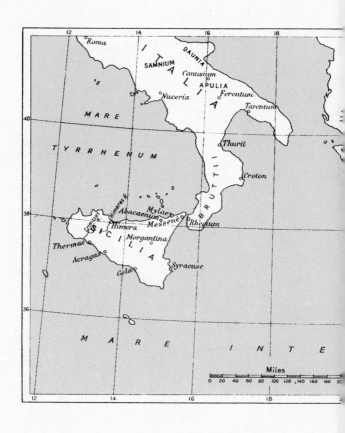

SICILY AND GREECE